Histórias e memórias da educação no Brasil

Vol. III

Dados Internacionais de Catalogação na Publicação (CIP)
(Câmara Brasileira do Livro, SP, Brasil)

Histórias e memórias da educação no Brasil, vol. III : século XX / Maria Stephanou, Maria Helena Camara Bastos (orgs.). 4. ed. Petrópolis, RJ : Vozes, 2011.

5ª reimpressão, 2021.

ISBN 978-85-326-3123-7

Vários autores.

Bibliografia.

1. Educação – Brasil – História I. Stephanou, Maria. II. Bastos, Maria Helena Camara.

05-0002   CDD-370.981

Índices para catálogo sistemático:
1. Brasil : Educação : História   370.981
2. Educação : Brasil : História   370.981

Maria Stephanou
Maria Helena Camara Bastos
(orgs.)

Histórias e memórias da educação no Brasil

Vol. III: Século XX

Ana Chrystina Venancio Mignot
Ana Maria de Oliveira Galvão
António Nóvoa
Beatriz Daudt Fischer
Carlos Monarcha
Carlos Roberto Jamil Cury
Cynthia Pereira de Souza
Décio Gatti Jr.
Dermeval Saviani
Dóris Bittencourt Almeida
Eliane Peres
Ester Buffa
Flávia Werle
José Damiro de Moraes
Leôncio Soares
Marcia de Paula Gregorio Razzini
Marcos Cezar de Freitas
Marcus Levy Albino Bencostta
Maria Alice Rosa Ribeiro
Maria Aparecida Bergamaschi
Maria Teresa Santos Cunha
Marília Morosini
Marise Nogueira Ramos
Moysés Kuhlmann Jr.
Norberto Dallabrida
Paolo Nosella
Paula Perin Vicentini
Sílvio Gallo

EDITORA
VOZES

Petrópolis

2005, Editora Vozes Ltda.
Rua Frei Luís, 100
25689-900 – Petrópolis, RJ
www.vozes.com.br
Brasil

Todos os direitos reservados. Nenhuma parte desta obra poderá ser reproduzida ou transmitida por qualquer forma e/ou quaisquer meios (eletrônico ou mecânico, incluindo fotocópia e gravação) ou arquivada em qualquer sistema ou banco de dados sem permissão escrita da editora.

CONSELHO EDITORIAL

Diretor
Volney J. Berkenbrock

Editores
Aline dos Santos Carneiro
Edrian Josué Pasini
Marilac Loraine Oleniki
Welder Lancieri Marchini

Conselheiros
Elói Dionísio Piva
Francisco Morás
Teobaldo Heidemann
Thiago Alexandre Hayakawa

Secretário executivo
Leonardo A.R.T. dos Santos

PRODUÇÃO EDITORIAL

Anna Catharina Miranda
Eric Parrot
Jailson Scota
Marcelo Telles
Mirela de Oliveira
Natália França
Priscilla A.F. Alves
Rafael de Oliveira
Samuel Rezende
Verônica M. Guedes

Editoração: Maria da Conceição B. de Sousa
Diagramação e capa: AG.SR Desenv. Gráfico
Imagem de capa: Capa do caderno escolar Guarany, da Coleção Cívica das séries Grandes Vultos da História do Brasil e Homens Ilustres do Brasil, década de 1950. Ilustração de Manuel Mora. Arquivo da Casa Cruz.

ISBN 978-85-326-3123-7

Este livro foi composto e impresso pela Editora Vozes Ltda.

AGRADECIMENTOS

À Editora Vozes, na pessoa de Lídio Peretti, pelo desafio e aposta neste projeto.

À colega e amiga Beatriz Daudt Fischer, que lançou, compartilhou e incentivou o projeto.

Ao apoio institucional da Universidade Federal do Rio Grande do Sul e da Pontifícia Universidade Católica do Rio Grande do Sul.

Ao Prof. António Nóvoa, que com incomparável argúcia contemplou-nos com uma apresentação provocativa sobre as possibilidades da História da Educação.

Aos autores e autoras, colegas brasileiros e portugueses, manifestar nossa alegria por terem aceito o convite e terem acreditado no projeto, produzindo mais de cinquenta belos textos. A reunião de talentos e trajetórias competentes de pesquisa e produção em áreas específicas foi decisiva para a concretização da obra.

À equipe – Janer da Silva Bittencourt, Cíntia Regina Bonalume, Fernanda B. Busnello e Aline Roland de Jesus – pelo acompanhamento, apoio e eficiente organização do material, em diferentes momentos.

Sumário

Apresentação. António Nóvoa, 9

Introdução. Maria Stephanou & Maria Helena Camara Bastos, 14

1. **A educação nas constituições brasileiras.** Carlos Roberto Jamil Cury, 17
2. **A política educacional no Brasil.** Dermeval Saviani, 29
3. **Constituição do Ministério da Educação e articulações entre os níveis federal, estadual e municipal da educação.** Flávia Werle, 39
4. **O público e o privado na educação brasileira do século XX.** Ester Buffa, 53
5. **Grupos escolares no Brasil: um novo modelo de escola primária.** Marcus Levy Albino Bencostta, 68
6. **Das escolas paroquiais às PUCs: república, recatolicização e escolarização.** Norberto Dallabrida, 77
7. **Anarquismo e educação – A educação libertária na Primeira República.** Sílvio Gallo e José Damiro de Moraes, 87
8. **Livros e leitura na escola brasileira do século XX.** Marcia de Paula Gregorio Razzini, 100
9. **A Escola Ativa na visão de Adolphe Ferrière – Elementos para compreender a Escola Nova no Brasil.** Eliane Peres, 114
10. **O triunfo da razão psicotécnica: medida humana e equidade social.** Carlos Monarcha, 129
11. **Discursos médicos e a educação sanitária na escola brasileira.** Maria Stephanou, 142
12. **Educação brasileira: dilemas republicanos nas entrelinhas de seus manifestos.** Marcos Cezar de Freitas, 165
13. **A educação infantil no século XX.** Moysés Kuhlmann Jr., 182
14. **A criança-aluno transformada em números (1890-1960).** Cynthia Pereira de Souza, 195

15. **O ensino industrial: memória e história.** Maria Alice Rosa Ribeiro, 209

16. **O ensino médio ao longo do século XX: um projeto inacabado.** Marise Nogueira Ramos, 229

17. **A educação e o mundo do trabalho: da sociedade industrial à sociedade pós-industrial.** Paolo Nosella, 243

18. **Uma história da alfabetização de adultos no Brasil.** Leôncio Soares e Ana Maria de Oliveira Galvão, 257

19. **A educação rural como processo civilizador.** Dóris Bittencourt Almeida, 278

20. **O ensino superior no Brasil.** Marília Costa Morosini, 296

21. **A professora primária nos impressos pedagógicos (de 1950 a 1970).** Beatriz Daudt Fischer, 324

22. **A profissão docente no Brasil: sindicalização e movimentos.** Paula Perin Vicentini, 336

23. **Copiar para homenagear, guardar para lembrar: cultura escolar em álbuns de poesias e recordações.** Maria Teresa Santos Cunha, 347

24. **Por trás do balcão: os cadernos da coleção cívica da Casa Cruz.** Ana Chrystina Venancio Mignot, 363

25. **Entre políticas de estado e práticas escolares: uma história do livro didático no Brasil.** Décio Gatti Jr., 379

26. **Educação escolar indígena no século XX: da escola para os índios à escola específica e diferenciada.** Maria Aparecida Bergamaschi, 401

27. **História, memória e história da educação.** Maria Stephanou & Maria Helena Camara Bastos, 416

Sobre os autores, 431

APRESENTAÇÃO

António Nóvoa

POR QUE A HISTÓRIA DA EDUCAÇÃO?

O mínimo que se exige de um historiador é que seja capaz de pensar a história, interrogando os problemas do presente através das ferramentas próprias do seu ofício. O mínimo que se exige de um educador é que seja capaz de pensar a sua ação nas continuidades e mudanças do tempo, participando criticamente na renovação da escola e da pedagogia.

Ao historiador da educação pede-se que junte os dois termos desta equação. Não há história da educação sem a mobilização rigorosa dos instrumentos teóricos e metodológicos da investigação histórica. Mas também não há história da educação sem um pensamento e um olhar específicos sobre a realidade educativa e pedagógica. Uma moeda tem sempre dois lados.

A História da Educação só existe a partir desta dupla possibilidade, tal como a história da arte, da filosofia ou da matemática. Ao juntar historiadores e educadores, a obra coordenada por Maria Stephanou e Maria Helena Camara Bastos constitui um excelente exemplo das virtudes do *hibridismo* desta disciplina.

Num texto publicado em 1911, no *Nouveau Dictionnaire de Pédagogie et d'Instruction Primaire*, Gabriel Compayré, autor de um manual de história da educação que serviu de "modelo" a muitas gerações, escreve que "a utilidade da história da pedagogia não pode ser posta em causa", uma vez que "na ciência da educação, como em todas as ciências filosóficas, a história é a introdução necessária, a preparação para a própria ciência".

A citação anterior lembra a célebre formulação kantiana sobre o *conceito* e a *intuição*, que poderíamos descrever assim: "A teoria sem a história é vazia; a história sem a teoria é cega". Na verdade, as ciências humanas são históricas por natureza, tanto pelos seus objetos como pelos seus modos de conhecimento. Este fato não impediu que a história da educação fosse, desde sempre, submetida às mais severas críticas, ora pela sua "inutilidade", ora pelas suas "fragilidades científicas". Logo em meados do século XIX, Théodore Barrau denunciava esta "ciência laboriosamente inútil" que dá pelo nome de história da pedagogia, afirmando que "um jovem professor não poderia fazer pior utilização do seu tempo do que empregá-lo na leitura deste tipo de livros". A inquirição estava apenas no começo...

PARA QUE A HISTÓRIA DA EDUCAÇÃO?

Toda a *acusação* suscita uma *defesa*. Assim sendo, não espanta a proliferação de textos que procuram defender a história da educação. Não voltarei, agora, a esta literatura que é excessivamente autojustificativa. Mas vale a pena ensaiar quatro respostas à pergunta "Para que a História da Educação?"

Para cultivar um saudável ceticismo – Vivemos num mundo do espetáculo e da moda, particularmente no campo da educação. A "novidade" tende a ser vista como um elemento intrinsecamente positivo. Há uma inflação de métodos, técnicas, reformas, tecnologias. Mais do que nunca é preciso estarmos avisados em relação a estas "novidades", evitando o frenesi da mudança que serve, regra geral, para que tudo continue na mesma. A história da educação é um dos meios mais eficazes para cultivar um saudável ceticismo, que evita a "agitação" e promove a "consciência crítica". Não estou a falar de uma história cronológica, fechada no passado. Estou a falar de uma história que nasce nos problemas do presente e que sugere pontos de vista ancorados num estudo rigoroso do passado.

Para compreender a lógica das identidades múltiplas – Vivemos uma época marcada por fenômenos de globalização e por uma desenraizada circulação de ideias e conceitos e, ao mesmo tempo, por um exacerbar de identidades locais, étnicas, culturais ou religiosas. Uma das funções principais do historiador da educação é compreender esta lógica de "múltiplas identidades", através da qual se definem memórias e tradições, pertenças e filiações, crenças e solidariedades. Pouco importa se as comunidades são "reais" ou "imaginadas". Não há *memória* sem *imaginação* (e vice-versa). À história cumpre elucidar este processo e, por esta via, ajudar as pessoas (e as comunidades) a darem um sentido ao seu trabalho educativo.

Para pensar os indivíduos como produtores de história – As palavras do cineasta Manuel de Oliveira na apresentação do seu último filme merecem ser recordadas: "O presente não existe sem o passado, e estamos a fabricar o passado todos os dias. Ele é um elemento da nossa memória, é graças a ele que sabemos quem fomos e como somos". Nunca, como hoje, tivemos uma consciência tão nítida de que somos *criadores*, e não apenas *criaturas*, da história. A reflexão histórica, mormente no campo educativo, não serve para "descrever o passado", mas sim para nos colocar perante um patrimônio de ideias, de projetos e de experiências. A inscrição do nosso percurso pessoal e profissional neste retrato histórico permite uma compreensão crítica de "quem fomos" e de "como somos".

Para explicar que não há mudança sem história – O trabalho histórico é muito semelhante ao trabalho pedagógico. Estamos sempre a lidar com a experiência e a fabricar a memória. Hoje, as políticas conservadoras revestem-se de vernizes "tradicionais" ou "inovadores". O seu sucesso depende de um aniquilamento da história, por excesso ou por defeito. Por excesso, isto é, pela referência nostálgica ao passado, à mistificação dos valores de outrora. Por defeito, isto é, pelo anúncio, repetido até à exaustão, de um futuro transformado em prospectiva e em tecnologia. Por isso, é tão importante denunciar a vã ilusão da mudança, imaginada a partir de um não lugar sem raízes e sem história.

Aqui ficam quatro apontamentos, entre tantos outros, que permitem esboçar uma resposta à pergunta "Para que a História da Educação?" São muitos os exemplos suscetíveis de confirmar – ao longo da leitura deste livro que vai do Brasil colonial do século XVI até ao Brasil contemporâneo do século XXI – a importância de desenvolvermos uma atitude crítica face às modas pedagógicas, de analisarmos o jogo de identidades no espaço educativo, de situarmos a nossa própria existência na narrativa histórica e de compreendermos que a mudança se faz sempre a partir de pessoas e de lugares concretos.

COMBATER OS EXCESSOS DE MEMÓRIA E DE ESQUECIMENTO

Num livro muito interessante, intitulado *O futuro do passado*, Alexander Stille analisa a perda de referências nas sociedades atuais. Ele conta essa história curiosa da dificuldade que o Presidente Jimmy Carter enfrentou para que o Congresso aprovasse a devolução do Canal do Panamá. De repente, o anúncio de que o ator John Wayne era favorável a esta medida facilitou a assinatura do tratado. Ainda que John Wayne nunca tivesse participado em qualquer guerra e não tivesse experiência de política internacional, tudo se passava, junto da opinião pública, como se ele fosse uma amálgama de todos os papéis que interpretara no cinema – como se ele tivesse realmente combatido em *O Álamo* ou em *Forte Apache*, como se ele tivesse derrotado os japoneses em *Iwo Jima* ou como se ele tivesse sido um *boina-verde* no Vietname. Alexander Stille conclui que o desconhecimento e a ausência de controle sobre a história e os acontecimentos causam uma grande perturbação e desordem nas sociedades atuais.

Reinterpretando uma imagem usada por Jacques le Goff, podemos dizer que se assiste, hoje em dia, a um constante *retraimento*, o qual paradoxalmente resulta de um perpétuo *transbordamento* da memória. Falando mais claro: há um *retraimento* da memória coletiva da educação porque todo o discurso sobre a escola – esse sim *transbordante* – se circunscreve aos limites das memórias individuais, à experiência e às vivências que cada um de nós transporta da sua infância e juventude. Vivemos, portanto, sem uma *memória construída*, o que nos leva a repetir, uma e outra vez, os mesmos diagnósticos e a aplicar velhas soluções sempre com a aparência da novidade. Como se cada geração só conseguisse mobilizar a sua própria memória, as suas próprias recordações e esquecimentos, abdicando assim de uma compreensão histórica dos fenômenos educativos.

Tal como Paul Ricoeur, também nós nos sentimos perturbados pelo inquietante espetáculo do excesso de memória em alguns casos, do excesso de esquecimento em muitos outros: "O conhecimento histórico privilegia arquiteturas de sentido que vão mais longe do que os recursos da memória, mesmo coletiva: articulação entre acontecimentos, estruturas e conjunturas, multiplicação das escalas de tempo alargadas às escalas de normas e de avaliações, distribuição dos objetos pertinentes da história em múltiplos planos (econômico, político, social, cultural, religioso, etc.). A história não é apenas mais ampla do que a memória, o seu tempo tem também uma outra espessura".

HISTÓRIAS E MEMÓRIAS DA EDUCAÇÃO NO BRASIL

A obra organizada por Maria Stephanou e Maria Helena Camara Bastos insere-se nesse combate intelectual contra a *amnésia*... quer seja a amnésia do excesso (a nostalgia), quer seja a amnésia da ausência (o esquecimento). Ao reunirem um conjunto notável de meia centena de autores, apresentam ao público *estudos* produzidos a partir de novas perspectivas da historiografia da educação.

Esta *coleção* – no sentido literal do termo – articula uma preocupação quase enciclopédica (estamos perante textos que cobrem cinco séculos de história brasileira) com a vontade de partilhar pontos de vista e reflexões que obrigam o leitor a situar-se e a tomar posição. A iniciativa merece uma saudação especial, pela coragem de juntar temas e autores tão diversos, colocando-os em diálogo no interior de uma mesma obra.

Talvez valha a pena, por isso, adaptar a pergunta clássica de Michel de Certeau: *O que é que fabrica o historiador da educação?* Ao lermos esta coleção de *Histórias e memórias da educação no Brasil*, podemos responder que estamos perante a fabricação de três fatos:

1º) *Propostas teóricas e metodológicas* que rompem com concepções tradicionais da investigação histórica em educação, avançando pelos caminhos abertos pela história social e pela nova história cultural.

2º) *Elementos históricos* que definem um conhecimento da realidade brasileira, construído a partir de uma diversidade de fontes e de temáticas, num esforço de renovação historiográfica que é justo assinalar.

3º) *ideias pedagógicas* alicerçadas em estudos rigorosos, que constituem um "acervo intelectual" para o trabalho universitário em educação e para os cursos e programas de formação inicial e continuada de professores.

Mas a pergunta de Michel de Certeau tem ainda uma segunda resposta. "Fábrica", tanto em português como em francês, significa um estabelecimento produtivo ou uma unidade fabril, mas significa, também, uma entidade à qual compete a administração dos bens de uma dada comunidade (regra geral, a fábrica da igreja). Neste sentido, a obra *Histórias e memórias da educação no Brasil* constitui um excelente retrato da comunidade histórico-educacional brasileira e dos laços estabelecidos com pesquisadores portugueses.

Este retrato desenha os contornos de uma geração de historiadores e de educadores que tem dado um contributo intelectual de grande nível, no plano nacional e internacional. São livros desta qualidade que alimentam a nossa confiança na consolidação científica da História da Educação, transformando esta disciplina num espaço estimulante do ponto de vista intelectual e num lugar relevante para a formação de educadores e de professores.

Lisboa, julho de 2004

Introdução

Maria Stephanou
Maria Helena Camara Bastos

> *Para que escrever a história, se não for para ajudar seus contemporâneos a ter confiança em seu futuro e a abordar com mais recursos as dificuldades que eles encontram cotidianamente? O historiador, por conseguinte, tem o dever de não se fechar no passado e de refletir assiduamente sobre os problemas de seu tempo* (DUBY Georges, 1998).

Permitam-nos tomar de empréstimo as palavras do mestre Duby, renomado historiador francês, e perguntar: Para que estudar, escrever, recompor histórias e memórias da educação no Brasil, se não for para mobilizar nossas potências e apostas na Educação como experiência constitutiva do que somos, pensamos, agimos, como educadores, ou alunos e cidadãos, sujeitos de uma cultura, historicamente produzida em movimentos de permanências e rupturas, conservação e transformação, misérias e grandezas?

Cremos que, assim como sugere Duby a propósito do dever de refletir sobre os problemas de nosso tempo, podemos pensar na História da Educação, parafraseando Walter Benjamim (1940), como uma construção que tem lugar não num passado homogêneo, mas em um tempo saturado de agoras. Como nosso tempo de agoras aparece multiplicado nos debates que vimos assistindo sobre os rumos da educação no país? Indiscutivelmente, a História da Educação pode contribuir para incitar nossos exercícios de pensamento, nossas opções, tomadas de decisão sobre os agoras da educação de nosso tempo.

Nos últimos anos, vimos assistindo a uma crescente qualificação das proposições curriculares dirigidas à formação de professores, seja no âmbito dos cursos de Pedagogia, seja nos cursos das diferentes licenciaturas e mesmo nos cursos de magistério de ensino médio. Em fóruns acadêmicos e encontros de gestores de sistemas de ensino, a importância da formação de professores, para além de uma instrumentalização quanto aos modos de ensinar, indica a necessidade de um maior domínio do que se denomina "Ciências da Educação", a fim de que o professorado possa refletir sobre os modos de ser e atuar para além da sala de aula, como profissionais que discutem e intervêm na gestão curricular, na gestão escolar e na implementação de mudanças com vistas a articular a educação aos processos sócio-históricos da contemporaneidade.

A História da Educação, como uma das ciências da educação, inclui-se, crescentemente, nesse âmbito dos fundamentos à formação de professores em qualquer área e disciplina. Disciplina acadêmica desde os últimos decênios do século XIX, possibilita uma atitude crítica e reflexiva do passado coletivo da profissão docente, que serve para formar a cultura e identidade profissional, e, ao mesmo tempo, ampliar a memória e a experiência, o leque de escolhas e de possibilidades pedagógicas. Revela que a educação é uma construção social, o que renova o sentido da ação cotidiana de cada educador (NÓVOA, 1994).

Tem sido cada vez mais expressiva a produção de pesquisas sobre a História da Educação brasileira nos cursos de pós-graduação. Entretanto, há ainda uma tímida presença dos historiadores da educação na discussão dos problemas educacionais do presente. A função social da História da Educação motivou, em boa medida, o projeto desta coleção. O objetivo é oferecer uma história da educação e do ensino no Brasil que expresse os novos olhares que a pesquisa tem evidenciado, ressaltando aspectos fundamentais das políticas do passado e contribuindo para os debates atuais da Educação, especialmente no âmbito da formação de professores.

O que nos levou a buscar, reunir, aproximar, temáticas e questões históricas da Educação junto a mais de cinquenta pesquisadores da área? De alguma forma, nossa paixão de pesquisa, de docência, de trabalho, há muitos anos. A participação em diversos eventos, reuniões científicas e associações de História da Educação, foram experiências decisivas, não para acumular, mas para compor cuidadosamente, como conjunto, um acervo que nos é muito especial: histórias e memórias, dispostas num arranjo que a exemplo de um caleidoscópio está associado a uma particular (dis)posição do olhar que constituímos e elaboramos na condição de organizadoras. Arranjo revelador de opções, perspectivas, diálogos propostos entre os autores e dos autores com os potenciais leitores.

Reunir, juntar, colher e apanhar: "as coleções se formam pela somatória de objetos cuja escolha é, em geral, resultado de certo fascínio quase inexplicável" (DUPRAT, 2002), pelas histórias e memórias da educação que aqui compartilhamos com os leitores.

Acompanhar as recentes tendências historiográficas e as investigações na área implicou em organizar uma coleção que não se reduz a textos descritivos, sequência temporal linear e progressiva, com referências isoladas de agentes, instituições, legislação, fatos políticos.

Ao organizarmos *Histórias e memórias da educação no Brasil*, do século XVI ao XX, procuramos pluralizar possibilidades de leitura de experiências educativas e escolares, ancoradas em uma ampla temporalidade e, ao mesmo tempo, inscritas em tempos específicos, que em seu conjunto não traçam uma trajetória linear, tampouco ascendente de uma única história da educação. Buscamos situar o leitor em momentos fundantes, embora muitas vezes descontínuos. Não pretendemos, portanto, elaborar um compêndio ou uma narrativa que se assemelhe a algo como a *epopeia da educação brasileira*.

Visando contribuir com pesquisadores, professores e estudantes, propomos essa coleção que examina a Educação Brasileira, da expansão europeia ao século XX, sob diferentes aportes teóricos, temas e problemas, que possibilitam outras tantas leituras do processo histórico da educação e da escola.

A série organiza-se em três volumes, a saber: o primeiro abarcando o período colonial (séculos XVI a XVIII), outro para o século XIX, e o terceiro destinado ao século XX, e busca contemplar, em cada um dos volumes, as tendências assinaladas por Nóvoa (1998): história dos atores educativos, história das práticas educativas, história das ideias pedagógicas e construção social do discurso, história dos sistemas educativos. A coleção, pensada em seu conjunto, de certa forma remete, de modo mais claro, à necessidade do uso simultâneo e articulado dos três volumes.

Finalmente, destacamos que, como documento, os livros que compõem a coleção são experiências de trabalho em desenvolvimento e, assim, estão inscritos e datados no tempo. Como coleção, inexiste um término, sempre haverá o que coletar cuidadosamente. Inacabada, o arranjo aqui apresentado caracteriza-se por sua provisoriedade, desafio para outros estudos, pesquisas, publicações, coleções.

REFERÊNCIAS

BENJAMIM, Walter. "Sobre o conceito de História [1940]". In: *Obras escolhidas*. São Paulo: Brasiliense, 1987.

DUBY, Georges. *Ano 1000, ano 2000*: na pista de nossos medos. São Paulo: Unesp, 1998.

DUPRAT, Camila. *Objetos do desejo*. Porto Alegre: Santander Cultural, 2002 [Catálogo].

HOUAISS, Antônio & VILAR, Mauro de Salles. *Dicionário Houaiss de Língua Portuguesa*. Rio de Janeiro: Objetiva, 2001.

NÓVOA, António. L'histoire et l'histoire de l'éducation – Réflexions à propôs de l'historiographie américaine. In: NÓVOA, António. *Histoire & comparaison* – Essais sur l'éducation. Lisboa: Educa, 1998.

_____. *História da educação*. Lisboa: Universidade de Lisboa, 1994 [mimeo.].

1
A EDUCAÇÃO NAS CONSTITUIÇÕES BRASILEIRAS

Carlos Roberto Jamil Cury

A sociedade, em suas mais diferentes dimensões, contém uma complexidade que exige regras de conduta entre seus membros e suas instituições a fim de que ela mesma não caia no que Durkheim denominou de anomia. As ações possíveis dos homens entre si, desses com as instituições e com o mundo dos objetos seria insuportável dentro de uma existência social anômica tal como seria o estado de guerra hobbesiano.

A racionalidade humana faz com que os seres sociais fujam do caos ou da guerra e aceitem viver em regime fundado em um contrato de base do qual decorram regras estruturantes de convivência.

Ao mesmo tempo, a exigência dessas regras supõe alguém autorizado a produzir regras fundamentais. Ou seja, alguém capaz de determinar um código que regule a própria produção de outras normas específicas. A fuga do estado de guerra determina que os homens em sociedade renunciem ao exercício da força e se coloquem sob a figura de um poder soberano. Cabe a esse ser o detentor do monopólio do exercício da força. Justamente por isso ele será incumbido de possibilitar a construção de um sistema de normas como regras estruturantes a fim de tornar possível a existência social em todas as suas dimensões.

Além de possibilitar essa construção, cabe ao poder soberano tornar essas normas eficazes por meio de um conjunto de órgãos e instituições adequados à finalidade maior: existência social respeitadora da vida racional elevada às suas máximas dimensões.

Segundo Bobbio (1992: 79-80), "a existência de um direito, seja em sentido forte ou fraco, implica sempre a existência de um sistema normativo, onde por 'existência' deve entender-se tanto o mero fator exterior de um direito histórico ou vigente quanto o reconhecimento de um conjunto de normas como guia da própria ação. A figura do direito tem como correlato a figura da obrigação".

O poder soberano, nas sociedades modernas, é o ordenamento jurídico assegurado pelo Estado, poder esse que lhe foi transferido por aquele poder originário significado na passagem do poder *ex principe* para o poder *ex populo*. Desse modo, o poder soberano do Estado encontra sua fonte de legitimidade no poder que advém do *povo e em cujo nome esse poder é exercido*.

Trata-se, como reconhece a Constituição do Brasil de 1988, da noção de Estado Democrático de Direito tal como expresso no seu preâmbulo e no seu art. 1º, § único.

O Estado de Direito é aquele em que se tem a soberania da lei, a legitimidade do sistema representativo baseado no voto popular e nas regras do jogo e a defesa dos direitos subjetivos contra o poder arbitrário.

Já o Estado Democrático de Direito é aquele que reconhece explícita e concretamente a soberania da lei e do regime representativo e por isso é um Estado de Direito. Ao mesmo tempo, reconhece e inclui o poder popular como fonte do poder e da legitimidade e o considera como componente dos processos decisórios mais amplos de deliberação pública e de democratização do próprio Estado. Confira, por exemplo, o art. 14 da Constituição que, decorrente do art. 1º, reconhece o referendo, o plebiscito e a iniciativa popular como formas alternativas e complementares do processo democrático representativo como que a reforçar o princípio democrático-rousseauniano da "vontade geral". Trata-se do aperfeiçoamento do sistema democrático por meio da participação social.

Contudo, ao se pôr o caráter histórico de nossas sociedades e da própria evolução da existência humana, vê-se, na sociedade de classes, inauguradora da sociedade moderna, o conflito de interesses e de valores estabelecido entre as diversas classes sociais que a compõem. Daí que o peso de determinados valores não é uma ponderação neutra ou aritmética. Ela depende do jogo das forças sociais em conflito. Nem sempre a solução do conflito é consensual. Por vezes, o conflito resulta apenas em um acordo como forma de enfrentar as contradições de base.

Ora, a educação na sociedade moderna foi vista como um antídoto à manutenção das paixões e como a via mais ampla da difusão da racionalidade própria do homem e da saída para uma vida social pactuada. As paixões, deixadas a si, contribuem para a manutenção de uma vida perigosa porque pré-racional e a vida racional precisa ser cultivada.

A racionalidade, componente distintivo da ação consciente do homem sobre as coisas implica o desenvolvimento da capacidade cognoscitiva do ser humano como meio de penetração no mundo objetivo das coisas. A racionalidade é também condição do reconhecimento de si que só se completa pelo concomitante reconhecimento igualitário da alteridade no outro. Só com o desenvolvimento dessas capacidades a ação do homem com o outro devém humana pelo diálogo com o outro reconhecido como igual e emancipatória na relação com as coisas. Ora, *o pleno desenvolvimento da pessoa*, objetivo maior da educação, posto em nossa atual Constituição, em seu art. 205, não poderia se realizar sem a busca da igualdade e da liberdade para as quais o desenvolvimento efetivo da capacidade cognitiva é tanto uma marca registrada do humano quanto uma condição desse desenvolvimento. Assim sendo, esta marca devém universal. Ela é a condensação de uma qualidade humana que não se cristaliza já que implica a produção de novos espaços de conhecimento, de acordo com momentos históricos específicos.

O direito à educação decorre, pois, de dimensões estruturais coexistentes na própria consistência do ser humano quanto de um contexto histórico específico.

Por isso é fundamental que esse direito seja reconhecido e efetivado em uma legislação que decorra do poder soberano. Em nossa tradição, a lei se formaliza pelo preceito escrito. Como diz De Plácido e Silva (1991: 62) a propósito da definição jurídica da lei: "[...] preceito escrito, formulado solenemente pela autoridade constituída, em função de um poder que lhe é delegado pela soberania popular, que nela reside a suprema força do Estado".

A formalização em lei de uma situação de fato ou de um princípio jurídico democrático abrangente deve se impor como o modo normal de funcionamento da sociedade, como lugar de igualdade de todos.

Será, pois, no reconhecimento da educação como direito que a cidadania como capacidade de alargar o horizonte de participação de todos nos destinos nacionais ganha espaço na cena social.

O Império não foi um momento efetivo da educação como um direito universal de cidadania. É verdade que a Constituição Imperial, ao tratar das Disposições Gerais e das Garantias dos Direitos Civis e Políticos dos Cidadãos Brasileiros, faz menção explícita à educação escolar no art. 179. Mas é preciso apontar quem é esse cidadão brasileiro.

Primeiramente pode-se dizer quem não é. Não é cidadão o escravo. Aliás, a Constituição é muda a esse respeito. Vergonha ante o princípio de *igualdade jurídica* posta no art. 179, XIII? Contradição entre princípios liberais e situações escravocratas?

O negro escravo, embora *abolidos os açoites, a tortura, a marca de ferro quente, e todas as mais penas cruéis* (art. 179, XIX), não passava de propriedade material do senhor. Ele não era considerado brasileiro e nem estrangeiro. Por isso, como "coisa" privada, o escravo ficava à mercê do senhor, senhor "dessa propriedade privada" em especial no âmbito da "senzala". Por aí se entende que o Código Criminal do Império de 16/12/1830 admitisse o açoite e o castigo para os escravos quando aplicados *moderadamente*, isentando-se o autor de qualquer pena.

Mesmo a admissão de cidadania conhecia restrições. Há um silêncio sobre as mulheres. Sabendo-se que o direito de voto extensivo às mulheres só foi consagrado na Constituição de 1934, o voto masculino era admitido nos limites do voto censitário. Assim, só os detentores de significativas parcelas de renda poderiam votar e ser votados, ainda que iletrados. Os religiosos de claustro eram excluídos do conjunto de eleitores e os que não professassem o catolicismo não podiam pleitear mandatos. Os libertos também não eram eleitores.

É nesse contexto que, no Título 8º, art. 179, XXXII e XXXIII, far-se-á menção à educação:

> A instrução primária é gratuita a todos os cidadãos;
> Colégios e universidades, aonde serão ensinados os elementos das Ciências, Belas Letras e Artes.

Nesse sentido, a instrução primária gratuita comparece como um componente dos direitos do indivíduo enquanto cidadão. Tal direito será regulamentado pela lei de 15/10/1827 e que pode ser considerada nossa primeira Lei de Diretrizes e Bases. Ela regulava carreira, salários, currículos e métodos para todo o Império.

Entretanto, a Lei n. 16, de 12/08/1834, conhecida como Ato Adicional – verdadeira emenda constitucional – dispôs em seu art. 10, § 2º:

> Compete às mesmas Assembleias (Legislativas Provinciais) legislar... Sobre instrução pública e estabelecimentos próprios a promovê-la, não compreendendo as faculdades de Medicina, os cursos jurídicos, Academias, atualmente existentes e outros quaisquer estabelecimentos de instrução que para o futuro forem criados por lei geral.

Vê-se por aí que não se tratou apenas de uma descentralização de competências como também as Províncias ficariam com os menores impostos ao contrário da Corte. A elas cabia a instrução primária. Os poderes imperiais, por seu turno, ficariam com o ensino das elites regrado por lei geral. Essas mesmas elites propiciarão ensino elementar ou nas próprias casas ou em internatos.

Não se pode deixar de apontar outros dois pontos significativos na instrução: a liberdade de ensino e o ensino de doutrina católica.

A Constituição de 1824, no seu art. 179, garantia "a inviolabilidade dos Direitos Civis e Políticos dos Cidadãos Brazileiros [sic], que tem por base a liberdade, a segurança individual e a propriedade". Entre outros *direitos* civis e políticos, a Constituição cita a liberdade de expressão e de pensamento (inciso IV) e a liberdade de profissão (inciso XXIV).

De acordo com Almeida (1989: 57):

> [...] a Assembleia Constituinte adotou, em 20 de outubro de 1823, uma lei semelhante àquela que fora votada em 28 de junho de 1821, pelas Cortes Constituintes de Portugal. Em virtude desta lei, todo o cidadão poderia abrir uma escola elementar sem obrigação de exame, nem licença ou autorização.

Por outro lado, ao menos no Brasil, a Igreja Católica é uma destinatária da educação dos índios e da abertura de colégios até mesmo por sua condição, posta no ordenamento jurídico do Reino, de religião oficial e, depois, do Império. Assim, o ensino de teodiceia e de doutrina católica eram obrigatórios em todos os currículos das escolas.

O regime republicano criou uma expectativa de melhoria para a cidadania. A escravatura havia sido abolida, surgia um novo regime. A República será confirmada pela Constituição de 1891 e a ela será dado o formato federativo, representativo e presidencialista. O voto tornou-se mais aberto com o fim do voto censitário e a imposição do letramento como condição de votar e ser votado. Entretanto, a tradição advinda do Império e de uma sociedade patriarcal não permitiu o exercício do voto pelas mulheres, pelos clérigos reclusos e soldados rasos.

O único preceito válido para toda a organização da educação escolar nacional será proibitivo. Diz o art. 72, § 6º: "será leigo o ensino ministrado nos estabelecimentos públicos". Ao lado disso, garantia-se o direito à livre manifestação de pensamento no art. 72, § 12º, e o livre exercício de qualquer profissão moral, intelectual e industrial (§ 24º) e a plenitude do direito de propriedade no § 17º. Com isso, estava assegurada a iniciativa privada na oferta de educação escolar. Mas, o ensino oficial não só foi mantido como passou a ser o critério para equiparação dos estudos ofertados pelos estabelecimentos regidos pela liberdade de ensino. É o que procede da leitura do art. 35. Ao mesmo tempo, consequente com a descentralização advinda do Império, o ensino primário tornou-se competência dos Estados e o ensino secundário e superior competências concorrentes entre a União e os Estados. Com isso, manteve-se a tradição maior do ensino superior ficar predominantemente sob a guarda da União. A gratuidade foi retirada da Constituição e deixada a cargo dos Estados bem como o estatuto da obrigatoriedade. Na verdade, o corte liberal da Constituição deixava a demanda por educação escolar ao indivíduo que, atraído pelo exercício do voto, seria motivado a buscar os bancos escolares. A Constituição não cogitou de vinculação de verbas, vindas de impostos, para a educação.

Sob essa Constituição foram várias as Reformas do Ensino Superior e Secundário válidas para o sistema federal de ensino e para efeito de equiparação de diplomas.

A Revisão Constitucional de 1925/1926 não conseguiu o intento da gratuidade e obrigatoriedade como princípio nacional no âmbito da instrução primária.

Após a Revolução de Trinta, o poder do Estado Nacional se fortalece e ele vai se tornando intervencionista em vários campos da atividade social. Nesse sentido, aparece, pela primeira vez, no art. 5º, inciso XIV, a competência privativa da União em "traçar as diretrizes da educação nacional". Contudo, a Constituição expressamente permite, no caso, a existência de leis estaduais que venham a "suprir lacunas ou deficiências da legislação federal, sem dispensar as exigências desta", de acordo com o inciso XIX, § 3º do mesmo artigo. E, em favor dessa concomitância, diz o art. 10, VI que é competência concorrente da União e dos Estados o "difundir a instrução pública em todos os seus graus". Por isso, aos adultos analfabetos estender-se-ia o princípio da gratuidade e da obrigatoriedade. A liberdade de ensino fica garantida no art. 113, n. 12 e 13. O jovem deveria ter proteção contra o "abandono físico, moral e intelectual" (letra "e" do art. 138) e as empresas deveriam propiciar o ensino primário gratuito aos empregados analfabetos (art. 139).

A grande inovação comparece no capítulo II do Título V: um capítulo para a educação. Capítulo marcante! A educação torna-se direito de todos e obrigação dos poderes públicos. Essa obrigação se impõe pelo Plano Nacional de Educação, pelo ensino primário gratuito e obrigatório, pela vinculação obrigatória de percentual dos impostos dos Estados, Municípios e União em favor da educação escolar, inclusive a da zona rural, a criação de fundos para uma gratuidade ativa (merenda, material didático e assistência médico-odontológica), a progressividade da gratuidade para além do primário, a confirmação de um Conselho Nacional de Educação. Junto com o reconhecimento do ensino privado, veio a possibilidade de isenção de impostos de estabelecimentos desse segmento desde que *oficialmente considerados idôneos*. O ensino religioso nas escolas públicas foi facultado no esquema de matrícula facultativa e oferta obrigatória, esquema até hoje inalterado com pequenas variações. O exercício do magistério público seria realizado por meio de concurso público e a liberdade de cátedra ficava assegurada.

Dificilmente se verá um capítulo tão completo, salvo em 1988, e que já mostra a educação mais do que um direito civil, um direito social próprio da cidadania. Mesmo que nem tudo haja sido efetivado, ficaram registrados os compromissos com e na norma constitucional estabelecendo-se uma tradição virtuosa da busca do direito do cidadão e da cobrança do dever do Estado.

E esses compromissos serão bandeiras de lutas em prol de uma educação pública de qualidade mesmo quando o autoritarismo ditatorial impôs sua marca explícita na sociedade brasileira. É o caso de 1937 com o golpe de Estado implantando a ditadura do Estado Novo.

A Constituição outorgada de 1937 retirou a vinculação de impostos para o financiamento da educação, restringiu a liberdade de pensamento, colocou o Estado como subsidiário da família e do segmento privado na oferta da educação escolar. Nas escolas públicas os mais ricos deveriam assistir os mais pobres com uma *contribuição módica e mensal para a caixa escolar*. A relação educação e ditadura é aqui paradigmática: ameaças de censura, restrições de várias ordens, insistência em organizações de jovens sob a figura do *adestramento físico e disciplina moral nos campos e nas oficinas* (art. 132), imposição do patriotismo *e* destinação do ensino profissional *às classes menos favorecidas* (art. 129).

Foi sob este período ditatorial que se publicaram a maior parte das denominadas Leis Orgânicas do Ensino.

Após as lutas que levaram a termo a ditadura estadonovista, promulgou-se em 18 de setembro a Constituição Federal de 1946. Essa Constituição retoma, em boa parte, princípios da Constituição de 1934, como a vinculação de impostos para o financiamento da educação como direito de todos, a distinção entre a rede pública e a privada, a gratuidade e a obrigatoriedade do ensino primário. Repõe em termos federativos a autonomia dos Estados na organização dos sistemas de ensino.

Foi sob essa Constituição que se deu a aprovação, em 1961, das Diretrizes e Bases da Educação Nacional, Lei n. 4.024/61.

Essa Constituição foi bastante emendada após o golpe de 1964, seja para instaurar um novo sistema tributário que tem tudo a ver com impostos e desses com a vinculação de verbas para a educação, seja incrementar o centralismo econômico e político da União. Ainda na vigência dessa Constituição, são impostos à nação os Atos Institucionais pelos quais, na verdade, foram suspensas as garantias constitucionais vigentes.

É dentro desse quadro que ao Congresso existente se atribui a tarefa de elaborar uma outra Constituição que se adequasse ao modelo político autoritário e ao modelo econômico centralizado e concentrador de renda. No capítulo dos direitos e garantias fica claro que a noção da ordem se sobrepõe à da liberdade e da justiça. No capítulo da educação a manutenção geral dos princípios advindos da Constituição de 1946 fica não só condicionada ao espírito da época, mas também contempla alterações significativas: o ensino primário, gratuito e obrigatório nos estabelecimentos oficiais incorpora explicitamente a faixa etária de 7 a 14 anos. Quer dizer: houve extensão da obrigatoriedade associada à faixa etária e ao mesmo tempo caiu a vinculação de impostos para o financiamento da educação escolar. Fala-se apenas em prestação de assistência técnico-financeira da União para com os Estados. A liberdade de ensino é mantida bem como o ensino religioso de oferta obrigatória com matrícula facultativa.

Sob essa Constituição se dá a Lei n. 5.540/68 conhecida como Lei da Reforma Universitária. Ela data de 23/11/68. Exatamente uns poucos dias antes do famigerado AI 5 de 13/12/68. E não se pode esquecer que a ditadura elaborou muitos Planos Nacionais e Regionais de Desenvolvimento nos quais comparecia a figura de Planos Setoriais.

O clima vivido pelo país, bastante analisado, conduziu ao Ato Institucional n. 5 e subsequentes, cuja rudeza e dureza determinaram o fim da frágil Constituição existente.

Consolidou-se o processo ditatorial. A Constituição de 1967, já de si fragilizada, ficou ainda mais com a chamada Emenda Constitucional n. 1 da Junta Militar datada de 17/10/1969. Essa Emenda refaz a Constituição de 1967 à luz e à letra dos Atos Institucionais. A desvinculação de verbas permanece conquanto ela reapareça apenas para os Municípios e fora do capítulo da Educação. Esses últimos, já gravados com o sistema tributário então vigente, poderiam sofrer intervenção no caso de não aplicarem o percentual de 20% dos impostos no ensino primário de suas redes.

A vinculação para a União e para os Estados só reaparecerá por meio da Emenda Constitucional n. 24, de 01/12/83, de autoria do Sen. João Calmon. Portanto, foram 16 anos sem vinculação de verbas, o que determinou a queda na aplicação de recursos para a educação escolar.

A busca pela redemocratização (do país), a necessidade de se repensar um novo pacto fundamental para o país e a urgência de normas estruturantes conformes à democracia, conduziram a uma impressionante mobilização popular e, depois, à Constituinte de 1987. Seu produto: Constituição de 1988, teve uma significativa participação. Nela, a educação é afirmada como o primeiro dos direitos sociais (art. 6º), como direito civil e político (capítulo da Educação) e ela, como dever de Estado, é afirmada por muitos modos. O próprio ensino fundamental é consagrado como direito público subjetivo, e o ensino médio, na versão original, é posto como *progressivamente obrigatório*. Mesmo que desconstitucionalizado, esse imperativo comparece na Lei de Diretrizes e Bases de 1996. A vinculação reaparece e os programas suplementares de alimentação e saúde terão que ter outras fontes de receita que não os da *manutenção do ensino*.

Os sistemas de ensino passam a coexistir em *regime de colaboração*, no âmbito das competências privativas, comuns e concorrentes entre si por meio de uma notável engenharia institucional pouco devedora da tradição centralizadora e imperial da União. Pela primeira vez na história do país a Constituição reza pela "gratuidade do ensino público em estabelecimentos oficiais" (art. 206, inciso IV), ou seja, em qualquer nível ou etapa do ensino.

Alteração significativa será a relativa ao sistema privado de educação escolar que deixa de ser concessão do Estado. Em seu lugar fica o regime de "autorização de funcionamento e avaliação de qualidade pelo poder público" (art. 209). Essa alteração se funda na aceitação da coexistência institucional entre o setor público e o privado e admite-se explicitamente a existência de uma rede privada com fins lucrativos e outra sem essa finalidade. Só essa última, tripartida em confessional, comunitária e filantrópica, usufrui da isenção fiscal (art. 150) e da possibilidade de receber recursos públicos (art. 213). Mesmo quando oferecida por mãos privadas, o ensino da educação escolar não deixa de ser um serviço público.

Se o princípio da igualdade é forte, não deixa de ser significativa a incorporação e a explicitação do direito à diferença no que concerne aos negros, índios e pessoas com necessidades especiais e também no que se refere aos grandes ciclos etários da vida.

O corpo docente ganhou com a necessidade dos concursos públicos para ingresso, planos de carreira, salário profissional e necessidade de atualização de conhecimentos. Já os sistemas públicos deverão também se reger pela *gestão democrática*.

A Constituição, que manteve como competência privativa da União o estabelecimento das diretrizes e bases da educação nacional, foi explicitada com emendas constitucionais das quais a mais significativa foi a emenda 14/96 que criou o Fundo de Desenvolvimento do Ensino Fundamental e de Valorização do Magistério (Fundef). Dessa emenda decorreu a Lei n. 9.424/96, mais conhecida como Lei do Fundef e que foi antecedida em alguns dias pela LDD, Lei n. 9.394/96. Já em 9 de janeiro de 2001, pela Lei n. 10.172, seguindo o imperativo do art. 214 da Constituição, aprovou-se o Plano Nacional de Educação. Mas a importância que o princípio da avaliação do rendimento escolar e institucional dos estabelecimentos ganhou na LDB foi precedida pela Lei n. 9.131/95. Também a eleição de dirigentes do ensino superior público federal teve suas normas postas na Lei n. 9.121/95.

Ao lado disso, não se pode esquecer tanto os vários Decretos do Executivo como o relativo ao ensino superior (Decreto n. 3.860/01), à educação profissional (Decreto n. 2.208/97) e à educação à distância (Decreto n. 2.494/98) quanto os Pareceres e Resoluções do Conselho Nacional de Educação, especificamente os relativos às diretrizes nacionais curriculares da Educação Básica e do Ensino Superior.

Se considerarmos que a educação é constituinte da dignidade da pessoa humana e elemento fundante da democratização das sociedades, se considerarmos o quanto educadores e educadoras se empenharam em prol da educação como direito, se considerarmos a importância da Constituição como pacto fundante da coexistência social, certamente o capítulo da Educação na nossa atual Constituição é avançado e contém bases e horizontes para uma vertente processual de alargamento da cidadania e dos direitos humanos.

Cabe aos educadores tomar em mãos este manancial e interpretar o "resto" da pirâmide legal infraconstitucional à luz desses princípios, tornando a educação mais qualitativa nos sistemas de ensino dos entes federados e nos espaços de autonomia dos estabelecimentos de ensino.

É certo que a realização de muitas expectativas postas na Lei Maior e nas leis infraconstitucionais entra em choque com as adversas condições sociais da sociedade de classes e também com as condições de oferta e de trabalho existentes nos estabelecimentos de ensino dos sistemas.

Nem por isso diminuiu, entre os educadores, a importância reconhecida da lei porque, como cidadãos, eles se deram conta de que, apesar de tudo, ela ainda é um instrumento viável de luta e porque com ela pode-se criar condições mais propícias não só para a democratização da educação, mas também para a socialização cidadã de novas gerações.

LEITURAS COMPLEMENTARES

ALMEIDA, José Ricardo Pires de. *História da Instrução Pública no Brasil (1500-1889)*. São Paulo/Brasília: Educ/Inep/MEC, 1989.

BOAVENTURA, Edvaldo. *A educação brasileira e o Direito*. Belo Horizonte: Nova Alvorada, 1997.

BOBBIO, Norberto. *A era dos direitos*. Rio de Janeiro: Campus, 1992.

CASTRO, Marcelo Lúcio Ottoni de. *A educação na Constituição de 1988 e a LDB*. Brasília: André Quicé, 1998.

CATANI, Afrânio e OLIVEIRA, Romualdo. *Constituições estaduais brasileiras e Educação*. São Paulo: Cortez, 1993.

CURY, Carlos Roberto Jamil. A relação educação-sociedade-Estado pelas mediação jurídico/constitucional. In: FÁVERO, Osmar (org.). *A Educação nas Constituintes Brasileiras, 1823-1988*. Campinas: Autores Associados, 1996.

_____. Leis nacionais de Educação: uma conversa antiga. In: CURY, Carlos Roberto Jamil et al. *Medo à liberdade e compromisso democrático*. LDB e Plano Nacional de Educação. São Paulo: Ed. do Brasil, 1997.

_____. *Legislação Educacional Brasileira*. Rio de Janeiro: DP&A, 2000.

_____. A Educação como desafio na ordem jurídica. In: LOPES, Eliane Marta Teixeira et al. *500 anos de educação no Brasil*. Belo Horizonte: Autêntica, 2000, p. 567-584.

DE PLÁCIDO e SILVA. *Vocabulário jurídico*. Vols. III e IV. Rio de Janeiro: Forense, 1991.

FÁVERO, Osmar (org.). *A Educação nas Constituintes Brasileiras, 1823-1988*. Campinas: Autores Associados, 1996.

HORTA, José Silvério Baia. "Direito à educação e obrigatoriedade escolar". *Cadernos de Pesquisa*, n. 14, 1998, p. 5-34. São Paulo: Fund. Carlos Chagas.

IVO, Gabriel. *Constituição Estadual*. São Paulo: Maxlimonad, 1997.

2
A POLÍTICA EDUCACIONAL NO BRASIL

Dermeval Saviani

A política educacional diz respeito às medidas que o poder público toma relativamente aos rumos que se deve imprimir à educação. Ao longo do século XX, podemos distinguir três momentos da política educacional no Brasil.

O primeiro período corresponde ao protagonismo dos Estados na tarefa de viabilizar a oferta de escolas primárias, guiados pelo ideário do iluminismo republicano, ficando a União com o encargo de regular, num movimento pendular, o ensino secundário e superior. Essa fase se estende de 1890 a 1931.

O segundo período vai até 1961 e traz à tona o protagonismo da União que busca regulamentar o ensino em todo o país incorporando, de forma contraditória, o ideário pedagógico renovador.

O terceiro período pode ser demarcado entre 1961 e 2001 e corresponde às iniciativas para unificar a regulamentação do ensino tendo como referência uma concepção pedagógica produtivista.

O PROTAGONISMO DOS ESTADOS NA IMPLANTAÇÃO DAS ESCOLAS PRIMÁRIAS (1890-1931)

Até o final do Império, por força do Ato Adicional de 1834, a instrução primária estava descentralizada, ficando a cargo das Províncias. O advento da República não alterou essa situação. Em consequência, o governo central, ocupando-se do ensino secundário e superior com jurisdição sobre o ensino primário apenas no Distrito Federal, baixou várias reformas. A primeira delas foi a de Benjamin Constant, em 1890, incidindo sobre os ensinos primário e secundário. Embora limitada ao Distrito Federal, poderia se constituir em referência para a organização do ensino nos Estados. Entretanto, essa reforma, que introduziu os estudos científicos pretendendo conciliá-los com os literários, foi amplamente criticada, inclusive pelos adeptos da corrente positivista da qual Benjamin Constant era um dos principais líderes. O Código Epitácio Pessoa, de 1901, acentuou os estudos literários e, conforme a visão positivista, equiparou as escolas privadas e as oficiais de nível secundário e superior. Aprofundando a tendência positivista, que defendia a liberdade de ensino expressa na desoficialização e na abolição da exigência do diploma para o exercício profissional, a reforma Rivadávia Corrêa, de 1911, desoficializou totalmente o ensino concedendo-lhe plena autonomia didática e administrativa. Em reação às consequências negativas dessa política educacional foi aprovada, em 1915, a reforma Carlos Maximiliano, que reoficializou o ensino e instituiu o exame vestibular e a obrigatoriedade do diploma de conclusão do ensino secundário para ingresso no ensino superior. Finalmente, a reforma Rocha Vaz, de 1925, estabeleceu os currículos das escolas superiores e determinou que o exame vestibular seria de caráter classificatório para ingresso em um número previamente delimitado de vagas das escolas de nível superior.

A esse movimento pendular da política educacional em âmbito federal, que oscilava entre os estudos literários e científicos e entre a oficialização e a desoficialização, se contrapunha a necessidade, posta em âmbito estadual, da implantação e expansão das escolas primárias. O Estado de São Paulo deu início, já em 1890, a uma ampla reforma educacional, começando pela implantação do ensino graduado na Escola Normal, à vista do entendimento de que a condição prévia para a eficácia da escola primária é a adequada formação de seus professores. E em 1892 foram aprovadas as normas de organização das escolas primárias, cuja grande inovação foi a implantação dos grupos escolares. A par da organização administrativa, reunindo várias classes regidas por diferentes professores sob uma direção comum, e dos aspectos pedagógicos compreendendo a definição dos conteúdos curriculares e do método de ensino, um elemento importante dessa política educacional foi a iniciativa de construir, para abrigar os grupos escolares, vistosos prédios públicos que rivalizavam com a igreja, a câmara municipal e as mansões mais importantes tanto da capital como das principais cidades do interior. Deflagrado o processo a partir de 1893, os grupos escolares foram se disseminando pelo Estado de São Paulo de onde o modelo se irradiou pelos demais Estados, tendo conformado a organização pedagógica da escola elementar que se encontra em vigência, atualmente, nas quatro primeiras séries do Ensino Fundamental.

Mas, se a organização da escola primária na forma de grupos escolares levou a uma mais eficiente divisão do trabalho escolar ao formar classes com alunos de mesmo nível de aprendizagem, essa forma de organização conduzia, também, a mais refinados mecanismos de seleção. No fundo, era uma escola mais eficiente para o objetivo de seleção e formação das elites. A questão da educação das massas populares ainda não se colocava. Essa questão emergirá na reforma paulista de 1920, conduzida por Sampaio Dória, única dentre as várias reformas estaduais da década de 20 que procurou enfrentar esse problema mediante a instituição de uma escola primária cuja primeira etapa, com a duração de dois anos, seria gratuita e obrigatória para todos, tendo como objetivo garantir a universalização das primeiras letras, isto é, a alfabetização de todas as crianças em idade escolar. Essa reforma, admitida pelo próprio Sampaio Dória como resultando em "um tipo de escola primária, aligeirada e simples", recebeu muitas críticas e acabou não sendo plenamente implantada.

REGULAMENTAÇÃO NACIONAL DO ENSINO: A IDEIA DE UM SISTEMA UNIFICADO E O DUALISMO NA POLÍTICA EDUCACIONAL (1931-1961)

Vitoriosa a Revolução de 1930, um dos primeiros atos do novo governo foi a criação do Ministério da Educação e Saúde Pública. E em 1931, o titular desse ministério baixou vários decretos cujo conjunto compõe as reformas Francisco Campos, abrangendo a criação do Conselho Nacional de Educação, os Estatutos das universidades brasileiras, a organização da Universidade do Rio de Janeiro e dos ensinos secundário e comercial. Embora o ensino primário ainda não tenha sido contemplado nessas reformas, dava-se um passo importante no sentido da regulamentação, em âmbito nacional, da educação brasileira.

Como coroamento de um processo que vinha se desenvolvendo desde a criação da Associação Brasileira de Educação (ABE) em 1924, foi lançado em 1932 o "Manifesto dos Pioneiros da Educação Nova" que, após diagnosticar o estado da educação no Brasil afirmando que "todos os nossos esforços, sem unidade de plano e sem espírito de continuidade, não lograram ainda criar um sistema de organização escolar à altura das necessidades modernas e das necessidades do país", apresenta um "Plano de Reconstrução Educacional".

O Manifesto é um documento de política educativa em que, mais do que a defesa da Escola Nova, está em causa a defesa da escola pública.

Suas diretrizes influenciaram o texto da Constituição de 1934, cujo capítulo sobre educação resultou, porém, da conciliação entre as posições opostas de católicos e renovadores.

Um outro aspecto relevante que emergiu na década de 1930 foi a questão da formação de professores. E já que no caso dos professores primários a solução havia sido a criação das escolas normais, agora as atenções se voltaram para o preparo dos docentes do ensino secundário. Francisco Campos, ao propor no Decreto dos Estatutos das Universidades Brasileiras a criação da Faculdade de Educação, Ciências e Letras, em 1931, justifica-a como um instituto de alta cultura, mas argumenta que ela deveria ser, "antes de tudo e eminentemente, um Instituto de Educação" cuja função precípua seria a formação dos professores, sobretudo os do ensino normal e secundário. A nova faculdade não chegou a ser instalada. Mas, em 1939, adotou-se como modelo padrão para todo o país a estrutura da Faculdade Nacional de Filosofia, organizada em quatro seções: Filosofia, Ciências, Letras e Pedagogia às quais se acrescentou, ainda, uma seção especial denominada Didática, prevendo-se duas modalidades de cursos: o bacharelado, com a duração de três anos, e a licenciatura. O Curso de Pedagogia foi definido como um curso de bacharelado ao lado daqueles das demais seções da faculdade. O diploma de licenciado seria obtido por meio do curso de didática, com a duração de um ano, acrescentado ao curso de bacharelado, o que deu origem ao famoso esquema conhecido como "3+1". A base organizacional da formação em nível superior dos profissionais da educação, aí compreendidos os professores e os pedagogos, decorre dessa estrutura implantada em 1939 que, embora tendo sofrido algumas alterações e diversas contestações, no fundamental se mantém em vigor ainda hoje.

Tendo substituído Francisco Campos no Ministério da Educação a partir de julho de 1934, Gustavo Capanema deu sequência ao processo de reforma educacional interferindo, nos anos 1930, no ensino superior e, a partir de 1942, nos demais níveis de ensino por meio das "leis orgânicas", também conhecidas como "Reformas Capanema", abrangendo os ensinos industrial e secundário (1942), comercial (1943), normal, primário e agrícola (1946), complementados pela criação do Serviço Nacional de Aprendizagem Industrial (SENAI, 1942) e do Serviço Nacional de Aprendizagem Comercial (SENAC, 1946). Por essas reformas o Ensino Primário foi desdobrado em Ensino Primário Fundamental, de quatro anos, destinado a crianças entre 7 e 12 anos, e Ensino Primário Supletivo, de dois anos, que se destinava a adolescentes e adultos que não haviam tido a oportunidade de frequentar a escola na idade adequada. O Ensino Médio ficou organizado verticalmente em

2. A política educacional no Brasil

dois ciclos, o ginasial, com a duração de quatro anos, e o colegial, com a duração de três anos e, horizontalmente, nos ramos secundário e técnico-profissional. O ramo profissional se subdividiu em industrial, comercial e agrícola, além do curso normal que mantinha interface com o secundário.

Embora a Lei Orgânica do Ensino Primário tenha sido aprovada apenas após a queda do Estado Novo, cabe registrar que, por decreto de 1942, de iniciativa do Ministro Gustavo Capanema, foi instituído o Fundo Nacional do Ensino Primário, destinado à ampliação e melhoria do ensino elementar em todo o país. Mas, de fato, só em agosto de 1945 foi regulamentada a concessão do auxílio federal aos Estados, atendendo tanto a educação comum das crianças como o ensino destinado aos adultos. Com isso, a educação de adultos ganhou autonomia em relação à escola primária, pois passou a dispor de recursos próprios para se desenvolver. Foi com base nos recursos desse Fundo que se desencadearam, no final da década de 1940 e ao longo dos anos 1950, as campanhas de educação e alfabetização de adultos.

A característica dessa política educacional, cuja expressão mais acabada foram as reformas Capanema, é uma concepção dualista de ensino. Na reforma do ensino secundário estabeleceu-se que seu objetivo era a formação das elites condutoras. Ora, daí se infere que o objetivo do ensino técnico seria a formação do povo conduzido. E, de fato, esse dualismo se expressou de forma rígida, pois apenas o ensino secundário dava direito de acesso, mediante vestibular, a todas as carreiras do ensino superior. O ensino técnico só dava direito de acesso às carreiras correspondentes ao mesmo ramo cursado pelo aluno. Para ter acesso a outra carreira o aluno teria que recomeçar o ensino médio cursando todas as séries do ensino secundário ou do ramo técnico específico correspondente à carreira de nível superior desejada. Essa política preconizava, pois, uma separação entre o ensino das elites que se destinariam ao trabalho intelectual e o ensino popular voltado para a preparação e o adestramento dos trabalhadores manuais. Eis por que, além dos ensinos industrial, comercial e agrícola, foram criados também os Senai, Senac e, embora de vida efêmera, o Senar (Serviço Nacional de Aprendizagem Rural).

Esse dualismo entrava em contradição com o ideário renovador que, como vimos pelo enunciado do Manifesto, preconizava uma educação comum, destinada a todos, independentemente de sua origem e condição social. Não obstante, no interior desse movimento contraditório, o ideário renovador foi ganhando terreno. Seus representantes, desde 1930, foram crescentemente ocupando os postos da burocracia educacional oficial, tendo oportunidade de ensaiar várias reformas, criar escolas experimentais e implementar os estudos pedagógicos, impulsionados de modo especial a partir da criação do Instituto Nacional de Estudos e Pesquisas (Inep), em 1938. Com a queda do Estado Novo retoma-se o processo democrático e em 18 de setembro de 1946 entra em vigor uma nova Constituição que definiu como privativa da União a competência para "fixar as diretrizes e bases da educação nacional". Atendendo a essa exigência, o ministro da educação, Clemente Mariani, encaminhou ao Congresso Nacional um projeto que, após longa e tumultuada tramitação, resultou na Lei de Diretrizes e Bases da Educação Nacional, promulgada em 20/12/1961.

Do ponto de vista da organização do ensino a LDB (Lei n. 4.024/61) manteve, no fundamental, a estrutura em vigor decorrente das reformas Capanema, flexibilizando-a, porém. A nova lei tornou possível que, mediante aproveitamento de estudos, os alunos pudessem se transferir de um ramo a outro do ensino médio e, após concluir qualquer ramo desse nível de ensino, viessem a ter acesso, por meio do exame vestibular, a qualquer curso de nível superior.

UNIFICAÇÃO LEGAL E PRODUTIVISMO PEDAGÓGICO: UM DUALISMO DISFARÇADO? (1961-2001)

Sob a hegemonia das ideias novas, a década de 1960 foi fértil em experimentação educativa. Consolidaram-se os colégios de aplicação, surgiram os ginásios vocacionais e deu-se grande impulso à renovação do ensino de matemática e de ciências. Mas, nessa mesma década observa-se o declínio do ideário renovador: as experiências mencionadas se encerraram no final dos anos 1960, momento em que também foram fechados o Centro Brasileiro de Pesquisas Educacionais e os Centros Regionais a ele ligados. Após o golpe militar, consumado em primeiro de abril de 1964, todo o ensino no país foi reorientado.

A nova situação exigia adequações que implicavam mudança na legislação educacional. Mas o governo militar não considerou necessário modificá-la totalmente mediante a aprovação de uma nova lei de diretrizes e bases da educação nacional. Isso porque, dado que o golpe visava garantir a continuidade da ordem socioeconômica que havia sido considerada ameaçada no quadro político presidido por João Goulart, as diretrizes gerais da educação, em vigor, não precisavam ser alteradas. Bastava ajustar a organização do ensino à nova situação.

O ajuste foi feito pela Lei n. 5.540/68, que reformulou o ensino superior, e pela Lei n. 5.692/71, que alterou os ensinos primário e médio modificando sua denominação para ensino de primeiro e de segundo grau. Com isso os dispositivos da LDB (Lei n. 4.024/61) correspondentes às bases da educação (ensino primário, médio e superior) foram revogados e substituídos pelas duas novas leis, permanecendo em vigor os primeiros títulos (Dos fins da educação, do direito à educação, da liberdade do ensino, da administração do ensino e dos sistemas de ensino) que enunciavam as diretrizes da educação nacional.

A política educacional, da qual essas leis foram instrumentos, procurou responder a pressões opostas.

No ensino superior a lei aprovada resultou de duas demandas contraditórias: a dos estudantes e professores e aquela dos grupos ligados ao regime instalado com o golpe militar. Respondendo à primeira pressão, a Lei n. 5.540 proclamou a autonomia universitária e a indissociabilidade entre ensino e pesquisa, aboliu a cátedra e elegeu a instituição universitária como forma prioritária de organização do ensino superior. Atendendo à segunda demanda, instituiu o regime de crédito, a matrícula por disciplina, os cursos semestrais, os cursos de curta duração e a organização fundacional.

A reforma do ensino primário e médio, com base nos princípios da integração vertical e horizontal, continuidade-terminalidade, racionalização-concentração e flexibilidade chegou a uma estrutura que, em lugar de um curso primário com a duração de quatro anos, seguido de um ensino médio subdividido verticalmente em um curso ginasial de quatro anos e um curso colegial de três anos, se definiu por um ensino de primeiro grau com a duração de oito anos e um ensino de segundo grau de três anos, como regra geral. Em lugar de um ensino médio subdividido horizontalmente em ramos, instituiu-se um curso de segundo grau unificado, de caráter profissionalizante. A Lei n. 5.692, de 11/08/1971, ao justificar a tentativa de universalização compulsória da profissionalização no ensino de segundo grau, trouxe à baila o *slogan* "ensino secundário para os nossos filhos e ensino profissional para os filhos dos outros" com o qual se procurava criticar o dualismo anterior sugerindo que as elites reservavam para si o ensino preparatório para ingresso no nível superior, relegando a população ao ensino profissional destinado ao exercício de funções subalternas.

Deve-se notar, porém, que essa mesma Lei n. 5.692 introduziu a distinção entre *terminalidade ideal ou legal*, que corresponde à escolaridade completa de primeiro e segundo graus com a duração de onze anos, e *terminalidade real*, a qual implicava a antecipação da formação profissional de modo a garantir que todos, mesmo aqueles que não chegassem ao segundo grau ou não completassem o primeiro grau, saíssem da escola com algum preparo profissional para ingressar no mercado de trabalho. Admitiu-se, pois, que nas regiões menos desenvolvidas, nas escolas mais carentes, portanto, para a população de um modo geral, a terminalidade real resultaria abaixo da legal, podendo, no limite, não ultrapassar os quatro anos correspondentes ao antigo curso primário devendo receber, mesmo nesses casos, algum preparo profissional para daí passar diretamente ao mercado de trabalho. Ora, através desse mecanismo a diferenciação e o tratamento desigual foram mantidos no próprio texto da lei, apenas convertendo o *slogan* anterior neste outro: "terminalidade legal para os nossos filhos e terminalidade real para os filhos dos outros".

Um outro aspecto importante da política educacional dos anos de 1970 refere-se à pós-graduação, regulada pelo Parecer n. 77/69, do Conselho Federal de Educação. Embora implantada segundo o espírito do projeto militar do "Brasil Grande" e da modernização integradora do país ao capitalismo de mercado associado-dependente, a pós-graduação se constituiu num espaço privilegiado para o incremento da produção científica e, no caso da educação, também para o desenvolvimento de uma tendência crítica que, embora não predominante, gerou estudos consistentes sobre cuja base foi possível formular a crítica e a denúncia sistemática da pedagogia dominante, alimentando um movimento de contraideologia. Nesse contexto foi se impondo a exigência de se modificar por inteiro o arcabouço da educação nacional. A oportunidade surgiu com a instalação de um governo civil (a Nova República) e a elaboração da nova Constituição Federal.

A nova Constituição, promulgada em 05/10/1988, consagrou várias aspirações e conquistas decorrentes da mobilização da comunidade educacional e dos movimentos sociais organizados. Da comunidade educacional surgiu, também, o projeto de uma nova LDB que deu entrada na Câmara dos Deputados em dezembro de 1988, cuja característica mais marcante foi o empenho em libertar a política educacional da política miúda permitindo ultrapassar as descontinuidades que a têm marcado em nossa história. Entretanto, a interferência do governo impediu que esse projeto fosse adiante. Em seu lugar foi aprovada a proposta apresentada pelo Senador Darcy Ribeiro, mais maleável aos propósitos da política governamental, que deu origem à nova LDB (Lei n. 9.394) promulgada em 20/12/1996. Quanto à organização do ensino a nova LDB manteve, no fundamental, a estrutura anterior, apenas alterando a nomenclatura ao substituir as denominações de ensino de 1º e 2º graus, respectivamente por Ensino Fundamental e Médio.

Do ponto de vista formal pode-se concluir que, diferentemente da situação anterior em que tínhamos três leis regulando os aspectos fundamentais da educação (Leis n. 4.024/61, 5.540/68 e 5.692/71), com a nova LDB passamos a ter, em termos substantivos, apenas uma lei infraconstitucional normatizadora da educação em seus vários aspectos, unificando, portanto, a regulamentação do ensino no país. Em que pese essa unificação legal, não podemos fugir à constação de que a política educacional brasileira continuou marcada pelo dualismo antes referido. A persistência desse dualismo pode ser notada na política educacional resultante da nova LDB não apenas quando, na reforma do ensino médio, se separa o ensino técnico do ensino médio de caráter geral e quando se advoga no ensino superior os centros de excelência destinados a ministrar às elites um ensino de qualidade articulado com a pesquisa, em contraste com as instituições que ofereceriam ensino sem pesquisa. Esse dualismo se manifesta também no ensino fundamental ao se propor para a rede pública um ensino aligeirado, avaliado pelo mecanismo da promoção automática e conduzido por professores formados em cursos de curta duração organizados nas escolas normais superiores com ênfase maior no aspecto prático-técnico em detrimento da formação de um professor culto, dotado de uma fundamentação teórica consistente que dê densidade à sua prática docente. Esta última alternativa ficará reservada às escolas destinadas às elites que certamente continuarão a recrutar os seus professores dentre aqueles formados nos cursos de licenciatura longa, preferentemente oriundos dos centros de excelência constituídos pelas universidades públicas que preservarão a exigência da indissociabilidade entre ensino e pesquisa.

Se no primeiro período compreendido entre 1890 e 1931 a concepção educacional predominante foi o iluminismo republicano e, no segundo período, prevaleceu o ideário pedagógico renovador, todo este terceiro período foi dominado pela *concepção produtivista de educação*, cuja primeira formulação remonta à década de 1950 com os trabalhos de Theodore Schultz que popularizaram a "teoria do capital humano". É à luz dessa concepção que as medidas de política educacional foram formuladas e implementadas.

Dentre as medidas instituídas pela nova LDB que requeriam regulamentação ou a aprovação de lei específica, destaca-se o Plano Nacional de Educação pela sua importância no que se refere ao diagnóstico da educação no país, o estabelecimento de metas e, especialmente, quanto à previsão dos recursos relativos ao financiamento da educação que é, com certeza, o aspecto mais relevante da política educacional. O novo Plano Nacional de Educação foi instituído pela Lei n. 10.172, de 09/01/2001. Podemos, pois, considerar que, com esse ato, se completa o ciclo da política educacional brasileira no século XX. Infelizmente, mesmo avanços tímidos, como a progressiva ampliação dos recursos destinados à educação de modo a chegar, após dez anos, a 7% do PIB, foram vetados pelo Presidente da República.

LEITURAS COMPLEMENTARES

CURY, Carlos R. Jamil. *Ideologia e educação brasileira*: católicos e liberais. São Paulo: Cortez & Moraes, 1978.

GERMANO, José Willington. *Estado militar e educação no Brasil*. 3. ed. São Paulo: Cortez, 2000.

HORTA, José S. Baia. *O hino, o sermão e a ordem do dia*: regime autoritário e a educação no Brasil (1930-1945). Rio de Janeiro: UFRJ, 1994.

NAGLE, Jorge. *Educação e sociedade na Primeira República*. São Paulo: EPU, 1974.

_____. *O legado educacional do século XX no Brasil*. Campinas: Autores Associados, 2004.

PAIVA, Vanilda Pereira. *Educação popular e educação de adultos*. São Paulo: Loyola, 1973.

PINTO, José M. de Rezende. *Os recursos para educação no Brasil no contexto das finanças públicas*. Brasília: Plano, 2000.

SAVIANI, Dermeval. *A nova lei da educação*. 9. ed. Campinas: Autores Associados, 2004.

_____. *Da nova LDB ao novo Plano Nacional de Educação*: por uma outra política educacional. 5. ed. Campinas: Autores Associados, 2004.

VIEIRA, Sofia Lerche. *Política educacional em tempos de transição (1985-1995)*. Brasília: Plano, 2000.

3
CONSTITUIÇÃO DO MINISTÉRIO DA EDUCAÇÃO E ARTICULAÇÕES ENTRE OS NÍVEIS FEDERAL, ESTADUAL E MUNICIPAL DA EDUCAÇÃO

Flávia Werle

Este capítulo focaliza a estruturação e as relações entre as instâncias federal, estadual e municipal na administração da educação. Para tanto, far-se-á a reconstrução genealógica do Ministério da Educação, para explorar brevemente as relações e estruturas criadas nas esferas estadual e municipal. Constata-se que a educação básica não foi incluída na agenda de temas importantes da instância federal na Primeira República e que é relevante a influência da instância estadual sobre a municipal, em especial, quando proclamada a municipalização do ensino de 1º grau.

A Constituição republicana, de 1891, institucionalizou a descentralização e segmentou em dois blocos a administração da educação: o federal e o estadual. O primeiro, responsável pelo ensino superior e secundário, o outro, pelo ensino primário, profissionalizante e de formação de professores, o que marcou a estrutura administrativa destas instâncias.

Os serviços relativos à instrução pública afetos, no Império, à Secretaria do Interior – que hoje chamaríamos de Ministério do Interior –, passam, em 1890, para a Secretaria ou, nos termos de hoje, Ministério de Estado dos Negócios da Instrução Pública, Correios e Telégrafos, composto de três seções, uma de apoio financeiro, outra de correios e telégrafos e, a terceira, tendo a seu cargo a instrução pública primária, secundária, superior, instrução especial e profissional, institutos, escolas normais, academias, museus e demais estabelecimentos (Decreto n. 377, 1890). O Ministério de Instrução Pública, Correios e Telégrafos funcionou apenas durante um ano e meio, sendo extinto com a reorganização dos serviços da administração federal, quando as questões educativas passaram para a competência do Ministério da Justiça e Negócios Interiores. A ele competia tudo o que fosse concernente ao desenvolvimento das ciências, letras e artes, à instrução e à educação e seus respectivos institutos nos limites da competência do Governo Federal (Lei n. 23, 1891).

A instância federal, além de administrar diretamente as Faculdades de Direito de Recife e São Paulo, Faculdade de Medicina do Rio e Bahia, Escola Politécnica, Escola de Minas de Ouro Preto, Escola Normal, Academia de Belas Artes, Instituto Nacional de Música, Instituto Nacional de Cegos, Instituto dos Surdos-Mudos, Observatório Astronômico, Biblioteca Nacional, internato e externato do Instituto Nacional, administrava também a instrução pública primária no Distrito Federal. Isso implicava pagar despesas de transporte dos inspetores escolares, da firma que realizara serviço de manutenção em escolas públicas, aluguel das casas ocupadas pelas escolas públicas primárias da capital, abono às escolas públicas primárias da capital federal.

O Ministro da Instrução Pública, Correios e Telégrafos tinha incumbências muito semelhantes com referência à instrução primária do Distrito Federal à do Inspetor Geral da Instrução Pública do nível estadual, no caso do Rio Grande do Sul.

Por outro lado, com relação aos institutos de ensino superior, secundário e especial, o ministro atuava como um administrador direto de rotinas de execução. Inexistiam diretrizes que inspirassem uma política geral de educação. Havia apenas regulamentos pontuais como os de instrução primária e secundária.

A linha de liberdade de ensino, elo comum às instâncias federal e estadual, só contribuiu para dar ao nível estadual um espaço de autonomia e deliberação independente do federal, a qual justificava a não intromissão da União no ensino de primeiras letras. Não havia se constituído na sociedade brasileira a ideia de Estado como articulador da instrução em seus diferentes níveis.

Para a instância federal este particular parece ter sustado a possibilidade de especialização estrutural que atendesse à instrução primária, o que condenou esse nível de ensino a um atrelamento a outros interesses políticos e, contraditoriamente, a sua não inclusão na agenda de discussões nacionais na direção da generalização da instrução primária e erradicação do analfabetismo.

Com isto, a instância federal, no início da República, não estava compromissada com a educação primária, articulando-se à educação do Distrito Federal e ao ensino superior e secundário no país. Não havia condições organizacionais nem ideias polarizadoras que levassem ao desenvolvimento de um sistema político-administrativo que fosse ativo e abrangente para com a problemática da instrução primária.

Em 1892, à secretaria do Ministério estavam ligadas três diretorias gerais: da justiça, do interior e da instrução, esta composta de duas seções, uma envolvendo o ensino superior e secundário do Distrito Federal, Biblioteca Nacional, Teatro e, outra abrangendo os serviços de estatística da instrução primária e normal, o Pedagogium, Instituto de Cegos e Surdos-Mudos, Museu Nacional, Academia Nacional de Medicina, estabelecimentos de ciências, letras e artes mantidos ou subvencionados pela União nos diferentes estados, além da catequese dos índios (Decreto n. 1.160, 1892).

Em 1899, nova reorganização, quando as questões referentes à educação passam a ser tratadas na segunda seção da Diretoria do Interior, que se incumbe da instrução superior e secundária no Distrito Federal e demais estabelecimentos deste tipo, mantidos pela União nos estados, abrangendo, também, institutos, escolas e sociedades que se dediquem às ciências, letras e artes, mantidos ou fiscalizados pela União (Decreto n. 3.191, 1899).

A Inspetoria Geral de Instrução Pública[1], em 1890, por exemplo, administrava diretamente os estabelecimentos federais de ensino superior e secundário nos estados e Distrito Federal, atendendo pedidos de: ressarcimento de despesas feitas pelo secretário da Escola Normal, pagamento de professores, de parteiras e serventes da Faculdade de Medicina, de pessoas que serviram de modelo vivo na Escola de Belas Artes, de aluno que taquigrafava a reunião da congregação da Faculdade de Medicina. Inclui, também, documentos acusando recebimentos da venda da Revista dos Cursos Práticos e dos Programas da Faculdade de Medicina; indenização de professor dos custos em tipografia para imprimir o compêndio; autorização de impressão de obra de professor da Escola Politécnica; lançamento de prêmio em dinheiro aos professores que compusessem obras sobre história da formação da língua portuguesa.

---

1. Foram consultados no Arquivo Nacional do Rio de Janeiro, dentre minutas, avisos e correspondências, um total de 434 documentos do ano de 1890 e 176 documentos do ano de 1892. Foram consultados também processos diversos da Diretoria do Interior dos anos de 1908 e 1919 e, desta mesma diretoria, protocolos de ofícios de 1916 – livro com 238 p.

Ao ministro dos Negócios da Instrução Pública, Correios e Telégrafos incumbia enviar aos governadores portarias e atos referentes à administração de pessoal de escolas federais superiores e secundárias de diferentes locais do país (CONSTANT, 1890).

A instância federal, no início do período republicano, atribuiu um *status* diferenciado à educação, separando-a da generalidade dos negócios designados, genericamente, de interiores, embora a educação fosse tratada apenas como uma parte da estrutura do ministério em que se inseria. Mesmo assim, esta situação foi bastante efêmera, pois "Instrução, Correios e Telégrafos" foi um Ministério com duração de apenas 18 meses.

A estrutura administrativa, especificamente educativa, que começava a se desenvolver com a criação de uma pasta para a instrução, se bem que acoplada a correios e telégrafos, fica progressivamente mais especializada. A instância federal tratava apenas dos assuntos da instrução superior e as demais ações empreendidas no campo da educação eram tratadas como questões de política interna, distanciadas de dimensões político-pedagógicas.

No período entre 1903 (Decreto n. 4.728, 1899) e 1930, os assuntos da instrução são tratados em seções separadas da Diretoria do Interior. A instrução superior e secundária do Distrito Federal e estabelecimentos deste tipo a cargo do poder federal nos estados permanecem em secção específica da Diretoria do Interior. Os institutos e estabelecimentos que se dediquem às letras, ciências e artes mantidos, fiscalizados ou subvencionados pela União, passam a ser uma das incumbências da primeira seção da Diretoria do Interior, tratados junto com questões como naturalização, nacionalidade, liberdade de culto, festas nacionais, organização política da República e dos Estados.

O Conselho Nacional de Ensino, criado em 1925, poderia contar, na seção do Ensino Primário e Profissional, com um delegado de cada estado onde existisse ensino primário subvencionado pela União. O trato de questões do ensino primário diluía-se frente às referentes ao ensino superior, secundário, e até frente ao artístico e profissional (Decreto n. 16.782, 1925).

Romanelli (1983: 43) destaca que a reforma de 1925 foi positiva, por ter estabelecido, com o objetivo de desenvolver o ensino primário, um acordo entre a União e os Estados, o qual abrangia apenas escolas rurais e, embora inovador, não trouxe alterações significativas.

Destaca-se, pois, na estrutura administrativa da instância federal, o privilegiamento do ensino superior e secundário.

A inclusão dos estabelecimentos mantidos pela União numa seção geral da Diretoria do Interior destacam o vínculo entre as diretrizes nacionalizantes e as escolas de primeiras letras como espaço de implementação desta política.

Um exemplo da instrumentalidade das escolas para a política de nacionalização são as propostas, em 1916, pela Liga de Defesa Nacional (MORSCH, 1988: 175ss.) que abrangiam os Estados do sul do país, Santa Catarina, Rio Grande do Sul e Paraná, não se configurando como política geral para o sistema educativo.

Em 1930, cria-se o Ministério da Educação e Saúde Pública (Decreto nº 19.444, 1930) composto de quatro departamentos: de Ensino, de Saúde Pública, de Medicina Experimental e de Assistência Pública. Ao Departamento Nacional de Ensino estavam vinculados os mesmos organismos de instrução secundária e superior já administrados pela instância federal, com acréscimos, como foi o caso da Superintendência dos Estabelecimentos de Ensino Comercial, o qual parece ser a primeira iniciativa de administrar em nível de maior generalidade, desligando-se das questões específicas do cotidiano de cada instituição.

Não havia especialização de funções e representação local da administração federal realizada por funcionários vinculados à instância federal. Um exemplo de não especialização estrutural na instância federal decorre da estratégia adotada para estabelecer um corpo de funcionários selecionados e administrados por esta instância. É típico exemplo a iniciativa do Ministro da Educação e Saúde Pública de criação, nos anos trinta, de um "corpo de informantes municipais"[2], incumbido de colaborar com a Diretoria Geral de Informações Estatísticas e Divulgação do Estado. Os informantes municipais deveriam articular-se com a administração estadual, atuando como órgão informativo de caráter local, quanto à organização, cadastro e

---

2. "No cumprimento da Portaria 9, de maio último [...] com que o Sr. Ministro da Educação e Saúde Pública criou o Corpo de Informantes Municipais, no seu ministério, incumbido de colaborar com esta diretoria geral como órgão informativo de caráter local, na organização de cadastros e execução dos inquéritos que são sua atribuição regulamentar, relativamente ao desenvolvimento cultural e médico sanitário do país, tenho a honra de solicitar-vos a indicação de uma pessoa que vos pareça em condições de constituir-se o representante consciencioso desse município no quadro de colaboradores da administração federal, e que por vós previamente consultada declare de modo expresso aceitar aquela investidura. [...] Atendo [...] vossa solicitação e indico-vos para exercer as referidas funções (de informante municipal) o cidadão [...] delegado escolar e de estatística desse município, pessoa capaz de tomar a peito essa honrosa incumbência do Governo Federal" (1932).

execução dos inquéritos culturais e médico-sanitários (Circular, 1932), devendo, entretanto, ser indicados pelo prefeito municipal.

Até este momento a instância federal atuava restritamente – Distrito Federal, no ensino secundário e superior. A inexistência ou precariedade da estrutura administrativa federal não era capaz de fazer ver intenções desta esfera quanto ao ensino primário para além do Distrito Federal e além das tentativas nacionalizantes, mais de caráter político do que educativo, restritas aos Estados do sul do país, na época da Primeira Guerra Mundial.

Para este proceder, as concepções positivistas muito influíram pela defesa da descentralização administrativa e da liberdade de ensino. Não havia um plano educacional de longo prazo que definisse o lugar da educação na sociedade.

O Estado Novo traz alterações importantes (ROMANELLI, 1983; SCHWARTZMAN et al., 1984; RIBEIRO, 1978), atuando como um "divisor de águas no campo político e no campo da legislação educacional" (GHIRALDELLI JR., 1986/1987: p. 5). A unificação num quadro de referências político-administrativo central e especializado começa a se delinear a partir de então. A reduzida estrutura administrativa da instância federal não daria conta das propostas de civismo, disciplina e desenvolvimento. Era preciso encaminhar novos direcionamentos para a sociedade brasileira. Objetivos e fins da educação tornaram-se pauta de políticas e as estruturas administrativas da educação foram alteradas. Várias diretrizes legais e organismos contribuíram para a extensão e construção de um poder controlador centralizado.

O Conselho de Segurança Nacional incumbe o Ministério da Educação e Saúde Pública da promoção e criação de escolas, da subvenção das escolas primárias de núcleos coloniais e do favorecimento às escolas primárias e secundárias fundadas por brasileiros. A instância estadual torna-se corresponsável na medida em que aos interventores federais cabe assegurar o funcionamento das escolas existentes a cargo dos estados e municípios (Decreto-lei n. 1.545, 1939).

A instância federal adota a estratégia de criação de um organismo de caráter nacional para coordenar o ensino primário: a Comissão Nacional de Ensino Primário à qual competia a articulação das três instâncias do poder público para o combate ao analfabetismo e integral nacionalização do ensino primário. A diferenciação entre o ensino de zonas urbanas e rurais, a estruturação do currículo primário, o dimensionamento da obrigatoriedade escolar e gratuidade do ensino primário, a carreira do magistério primário, a posição do ensino religioso seriam também elementos tratados por ela. Era uma comissão com funções normativas, ao definir entendimentos sobre obrigatoriedade, currículo, gratuidade e, com funções operativas, frente aos dois elementos polarizadores da época, o analfabetismo e a nacionalização (Decreto-lei n. 868, 1938).

Foi ela o primeiro organismo de âmbito nacional com posição estrutural definida no arcabouço organizativo e jurídico, para promover a articulação entre as instâncias do poder público. Também em 1938, com a criação do Instituto Nacional de Estudos Pedagógicos – Inep –, começa a se operacionalizar uma alternativa de ação mais ampla para a instância federal. Eram competências do Inep: manter o intercâmbio com instituições educacionais do país, prestar assistência técnica aos serviços estaduais, municipais e particulares de educação, ministrando-lhes esclarecimentos e soluções de problemas pedagógicos (Decreto-lei n. 58, 1938). Criava-se, pois, um organismo com abrangência nacional dotado de competências organizativas e com condições de emitir propostas técnicas. Datam, também, deste período, a instituição de outros órgãos de caráter nacional como a Comissão Nacional do Livro Didático (Decreto-lei n. 1.006, 1938) que centralizava a possibilidade de edição de livros didáticos no país.

A instância federal desempenha, neste período, pela extensão e intensidade das normas e controles administrativos, o papel unificador do sistema educativo utilizando muitas formas, tais como: disciplinas obrigatórias, organizações juvenis, festividades, campanhas. As instâncias estadual e municipal aderem e colaboram com estas propostas.

Em 1947, termina o regime do Estado Novo, mas as instituições criadas permanecem. Apenas alguns de seus institutos se dissolveram, como a Juventude Brasileira e a instrução pré-militar. Outras tantas criações do período subsistem: as festas e desfiles, a obrigatoriedade da educação física, do canto, dos trabalhos manuais, as leis orgânicas do ensino secundário, comercial, industrial. Começam, entretanto, novos processos. O projeto da Lei de Diretrizes e Bases da Educação Nacional é longamente debatido e tramita no Congresso Nacional de 1948 a 1961.

Em 1953, a educação e a saúde separam-se na instância federal, com a criação do Ministério da Educação e Cultura (Decreto-lei n. 1.920, 1953), alterando novamente esta designação, em 1985, quando passa a Ministério da Educação (Decreto-lei n. 91.114, 1985).

Após um período centralizador surge, no final da década de 1950 e início da seguinte, uma tendência autonomista. No início dos anos 1960, desenvolvem-se procedimentos administrativos tendentes à descentralização do ensino primário e médio, atribuindo-os aos Estados e Distrito Federal. Com esta finalidade, extinguem-se as Campanhas de Mobilização Nacional contra o Analfabetismo, a Campanha de Educação de Adolescentes e Adultos, a Campanha Nacional de Educação Rural, a Campanha de Erradicação do Analfabetismo, até então ligadas ao Departamento Nacional de Educação, bem como a Campanha de Construções e Equipamentos Escolares e a Campanha de Aperfeiçoamento do Magistério Primário e Normal, vinculadas ao Inep (Decreto-lei n. 51.867, 1963).

Em 1967, materializa-se extensiva e formalmente na instância federal uma reforma administrativa orientada por princípios de planejamento, coordenação, descentralização, delegação de competência e controle (Decreto-lei n. 200, 1967). A proposta de descentralização impunha: a distinção entre o nível de direção e o de execução, convênios da instância federal com as unidades federadas, contratos e concessões com empresas privadas.

Os programas federais de caráter local deveriam ser delegados à instância estadual ou municipal que já desenvolvessem serviços na mesma área.

Com os conceitos criados pela reforma administrativa e os instrumentos com ela instituídos, há uma formalização destas relações sob a forma de convênios e contratos de descentralização administrativa. A racionalidade técnica que esta reforma articulava impunha autonomia administrativa e operacional, eficiência administrativa, harmonia com a programação geral, definição de competências, observância da legislação, divisão de trabalho e implementação do sistema de mérito. Fortalecia-se com isso a hierarquia entre as instâncias do poder público, na medida em que planejamento, coordenação e controle financeiro caberiam a órgãos centrais e a execução aos locais.

Esta reforma administrativa legitima, de alguma maneira, permeabilidades e ingerências, pois indica, com precisão, as atribuições objeto de delegação, caracteriza as partes envolvidas como delegante e delegado, definindo procedimentos para o delegado que se torna subordinado a uma pauta de compromissos.

Verifica-se que, ao longo da República, a educação vinculou-se a diferentes ministérios: Instrução Pública, Correios e Telégrafos (1890-1891), Justiça e Negócios Interiores (1891-1930), Educação e Saúde Pública (1930-1953), Educação e Cultura (1953-1985), estruturando-se, isoladamente, como Ministério da Educação, a partir daí.

Pode-se dizer que, a partir do final dos anos 1930, começou a haver uma configuração estrutural mais nítida da educação na instância federal.

Até então, a instância federal administrava, diretamente, a instrução primária no Distrito Federal e estabelecimentos de ensino secundário e superior e educação especial.

Se o ensino superior e o secundário sempre foram áreas de ação da instância federal e a organização desta instância indicou isso ao não ter um espaço estrutural para o ensino de primeiras letras, o Estado Novo construiu novos entendimentos a respeito, edificando estruturas dedicadas a tratar, em âmbito nacional, do ensino primário, da alimentação do escolar e do livro didático. As definições arbitradas neste momento histórico marcaram indelevelmente a diferenciação entre as instâncias. Até os dias de hoje, alimentação e livro didático são mecanismos de ingerência da instância federal nas demais esferas do poder público.

Do final dos anos 1930 em diante, constituíram-se, progressivamente, mas não de forma contínua, diferentes maneiras de produzir ingerências entre as instâncias do poder público. Em certos momentos houve supressão de estratégias adotadas – como com as campanhas extintas nos anos 1960; em outros, alteração de alguns de seus aspectos, ou de sua aparência.

Entretanto, é marcante que, no período da ditadura militar (1964-1984), ocorreu uma valorização da racionalidade, eficiência, controle e centralização de decisões no poder executivo sob a justificativa da modernização. O padrão centralista e autoritário de governo, que vinha em processo de elaboração desde os anos 1930,

> materializa-se através de três aspectos principais da sociedade brasileira: – centralização política: domínio do governo federal sobre os outros níveis do governo; – centralização administrativa: concentração do poder decisório na cúpula da burocracia federal; – inacessibilidade da participação individual e comunitária à formulação da política pública (CAMPOS, 1990: p. 40).

Considera-se que nos anos 1960 e, em especial, a partir da reforma administrativa, houve maior ingerência na medida em que "a burocracia federal concede a si própria o direito de tomar decisões em nome da clientela-alvo de seus programas" (CAMPOS, 1990: 41).

O que até aqui discutimos traça uma visão geral da estruturação organizacional da instância federal, apontando para uma especialização do sistema político-administrativo da educação na medida em que se processa a separação da educação de outras áreas de ação do Estado (comunicação, justiça, interior, saúde). Enquanto a educação não se diferencia de outras áreas – saúde, interior, correios e telégrafos – e, portanto, enquanto não adquire um campo de ação mais especializado, não se identificam procedimentos de ingerência entre as instâncias. Para que haja ingêrencia é preciso um mínimo de especialização/separação entre as instâncias, bem como diferenciação da área da educação dentro de cada uma delas. Garcia (1991: 78) menciona:

> [...] a dispersão da função *educação* no conjunto das políticas públicas. Isso ocorreu ou pela existência de ações educacionais em órgãos outros que não o Ministério da Educação, tais como Ministério do Interior, ministérios militares, Ministério do Trabalho etc., ou se dá em um sem número de programas de ações de caráter tópico e eventual, de difícil identificação e até, por que não dizer, de quantificação.

Em nível nacional a especialização da educação como área diferenciada da saúde e outros setores e, ao mesmo tempo, mais estruturada e com propostas estruturantes começa a ocorrer apenas no final dos anos 1930.

GLOSSÁRIO

Ingerência – Designamos de ingerência um conjunto de práticas de influência, intervenção e penetração de uma instância do Estado sobre as outras, que mobilizam mecanismos de cunho institucionalizado, os quais relevam a prevalência da instância que os produz sobre as que a eles se vinculam. Ingerência envolve múltiplos recursos de organização de interesses os quais são produzidos em certas instâncias. Tais interesses se inserem e conseguem se fazer aceitos e assimilados nos procedimentos político-administrativos das demais instâncias. Ao lado da ingerência, há também permeabilidade que também constitui um conjunto de práticas elaboradas em uma instância, permitindo e favorecendo a penetração de regras e procedimentos administrativos produzidos em outras esferas.

Instâncias – Os aparelhos do Estado formam um conjunto de estruturas e instâncias complexas, separadas e diferenciadas e, simultaneamente, unificadas. Utiliza-se a expressão estruturas do Estado para designar todas as suas diferentes esferas de ação. Assim o Estado está estruturado em esferas de poder (executivo, legislativo e judiciário) e em setores de ação (educação, saúde, habitação, segurança). Embora o termo instâncias possa ser usado para designar todas as partes desta múltipla composição dos aparelhos de Estado, para efeitos deste trabalho, instância será um termo usado apenas para designar ações político-administrativas do Estado nos níveis federal, estadual e municipal. A permeabilidade envolve concessões, negociações e omissões político-administrativas revelando uma certa subordinação e dependência da instância que a pratica, considerada nesta dimensão como permeável.

REFERÊNCIAS

ARCHER, Margaret Scotford. *Social origins of educational systems*. London: Sage Publications, 1979, 815 p.

_____. "Educational systems". *International Social Science Journal*, vol. 33, n. 2, 1981, p. 261-284.

_____. "Proceso sin sistema". *Perfiles Educativos*, n. 7, out.-dez./1984, p. 41-56. México: Universidad Nacional Autonoma de Mexico.

BRASIL. *Decreto 377A*, art. 3º, de 05/05/1890. Organiza a Secretaria de Estado dos Negócios da Instrução Pública, Correios e Telégrafos. Rio de Janeiro.

_____. *Decreto n. 1.160*, art. 4º, de 06/12/1892. Dá regulamento à Secretaria da Justiça e Negócios Interiores. Rio de Janeiro.

_____. *Decreto n. 3.191*, de 07/01/1899. Reorganiza a Secretaria de Estado da Justiça e Negócios Interiores. Rio de Janeiro.

_____. *Decreto n. 4.728*, de 02/01/1903. Altera o Regulamento da Secretaria de Estado da Justiça e Negócios Interiores anexo ao Decreto n. 3191, de 07/01/1899. Rio de Janeiro.

_____. *Decreto n. 16.782A*, art. 16, alínea "d", de 13/01/1925. Estabelece o concurso da União para a difusão do ensino primário, organiza o Departamento Nacional de Ensino, reforma o ensino secundário e superior e dá outras providências. Rio de Janeiro.

_____. *Decreto n. 19.444*, de 01/12/1930. Dispõe sobre os serviços que ficam a cargo do Ministério de Educação e Saúde Pública e dá outras providências. Rio de Janeiro.

_____. *Decreto n. 51.867*, de 26/03/1963. Extingue no Ministério da Educação e Cultura as campanhas que menciona. Rio de Janeiro.

_____. *Decreto n. 91.144*, de 15/03/1985. Cria o Ministério da Cultura e dispõe sobre a estrutura, transferindo-lhe os órgãos que menciona e dá outras providências. Rio de Janeiro.

_____. *Decreto lei n. 58*, de 30/07/1938. Dispõe sobre a organização do Instituto Nacional de Estudos Pedagógicos. Rio de Janeiro.

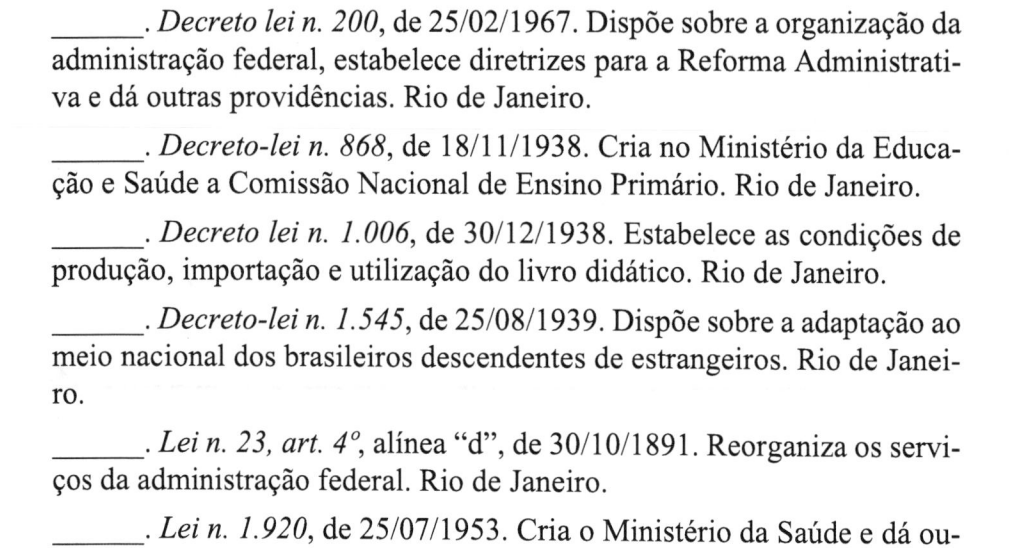

_____. *Decreto lei n. 200*, de 25/02/1967. Dispõe sobre a organização da administração federal, estabelece diretrizes para a Reforma Administrativa e dá outras providências. Rio de Janeiro.

_____. *Decreto-lei n. 868*, de 18/11/1938. Cria no Ministério da Educação e Saúde a Comissão Nacional de Ensino Primário. Rio de Janeiro.

_____. *Decreto lei n. 1.006*, de 30/12/1938. Estabelece as condições de produção, importação e utilização do livro didático. Rio de Janeiro.

_____. *Decreto-lei n. 1.545*, de 25/08/1939. Dispõe sobre a adaptação ao meio nacional dos brasileiros descendentes de estrangeiros. Rio de Janeiro.

_____. *Lei n. 23, art. 4º*, alínea "d", de 30/10/1891. Reorganiza os serviços da administração federal. Rio de Janeiro.

_____. *Lei n. 1.920*, de 25/07/1953. Cria o Ministério da Saúde e dá outras providências. Rio de Janeiro.

BRASIL/Secretaria de Estado da Educação e Saúde Pública/Diretoria Geral de Informação Estatística e Divulgação. *Circular aos prefeitos municipais, excetuados os das capitais dos Estados e do Território do Acre*. Constituição do corpo de informantes municipais do Ministério da Educação Pública, de 22/09/1932. Rio de Janeiro.

CAMPOS, Anna Maria. "Accountability: quando poderemos traduzi-la para o português?" *Revista de Administração Pública*, vol. 2, n. 24, fev-abr./1990, p. 30-50. Rio de Janeiro

CONSTANT, Benjamin. *Ofício ao Governador de Minas Gerais*. Envia portaria de licença de saúde do porteiro da Escola de Minas de Ouro Preto, de 30/09/1890. Rio de Janeiro.

GARCIA, Walter. *Administração educacional em crise*. São Paulo: Cortez, 1991, 95 p.

GHIRALDELLI JR., Paulo. "A evolução das ideias pedagógicas no Brasil Republicano". *Didática*, n. 22/23, 1986-1987, p. 1-15. São Paulo.

MORSCH, Maria L. Azevedo. *A ideologia educacional brasileira como fator de integração forçada de descendente do imigrante alemão à cultura nacional, 1937-1945*. Porto Alegre: PUC-RS/Instituto de Filosofia e Ciências Humanas, 1988, 333 f [Dissertação de mestrado em História da Cultura].

RIBEIRO, Maria L. Santos. *História da educação brasileira*: a organização escolar. São Paulo: Cortez & Moraes, 1978, 139 p.

ROMANELLI, Otaíza de Oliveira. *História da educação no brasil*. Petrópolis: Vozes, 1983, 267 p.

SCHWARTZMANN, Simon et al. *Tempos de Capanema*. Rio de Janeiro: Paz e Terra, 1984, 388 p.

LEITURAS COMPLEMENTARES

Acerca do Conselho Federal de Educação

HORTA, José S. Baia. *Liberalismo, tecnocracia e planejamento educacional no Brasil*. São Paulo: Cortez, 1982.

MARTINS, Maria do Carmo. *A história prescrita e disciplinada nos currículos escolares*: quem legitima esses saberes? Bragança Paulista: Edusf, 2002.

Acerca do funcionamento do Ministério da Educação e Saúde

BOMENY, Helena (org.). *Constelação Capanema*: intelectuais e políticas. Rio de Janeiro: FGV, 2001.

GOMES, Ângela de Castro (org.). *Capanema*: o ministro e seu ministério. Rio de Janeiro: FGV, 2000.

SCHWARTZMAN, Simon et al. *Tempos de Capanema*. Rio de Janeiro: Paz e Terra, 1984.

MAPA GENEALÓGICO DO MINISTÉRIO DA EDUCAÇÃO[1]

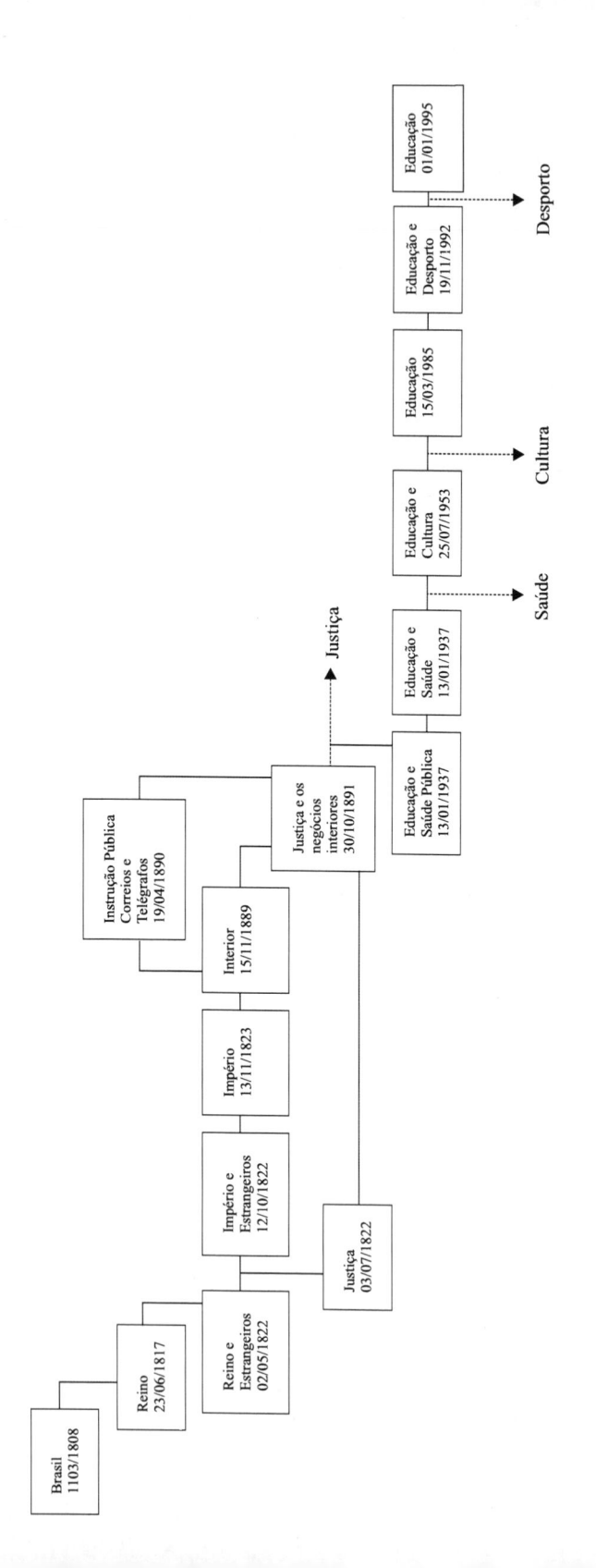

- Brasil 1103/1808
- Reino 23/06/1817
- Reino e Estrangeiros 02/05/1822
- Império e Estrangeiros 12/10/1822
  - Justiça 03/07/1822
- Império 13/11/1823
- Interior 15/11/1889
  - Instrução Pública Correios e Telégrafos 19/04/1890
- Justiça e os negócios interiores 30/10/1891 ···> Justiça
- Educação e Saúde Pública 13/01/1937
- Educação e Saúde 13/01/1937 ···> Saúde
- Educação e Cultura 25/07/1953 ···> Cultura
- Educação 15/03/1985
- Educação e Desporto 19/11/1992 ···> Desporto
- Educação 01/01/1995

---

1. Fonte: RIBEIRO Jr., Araken G. Arquivo Nacional – Seção de Pesquisa, Editoração e Divulgação. 20-03-1992. CABRAL, Dilma. Arquivo Nacional – Coordenação Geral de Gestão de Documentos. 14-06-2004.

4
O PÚBLICO E O PRIVADO NA EDUCAÇÃO BRASILEIRA DO SÉCULO XX

Ester Buffa

O interesse pelo tema do público e do privado advém de sua enorme riqueza para a compreensão da educação brasileira contemporânea. O que significa tomar o público e o privado como categorias de análise da educação? O que quer dizer categoria de análise? Uma categoria de análise é um conceito que nos permite dar uma "arrumação", um "arranjo" no campo que se quer investigar. André Petitat (1994) ao investigar a criação dos colégios na Europa, no alvorecer dos tempos modernos, utilizou-se de categorias de análise tais como espaço, tempo, conteúdos (cultura) e gestão da escola, categorias utilizadas em nossos estudos sobre instituições escolares (NOSELLA & BUFFA, 1996; BUFFA & NOSELLA, 1998; NOSELLA & BUFFA, 2000). Com essas categorias é possível compreender traços fundamentais de realidades muito complexas.

De fato, o campo educacional é vasto, além de muito complexo, e mesmo quando um adjetivo o restringe, por delimitar seu significado, o resultado pode ser pouco satisfatório. Se, em vez de falarmos em educação, pensarmos em educação brasileira, ou em educação brasileira republicana, ou na educação que acontece na escola, estamos, sem dúvida, delimitando a extensão do conceito de educação na tentativa de aprofundar sua compreensão. Ainda assim, falta, justamente, estabelecer categorias que permitam "arrumar" as ideias, concepções, fatos relativos à delimitação proposta. Como entender a escola brasileira, seus fundamentos, objetivos, evolução, organização, estrutura, relações com a sociedade?

Que os conceitos de público e privado podem ser tomados como categorias de análise da educação não resta dúvida. Os inúmeros estudos publicados atestam tal afirmativa. O que gostaria de focalizar nesse momento é a fecundidade dessa categoria para a compreensão da educação brasileira como um todo, com seus determinantes políticos, econômicos, sociais e culturais. Proponho, assim, um estudo dos textos publicados sobre essa temática com o intuito de verificar o que essa produção tem explicitado sobre nossa educação e nosso ensino, que relações têm sido possível desvendar entre sociedade e escola e que interpretações têm sido possível elaborar sobre nossa recente história educacional. Trata-se, sem dúvida, de um trabalho de historiografia. Apesar de todo o risco que se corre quando se propõe a um trabalho dessa natureza, com temeridade, resolvi enfrentá-lo. A temeridade se deve, inicialmente, ao fato de ser enorme a produção e limitados os meus recursos e tempo disponível para tal empreitada. Isso explica, mas talvez não justifique, a possível ausência de textos importantes. Esquecimentos e desconhecimentos, nesses casos, são sempre lamentáveis, às vezes, imperdoáveis. A meu favor, está o conhecimento que possuo do tema e também o propósito de que um texto, mesmo quando rigoroso, está sempre sujeito a complementos e revisões.

DAS PUBLICAÇÕES SOBRE O TEMA DO ENSINO PÚBLICO E PRIVADO

Quando elaborei minha dissertação de mestrado que versou sobre o conflito escola pública, escola particular na discussão da Lei de Diretrizes e Bases da Educação, Lei n. 4.024/61, intitulada "Crítica histórica das ideologias subjacentes ao conflito escola particular-escola pública" (1975), a literatura sobre o tema era reduzida. Além dos artigos publicados em jornais e revistas, entre os quais se destacam *O Estado de S. Paulo, Folha de S. Paulo, Vozes, Revista Eclesiástica Brasileira, Anhembi, Revista Brasileira de Estudos Pedagógicos* e outros, havia duas obras que faziam um estudo sistemático das Leis de Diretrizes e Bases da Educação (Lei n. 4.024/61).

Uma delas, de autoria de Dermeval Saviani, sua tese de doutorado publicada em 1973, com o título *Educação brasileira: estrutura e sistema*, forneceu-me, então, o ponto de partida. Ao evidenciar que a LDB não sistematizara a educação brasileira, Saviani sugeria como uma possível explicação as diferentes posições dos grupos em conflito que teriam dificultado a definição de objetivos comuns, e, daí, a ausência do sistema educacional. O autor apresentava, ainda, em Anexo, a tramitação completa do projeto de Diretrizes e Bases no Congresso Nacional, tramitação longa e acidentada, indispensável para o estudo do desenrolar do conflito que opunha as forças privatistas aos defensores de verbas públicas para as escolas públicas.

O outro estudo exaustivo da tramitação do projeto de Diretrizes e Bases, também tese de doutorado, é o de João Eduardo Rodrigues Villalobos, intitulado *Diretrizes e bases da educação, ensino e liberdade* (1969). O autor historiou a trajetória do projeto – de 1948 a 1962 – com a intenção de levantar dados que permitissem desvendar alguns dos motivos que estiveram por trás da tramitação do projeto de Diretrizes e Bases. Villalobos dedica atenção especial ao conceito de liberdade de ensino, de vez que em torno dele se concentrou o prolongado debate, pois tanto os que defendiam o ensino público, quanto os que defendiam o ensino privado, o faziam em nome da liberdade de ensino. O autor teve destacada atuação na Campanha em Defesa da Escola Pública, e pelos argumentos que utilizou nessa defesa é possível considerá-lo como integrante, junto com o professor Roque Spencer Maciel de Barros, do grupo de professores que se inspiravam no liberal-idealismo.

Em 1960, a Pioneira editara o livro *Diretrizes e bases da educação* organizado por Roque Spencer Maciel de Barros que também participou ativamente da referida Campanha. Maciel de Barros reuniu artigos, muitos dos quais já anteriormente veiculados pela imprensa, tais como os editoriais de *O Estado de S. Paulo*, de expressivos educadores paulistas acerca da história, análise e crítica do projeto de Diretrizes e Bases. Figuram, em apêndice, vários documentos – projetos de lei, substitutivos, emendas – de grande valia para pesquisadores da educação brasileira.

Florestan Fernandes, líder inconteste da Campanha, publicou, em 1966, o livro *Educação e sociedade no Brasil*. A terceira parte dessa obra denominada "A conspiração contra a escola pública" contém artigos escritos por esse professor por ocasião do conflito. Tanto os artigos do professor Florestan quanto os que compõem o livro organizado por Maciel de Barros, mais do que comentar as vicissitudes e mazelas dos diversos projetos de lei, são estudos em que seus autores apresentam dados sobre a precária situação do ensino no país, em que expõem princípios, objetivos, métodos, valores, enfim, concepções de educação que redundam na defesa do ensino público.

Há, ainda, o livro do brasilianista Thomas Bruneau, *O catolicismo brasileiro em época de transição* (1974). Ao escrever a história do catolicismo brasileiro entendido como fenômeno sociocultural, sofrendo o impacto da acelerada mudança da sociedade global e a ela reagindo de diferentes maneiras, dedicou um capítulo ao estudo do envolvimento político da Igreja Católica na discussão da Lei de Diretrizes e Bases. É preciso lembrar que desde o período colonial até pelo menos a República, o conceito de público inscrevia-se num contexto cultural marcado pelo regime do padroado, em que Igreja e Estado estavam profundamente entrelaçados.

Outra obra é a de Mariano da Cruz, intitulada *Vinte anos a serviço da educação* (1966). O autor, com o intuito de comemorar os 20 anos da Associação de Educação Católica – AEC, retratou sua criação, sua história, suas lutas. O capítulo 3 é dedicado à atuação da AEC na tramitação da LDB. Mariano da Cruz, como se sabe, é pseudônimo do jesuíta Artur Alonso, presidente da AEC durante o período de tramitação do projeto de lei.

Carlos Roberto Jamil Cury fez um estudo sobre o conflito entre lideranças católicas e os Pioneiros da Escola Nova que emergira antes e durante a Constituinte do início da década de 1930. O livro foi publicado em 1978, com o título *Ideologia e educação brasileiras: católicos e liberais*. A possibilidade de participar do jogo político e, sobretudo, a de influir no capítulo sobre Educação e Cultura da Constituição votada em 1934, fez com que os debates entre católicos e liberais, diametralmente opostos por suas concepções de educação, se tornassem acalorados e só abrandassem com a promulgação da Constituição de 1934 e, mais ainda, com a implantação do Estado Novo.

A dissertação de Danilo Lima, publicada também em 1978, com o título *Educação, Igreja e ideologia: uma análise sociológica da elaboração da LDB*, estuda a participação da Igreja Católica na elaboração da mencionada lei, apresenta as influências que exerceu no processo e identifica alguns tipos de seu comportamento efetivo.

Em minha dissertação de mestrado, *Ideologias em conflito: escola pública e escola privada*, publicada em 1979, realizei um estudo sobre o conflito entre os defensores do ensino público e os do ensino privado que ocorreu durante a tramitação do projeto de Lei de Diretrizes e Bases, com destaque especial para as orientações ideológicas que inspiravam os diversos protagonistas.

Enquanto nos anos 1930 a questão que polarizava as discussões era a da laicidade do ensino proposta pelos liberais contra o ensino de religião nas escolas oficiais defendida pelos católicos, nos anos 1950 o que estava em jogo era, principalmente, o destino das verbas públicas para o ensino.

No entanto, como se sabe, a questão da escola particular e da escola pública, ligada que é à própria democratização do ensino, permanece tristemente atual, ainda que no decorrer da história tenha assumido fisionomias diversas. Assim, na década de 1980, surgiram vários estudos que recuperaram sua história e seus desdobramentos atuais. Entre esses estudos, cito, primeiramente, o de Carlos Benedito Martins, também sua dissertação de Mestrado, publicada com o sugestivo título *Ensino pago: um retrato sem retoques* (1980). Martins estuda uma instituição privada de ensino superior – a FMU (Faculdades Metropolitanas Unidas) – que, como outras congêneres surgidas no final da década de 1960, estrutura-se como indústria cultural. Martins não trata do conflito na LDB, porém, a todo momento, está às voltas com a privatização do ensino.

A partir dos anos 1980, as publicações sobre o tema em questão tornaram-se abundantes, seja porque os muitos programas de pós-graduação criados incentivavam pesquisas sobre nossa realidade educacional, seja porque essa própria realidade transformava-se, em termos quantitativos e qualitativos, com rapidez espantosa e necessitava ser compreendida. No que se refere ao tema do público e do privado na educação, o crescimento de escolas públicas e o crescimento, ainda maior, das particulares exigia conhecimento e reflexão sobre os nossos problemas educacionais.

Desta vasta produção, destaco, na impossibilidade de considerar toda ela, os estudos mais significativos e conhecidos. Em 1980, Saviani publicou um artigo com o título provocativo *Uma estratégia para a defesa da escola pública: retirar a educação da tutela do Estado*. No momento em que retornavam as discussões sobre o ensino público e o papel do Estado na difusão da Educação, o autor indaga em que as experiências anteriores poderiam servir de orientação (em relação aos acertos) e de alerta (em relação às falhas) para um adequado encaminhamento político da questão. Nessa perspectiva, retoma a história do conflito alertando para equívocos, situando o dilema, propondo uma solução, bem como a estratégia e as táticas para tal.

Luiz Antônio Cunha em a *Universidade crítica* (1985), parte de sua tese de doutoramento defendida em 1980, trata do ensino superior na República Populista, dedicando todo um capítulo às Diretrizes e Bases, retomando os conflitos ideológicos então ocorridos.

Em fins de 1982, Vanilda Paiva organizou um Seminário sobre Educação Popular promovido pelo Ibrades/Centro João XXIII, no Rio de Janeiro. Os textos básicos foram reunidos na obra intitulada *Perspectivas e dilemas da educação popular*, publicado em 1984. Responsável pela organização do Seminário e pela publicação, Vanilda Paiva escreve uma Introdução em que focaliza as transformações ocorridas no setor católico, considerando especialmente a discussão relativa à escola privada. Sua análise é essencial para a compreensão da atuação educacional da Igreja Católica após a LDB de 1961.

Coordenado por Luiz Antônio Cunha, foi publicado, em 1985, o livro *Escola pública, escola particular e a democratização do ensino*, coletânea organizada com base em textos apresentados na III Conferência Brasileira de Educação, realizada em Niterói; contém, ainda, alguns outros de seus artigos, publicados anteriormente, em que Cunha defende o ensino público e gratuito, propondo a presença dominante do Estado nessa área. Os autores focalizam o tema a partir de diferentes abordagens, porém todos apoiam a escola pública como exigência de democratização do ensino. Dessa coletânea, destaca-se o capítulo intitulado *O atual discurso dos protagonistas das redes de ensino*, de Carlos Roberto Jamil Cury e Maria Alice Nogueira. Os autores mostram a mudança do discurso dos defensores do ensino particular, uma vez que a liderança do grupo deixava de ser a Igreja e passava o ser o setor empresarial. Com isso, mudaram os argumentos apresentados para a defesa do ensino particular, principalmente o leigo, mas essa defesa ainda destinava-se a conseguir recursos públicos para as escolas privadas.

Em 1987, Saviani publicou sua tese de livre-docência com o título *Política e educação no Brasil* onde estudou o significado político da ação do Congresso Nacional na legislação do ensino, explicitado pela análise da tramitação dos projetos que se tornaram as Leis n. 4.024/61, 5.540/68 e 5.692/71. Assim é que, ao tratar da LDB, Saviani mostrou a tramitação do projeto, salientando o desenrolar dos conflitos ideológicos e o significado político do texto que se converteu em lei.

Em outubro do mesmo ano, Vanilda Paiva organizou o Seminário Catolicismo, Educação e Ciência que deu origem a um livro de mesmo título publicado pelas Edições Loyola, em 1991. O Seminário discutiu dois campos-chave no processo de "aggiornamento" da Igreja Católica:

> por um lado, a questão da aceitação da ciência que explica o mundo e faz recuar a religiosidade ao substituir as interpretações e o tipo de racionalidade que a comandam; por outro, a educação como eixo central da atuação evangelizadora e formadora de consciências pela Igreja e as transformações que vem sofrendo com a incorporação de uma nova visão da realidade socioeconômica e política a partir do Concílio e das Encíclicas dos anos 60 (PAIVA, 1991: 14).

Nesse livro, há textos escritos por diferentes autores sobre catolicismo e educação na história brasileira, colégios católicos e suas transformações, organizações católicas na área educacional. Tanto no Seminário quanto no livro, o ensino particular foi considerado, obviamente, na sua vertente confessional católica. Eu mesma escrevi um capítulo sobre a Igreja Católica enquanto grupo de pressão na tramitação da LDB de 1961, em que tratei dos textos publicados sobre o tema, em parte retomados aqui. Jamil Cury focalizou a Igreja Católica/Educação: pressupostos e evolução no Brasil. Há textos que tratam especificamente dos colégios católicos e suas transformações como o de Samyra B. Serpa Crespo que estudou colégios católicos de elite e algumas questões postas pela chamada educação libertadora.

No decorrer dos anos 1980 e 1990, Luiz Antônio Cunha escreveu inúmeros artigos sobre o tema sempre defendendo a escola pública como exigência da democratização do ensino. Com o olhar refinado, faz distinções conceituais entre público e estatal, mostra os vários significados da expressão liberdade de ensino, analisa e refuta os diversos argumentos apresentados pelos defensores da iniciativa privada. Os artigos publicados na mencionada coletânea, por ele organizada, são fundamentais para a compreensão de questões como: os limites da escola particular na democratização do ensino, a necessária gratuidade do ensino superior, o destino das verbas públicas para as universidades públicas, o lugar da escola superior particular e tantas outras (CUNHA, 1986).

No final dos anos 1980, quando a Assembleia Nacional Constituinte elaborava a Constituição, aprovada em 1988, os debates sobre o público e o privado na educação foram, mais uma vez, intensos. Alguns artigos foram publicados abordando essa questão a partir do que fora discutido e consagrado pela Constituição de 1988 e depois, também, pela LDB de 1996.

Em 1992, Carlos Roberto Jamil Cury publicou nos *Cadernos de Pesquisa* o artigo "O público e o privado na educação brasileira contemporânea: posições e tendências". O autor, após afirmar que o embate sobre o papel do Estado na educação brasileira atravessou toda a nossa história republicana, focalizou a genealogia das diversas argumentações em torno da laicidade ou da gratuidade do ensino, à luz dos textos constitucionais, sobretudo a Constituição de 1988 e das LDBs, a de 1961 e a que estava em discussão, tendo sido aprovada em 1996. Analisou, ainda, os vários discursos de defesa do ensino privado identificando as principais tendências aí presentes (CURY, 1992).

Há ainda textos que embora não tenham sido escritos para tratar do ensino público e do privado, mas de outras questões educacionais, as reformas do ensino superior, por exemplo, acabam fazendo considerações sobre a rede pública e a privada de ensino. Nem poderia ser de outra forma, de vez que esse tema perpassa todo o ensino brasileiro. Assim, por exemplo, em 1997, Cunha analisa a nova reforma do ensino superior e trata do fluxo de docentes entre as duas redes (CUNHA, 1997).

Maria Francisca Pinheiro, da UnB, que já tratara do tema na sua tese de doutorado, em 1991, intitulada "O público e o privado na educação brasileira: um conflito na Constituinte" (1987-1988), escreveu também sobre o mesmo tema, um artigo publicado no livro *A Educação nas constituintes brasileiras, 1823-1988*, organizado por Osmar Fávero. Nesse texto, Pinheiro entende que o conflito público-privado na educação é o sintoma maior de um intrincado problema que diz respeito às relações entre Estado e sociedade no Brasil. A partir daí, mostrou como o conflito caracterizou-se no campo do ensino, identificando os agentes do confronto, suas propostas, a evolução destas no processo Constituinte e a solução contemplada pela Constituição de 1988.

A Constituição de 1988 estabeleceu dois gêneros de escolas, as públicas e as privadas. Essas últimas podem ser de duas espécies, as lucrativas e as não lucrativas. Por sua vez, as não lucrativas diferenciam-se em comunitárias, filantrópicas e confessionais. A LDB de 1996 manteve essas divisões. Cury (1992) indicou que o reconhecimento, pelo texto constitucional, de escolas lucrativas foi uma novidade, uma vez que, até então, a educação escolar era tida como alheia ao lucro. Essa formulação foi possível porque mudara a sociedade brasileira e sua educação. Dessa forma, pode-se concluir que as relações conflituosas entre o ensino público e o privado que marcam toda a nossa história republicana, continuam atuais, apesar das muitas mudanças havidas.

DO QUE É POSSÍVEL CONHECER DA EDUCAÇÃO BRASILEIRA A PARTIR DAS CATEGORIAS PÚBLICO E PRIVADO

O que toda essa literatura permite apreender, compreender, explicitar, conhecer da educação e da sociedade brasileiras?

Inicialmente, é preciso destacar uma questão, a conceitual. Nossa própria história educacional exigiu, em dado momento, para maior compreensão, que o significado de vários termos fosse muito bem explicitado. Nos debates havidos nos anos 1930 e, depois, em 1950-60, parece que não havia dificuldade de entendimento do que fosse público e privado. Público era o ensino mantido com recursos governamentais e privado era o ensino mantido por particulares – Igreja, ordens religiosas ou proprietários leigos. O conflito que se estabeleceu nos anos 1930, como já afirmamos, referia-se à laicidade do ensino público e, nos anos 1950, basicamente ao destino das verbas públicas e nunca propriamente à existência da escola particular. Quando, mais tarde, a liderança do grupo privatista deixa de ser a Igreja para ser o empresariado do ensino, os argumentos mudam. Mais que isso, a introdução da expressão escola comunitária, já nas discussões da Constituinte (VIEIRA, 1987) e as transformações ocorridas na sociedade e na escola brasileira exigiram uma melhor explicitação desses conceitos. É assim que são feitas distinções conceituais entre público (o que é destinado ao conjunto da população), estatal (o que é mantido pelo Estado), o privado regido pela lógica do lucro e o privado confessional, filantrópico, comunitário. Na prática, há, muitas vezes, uma interpenetração desses setores: assim, por exemplo, a Escola Normal do início do século passado mantida pelo poder público estadual era, na verdade, apropriada pela elite econômica e política.

A própria expressão liberdade de ensino tão cara aos privatistas também ganhou conotações diversas em diferentes momentos históricos. Cunha tratou, com propriedade, essas diversas conotações: no início do século XX, buscava-se a igualdade da escola particular à pública em termos de equivalência de certificados e diplomas. Institucionalizada essa igualdade, em 1901, a disputa passou a ser, nos anos 1930, a introdução do ensino de religião nas escolas oficiais. A Constituição de 1934 consagrou esse desejo e, nos anos 1940-60, a luta deslocou-se para a questão do financiamento do ensino. A tendência é "do simples direito à sobrevivência à criação de condições artificiais para tal" (CUNHA, 1986: 131-133). Enquanto a Igreja apresentava argumentos doutrinais à defesa da liberdade de ensino como forma de assegurar o pluralismo ideológico e combater o perigo do totalitarismo, mais recentemente os proprietários e dirigentes de estabelecimentos de ensino apresentam argumentos centrados nas inúmeras vantagens do ensino particular quando comparado ao público: o caráter ordeiro do ensino privado, o custo menor do aluno, o duplo pagamento de impostos, a omissão do poder público, o padrão de qualidade (CURY & NOGUEIRA, apud CUNHA, 1986: 71-82).

De outra parte, as relações entre ensino público e privado são sempre apresentadas como conflituosas, conflito esse que perpassa todo o século XX, mas que foi assumindo feições diversas no decorrer da história. Os protagonistas não são sempre os mesmos. Na primeira metade do século XX, o ensino particular concentra-se no ensino médio, é confessional, sobretudo católico e é a Igreja que lidera a defesa do ensino particular secundada pelos então chamados "tubarões do ensino" tidos como ávidos pelo lucro e, por isso mesmo, ávidos por recursos públicos. A partir dos anos 1980, a iniciativa privada concentra-se no ensino superior: de início, tímidas faculdades isoladas ministrando cursos de humanidades (que requeriam poucos investimentos) transformaram-se, com o tempo, em faculdades agrupadas, centros universitários e universidades que oferecem cursos de grande prestígio social, com belas instalações e bons laboratórios. Mudam, assim, as lideranças e os argumentos apresentados.

Os defensores do ensino público continuam sendo intelectuais, professores, associações de professores e educadores, entidades estudantis que entendem ser esse ensino o único capaz de garantir a democratização da escola. Mais recentemente, os defensores do ensino público denunciam o descaso do Estado pelo ensino, em todos os níveis. Já não se trata tanto de defender o ensino básico para todos, o que estaria quase conquistado, mas de garantir a qualidade desse ensino. No superior, o descaso se revela nas condições cada vez mais precárias de trabalho – salários desajustados, não contratação de docentes, sucessivas ameaças de perda de aposentadoria integral, espaços insuficientes, feios e mal cuidados, salas de aula, bibliotecas e laboratórios indigentes.

Além disso, por meio das categorias público e privado é possível compreender também as relações entre sociedade e escolarização. Os processos de industrialização e urbanização e o espantoso crescimento demográfico da população acabam exercendo maior pressão sobre a escola, de início, a elementar e, depois, a média e, depois, ainda, a superior. O aumento do número de escolas públicas em todos os níveis, ainda que real, não foi suficiente para atender a todos. As transformações sociais acarretaram modificações substanciais na escolarização que começa cada vez mais cedo e termina cada vez mais tarde na vida das pessoas. Assim, dada a atuação sempre insuficiente do Estado, fica aberto um espaço enorme para a iniciativa particular que tem sabido ocupá-lo. Na verdade, uma sociedade desigual tem uma escola desigual. Os cursos superiores de prestígio acadêmico e social são quase sempre públicos, mas podem ser encontrados também em algumas poucas escolas particulares. Já os cursos médios, sobretudo aqueles que preparam para vestibulares altamente seletivos, são, na maioria, particulares.

É por ocasião da elaboração de uma lei que o conflito se acirra. Dessa forma, as categorias público e privado podem ser uma forma de se estudar boa parte da legislação escolar. Além disso, nessas ocasiões, os textos são mais engajados, às vezes, inflamados, salientando aspectos conjunturais, publicados em jornais e revistas. Ao lado desses, há toda uma produção acadêmica que focaliza o contexto social, as razões mais profundas, doutrinais e filosóficas, os grupos de pressão, os argumentos apresentados, os ataques dirigidos aos oponentes, as alianças, os arranjos entre governo e particulares, o significado maior de toda a contenda à luz do que ocorre na educação e também na economia e na política.

Por meio dessa literatura é possível, ainda, compreender as profundas transformações que ocorreram na Igreja Católica a partir do *aggiornamento* e nas suas escolas. Antigos e prestigiosos colégios de elite são fechados ou simplesmente perdem o brilho e a relevância social que tiveram outrora. É certo que isso não se deve apenas às transformações internas da Igreja, mas, talvez, principalmente, à nova condição da mulher na sociedade que não mais se satisfaz com um diploma como ornamento cultural do dote matrimonial e quer um diploma com o qual possa inserir-se no mercado de trabalho como profissional preparada e competente.

Outra compreensão possível a partir do público e do privado é a verificação da clientela das escolas públicas e privadas. Como sabemos, isso varia com o tempo, mas depende também do grau de ensino. Ser normalista no início do século XX é ser filha de fazendeiros ou ricos proprietários e, justamente por isso, o Curso Normal era prestigiado. Bem antes de sua extinção, tal curso já era frequentado pelas deserdadas. Atualmente, sabemos que para frequentar um curso prestigiado de uma renomada universidade pública é preciso possuir capital cultural, que se adquire nas boas escolas particulares, ou seja, é preciso possuir também capital financeiro. Esse discurso é apropriado pelo governo que aproveita, então, para propor o ensino superior público pago.

As recentes modificações no ensino superior brasileiro, no sentido de propor não mais o modelo universitário como único modelo desse ensino, tem certamente a ver com o fato de três quartos dos estudantes do ensino superior frequentarem escolas privadas. Como incluir mais estudantes no sistema público, sem aumentar os gastos? Uma solução foi dada pelos decretos 2.207 e 2.306, de 1997, que instituíram a diversificação de modelos do ensino superior (universidades, centros universitários, faculdades integradas, faculdades, institutos superiores ou escolas superiores), uma vez considerada a universidade anacrônica e onerosa (RIBEIRO, 2002).

Finalmente, mais duas ou três coisas que o público e o privado enquanto categorias de análise permitem apreender: a pressão cada vez maior pelo ensino público tem motivado "soluções" inusitadas, tais como o sistema de cotas ou mesmo proposta do governo de São Paulo de bolsas de estudos nas escolas superiores particulares em troca de serviço comunitário por parte dos bolsistas. Não menos polêmica é a atual possibilidade de franquias não mais restritas a *fast-food*, mas atingindo também o conhecimento, proporcionando o *fast knowledge*: uma universidade já autorizada passa a funcionar em outro município, em terreno cedido pela Prefeitura Municipal que se responsabiliza também pela construção dos prédios enquanto os estudantes pagam as mensalidades. Uma boa solução? O tempo dirá.

A manchete da *Folha de S. Paulo*: Ensino Global: OMC discute novas regras para a educação é verdadeiramente assustadora. Vejamos:

> quatro propostas sobre regras de educação prometem esquentar ainda mais as discussões na OMC. Os Estados Unidos, o Japão, a Austrália e a Nova Zelândia querem quebrar as normas existentes hoje. A ideia é que os serviços de ensino sejam comercializados livremente, facilitando operações como a atuação de grupos educacionais estrangeiros e a aprovação de cursos à distância, o que pode alterar leis nacionais. A mudança atingiria diversos níveis, desde treinamento profissional até cursos de graduação e pós. [...] A OMC, por exemplo, pode concluir que a LDB (Lei de Diretrizes e Bases), que rege as instituições de ensino brasileiras, dificulta a instalação de empresas estrangeiras no país. Nesse caso, o Congresso seria pressionado a mudar a legislação (*Folha de S. Paulo*, 30/03/2003, p. C7).

Sabendo-se que OMC significa Organização Mundial do Comércio, é preciso dizer mais alguma coisa?

REFERÊNCIAS

BARROS, R.M.S. (org.). *Diretrizes e bases da educação*. São Paulo: Pioneira, 1960.

BRUNEAU, T.C. *Catolicismo brasileiro em época de transição*. São Paulo: Loyola, 1974.

BUFFA, E. *Ideologias em conflito*: escola pública e escola privada. São Paulo: Cortez & Moraes, 1979.

_____. "Os conflitos ideológicos ocorridos durante a tramitação da Lei de Diretrizes e Bases e a participação da Revista Brasileira de Estudos Pedagógicos". *Revista Brasileira de Estudos Pedagógicos*, 65, mai.-ago./ 1984, p. 301-313. Brasília.

_____. A Igreja Católica enquanto grupo de pressão na tramitação da LDB. In: PAIVA, V. (org.). *Catolicismo, educação e ciência*. São Paulo: Loyola, 1991, p. 117-134.

BUFFA, E. & NOSELLA, P. *A escola profissional de São Carlos*. São Carlos: EdufsCar/Fapesp/Ceeteps, 1998.

CRESPO, S.B.S. Os colégios católicos de elite e algumas questões postas pela chamada "educação libertadora". In: PAIVA, V. (org.). *Catolicismo, educação e ciência*. São Paulo: Loyola, 1991, p. 141-147.

CRUZ, M. da. *Vinte anos a serviço da educação*. Rio de Janeiro: AEC, 1966.

CUNHA, L.A. *A universidade crítica*: o ensino superior na República Populista. Rio de Janeiro: Francisco Alves, 1983.

_____. *Escola pública, escola particular e a democratização do ensino*. São Paulo: Cortez/Autores Associados, p. 1986.

_____. Limites da escola particular na democratização do ensino. In: CUNHA, L.A. (org.). *Escola pública, escola particular e a democratização do ensino*. São Paulo: Cortez/Autores Associados, 1986, p. 119-130.

_____. O lugar da escola superior particular. In: CUNHA, L.A. (org.). *Escola pública, escola particular e a democratização do ensino*. São Paulo: Cortez/Autores Associados, 1986, p. 131-142.

_____. Verbas públicas para universidades públicas. In: CUNHA, L.A. (.org.). *Escola pública, escola particular e a democratização do ensino*. São Paulo: Cortez/Autores Associados, 1986, p. 143-150.

_____. Ensino superior: a gratuidade necessária. In: CUNHA, L.A. (org.). *Escola pública, escola particular e a democratização do ensino*. São Paulo: Cortez/Autores Associados, 1986, p. 151-160.

_____. "Nova reforma do ensino superior: a lógica reconstruída". *Cadernos de Pesquisa*, 101, jul./1997, p. 20-49.

CURY, C.R.J. *Ideologia e educação brasileiras*: católicos e liberais. São Paulo: Cortez & Moraes, 1978.

_____. "O público e o privado na educação brasileira contemporânea: posições e tendência". *Cadernos de Pesquisa*, n. 81, mai./1992, p. 33-44. São Paulo.

CURY, C.R.J. e NOGUEIRA, M.A.L.G. "O atual discurso dos protagonistas das redes de ensino". In: CUNHA, L.A. *Escola pública, escola particular e a democratização do ensino*. São Paulo: Cortez/Autores Associados, 1986, p. 65-93.

FERNANDES, F. *Educação e sociedade no Brasil*. São Paulo: Dominus/Edusp, 1966.

Folha de S. Paulo. OMC discute novas regras para a educação, 30/03/2003. p. C7. São Paulo, FSP.

LIMA, D. *Educação, Igreja e ideologia*: uma análise sociológica da elaboração da Lei de Diretrizes e Bases. Rio de Janeiro: Francisco Alves, 1978.

MARTINS, C.B. *Ensino pago: um retrato sem retoques*. São Paulo: Global, 1981.

NOSELLA, P. & BUFFA, E. *Schola Mater*: a antiga Escola Normal de São Carlos, 1911-1933. São Carlos: EdufsCar/Fapesp, 1996.

_____. *Universidade de São Paulo*; Escola de Engenharia de São Carlos; os primeiros tempos: 1948-1971. São Carlos: EdufsCar/Fapesp, 2000.

PAIVA, V. (org.). *Perspectivas e dilemas da educação popular*. Rio de Janeiro: Graal, 1984.

_____. (org.). *Catolicismo, educação e ciência*. São Paulo: Loyola, 1991.

PETITAT, A. *Produção da escola, produção da sociedade*. Porto Alegre: Artes Médicas, 1994.

PINHEIRO, M.F.S. *O público e o privado na educação brasileira*: um conflito na Constituinte (1987-1988). Brasília: UnB, 1991 [Tese de doutorado].

_____. O público e o privado na educação: um conflito fora de moda? In: FÁVERO, O. (org.). *A educação nas constituintes brasileiras: 1823-1988*. 2. ed. rev. e ampl. Campinas: Autores Associados, 2001, p. 255-291.

RIBEIRO, M.G.M. *Educação superior brasileira*: reforma e diversificação institucional. Bragança Paulista: Edusf, 2002.

SAVIANI, D. *Educação brasileira*: estrutura e sistema. São Paulo: Saraiva, 1973.

_____. "Uma estratégia para a defesa da escola pública: retirar a educação da tutela do Estado". *Revista do Ensino de Física*, ano 2, n. 2, mai./1980 [Publicado também com o título a escola pública". In: SAVIANI, D. *Ensino público e algumas falas sobre universidades*. São Paulo: Cortez/Autores Associados, 1984.

_____. A defesa da escola pública. *Ensino público e algumas falas sobre universidade*. São Paulo: Cortez, 1984, p. 10-25.

_____. *Política e educação no Brasil*. São Paulo: Cortez/Autores Associados, 1987.

VIEIRA, S.L. "O público, o privado e o comunitário na educação". *Educação e Sociedade*, n. 27, set./1987, p. 5-12. São Paulo: Cortez.

VILLALOBOS, J.E.R. *Diretrizes e bases da educação*: ensino e liberdade. São Paulo: Pioneira/Edusp, 1969.

LEITURAS COMPLEMENTARES

BUFFA, E. *Ideologias em conflito*: escola pública e escola privada. São Paulo: Cortez/Moraes, 1979.

CUNHA, L.A. *Escola pública, escola particular e a democratização do ensino*. São Paulo: Cortez/Autores Associados, 1986.

CURY, C.R.J. *Ideologia e educação brasileiras*: católicos e liberais. São Paulo: Cortez/Moraes, 1978.

MARTINS, C.B. *Ensino pago*: um retrato sem retoques. São Paulo: Global, 1981.

SAVIANI, D. *Ensino público e algumas falas sobre universidades*. São Paulo: Cortez/Autores Associados, 1984.

5
GRUPOS ESCOLARES NO BRASIL: UM NOVO MODELO DE ESCOLA PRIMÁRIA

Marcus Levy Albino Bencostta

No alvorecer da República, dentre as muitas ações e discursos que os líderes que assumiram o poder do novo sistema de governo fizeram circular, estavam aquelas que propunham modificações no modo como o ensino primário deveria ser organizado e que novas obrigações caberia ao Estado frente a uma realidade educacional confusa e deformada, herdada do regime monárquico.

Um pouco antes da sua instalação, esta mesma liderança, que na época compunha o Movimento Republicano, estava ciente que as determinações que saíam da corte percorriam caminhos que dificultavam sua implantação nas províncias e, muitas vezes, por chegarem tardiamente aos locais de destino, jamais seriam adotadas. No entanto, problemas nos trâmites políticos e burocráticos do Império não impediram que a imprensa republicana formulasse severas críticas à elite governante da segunda metade do século XIX, que visivelmente desconsiderava os procedimentos necessários para resolver os graves problemas da instrução pública, visto que nem espaços adequados eram previstos para as escolas. Com o golpe ao regime monárquico e o sucesso da tomada do poder pelos republicanos coube, portanto, ao novo regime, repensar e esboçar uma escola que atendesse os ideais que propunham construir uma nova nação baseada em pressupostos civilizatórios europeizantes que tinha na escolarização do povo iletrado um de seus pilares de sustentação.

O discurso estruturado em retóricas originárias de uma Europa influenciada pelas repercussões da Revolução Francesa, a qual apregoava que era preciso instruir a população para se alcançar a civilização, já não era mais uma grande novidade no final do século XIX. Porém, este mesmo discurso foi rapidamente reproduzido no Brasil republicano e fartamente utilizado, a ponto de ter pressionado o poder político instalado a apresentar uma proposta diferenciada de escolarização destinada àqueles que durante muito tempo ficaram sem qualquer oportunidade de instrução.

Mesmo cientes desta realidade, os membros do Congresso Constituinte decidiram, na Constituição de 1891, a primeira da República, que caberia aos Estados e municípios a responsabilidade pela organização, implementação e manutenção do ensino primário, esvaziando a possibilidade do governo central assumir tais responsabilidades. Frente ao que determinava a nova Lei Magna, os Estados deveriam providenciar, cada um ao seu ritmo, reformas de ensino que se adequassem às suas realidades político-educacionais, em face da vergonhosa falta de recursos destinada à instrução primária.

As primeiras unidades federativas a implementarem, ainda no século XIX, reformas que resultaram em um sistema público de ensino primário gratuito, foram o Distrito Federal (RJ) e o Estado de São Paulo, sendo que tais iniciativas terminaram servindo de modelo aos demais Estados, posto que o governo central não formulou qualquer proposta que os direcionassem nessa matéria.

No Brasil, este modelo, denominado de Grupo Escolar, foi implantado pela primeira vez no Estado de São Paulo, em 1893. Este tipo de instituição previa uma organização administrativo-pedagógica que estabelecia modificações profundas e precisas na didática, no currículo e na distribuição espacial de seus edifícios. Foi notório, em particular no caso paulista, a importância da experiência da Escola-modelo que funcionava na Escola Normal. Tal experiência orientou não somente as determinações que levaram à criação dos grupos escolares daquele Estado, mas também, em pouco tempo, foram adotados por todo o país.

O debate entre intelectuais, políticos e educadores paulistas fluía para um tipo de escola primária que pretendia ser moderna e diferente daquela existente no Império: carente de edifícios, livros didáticos e mobiliário, precária em pessoal docente qualificado para o ensino de crianças e distante dos modernos métodos pedagógicos. Nesse sentido, para a recém-instalada república brasileira, a experiência inovadora das escolas primárias graduadas – ou grupos escolares, como vieram a ser denominados – foi entendida como um investimento que contribuiria para a consolidação de uma intencionalidade que procurava, por sua vez, esquecer a experiência do Império e apresentar um novo tipo de educação que pretendia ser popular e universal.

Logo nos primeiros anos do século XX, o sucesso da experiência paulista fez com que vários outros Estados como Paraná, Minas Gerais, Espírito Santo, Rio Grande do Norte, adotassem também o modelo do grupo escolar como aquele que deveria ordenar o ensino primário, exemplo este seguido por Santa Catarina e Paraíba, na década de 1910.

Mas o que identificava os grupos escolares como uma escola que se diferenciava daquela existente no período monárquico? Quais inovações estiveram ali presentes que proporcionaram a construção de um discurso que a denominava de instituição sintonizada com as modernas pedagogias existentes no mundo da educação civilizada?

A construção de edifícios específicos para os grupos escolares foi uma preocupação das administrações dos Estados, que tinham no urbano o espaço privilegiado para a sua edificação, em especial, nas capitais e cidades economicamente prósperas. Em regra geral, a localização dos edifícios escolares deveria funcionar como ponto de destaque na cena urbana, de modo que se tornassem visíveis, enquanto signos de um ideal republicano, uma gramática discursiva arquitetônica que enaltecia o novo regime.

Uma vez que a organização dos grupos escolares estabelecia a reunião de várias escolas primárias de uma determinada área em um único prédio, a administração pública entendeu ser um benefício financeiro aos seus co-

Figura 1 – Aquarela do projeto arquitetônico de Victor Dubugras para o Grupo Escolar de Taubaté (São Paulo, 1895).
Fonte: Acervo da Faculdade de Arquitetura e Urbanismo da Universidade de São Paulo.

fres o fato de não ter que arcar com os aluguéis das diversas casas que abrigavam as escolas isoladas.

Portanto, foi necessário desenvolver projetos que organizassem o espaço escolar a fim de constituir atividades que se adequassem às novas metodologias de ensino propaladas pelo discurso de uma moderna pedagogia.

Contrários à ideia de que os grupos escolares não deveriam ser um ocasional agrupamento de escolas em um mesmo edifício, as autoridades de ensino, que defendiam a proposta deste modelo, afirmavam que se esta escola deveria possuir uma sequência metódica e sistemática do ensino, seria necessário, portanto, submetê-los a uma regulamentação científica. Desse modo, enfatizava-se que os alunos, na medida do seu aproveitamento, passassem por diversas classes e graus e assim cada vez mais se aperfeiçoaria sua educação intelectual, física e moral, a fim de torná-los capacitados a serem cidadãos úteis à República. Todavia, é preciso reconhecer que esse investimento dos Estados não correspondeu às expectativas de um discurso que propunha a restauração da sociedade por meio da educação. Ainda que houvesse um distanciamento entre a retórica do Estado e a aplicação de recursos na área educacional, o debate de intelectuais, educadores e políticos que propunham novos formatos, concepções e métodos para uma escola, colaborou na construção de resultados que tiveram ressonâncias nos grupos escolares mantidos pelo Estado.

Além de prédios próprios que tinham como princípio a racionalização dos espaços, outras novidades integraram-se à realidade dos grupos escolares, tais como: a mobília que substituía os torturantes bancos sem encostos; o quadro-negro; o material escolar vinculado ao novo método que marcaria a história do ensino primário brasileiro – o método intuitivo ou lições de coisas – que previa o uso de mapas, gabinetes, laboratórios, globos, figuras e quadros de Parker, dentre outros, a fim de facilitar o desenvolvimento das faculdades de apreensão sensorial dos alunos; a instrumentalização das leituras didáticas repletas, diga-se de passagem, de uma linguagem que, a todo o momento, procurava enaltecer os brios republicanos.

É certo que o método intuitivo foi uma marca indelével do ensino proposto na história dos grupos escolares, e constantemente utilizada como forma de convencimento para essa moderna pedagogia que se tornava uma realidade. No Brasil, sua introdução já tinha ocorrido, ainda no final do Império, quando Rui Barbosa traduziu e adaptou o livro *Primeiras lições de coisas*, do americano Norman Allison Calkins, como complemento do Relatório de Instrução Pública sobre o Ensino Elementar do Ministro Manoel Pinto de Sousa Dantas. A difusão desse conjunto de regras e princípios normativos iniciou-se pelas Escolas Normais, para que ele contribuísse substancialmente na formação didática dos futuros professores primários. Sua proposta de organizar a construção do conhecimento de modo simultâneo foi uma clara oposição ao ensino mútuo ou método Lancaster, bastante comum no século XIX, que reunia em uma mesma sala alunos com idades e níveis diferentes de escolarização. A seriação e a uniformização dos conteúdos sancionados pelo método "lições de coisas" foi responsável por organizar o tempo escolar, distribuindo gradualmente os conteúdos nos quatro anos que compunham o curso primário, o que resultou no uso de livros didáticos, de literatura infantil e cartilhas ajustados ao currículo da escola primária. Entretanto, o caráter inovador desse método não impediu críticas de parte dos professores dos grupos escolares, que foram refratários às mudanças que lhes eram impostas pelas autoridades de ensino que, na maioria dos casos, estavam longe do cotidiano escolar.

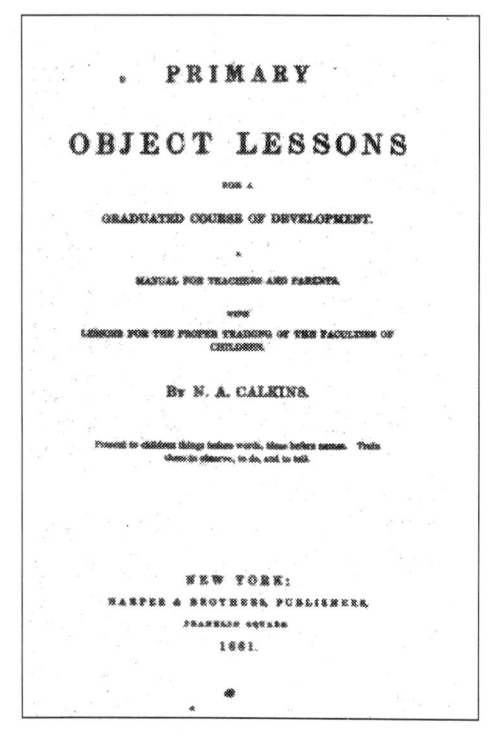

Figura 2

Outra característica dos grupos escolares, nesse momento de inauguração de novidades, foi a figura do seu diretor, cargo que até então não existia na esfera pública escolar primária frente à nova realidade educacional em construção. Além de suas funções administrativas com vistas a ordenar o cotidiano dos professores e alunos, ele deveria ser o responsável por retransmitir e atualizar junto ao corpo docente aqueles conteúdos discutidos nas escolas normais e entendidos como inovadores. Mesmo com a crescente e acentuada presença de mulheres professoras, isto não impediu que este cargo, por sucessivas décadas, fosse ocupado quase que unicamente por homens, o que demonstra que o universo masculino ainda tinha receios de perder para as mulheres o espaço de poder da autoridade máxima e representante primaz do Estado na escola. É uma certeza histórica que os homens iriam se afastar do magistério primário, por conta de seus baixos salários, fator principal do desinteresse por esta carreira, que para eles não mais apresentava grandes atrativos. Tal brecha as mulheres souberam aproveitar, no sentido de ter na escola primária um dos poucos espaços de atuação na esfera pública, em uma sociedade regida pelo universo masculino que, a todo custo, ainda conseguia majoritariamente condicionar as mulheres na esfera de suas vidas privadas. Contudo, tal possibilidade de atuação não significou, ao menos nas primeiras décadas do século XX, que os cargos de direção fossem ocupados por mulheres, realidade esta que paulatinamente foi sendo conquistada ao longo da segunda metade daquele século.

Figura 3 – Diretor e professoras do Grupo Escolar Barão do Rio Branco (Curitiba, 1922).
Fonte: Fundação Cultural de Curitiba, Casa da Memória.

A intensificação das demandas escolares, compostas por uma população estudantil que testemunha a ida das meninas, juntamente com os meninos, para escola, representa a incorporação de um princípio no qual a instituição pública republicana assegura o direito das crianças meninas adquirirem conhecimento que as instruíssem, ao menos em seus níveis mais elementares, em igualdade de condições àquela instrução destinada aos meninos. Entretanto, é preciso salientar que não foi o fato das meninas estarem indo à escola que tornou a coeducação uma realidade nos primeiros anos da instalação dos grupos escolares no Brasil. A coeducação só iria ser implantada muito lentamente, ao longo do século XX. Ainda os espaços, os professores e, até mesmo, algumas poucas disciplinas, eram diferenciados para meninos e meninas, como por exemplo as atividades inseridas na disciplina Prendas Domésticas, destinada ao público discente feminino, na qual ensinava-se o trabalho com agulhas, bordados, enfeites, crochê etc. Outro exemplo foram as aulas de Educação Física que ocorriam em horário e público definidos conforme o sexo.

Figura 4 – Aula de ginástica no Grupo Escolar Francisco Glicério (Campinas, década de 1900).
Fonte: Centro de Memória da Unicamp (Coleção da Secretaria da Agricultura, Comércio e Obras Públicas).

É importante ressaltar um outro aspecto acerca da população escolar, que se tornou uma preocupação, dentre muitas, entre os intelectuais da educação e as autoridades de ensino. Trata-se do constante alerta a respeito dos problemas que a frequência irregular dos alunos poderia acarretar na consolidação da proposta educacional dos grupos escolares. A intermitência na assiduidade foi uma constatação que a escola teve que admitir ao não conseguir manter em suas carteiras aqueles alunos pertencentes às camadas sociais economicamente desfavoráveis, quando suas famílias os convocavam para tarefas domésticas e/ou remuneradas no mesmo horário dos estudos escolares. Coube aos Estados, através de suas legislações, instaurar dispositivos que estabelecessem de modo impositivo a obrigatoriedade de ensino às crianças em idade escolar, não tendo sido incomum ameaças de punição aos pais que descumprissem tais determinações. Contudo, as determinações legais dificilmente conseguiram assegurar, pela obrigatoriedade do ensino, a almejada regularidade na frequência.

Ao longo da história dos grupos escolares, coube aos órgãos de ensino organizar os programas adotados pelas de disciplinas da escola primária. Durante a sua primeira fase, caracterizada pelos esforços de implantação dessa nova modalidade de ensino, a distribuição do conhecimento escolar nos quatro anos de formação elementar previa a transmissão de matérias como: leitura, caligrafia, aritmética, desenho, linguagem, música, geometria, trabalhos manuais, história, ginástica, geografia e cosmografia, ciências físicas e naturais – higiene, moral e cívica.

Em outros momentos, como os de expansão e consolidação dos grupos escolares na realidade educacional brasileira, a oferta de disciplinas sofreu modificações singulares, conforme o momento histórico de cada Estado. Porém, ao estabelecer reformas curriculares para o ensino primário, junto à questão da escolarização, estava o desejo de formar bons cidadãos que continuassem fiéis e comprometidos com a pátria, independente do regime político à frente no país.

Esse processo de inculcação de valores patrióticos nas mentes das crianças, que supostamente garantiria a construção de uma nação civilizada, pode ser melhor compreendido através de determinadas práticas escolares. Dentre elas, podemos destacar a incorporação do programa de educação moral e cívica, que se tornou corresponsável pela transmissão de um conjunto de princípios que corporificavam ideais patrióticos, que eram instrumentalizados nas salas de aula e nas palestras proferidas na escola, cujo principal objetivo era despertar os sentimentos de amor e dever à família, à sociedade e, principalmente, à pátria. É neste ambiente civilizatório que emergem os desfiles e festas patrióticas.

Figura 5 – Cartilha de Francisco Viana. Rio de Janeiro: Livraria Francisco Alves, 1945.
Fonte: Centro de Referência em Educação Mário Covas.

Os desfiles patrióticos dos grupos escolares são vistos como uma forma de imprimir sentimentos cívicos, principalmente pelo fato das autoridades de ensino responsáveis pela sua organização compreenderem essas celebrações como coparticipantes da organização da comunidade escolar frente à vida social. Portanto, o relembrar da datas cívicas pelas comemorações foi repetidamente proclamado como um dos pontos altos dessas manifestações que eram programadas no calendário escolar, datas em que as afetividades políticas eram postas em cena, não deixando de se manifestar o estreitamento de laços de comunhão e de solidariedade cívica entre alunos, professores, funcionários e familiares.

Para finalizar esta visão panorâmica, que procurou explicar brevemente a inserção dos grupos escolares na realidade histórica da educação brasileira, entendemos e interpretamos que os papéis por eles desempenhados ao longo da maior parte do século XX – é bom lembrar que sua extinção ocorreu nos primeiros anos da década de 1970 por sua substituição paulatina pelo sistema de ensino de 1º Grau determinada pela Lei n. 5.692/71 – marcaram profundamente, com erros e acertos, a cultura da escola primária pública brasileira.

LEITURAS COMPLEMENTARES

ALMEIDA, J.S. *Mulher e educação*: a paixão pelo possível. São Paulo: Unesp, 1998.

BENCOSTTA, M.L.A. "Arquitetura e espaço escolar – Reflexões acerca do processo de implantação dos grupos escolares de Curitiba (1903-1928)". *Educar em Revista*, 18, 2001, p. 103-141.

CARVALHO, M.M.C. *A escola e a República*. São Paulo: Brasiliense, 1989.

DALLABRIDA, N. *A fabricação escolar das elites* – O Ginásio Catarinense na Primeira República. Florianópolis: Cidade Futura, 2001.

FARIA FILHO, L.M. *Dos pardieiros aos palácios* – Cultura escolar e urbana em Belo Horizonte na Primeira República. Passo Fundo: UPF, 2000.

PINHEIRO, A.C.F. *Da era das cadeiras isoladas à era dos escolares na Paraíba*. Campinas/Bragança Paulista: Autores Associados/USF, 2002.

SOUZA, R.F. *Tempos de civilização* – A implantação da escola primária graduada no Estado de São Paulo (1890-1910). São Paulo: Unesp, 1998.

VALDEMARIN, V.T. *Estudando as lições de coisas*. Campinas: Autores Associados, 2004.

6
DAS ESCOLAS PAROQUIAIS ÀS PUCs: REPÚBLICA, RECATOLICIZAÇÃO E ESCOLARIZAÇÃO

Norberto Dallabrida

> *Conheceis o mal: qual é o remédio? A Escola Católica, repetida, disseminada, multiplicada por toda parte em frente da Escola do Governo e onde os Governos não têm escola [...] A escola primária católica, o ginásio ou liceu católico, a faculdade católica, a universidade católica – eis a solução!* (LAET Carlos de, 1908).

A laicização do Estado brasileiro, colocada em marcha pelo governo republicano e mantida na Constituição de 1891, representou um corte peremptório no regime de padroado, estabelecido no período colonial e mantido durante a monarquia brasileira. Com a perda da condição de religião oficial, a Igreja Católica libertou-se da dependência em relação ao Estado e passou a concorrer com outras associações religiosas. Nas primeiras décadas do regime republicano, a Igreja Católica passou por profunda reestruturação institucional, vinculada estreitamente à Santa Sé, cujo traço mais visível foi o crescimento expressivo do número de dioceses. Cada estado da federação brasileira passou a ter no mínimo uma diocese, que centralizava e animava as ações pastorais em consonância com as determinações da Cúria Romana e do episcopado brasileiro.

Apesar de algumas tensões, o episcopado brasileiro aceitou o regime republicano, mas posicionava-se contrário ao caráter laico do sistema público de ensino, porque acreditava que ele agredia a fé católica da maioria do povo brasileiro. Com a supressão do ensino religioso nas escolas públicas, a Igreja Católica articulou-se para formar e consolidar uma rede de escolas católicas, como parte integrante de seu processo de reestruturação institucional. Para tanto, o episcopado brasileiro, organizado sob a liderança de D. Antônio de Macedo Costa, conseguiu garantir algumas concessões para a Igreja Católica na Constituição de 1891, como a permanência da Companhia de Jesus e a liberdade de ação das ordens e congregações católicas (WERNET, 1991b; CURY, 2001).

No entanto, a reestruturação institucional da Igreja Católica foi alavancada pelo Concílio Plenário da América Latina, ocorrido em Roma, em 1899, que reuniu os prelados latino-americanos para fixar as diretrizes norteadoras do catolicismo nessa região à luz do Concílio Vaticano I. As reflexões e determinações desta conferência episcopal foram condensadas no texto oficial intitulado *Decreta Concilii Plenarii Americae Latinae*, publicado solenemente em 01/01/1900, que se tornou o documento fundante da romanização[1] do catolicismo mestiço da América Latina. O título 9º "A educação católica da juventude" trata especificamente das escolas primárias, secundárias e universitárias; e, no 2º título, que aborda os impedimentos e perigos da fé, inclui "as escolas acatólicas e neutras", condenando-as (WERNET, 1991a).

Naquele momento, a Santa Sé tinha dividido o território brasileiro em duas regiões eclesiásticas: a Província Setentrional, sediada na Bahia, e a Província Meridional, cujo centro era a capital da república. Após o "Concílio de 1899", a Cúria Romana recomendou aos arcebispos que promovessem conferências episcopais em suas províncias eclesiásticas, com o objetivo de traduzir e disseminar nas dioceses brasileiras as disposições conciliares. Nas duas primeiras décadas do século XX, as províncias eclesiásticas brasileiras realizaram várias conferências episcopais, cujo resultado era um documento conhecido por "pastoral coletiva". A Pastoral Coletiva das Províncias Eclesiásticas Meridionais de 1915 é um documento que normatiza em detalhes as práticas católicas e foi aceito pelas outras províncias eclesiásticas brasileiras, tornando-se a referência doutrinária e pastoral do discurso romanizador do episcopado brasileiro até o Concílio Vaticano II. Apoiada nas determinações do Concílio Plenário da América Latina, essa pastoral coletiva condena as escolas leigas e determina que os católicos frequentem instituições escolares que contemplem o ensino religioso (*Pastoral Colletiva*, 1915; OLIVEIRA, 1985: 297-305).

Para fazer frente à laicidade do sistema público de ensino, o episcopado brasileiro investiu as suas melhores energias institucionais no estabelecimento de uma rede de escolas católicas no território nacional. O fator de-

---

1. "Fala-se de romanização porque a ação reformadora dos bispos, padres e congregações religiosas tem por objetivo moldar o catolicismo brasileiro conforme o modelo romano. Seus traços essenciais são a espiritualidade centrada na prática dos sacramentos e o senso da hierarquia eclesiástica; o bom católico, segundo esse modelo, é aquele que frequenta regularmente os sacramentos e obedece incondicionalmente à autoridade eclesiástica" (OLIVEIRA, 1985: 283-284).

6. Das escolas paroquiais às PUCs: república, recatolicização e escolarização

cisivo do êxito da Igreja Católica no campo educacional foi a atuação das ordens e congregações católicas, masculinas e femininas, de origem europeia, como os lazaristas, jesuítas, salesianos, maristas, franciscanos, lassalistas, Irmãs de São José de Chamberry, Apóstolas do Sagrado Coração de Jesus, Irmãs da Divina Providência. Esses grupos religiosos começaram a imigrar para o Brasil ao longo do século XIX, especialmente no Segundo Reinado, e introduziram práticas católicas romanizadas, muito diferentes da religiosidade do catolicismo "tradicional" luso-brasileiro, que envolvia tanto o clero como o povo. A entrada de ordens e congregações católicas intensificou-se após a promulgação da Constituição de 1891, que contornou o anticlericalismo radical dos primeiros meses do regime republicano, permitindo maior liberdade à Igreja Católica. Em boa medida, essas congregações católicas tiveram problemas com alguns governos europeus e se deslocaram para outros países como a Espanha e o Brasil (AZZI, 1990b).

Os membros das congregações católicas que imigravam para o Brasil e para outros países periféricos, geralmente estavam imbuídos de forte ardor missionário e acreditavam que eram enviados com o dever de ensinar a verdadeira doutrina cristã, contribuindo para reconstruir o colonialismo cultural europeu. Algumas congregações imigraram com o intuito de atender espiritualmente colônias de imigrantes europeus, como os salesianos e lazaristas entre os italianos, outras visavam a catequização dos indígenas e a maioria delas atuou na reconversão dos brasileiros à fé católica romanizada. Esses grupos de religiosos contribuíram no trabalho litúrgico e catequético nas paróquias e criaram várias redes de instituições assistenciais e educativas, como orfanatos, creches, casas de saúde, hospitais, asilos de idosos e especialmente escolas e colégios. É importante sublinhar que, no processo de romanização do catolicismo no Brasil, foram poucas as congregações católicas, masculinas e femininas, que não se envolveram em instituições escolares (AZZI, 1990a).

A rede de escolas católicas que foi sendo tecida no território brasileiro deve ser matizada, porque compreende diferentes instituições educativas. A Igreja Católica envidou esforços para fundar desde escolas paroquiais até universidades católicas, passando por colégios de ensino secundário, escolas normais e profissionais. Por outro lado, o episcopado brasileiro procurou, de modo diplomático e decidido, reintroduzir o ensino religioso – ou melhor, a doutrina cristã – no sistema público de ensino e incentivou os professores católicos a realizarem o curso normal e prestarem concursos públicos para recatolicizar a cultura escolar republicana e laica. Essa tarefa fulcral e de médio prazo foi liderada por bispos e padres, mas contou com a valorosa e decisiva colaboração das congregações religiosas e do laicato católico.

AS ESCOLAS PAROQUIAIS

As pastorais coletivas do episcopado brasileiro recomendavam a fundação de escolas primárias em cada paróquia, que se tornaram conhecidas como escolas paroquiais. Essas instituições escolares eram consideradas estratégias importantes na cruzada contra as escolas públicas laicas instituídas pelo regime republicano, que se estribavam na chamada "pedagogia moderna". A Pastoral Coletiva da Província Meridional de 1901 – a primeira após o Concílio Plenário da América Latina – diz categoricamente:

> Nas circunstâncias em que se acha a Igreja diante do ensino leigo, é de necessidade inadiável que os Revdos. Párocos se esforcem por fundar em suas paróquias escolas primárias, nas quais a mocidade nascente da paróquia encontre o pasto espiritual da doutrina cristã e de outros conhecimentos úteis para a vida prática. E tenham para isto em vista do prescrito pelo Conc[ílio]. Plen[ário]. Lat[ino]. Am[ericano].
>
> E como meio prático para fundação destas escolas, os Srs. Bispos aconselham aos Rvdos. Párocos a confraria de S. Antônio da Diocese de Curitiba, que ali está dando bons resultados (*Pastoral Colletiva*, 1902: 40-41).

As escolas paroquiais foram muito importantes nas colônias de imigrantes europeus oitocentistas, especialmente no sul do Brasil, marcadas pela pequena propriedade agrícola policultora, mão de obra familiar e pela nucleação comunitária em torno de igrejas e capelas. Nessa região, elas foram formadas antes da proclamação da República por iniciativa dos colonos e/ou por estímulo do clero e o prédio escolar localizava-se ao lado das igrejas e capelas ou mesmo no interior das mesmas. Até a década de 1930 de século XX, quando o Estado mostrou-se ausente ou muito tímido em relação à escolarização, as escolas paroquiais tiveram um papel importante na alfabetização dos filhos dos camponeses (KREUTZ, 1991; SEYFERTH, 1900). Não é por acaso que a Confraria de Santo Antônio da Diocese de Curitiba, citada como modelo na Pastoral Coletiva de 1901, tenha se estruturado no sul do Brasil, região onde a igreja geralmente era propriedade coletiva das comunidades e o clero europeu tinha forte presença e poder entre os imigrantes e seus descendentes.

Santa Catarina, um estado com grande contingente de imigrantes católicos, especialmente alemães, italianos e poloneses, teve uma extensa e articulada rede de escolas paroquiais. A presença de congregações católicas europeias e a criação da Diocese de Florianópolis, em 1908, muito contribuíram para o estímulo à criação de escolas primárias vinculadas às paróquias. O primeiro bispo de Santa Catarina, D. João Becker, escreveu a sua segunda carta pastoral sobre as escolas paroquiais, onde afirma: "Ordena [o Concílio Plenário da América Latina] que os sacerdotes promovam o estabelecimento de escolas primárias; que as visitem com frequência segundo a ordenação do seu bispo e as estimulem como as meninas de seus olhos – 'tamquam pupillae suorum oculorum' [...]" (BECKER, 1909: 20). Desta forma, em 1914, havia 130 escolas paroquiais no território catarinense, que atendiam 7.098 alunos, especialmente nas áreas rurais colonizadas por imigrantes europeus. Numa dessas regiões, sob a liderança dos padres franciscanos, foi fundada uma associação católica que tinha por missão atender a escolas paroquiais, tornando-se posteriormente a Congregação das Catequistas Franciscanas (HEERDT, 1992).

O desaparecimento da rede de escolas paroquiais esteve ligado à permissão de ensinar doutrina católica nas escolas públicas, viabilizada pela aproximação entre o Estado republicano e a Igreja Católica. Em nível nacional, o ensino religioso foi reintroduzido oficialmente em 1931, mas ele era tolerado e mesmo legalizado em alguns estados na Primeira República. Em Santa Catarina, a partir da Primeira Guerra Mundial, quando se verificou colaboração mútua entre o Governo Estadual e a Cúria Episcopal em favor da ordem pública, o número de escolas paroquiais passou a decrescer gradativamente e, a partir de 1919, o ensino religioso foi permitido nas escolas públicas. Esse duplo e interligado processo operou-se de forma tensa e conflituosa, pois boa parte do clero de ascendência européia resistiu ao fechamento das escolas paroquiais, que muitas vezes tinham identificação étnica (SOUSA, 2003). A nacionalização autoritária colocada em marcha pelo Estado Novo expandiu e tonificou a rede escolar pública e inviabilizou o projeto das escolas paroquiais.

ENSINO SECUNDÁRIO

No ensino secundário, a presença da Igreja Católica foi diferente por várias razões. Em primeiro lugar, nesse nível de ensino não se verificou o confronto ocorrido no ensino primário entre a rede pública e as escolas paroquiais, mas a predominância dos ginásios católicos. Segundo Bruneau (1974: 122), "por volta de 1931, havia poucas escolas católicas de nível primário, porém, mais de 3/4 das 700 escolas secundárias [no Brasil] eram católicas". O crescimento do ensino secundário, nas décadas de 1930 e 1940 do século XX, contou especialmente com a participação de instituições privadas de ensino, com destaque para aquelas vinculadas à Igreja Católica, pois somente após o Estado Novo houve expansão de colégios públicos (BEAULIEU; CHARBONNEAU; MARTINS, 1966). Essa predominância da Igreja Católica no ensino secundário deveu-se à atuação das ordens e congregações católicas formadas por mão de obra especializada, com dedicação exclusiva e fervor missionário, que teceram uma rede de colégios de abrangência nacional. Esses educandários geralmente tinham sistema de internato e eram divididos por gêneros, de forma que os meninos/moços estudavam nos "colégios de padres" e as meninas/moças frequentavam os colégios internos de freiras, que se diferenciavam por oferecer o curso normal (MANOEL, 1996).

Em segundo lugar, constata-se que o Governo Federal não implementou políticas sólidas para instituir estabelecimentos públicos de ensino secundário e nem alavancou a profissionalização da carreira docente dos professores nesse nível escolar. Os governos estaduais priorizaram o ensino primário e, para tanto, investiram na formação e profissionalização dos professores dessas escolas, por meio da implantação e da modernização das escolas normais. Com raras exceções, como o Colégio Pedro II do Rio de Janeiro e alguns ginásios estaduais, o ensino secundário foi entregue pelos governos oligárquicos às instituições privadas, especialmente aquelas de caráter confessional. Analisando a Primeira República, Sérgio Miceli afirma:

> A criação de escolas secundárias, femininas e masculinas, se tornara um dos principais itens dos programas de governo dos dirigentes oligárquicos, inclusive nos estados mais atrasados. [...] Emprestando ou fazendo cessão de terrenos e prédios em condições vantajosas, concedendo subsídios financeiros diretos ou sob forma de bolsa de estudos, convênios, contratos de serviços e, sobretudo, matriculando seus próprios filhos, os grupos dirigentes se mostraram particularmente empenhados no sucesso dessa política educacional entregue em mãos das autoridades diocesanas e das ordens e congregações religiosas, sobretudo das estrangeiras, especializadas na prestação desse tipo de serviço (1988: 23-24).

Deve-se considerar também que, com a laicização do Estado brasileiro, a Igreja Católica deixou de receber auxílios pecuniários do governo como ocorria no período imperial e passou a buscar recursos financeiros próprios. Os colégios católicos, especialmente aqueles dirigidos por ordens e congregações religiosas, mostraram-se eficientes e lucrativos, por possuírem quadros docentes com formação europeia, praticamente inexistentes no Brasil e desejados pelas elites nacionais (AZZI, 1990a). Por isso, a privatização do ensino secundário brasileiro, no mínimo até a primeira metade do século XX, deu-lhe um caráter extremamente elitista. Nesse período, a maioria dos colégios católicos localizava-se nas grandes e médias cidades brasileiras e atendiam, grosso modo, as classes abastadas urbanas e a burguesia agrária. Por meio da seleção e apropriação de saberes rebuscados e de uma disciplina corporal refinada, esses educandários faziam circular uma cultura burguesa que contribuiu para produzir e/ou burilar o *habitus* de seus alunos (BRITO, 2004; DALLABRIDA, 2001).

UNIVERSIDADES CATÓLICAS

A fundação de uma universidade católica esteve na agenda do episcopado brasileiro desde o Concílio Plenário da América Latina, que recomendava a fundação de uma instituição universitária em cada país latino-americano. As pastorais coletivas das províncias eclesiásticas brasileiras lembravam esse encaminhamento da Santa Sé, mas somente com o movimento de recatolicização da intelectualidade, liderado por D. Sebastião Leme, o projeto da universidade católica brasileira ganhou viabilidade e se concretizou. D. Leme, bispo auxiliar do Rio de Janeiro desde 1921 e posteriormente cardeal, envidou esforços no sentido de tonificar a disseminação da doutrina católica através de diversificados meios, como a imprensa, as confederações religiosas, as instituições escolares e o engajamento de intelectuais. No início da década de 1920, foi criada a revista mensal "A Ordem" e fundado o "Centro D. Vital" – um instituto que reunia intelectuais católicos militantes, sediado no Rio de Janeiro. Sob os auspícios de D. Leme e tendo à frente Alceu Amoroso Lima e o Padre Leonel Franca, essas instituições culturais produziram o discurso católico intelectualizado que marcou a presença da Igreja Católica no debate nacional (CASALI, 1995).

Em meio a uma querela educacional que envolveu liberais e católicos (CURY, 1986), em 24/05/1932, na capital da República, foi fundado o Instituto Católico de Estudos Superiores (ICES). Tristão de Athayde – pseudônimo de Alceu Amoroso Lima – afirmou, na edição de maio de 1935 da revista *A Ordem*, que "o ICES quer ser apenas uma preparação para a futura Universidade Católica Brasileira, que venha a ser para o Brasil o que Louvain é para a Bélgica. A obra a realizar, porém, excede às possibilidades de uma geração" (apud CASALI, 1995: 131). O Instituto Católico de Estudos Superiores foi o núcleo acadêmico que viabilizou, em 1940, a fundação das "Faculdades Católicas", cujos cursos das Faculdades de Direito e de Filosofia começaram a funcionar no início do ano seguinte, bem como a nomeação do reitor, o Padre Leonel Franca. Em 1946, as Faculdades Católicas e a Escola de Serviço Social foram congregadas na Universidade Católica do Rio de Janeiro, que, no ano seguinte, ganhou o título de "Pontifícia".

A fundação da Universidade Católica de São Paulo também ocorreu durante o Estado Novo, quando as relações entre o executivo nacional e o episcopado brasileiro eram muito estreitas, sendo liderada por D. José

Gaspar, Arcebispo de São Paulo. Depois de várias iniciativas preparatórias, em 10 de outubro de 1945 foi criada a "Fundação São Paulo", entidade mantenedora da Universidade Católica de São Paulo, que passou a funcionar legalmente no início do ano seguinte e tornou-se "Pontifícia" cinco dias depois da PUC do Rio de Janeiro. Em outras capitais brasileiras, como Porto Alegre e Belo Horizonte, foram instituídas Pontifícias Universidades Católicas, que contribuíram ainda mais para a recatolicização das elites brasileiras. A Carta Pastoral do episcopado brasileiro por ocasião do Concílio Plenário Brasileiro, em 1939, havia concluído com precisão, afirmando: "A fundação da Universidade Católica será a glória da nossa geração" (CASALI, 1995).

Entre a instauração da República e meados do século XX, a Igreja Católica, em processo de romanização, construiu uma grande e nacionalizada rede de instituições educativas, que incluía escolas paroquiais, colégios de ensino secundário e universidades, entre outras. Nas primeiras décadas do novo regime, quando as escolas públicas foram laicizadas, os bispos e os padres articularam a criação de escolas paroquiais para fazerem contraponto às "escolas sem Deus" do governo. No entanto, na medida em que os governos estaduais e a União permitiram e legalizaram o ensino religioso nas escolas públicas, a Igreja Católica desestimulou as escolas paroquiais. Os colégios católicos de freiras, irmãos e padres, começaram a brotar discretamente no período imperial e floresceram de forma regular na Primeira República e na era Vargas. Esses institutos de ensino eram dirigidos para as elites e partes das classes médias e tornaram-se veículos importantes no processo de reaproximação entre o Estado brasileiro e a Igreja Católica. O estabelecimento das primeiras universidades católicas, durante o Estado Novo, coroaram o êxito da Igreja Católica na educação formal brasileira.

As escolas católicas e, particularmente, os colégios dirigidos por ordens e congregações religiosas contribuíram de forma significativa para a produção de sujeitos dóceis, ordeiros e produtivos, demandados pela configuração disciplinar do nascente capitalismo brasileiro. As estratégicas didáticas colocadas em prática nessas instituições educativas, transplantadas da cultura escolar européia, concorriam para a regulação dos alunos e a naturalização da hierarquia social, transversalizada no discurso católico romanizante. No mínimo até meados do século XX, os colégios católicos proporcionaram a escolarização primária e secundária de várias gerações, mas geralmente estiveram direcionados para as elites burguesas, ajudando a construir o "dualismo escolar" no sistema nacional de ensino. Esses educandários também contribuíram para a fabricação da desigualdade de gênero na Igreja Católica e na sociedade brasileira.

REFERÊNCIAS

ALMEIDA, Stela Borges de. *Negativos em vidro*: coleção de imagens do Colégio Antônio Vieira, 1920-1930. Salvador: Edufba, 2002.

AZZI, Riolando. "A educação católica no período da romanização da Igreja do Brasil: 1840-1960". *Convergência*, jan.-fev./1990a, p. 48-64. Rio de Janeiro.

_____. "A segunda evangelização do Brasil". *Convergência*, n. 235, set./1990b, p. 433-448. Rio de Janeiro.

BECKER, D. João. *Segunda carta pastoral* – Sobre as escolas parochiaes. Florianópolis: Typographia Brasil, 1909.

BEAULIEU, Gilles et al. *Educação brasileira e colégios de padres*. São Paulo: Herder, 1966.

BRITO, Angela Xavier de. *"O saldo é positivo"*: cultura escolar católica e socialização das elites femininas brasileiras, 1920-1970. Paris, 2004 [mimeo.].

BRUNEAU, Thomas. *O catolicismo brasileiro em época de transição*. São Paulo: Loyola, 1974.

CASALI, Alípio. *Elite intelectual e restauração da Igreja*. Petrópolis: Vozes, 1995.

CURY, Carlos R. Jamil. *Ideologia e educação brasileira*: católicos e liberais. 3. ed. São Paulo: Cortez/Autores Associados, 1986.

_____. *Cidadania republicana e educação*: Governo Provisório do Mal. Deodoro e Congresso Constituinte de 1890-1891. Rio de Janeiro: DP&A, 2001.

DALLABRIDA, Norberto. *A fabricação escolar das elites*: o Ginásio Catarinense na Primeira República. Florianópolis: Cidade Futura, 2001.

HEERDT, Moacir. *As escolas paroquiais em Santa Catarina 1890-1930*. Florianópolis: UFSC/Departamento de História, 1992 [Dissertação de mestrado em História].

KREUTZ, Lúcio. *O professor paroquial*: magistério e imigração alemã. Porto Alegre: UFRGS, 1991.

MANOEL, Ivan A. *Igreja e educação feminina, 1859-1919*: uma face do conservadorismo. São Paulo: Unesp, 1996 [Prismas].

MICELI, Sérgio. *A elite eclesiástica brasileira*. Rio de Janeiro: Bertrand, 1988.

OLIVEIRA, Pedro Ribeiro A. *Religião e dominação de classe* – Gênese, estrutura e função do catolicismo romanizado no Brasil. Petrópolis: Vozes, 1985.

Pastoral Colletiva dos Senhores Bispos da Província Ecclesiastica Meridional do Brasil. Rio de Janeiro: Typographia Leuzinger, 1902.

Pastoral Colletiva dos Senhores Arcebispos e Bispos das Províncias Ecclesiásticas – Províncias de S. Sebastião do Rio de Janeiro, Marianna, S. Paulo, Cyiabá e Porto Alegre. Rio de Janeiro: Typographia Martins de Araújo, 1915.

SEYFERTH, Giralda. *Imigração e cultura no Brasil*. Brasília: UnB, 1990.

SOUSA, Rogério Luiz. As escolas paroquiais. In: DALLABRIDA, Norberto (org.). *Mosaico de escolas*: modos de educação em Santa Catarina na Primeira República. Florianópolis: Cidade Futura, 2003, p. 155-171.

WERNET, Augustin. "O auge da romanização: o Concílio Plenário da América Latina". *Anais da Reunião da Sociedade Brasileira de Pesquisa Histórica*, 10, 1991a, p. 197-200. Curitiba.

_____. "A Igreja e a República – A separação entre a Igreja e o Estado?" *Anais da Reunião da Sociedade Brasileira de Pesquisa Histórica*, 11, 1991b, p. 29-34. São Paulo.

LEITURAS COMPLEMENTARES

ALMEIDA, Stela B. de. *Negativos em vidro*: coleção de imagens do Colégio Antônio Vieira, 1920-1930. Salvador: Edufba, 2002.

BEAULIEU, Gilles et al. *Educação brasileira e colégios de padres*. São Paulo: Herder, 1966.

CASALI, Alípio. *Elite intelectual e restauração da Igreja*. Petrópolis: Vozes, 1995.

CURY, Carlos R. Jamil. *Ideologia e educação brasileira*: católicos e liberais. 3. ed. São Paulo: Cortez/Autores Associados, 1986.

KREUTZ, Lúcio. *O professor paroquial*: magistério e imigração alemã. Porto Alegre: UFRGS, 1991.

MANOEL, Ivan A. *Igreja e educação feminina, 1859-1919*: uma face do conservadorismo. São Paulo: Unesp, 1996 [Prismas].

MICELI, Sérgio. *A elite eclesiástica brasileira*. Rio de Janeiro: Bertrand, 1988.

7
ANARQUISMO E EDUCAÇÃO
A educação libertária na Primeira República

Sílvio Gallo
José Damiro de Moraes

ANARQUISMO E EDUCAÇÃO

Que é o Anarquismo? Qual sua relação com a educação? É bem verdade que, sobretudo nos meios acadêmicos, pouco se conhece sobre essa tendência do pensamento e dos movimentos sociais que se desenvolveu desde o século XIX. Em termos bastante gerais, podemos dizer que o Anarquismo defendeu e defende a possibilidade de construção de uma nova sociedade, de uma sociedade sem a ingerência do Estado, uma sociedade justa e igualitária. E, na construção de uma tal sociedade, os anarquistas sempre entenderam que a educação desempenharia um importante papel.

A palavra Anarquismo deriva do grego e significa a "ausência de governo". Podemos encontrar ideias que inspiraram o Anarquismo em muitos momentos da história. Mas o canadense George Woodcock convencionou chamar de "movimento anarquista histórico" aquele que se desenvolveu juntamente com o movimento operário, a partir do século XIX. Segundo esse historiador, o Anarquismo teria estado em evidência sobretudo a partir dos anos 1850 do século XIX até o final dos anos 1930 do século XX quando, com a vitória franquista na Guerra Civil Espanhola, vamos assistir a uma consolidação de vários regimes autoritários, como o nazismo e o fascismo. Ainda segundo Woodcock, teríamos uma retomada do Anarquismo como movimento social importante a partir dos anos 1960 do século XX, com a contracultura e sobretudo o "maio de 68" francês. Contemporaneamente, temos assistido a um "renascimento" da crítica e da ação anarquistas, sobretudo no âmbito dos movimentos antiglobalização.

O movimento anarquista apresentou grande diversidade, tanto em termos de concepções teóricas quanto em termos de propostas de organização político-social. Isso dificulta falar numa "doutrina anarquista", num corpo teórico homogêneo, o que seria totalmente avesso à proposta anarquista. Dessa forma, assumiremos aqui a ideia de que o Anarquismo é um "princípio gerador" que implica em distintas concepções e movimentos sociais e políticos diversos, que têm em comum o investimento na liberdade individual e coletiva.

Podemos, em termos didáticos, resumir o princípio gerador anarquista em quatro postulados básicos: dois relativos aos aspectos mais filosóficos (autonomia individual e autogestão social) e outros dois relativos à ação social e política (internacionalismo e ação direta). Uma breve palavra sobre cada um deles:

Autonomia individual: o socialismo libertário vê no indivíduo a célula fundamental de qualquer grupo ou associação, elemento esse que não pode ser preterido em nome do grupo. A relação indivíduo/sociedade, no Anarquismo, é essencialmente dialética: o indivíduo, enquanto pessoa humana, só existe se pertencente a um grupo social – a ideia de um homem isolado da sociedade é absurda; a sociedade, por sua vez, só existe enquanto agrupamento de indivíduos que, ao constituí-la, não perdem sua condição de indivíduos autônomos, mas a constroem. A própria ideia de indivíduo só é possível enquanto constituinte de uma sociedade. A ação anarquista é essencialmente social, mas baseada em cada um dos indivíduos que compõem a sociedade, e voltada para cada um deles.

Autogestão social: em decorrência do princípio de liberdade individual, o Anarquismo é contrário a todo e qualquer poder institucionalizado, contra qualquer autoridade e hierarquização e qualquer forma de associação assim constituída. Para os anarquistas a gestão da sociedade deve ser direta, fruto dela própria, o que ficou conhecido como *autogestão*. Radicalmente contrários à democracia representativa, onde determinado número de representantes é eleito para agir em nome da população, os libertários propõem uma *democracia participativa*, onde cada pessoa participe ativamente dos destinos políticos de sua comunidade.

Internacionalismo: a constituição dos Estados-nações europeus foi um empreendimento político ligado à ascensão e consolidação do capitalismo, sendo, portanto, expressão de um processo de dominação e exploração; para os anarquistas, é inconcebível que uma luta política pela emancipação dos trabalhadores e pela construção de uma sociedade libertária possa se restringir a uma ou a algumas dessas unidades geopolíticas às quais chamamos países. Daí a defesa de um *internacionalismo* da revolução, que só teria sentido se fosse globalizada.

Ação direta: a tática de luta anarquista é a da ação direta; as massas devem construir a revolução e gerir o processo como obra delas próprias. A ação direta anarquista traduz-se principalmente nas atividades de propaganda e educação, destinadas a despertar nas massas a consciência das contradições sociais a que estão submetidas, fazendo com que o desejo e a consciência da necessidade da revolução surja em cada um dos indivíduos. Pode-se dizer que a principal fonte da ação direta foi a da *propaganda*, através dos jornais e revistas, assim como da literatura e do teatro. Outro veio importante foi o da educação, propriamente dita – formal ou informal (GALLO, 1996: 9-10).

Os anarquistas sempre deram muita importância à questão da educação ao tratar do problema da transformação social: não apenas à educação formal, mas também à informal, realizada pelo conjunto social, e daí sua ação cultural através do teatro, da imprensa, seus esforços de alfabetização e educação dos trabalhadores, seja através dos sindicatos seja através das associações operárias. O maior esforço dos anarquistas foi, porém, o de promover um processo educativo que pudesse educar as crianças para a liberdade e a autonomia. Para isso, propuseram-se a criar escolas baseadas numa *educação integral*.

PEDAGOGIA LIBERTÁRIA E EDUCAÇÃO INTEGRAL

Vemos a preocupação com a educação presente nos principais filósofos anarquistas: o inglês William Godwin; o francês Pierre-Joseph Proudhon; o alemão Max Stirner; o russo Mikhail Bakunin; o também russo Piotr Kropotkin; o italiano Errico Malatesta, dentre outros. Mas foi o pedagogo e militante francês Paul Robin quem sistematizou as teses anarquistas sobre educação numa pedagogia libertária. Robin exerceu papel de destaque nos debates sobre educação durante os congressos da Associação Internacional dos Trabalhadores e, entre 1880 e 1894, concretizou aquela que seria a primeira experiência significativa de pedagogia libertária, enquanto esteve na direção do Orfanato Prévost, na localidade de Cempuis, arredores de Paris.

Robin transformou o orfanato numa verdadeira escola libertária, aplicando o princípio de educação integral. Baseado nos princípios anarquistas, Robin acreditava que o ser humano precisa ser educado em sua integralidade, para que possa desenvolver-se em plenitude, construindo e conquistando a liberdade.

A educação integral compreendia os seguintes aspectos: a *educação intelectual*, que consistia na socialização da cultura e dos saberes produzidos pela humanidade; *a educação física*, que consistia no desenvolvimento físico, por sua vez tomado em três aspectos (uma educação esportiva; uma educação manual e uma educação profissional); e a *educação moral*, que consistia numa vivência coletiva da liberdade e da responsabilidade.

A educação intelectual desenvolvia-se como uma "pedagogia da pergunta", através da qual os estudantes eram levados a experimentar e produzir seus próprios saberes a partir das experiências, confrontando-os com os conhecimentos sistematizados nos livros. A educação física, para além dos jogos e recreações, que procuravam estimular a cooperação e a solidariedade e não a competição, investia também numa educação manual, voltada para o refinamento sensório-motor nas crianças pequenas. E, mais importante, desdobra-se também numa educação profissional politécnica. Isto é, a escola era dotada de uma série de oficinas, de trabalhos com madeira, com metais, com papel (gráfica e imprensa), com tecidos (roupas), de trabalhos agrícolas (horta), além dos serviços gerais de limpeza. As crianças e jovens eram organizados em grupos que se revezavam nessas várias atividades, semana a semana. A educação moral, por fim, era responsável pela preparação para uma vida em liberdade. Todas as relações travadas na escola, entre estudantes, professores e servidores em geral, eram tomadas como relações educativas; procurava-se, portanto, desenvolver uma ética da liberdade e da responsabilidade, que motivasse uma vida segundo princípios anarquistas.

Uma outra experiência importante em pedagogia libertária, que teve repercussões no Brasil, foi a *Escuela Moderna de Barcelona*, criada pelo catalão Francesc Ferrer i Guàrdia e que funcionou naquela cidade espanhola entre 1901 e 1905. Ferrer criou um método pedagógico que denominou de *pedagogia racional*, com forte inspiração positivista, colocando as ciências naturais como centrais. Mas era um aprendizado ativo, no qual as crianças eram instigadas a fazerem suas próprias "descobertas científicas". Assim como Robin, Ferrer privilegiava uma educação integral, tomando em conta também os aspectos físicos, profissionais, sociais e ético-morais.

A Escola Moderna de Barcelona foi fechada pelo Estado autoritário espanhol e Francesc Ferrer i Guàrdia acabaria sendo preso e condenado por um tribunal militar. Foi fuzilado em 1909, tendo sua execução motivado protestos em diversos países. Após a morte de Ferrer, escolas racionalistas foram abertas em diversos locais da Espanha, em especial na região da Catalunha, tendo durado até o final da Guerra Civil Espanhola, com a vitória dos fascistas. Mas espalharam-se também fora da Espanha, inclusive pelas Américas e, em especial, no Brasil.

ANARQUISMO E EDUCAÇÃO NO BRASIL DURANTE A PRIMEIRA REPÚBLICA

A educação brasileira recebeu uma grande contribuição dos anarquistas no final do século XIX e início do século XX, principalmente no meio operário. Atravessando o Atlântico como imigrantes, militantes anarquistas trouxeram em sua bagagem os ideários do socialismo libertário.

A partir dos anos finais do século XIX, a presença anarquista logo se fez sentir na organização de sindicatos, federações e da própria Confederação Operária Brasileira (COB), cuja expressão máxima traduziu-se na deflagração de greves por melhores condições de trabalho, na luta pela diminuição da jornada diária para 8 horas, pelo fim do trabalho infantil e do trabalho noturno para mulheres.

Nessa crescente luta por direitos trabalhistas, o historiador autodidata Edgar Rodrigues (1992: 48), consultando os jornais e documentos libertários do período, descreve as dificuldades dos anarquistas quando esbarraram com o analfabetismo no interior do movimento operário. O fato obrigava a leitura dos jornais em voz alta para grupos de trabalhadores, na hora do almoço, nos locais de trabalho ou nas sedes das associações e sindicatos, possibilitando aos analfabetos o entendimento e assimilação das estratégias e dos métodos de luta.

Contudo, isso não era o que os militantes queriam para os trabalhadores. De acordo com Juan Bautista Perez, em *O Amigo do Povo*, de 01/05/1903, é "necessário que o povo saiba, que o povo aprenda" e, para esta obra, destacava o papel dos anarquistas, "por isso nós queremos ensinar, principiar no presente a construção do futuro", com objetivo de construir uma nova sociedade livre, com fins socialistas, em que a educação torna-se fundamental, visto que "não há liberdade possível, onde está a ignorância, onde assenta o fanatismo, onde se crê em fantasma, onde reside a torpeza".

Assim, além da militância em sindicatos e associações, os anarquistas partiram para a criação de escolas e, a partir de 1895, mesmo sem um plano de ação, começam a surgir as primeiras, como a "Escola União Operária", no Rio Grande do Sul.

Esse movimento, de início tímido, foi ganhando corpo e recebe atenção dos Congressos Operários de 1906, 1913 e 1920 da COB.

A EDUCAÇÃO NOS CONGRESSOS OPERÁRIOS

No Primeiro Congresso Operário, em 1906, as propostas foram voltadas para a organização das ligas de ofícios, dos sindicatos e dos métodos de ação do movimento operário. Além disso, houve debates sobre a educação, em torno do tema: "Conveniência de que cada associação operária sustente uma escola laica para os sócios e seus filhos, e quais os meios de que deve lançar mão para esse fim?"

Rodrigues (1979: 109), recuperando este documento, apresenta a seguinte justificativa do Primeiro Congresso: "[...] o ensino oficial tem por fim incutir nos educandos ideias e sentimentos tendentes a fortificar as instituições burguesas e, por conseguinte, contrárias à emancipação operária, e que ninguém mais do que o próprio operário tem interesse em formar livremente a consciência dos seus filhos".

Feita a crítica ao ensino oficial, aconselha que sindicatos operários instituam "escolas apropriadas à educação" e, na impossibilidade, "quando os sindicatos não possam fazer cada um por si, deve a Federação local tomar conta do encargo".

Entre o Primeiro e o Segundo Congresso, o movimento operário brasileiro acompanhou o processo e julgamento, realizados na Espanha, entre 1908 e 1909, do professor Francesc Ferrer i Guàrdia (1859-1909) e sua Escola Moderna de cunho racionalista.

Sobre o racionalismo pedagógico, Pere Solà (1978: 22-25) destaca alguns de seus pontos principais; dentre os quais podemos notar o teor político-social que foi motivador da perseguição a Ferrer:

> 1º) A educação é – e deve ser tratada como – um problema político crucial (trata-se *de ocupar o lugar que o poder hegemônico da burguesia exerce nas escolas*); 2º) O ensino será científico e racional, ao serviço das verdadeiras necessidades humanas e sociais, da razão natural e não da razão artificial do capital e da burguesia; 3º) Coeducação, pois *a mulher e o homem completam o ser humano*; 4º) Coeducação de ricos e pobres; 5º) *Orientação anti e aestatal da educação*; 6º) Importância do jogo no processo educativo; 7º) Pedagogia individualizada, sem competência técnica nem profissional; 8º) Ausência de prêmio e castigos, supressão de exames e concursos (grifos nossos).

Com a condenação à morte de Ferrer, os sindicatos de vários países organizaram manifestações protestando contra a sentença, denunciando os interesses de setores conservadores na Espanha em controlar o ensino como a verdadeira causa que estava por trás da condenação deste educador.

Apesar dos protestos, o governo da Espanha não se sensibilizou e Ferrer foi morto, em 12/10/1909.

Por meio dessas manifestações de solidariedade e da divulgação dos acontecimentos na Espanha, o ideário da Escola Moderna ficou conhecido em diversos países. Isto possibilitou o contato dos militantes libertários brasileiros com as ideias racionalistas de educação, fundamentando teoricamente a prática pedagógica anarquista no Brasil, processo que se refletiu nas escolas que foram fundadas após 1909.

Ilustração 1 – Interior de uma sala de aula da Escuela Moderna de Barcelona
Disponível em www.laic.org/cas/fig/escola/escola.htm – site da Fundación Francesc Ferrer Guàrdia.

Com o objetivo de divulgar e colocar em prática as ideias de Ferrer, os anarquistas brasileiros organizaram, em 1909, o "Comitê pró-Escola Moderna", com a finalidade de incentivar e criar escolas racionalistas no Brasil.

As finalidades do Comitê, segundo Rodrigues (1972: 50), se configuram no seguinte programa:

> 1) Instalação de uma casa editorial de livros escolares e obras destinadas ao ensino e à educação racionalista e que, conforme os casos, serão cedidos gratuitamente ou vendidos a preços reduzidos;
>
> 2) Aquisição de um prédio para implantar na cidade de São Paulo o "núcleo modelo da Escola Moderna";
>
> 3) Procurar professores idôneos para dirigir a Escola;
>
> 4) Avaliar aquelas que no interior do Estado poderão surgir, baseadas sobre as normas do ensino racionalista, normas que passamos a estabelecer.

Todos esses quesitos foram preenchidos, como poderemos ver adiante. Mas, antes disso, voltemos aos Congressos Operários.

O Segundo Congresso Operário Brasileiro, em 1913, teve como um dos seus temas a "Educação e a instrução da classe operária".

"As resoluções do Segundo Congresso" foram publicadas pelo jornal *A Voz do Trabalhador*, em 01/10/1913. Nelas, os congressistas acusam "as castas aristocráticas e a Igreja" de sempre ter desejado manter o "povo na mais absoluta ignorância, próxima à bestialidade, para melhor explorarem-no e governarem-no". Já a burguesia é denunciada por se utilizar do conhecimento científico e monopolizar a instrução, oferecendo aos operários apenas "artificiosas concepções que enlouquecem os cérebros dos que frequentam as suas escolas", com a finalidade de consolidar a escravização, "impossibilitando a emancipação sentimental, intelectual, econômica e social do proletariado e da humanidade".

Desta forma, os congressistas vão reafirmar e ampliar as recomendações do Primeiro Congresso e aprovaram a indicação que incentivava que fossem criadas escolas de cunho racionalista.

> Esse Congresso aconselha aos sindicatos e às classes trabalhadoras em geral que, tomando como princípio o *método racional e científico*, promova a criação e vulgarização de *escolas racionais*, ateneus, revistas, jornais, promovendo conferências e preleções, organizando certamens e excursões de propaganda instrutiva, editando livros, folhetos, etc., etc.

Essa moção foi aprovada com o seguinte aditivo:

> Propomos que, além de escolas racionalistas, seja aconselhada a criação de cursos profissionais de educação técnica e artística (grifos nossos).

O Terceiro Congresso da COB, em 1920, ocorreu em um momento difícil para o movimento operário no Brasil. As greves de 1917 e 1919 deflagraram uma dura lei de repressão ao anarquismo, o que resultou na perseguição e expulsão do país de importantes militantes libertários.

Os setores conservadores da sociedade apregoavam que não havia lugar para o anarquismo ou para o socialismo, "ideologias exóticas" vindas de fora para perturbar o "ordeiro" povo brasileiro.

Diante dos ataques contra as ligas e sindicatos operários, da prisão de líderes, das deportações de estrangeiros envolvidos em greves, a maior preocupação do Terceiro Congresso foi a defesa das organizações sindicais existentes. A educação acabou não recebendo uma atenção maior, apenas foi registrada uma pequena moção, direcionada às escolas que estavam sendo fechadas, redigida por Edgard Leuenroth e publicada em *A Voz do Povo* (de 26/04/1920):

> O III Congresso Operário, tratando das escolas proletárias e tomando conhecimento da inominável violência do governo paulista que encerrou arbitrariamente as Escolas Modernas, quando esse mesmo governo tolera e até mesmo protege as escolas reacionárias, associa-se ao movimento de protesto do operariado contra essa opressão (26/04/1920).

Essa situação complicou-se mais ainda nos anos 1920: vários sindicatos e associações operárias foram fechados, muitos anarquistas e militantes operários enviados para as prisões como, por exemplo, a situada na Ilha das Flores (RJ) e a Colônia Agrícola da Clevelândia, no Oiapoque (AP).

Com esta repressão, o anarquismo, até então hegemônico no movimento operário brasileiro, começa a perder espaço para novas correntes socialistas. A crise dos modelos anarquistas de organização e de transformação da sociedade continuou durante os anos 1920 e 1930, recebendo golpes tanto por parte de militantes partidários, que começaram a disputar os sindicatos com a finalidade de levar seus partidos para a esfera da luta sindical, como por parte do Estado, que reforçou sua intervenção na vida operária brasileira, com a finalidade de controlar as greves, as relações entre trabalhadores e empresários e implantar uma legislação trabalhista.

AS ESCOLAS MODERNAS NO BRASIL

O movimento de criação de escolas ultrapassou a cidade de São Paulo, atingindo São Caetano, Campinas, Rio de Janeiro, Porto Alegre, entre outros lugares. Rodrigues (1992: 51-52) fornece a referência de alguns desses estabelecimentos educacionais criados pelos anarquistas: Escola Eliseu Reclus (Porto Alegre, RS), Escola Germinal (Ceará), Escola da União Operária (Franca, SP), Escola da Liga Operária de Sorocaba (Sorocaba, SP), Escola Operária 1º de Maio (Rio de Janeiro), Escola Moderna (Petrópolis, RJ) e as Escolas Modernas n. 1 e n. 2 em São Paulo.

Em sua maioria, essas experiências tiveram curta existência, fato que pode ser atribuído à relação feita pelos governantes e pelos setores conservadores dessas escolas com o anarquismo, proibindo seu funcionamento.

Em São Paulo, a Escola Moderna n. 1 foi fundada em 1912, pelo professor e diretor João Penteado e, no mesmo ano, foi fundada a Escola Moderna n. 2, pelo também professor e diretor Adelino de Pinho.

As experiências de educação libertária em São Paulo tiveram breve duração, funcionando de 1912 a 1919, ano em que foram fechadas pela polícia e pelo Diretor de Instrução do Estado, com a suspeita de ligação com o anarquismo e acusadas de propagar ideologia perigosa aos valores e à moral da sociedade brasileira. Serviu de justificativa para o fechamento das escolas a explosão de uma bomba em uma casa, ocasionando a morte do Diretor da Escola Moderna de São Caetano. A partir deste momento, todas as demais escolas foram fechadas.

Durante o funcionamento das Escolas Modernas n. 1 e n. 2 foi publicado o *Boletim da Escola Moderna*, opúsculo que continha textos de opinião sobre diversos assuntos, divulgando campanhas voltadas para a arrecadação de fundos que subsidiassem o funcionamento pleno dessas iniciativas pedagógicas.

Nesse processo de construção e afirmação da pedagogia libertária no Brasil, é importante resgatar e dar visibilidade à participação de três anarquistas, atores fundamentais para a compreensão do pensamento educacional libertário: os fundadores das Escolas Modernas, João Penteado e Adelino de Pinho, e o militante operário Florentino de Carvalho (pseudônimo de Primitivo Soares). A atuação e o compromisso destes anarquistas foram fundamentais para a criação, sustentação e funcionamento dessas experiências educacionais.

Ilustração 2 – Capa do Boletin de la Escuela Moderna
Disponível em www.laic.org/cas/fig/escola/escola.htm – site da Fundación Francesc Ferrer Guàrdia.

Na visão destes educadores, a escola deveria receber atenção especial daqueles que queriam transformar a sociedade. João Penteado, em seu artigo "As escolas e a sua influência social – o ensino oficial e o ensino racionalista", na revista *A Vida*, de 1914, expressa sua crença no poder das escolas, pois "é nelas, justamente nelas, nos seus bancos e nos seus livros que se preparam as novas gerações". Apaixonadamente, continua: "serão o meio, e a transformação social, o fim de nossos atos, de nossa dedicação, de nossos esforços de hoje e de amanhã e de sempre".

Penteado defendia a igualdade de todos "livres sobre a Terra livre", visão que ia ao encontro do objetivo da escola racionalista, ou seja, "reabilitar a humanidade para a vida em harmonia e fraternidade".

No texto *A Escola* (*Boletim da Escola Moderna*, 13/10/1918), Adelino de Pinho mostra como a prática pedagógica deveria ser crítica às instituições que "são obstáculos à felicidade do povo" e como os alunos poderiam ser levados a descobrirem "o fenômeno, a causa ou a lei a que obedece –

não a apologia deste estado social, mas a crítica das instituições", com vistas à sua destruição.

Pinho não se esquece das crianças, "a meninice, esse mundozinho infantil que constitui as nossas mais fundas esperanças, que representa o futuro da humanidade" e que deve ser nosso incentivo para a conquista de um "futuro racional, sensato e equilibrado", oferecendo à criança "toda a série de bem-estar, estima e felicidade a que ela faz jus, que merece e solicita com sua graça, singeleza e ingenuidade".

Na mesma direção, em seu livro *Da escravidão à liberdade* (1927), as críticas de Florentino de Carvalho não escondem a indignação com a escola que se submete ao "princípio dinâmico da coação intelectual e moral das camadas inferiores da sociedade". Também não escapam à apreciação desfavorável os professores que sempre se adaptaram aos regimes políticos "católicos no Estado católico, imperialistas no império, monarquistas na monarquia, republicanos na república, democratas na democracia social, comunistas de Estado no Estado Comunista" cumprindo o que denomina "missão de catequese das multidões", formando crianças servis destinadas à "escravidão voluntária".

A escola, na concepção de Carvalho, deveria ser racional e científica, revolucionária e anárquica, proporcionando ao homem a possibilidade de criar sua própria filosofia, visto que depurando "o homem de todos os vícios do meio, põe em atividade as suas energias" e, a partir disso, "propicia a liberdade e igualdade intelectual", elevando a "ascensão cultural das multidões".

FINALIZANDO

Com a dura e intensa repressão aos anarquistas, as escolas libertárias foram fechando suas portas. O movimento operário foi tomado por outras vertentes socialistas e comunistas, para as quais o trabalho educacional ficava em segundo plano, o que fez com que as experiências pedagógicas libertárias perdessem espaço no Brasil.

A partir dos anos 1930, observamos um desenvolvimento mais intenso dos Centros de Cultura, como o Centro de Cultura Social de São Paulo, fundado em 1933 e até hoje em atividade. E o tipo de educação libertária promovido nesses Centros teria sua importância, embora fosse distinto daquele trabalhado nas escolas ligadas ao movimento operário, durante a República Velha. Mas não temos como desenvolver esse assunto aqui.

As sucessivas ditaduras, como o Estado Novo e o Regime Militar pós-1964, fizeram com que o movimento anarquista se desenvolvesse em surdina, para não despertar a fúria da repressão. Mas não deixou de existir. Para além do silenciamento imposto pelos governos autoritários e pelas demais correntes do movimento social, o anarquismo resistiu e tem resistido, participando de movimentos de base, em bairros, sindicatos e outras instituições sociais.

A partir dos anos 1980, houve um crescente interesse acadêmico em relação ao anarquismo. Pesquisas foram desenvolvidas, dissertações e teses foram defendidas, artigos e livros foram publicados. Em várias universidades brasileiras, professores e grupos de estudantes procuram desenvolver uma militância e uma prática pedagógica anarquistas. Mas, no âmbito da educação básica, talvez jamais voltemos a ver manifestações e experiências tão intensas quanto aquelas da Primeira República.

REFERÊNCIAS

CARVALHO, F. (Primitivo Soares). *Da escravidão à liberdade* – A derrocada burguesa e o advento da igualdade social. Porto Alegre: Renascença, 1927.

CORRÊA, Norma. *Os libertários e a educação no Rio Grande do Sul:* 1895-1926. Porto Alegre: UFRGS/Faculdade de Educação/Curso de Pós-graduação em Educação, 1987 [Dissertação de mestrado].

GALLO, S.O. "Paradigma anarquista em educação". *Nuances – Revista do Curso de Pedagogia*, vol. 2, n. 2, out./1996, p. 9-14. Presidente Prudente: Unesp/FCT.

LEUENROUTH, E. "Resoluções do terceiro congresso". *A Voz do Povo*, 26/04/1920. Rio de Janeiro.

LUIZETTO, Flávio. "O tema educação na história do pensamento e do movimento anarquista". *Revista Educação & Realidade*, vol. 12, n. 1, jan.-jun./ 1987, p. 45-52. Porto Alegre.

_____. "O movimento anarquista em São Paulo: a experiência da Escola Moderna (1912-1919)". *Revista Educação e sociedade*, vol. 8, n. 24, ago./1986, p. 18-47. São Paulo.

PENTEADO, J. "As escolas e a sua influência social – O ensino oficial e o ensino racionalista". *A Vida*, 31/12/1914, p. 8-9. Rio de Janeiro.

PEREZ, J.B. "A ignorância é a escravidão". *O Amigo do Povo*, 01/05/1903. São Paulo.

PINHO, A. *A escola*, 13/10/1918. São Paulo [Boletim da Escola Moderna].

Resoluções do segundo congresso – Décimo primeiro tema. *A Voz do Trabalhador*, 01/10/1913. Rio de Janeiro.

RODRIGUES, E. *Nacionalismo & cultura social, 1913-1922*. Rio de Janeiro: Laemmert, 1972.

_____. *Alvorada operária*: os congressos operários no Brasil. Rio de Janeiro: Mundo Livre, 1979.

_____. *Quem tem medo do anarquismo?* Rio de Janeiro: Achiamé, 1992.

SOLÀ, P. *Las escuelas racionalistas en Cataluña (1909-1939)*. Barcelona: Tusquet, 1978.

LEITURAS COMPLEMENTARES

BELTRÃO, I.R. *Corpos dóceis, mentes vazias, corações frios* – Didática: o discurso científico do disciplinamento. São Paulo: Imaginário, 2000.

GALLO, S. "Educação e liberdade – A experiência da Escola Moderna de Barcelona". *Pro-posições*, vol. 3, n. 3, dez./1992, p. 14-23. São Paulo/Campinas: Cortez/Unicamp [Revista quadrimestral da Faculdade de Educação da Unicamp].

_____. Educação anarquista: um paradigma para hoje. Piracicaba: Ed. Unimep, 1995.

_____. *Pedagogia do risco* – Experiências anarquistas em educação. Campinas: Papirus, 1995.

JOMINI, R.C.M. *Uma educação para a solidariedade*. Campinas: Pontes/Unicamp, 1990.

KASSICK, C.N. *A ex-cola libertária*. Rio de Janeiro: Achiamé, 2004.

KASSICK, C.N. & KASSICK, N.B. *A pedagogia libertária na história da educação brasileira*. Rio de Janeiro: Achiamé, 2000.

LUENGO, J.M. et al. *Pedagogia libertária*: experiências hoje. São Paulo: Imaginário, 2000.

MORIYÓN, F.G. (org.). *Educação libertária*: Bakunin e outros. Porto Alegre: Artes Médicas, 1989.

PEY, M.O. (org.). *Esboço para uma história da escola no Brasil*: Algumas reflexões libertárias. Rio de Janeiro: Achiamé, 2000.

WOODCOCK, G. *Anarquismo* – Uma história das ideias e movimentos libertários. 2 vol. Porto Alegre: L&PM, 1983.

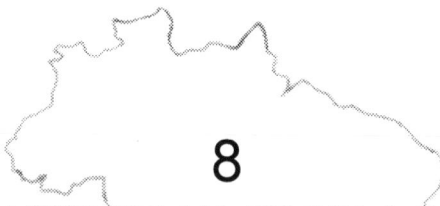

8
LIVROS E LEITURA NA ESCOLA BRASILEIRA DO SÉCULO XX

Marcia de Paula Gregorio Razzini

Nos últimos anos, a história do livro e da leitura escolar tem se firmado na área de história da educação, especialmente do ponto de vista da cultura escolar (JULIA, 2001: 10), contribuindo com a história das práticas escolares, a história das disciplinas escolares (CHERVEL, 1990; BITTENCOURT, 2003) e a história do currículo (GOODSON, 1995).

A história da cultura escolar, em geral, e a história do livro e da leitura escolar, em particular, inscrevem-se no processo de industrialização das sociedades capitalistas europeias, notadamente a ascensão da burguesia e a constituição dos estados nacionais. Articulam-se com o "sentimento moderno da infância e da escolaridade", em curso desde o século XVII (ARIÈS, 1973, 1981), e com o movimento de estatização e laicização da escola no século XIX, através da desigual mas efetiva expansão da alfabetização e da educação elementar, principalmente nos centros urbanos (MANACORDA, 2002).

Articulam-se, ainda, com a expansão do público leitor, a partir do século XVIII (WATT, 1990; LYONS, 2002), e com o aumento da demanda de leitura e escrita no século XIX (HÉBRARD, 1999), em consequência da própria industrialização e do desenvolvimento do comércio, além da expansão dos meios de comunicação e dos avanços tecnológicos na produção de material impresso.

Sem pretender esboçar uma história dos livros e da leitura na escola brasileira do século XX, o presente artigo procura destacar aspectos relevantes de sua trajetória, dando preferência para as décadas iniciais da República, quando a expansão da escola pública elementar e novos modos de ler na escola passaram a definir e a criar demandas para a produção de livros didáticos, sendo que muitas dessas tendências se conservariam vigorosas até os anos 1960.

LIVROS E EXPANSÃO DA ESCOLA PÚBLICA ELEMENTAR

A ampliação do mercado de material escolar (e especialmente do livro didático), está diretamente ligada à consolidação dos sistemas nacionais de educação pública em curso na Europa e América na segunda metade do século XIX. Os livros escolares fazem parte das condições de infraestrutura física e cultural criadas para essa consolidação (CARBONE, 2003: 14).

Os primeiros livros didáticos brasileiros foram produzidos a partir de 1810 pela Imprensa Régia (depois denominada Imprensa Nacional). Na segunda metade do século XIX, embora se registre um crescimento substancial deste segmento em editoras privadas, como a Garnier e a Laemmert do Rio de Janeiro (veja tabela a seguir), verifica-se que até os anos de 1880 a maioria dos livros usados em nossas escolas vinha importada da Europa, sobretudo de Portugal. A nacionalização da produção (e da autoria) do livro didático brasileiro só aconteceria de fato na virada para o século XX, junto com a nacionalização do livro infantil, não por acaso, quando nosso sistema de educação pública elementar foi ampliado (HALLEWELL, 1985; BITTENCOURT, 1993; LAJOLO E ZILBERMAN, 1996; VALENTE, 1999; RAZZINI, 2000).

Editoras de livros didáticos no Brasil em 1885

Editora	*N. de títulos*	*%*
B.L. Garnier	68	21,5
E. & H. Laemmert	39	12,3
Nicolau Alves	33	10,4
J.G. de Azevedo	23	7,3
Tipografia Nacional	06	1,9
Editoras do Rio de Janeiro	63	19,9
Editoras das províncias	38	11,9
Editoras estrangeiras	44	13,9
Sem nome da editora	03	1,0

Fonte: Catálogo do Museu Escolar Nacional do Rio de Janeiro, 1885. Apud Bittencourt, 1993.

Ainda que, no decorrer do século XIX, as leis brasileiras de obrigatoriedade, gratuidade e neutralidade religiosa partissem paulatinamente do poder central, a educação pública nacional permaneceu regionalizada, com leis próprias, a cargo dos governos provinciais (e, depois da Proclamação da República, às expensas dos governos estaduais). Daí seu movimento desigual e dependente dos recursos e das vicissitudes políticas locais. Desta maneira, nota-se um desenvolvimento maior do sistema de ensino nas regiões mais urbanizadas, geralmente voltadas para a agroexportação e incrementadas pelas ferrovias e pela imigração europeia. Nesse sentido, a expansão da escola pública elementar, encetada no início da República, viria acelerar o desenvolvimento do mercado editorial.

Tomando como exemplo o Estado de São Paulo, observa-se que o crescimento do sistema público de ensino elementar foi impulsionado pelas ideias republicanas, pela lavoura de café, pela imigração e pela urbanização, mas foi beneficiado, sobretudo, pela Constituição de 1891, que determinou a retenção dos impostos de exportação pelos Estados, enquanto a União ficou com os impostos de importação, aumentando substancialmente a receita do Estado de São Paulo (DEAECTO, 2002: 62).

Sujeito a uma hierarquia administrativa e ao controle centralizado do governo local, o modelo de ensino escolar paulista se traduz na invenção dos Grupos Escolares, espaços urbanos construídos especialmente para o funcionamento de escolas, cuja "monumentalidade de seus edifícios" "deveria fazer ver a República inaugurada" (CARVALHO, 2002: 203). Os Grupos Escolares surgiram na paisagem urbana como "templos de saber" (SOUZA, 1998) e suas imagens foram difundidas em publicações oficiais e em cartões-postais, produto cultural de ponta na época, graças aos avanços do serviço postal e da fotografia, que imprimia ao mesmo tempo a noção de beleza e modernidade tão desejáveis ao projeto republicano.

Entre 1890 e 1920 foram construídos na capital e no interior do Estado de São Paulo mais de 130 grupos escolares e, para a formação de professores, foram implantadas 10 Escolas Normais nas seguintes cidades: São Paulo (Praça da República e Brás), Itapetininga, Pirassununga, São Carlos, Piracicaba, Botucatu, Guaratinguetá, Campinas e Casa Branca (SÃO PAULO, 1907-1908; CORRÊA et al., 1991 e FERREIRA et al., 1998). Convém assinalar que, dada a sua importância histórica, esses prédios foram tombados pelo Condephaat (Conselho de Defesa do Patrimônio Histórico, Arqueológico, Artístico e Turístico do Estado de São Paulo) recentemente, em agosto de 2002 (Processo n. 24.929, de 04/08/1986).

Para coordenar as mudanças no sistema de ensino elementar, em 1894 foi inaugurado na capital o novo prédio da Escola Normal de São Paulo (depois batizada de Escola Normal Caetano de Campos), na então retirada e recente Praça da República, topônimo perfeito para abrigar uma instituição-modelo, encarregada da "difusão dos valores republicanos e comprometida com a construção e consolidação do novo regime" e suas inovações didáticas (SOUZA, 1998: 29).

NOVOS MÉTODOS E NOVOS MATERIAIS DE ENSINO

Os grupos escolares, projetados segundo preceitos médico-higienistas, passaram a reunir várias salas de aula num único prédio, generalizando a aceitação do *método simultâneo* como forma de organização do tempo e do espaço escolar. O ensino simultâneo se baseava na "ação do professor sobre vários alunos simultaneamente" (FARIA FILHO, 2000: 142), *o professor instrui e dirige simultaneamente todos os alunos, que realizam os mesmos trabalhos ao mesmo tempo*, o que permitia a organização de classes mais homogêneas e a unificação do currículo, facilitando a execução de um programa graduado de estudos. Com o método simultâneo a escola passou a contar que cada aluno tivesse seu próprio material escolar, e passou a exigir do mercado uma variedade muito maior de materiais didáticos adaptados ao ensino graduado das diversas disciplinas do currículo (livros, cadernos, mapas, cartazes, formas geométricas, contadores, laboratórios, museus pedagógicos, etc.).

Esta nova forma de organização se opunha ao *ensino individual*, método mais comum até então, onde o professor ensinava separadamente cada aluno, um após o outro, dedicando poucos minutos a cada um para sua particular e lenta progressão nos estudos, enquanto os outros deveriam trabalhar em silêncio e sozinhos. Nesse sistema as turmas eram heterogêneas, de várias idades e de diferentes estágios de aprendizagem, não havia um programa a seguir e as variações entre as escolas eram imensas (BASTOS e FARIA FILHO, 1999).

Quanto ao processo de aprendizagem, procura-se difundir com entusiasmo o *método intuitivo*, em voga no Brasil desde a última década do Império, apoiado, por exemplo, por Rui Barbosa, tanto nos seus pareceres sobre a *Reforma do Ensino Primário* (1883), quanto na tradução e adaptação do manual de Norman Alison Calkins, *Primeiras lições de coisas*, publicado pela Imprensa Nacional em 1886. Ao mesmo tempo, considerava-se que o método simultâneo era a melhor forma de organizar as turmas para a aplicação do método intuitivo:

Já por meio de conselhos durante as visitas escolares, já por meio de circulares aos delegados de paróquias, tenho recomendado aos professores públicos primários que se abstenham das lições individuais, hoje em toda parte condenadas, e prefiram os exercícios em comum, a fim de melhor ser aproveitado o método intuitivo, o único que deve ser adotado nas escolas primárias (Ofício de 04/06/1883 do Inspetor da Instrução Pública da corte, A. H. de Souza Bandeira Filho, encaminhado ao Ministro e Secretário de Estado dos Negócios do Império, Conselheiro Dr. Francisco Antunes Maciel, documento reproduzido nessa edição de 1886, das *Primeiras lições de coisas*, de Calkins, p. III e IV).

Junto com a observação e a experiência, o método intuitivo privilegiava a aprendizagem através da ilustração e do desenho. Desta maneira, a imagem tornou-se tão importante quanto o texto na sala de aula, daí a atenção especial que o ensino do desenho ganhou tanto no currículo das Escolas Normais quanto no currículo dos Grupos Escolares.

Acompanhando esta tendência de valorização da imagem, nota-se que os livros dirigidos ao período inicial de escolarização (assim como os livros de literatura infantil), passaram a apresentar cada vez mais ilustrações e fotografias, inclusive nas capas, ampliando também o mercado de trabalho para artistas que até então atuavam em jornais e revistas.

Observa-se ainda uma preocupação maior com a materialidade, na escolha do papel, da capa cartonada, do acabamento esmerado, tudo para tornar os livros mais atraentes e em sintonia com as novas exigências educacionais. Já o tamanho preferido para os livros escolares é o *In-8°* (em oitavo), que se fixara no século XIX por ser portátil e de fácil manuseio pelas crianças. É possível encontrar esse novo formato de livro didático tanto nas grandes editoras quanto nas pequenas. Além dessa versão mais cara, edições em brochura e com papel inferior eram comuns para baratear o custo.

Não se pode deixar de mencionar que a adoção do método intuitivo e o uso da imagem como importante recurso pedagógico só foi possível graças aos avanços das técnicas de impressão (litografia) e das técnicas de fabricação do papel (substituição da pasta de trapos pela pasta de madeira), em curso desde a metade do século XIX, que baratearam o custo do material didático impresso. Além de livros ilustrados com litogravuras, xilogravuras, zincogravuras (FERREIRA, 1994), muitas vezes com "clichês" importados, os alunos brasileiros passaram a conviver com mapas geográficos e quadros-murais do ensino intuitivo pendurados nas paredes das salas de aula, muitos deles coloridos, através da cromolitografia.

Para a nova demanda, a primeira solução foi importar carteiras e vários materiais escolares, mas o mesmo não acontecia com os livros que, ou tinham que ser traduzidos e adaptados para nossa realidade, ou tinham que ser inventados segundo as novas diretrizes educacionais, ou seja, tinham que forjar uma educação nacional pautada pelos moldes do novo regime. Nesse sentido, portanto, a expansão da escola pública elementar desencadeou a expansão da produção nacional de livros didáticos.

EXPANSÃO EDITORIAL

A década de 1890 foi marcada por grande desenvolvimento da indústria gráfica no Brasil, sendo que muitas tipografias e litografias dedicavam-se à impressão de periódicos e ao impresso comercial (rótulos, folhetos, cartazes, cartões-postais e de visita, etc.). Além do aumento da circulação de jornais, os centros urbanos assistiram à eclosão de diversos materiais impressos, especialmente da revista, gênero de publicação periódica que, junto com o jornal e o cartaz, "aliavam-se às melhorias dos transportes, ampliando os meios de comunicação e potencializando o consumo de toda ordem" (MARTINS, 2001: 166-177).

Editoras já tradicionais no segmento de livros didáticos expandiram seus negócios, abrindo filiais e ampliando sua rede de representantes. A Livraria Francisco Alves, por exemplo, fundada em 1854, no Rio de Janeiro, inaugurou filiais em São Paulo (1894) e Belo Horizonte (1910), além de vender seus livros nas capitais e outras cidades do país através de representantes locais e do envio de catálogos e remessas pelo correio. Francisco Alves de Oliveira, chamado de o "Rei do Livro", "fez fortuna" e "inovou a edição escolar no Brasil", obtendo sucesso também como "editor literário" (BRAGANÇA, 2002: 76).

Produção da Livraria Francisco Alves – Novos Títulos lançados até 1954

Período/Década	1860	1870	1880	1890	1900	1910	1920	1930	1940	1950
Livros de Ensino	2	16	44	86	83	138	79	137	176	53
Outros	-	3	10	16	40	187	95	59	27	10
Total	2	19	54	102	123	325	174	196	203	63

Fonte: Relação completa das obras publicadas pela Livraria Francisco Alves, 1954.

Ao acompanhar o número de títulos lançados pela Livraria Francisco Alves (desprezadas as reedições, que eram inúmeras), percebe-se que os anos de 1890 testemunharam um grande salto na produção. No entanto, a década de 1910 foi o período que apresentou crescimento excepcional para o editor Francisco Alves, considerando que ele faleceu em 1917 e que, desde a década anterior, vinha comprando outras editoras do Rio de Janeiro, de São Paulo e Lisboa.

Quanto ao nível de ensino, percebe-se inicialmente uma produção voltada para o curso secundário, mas que, a partir da década de 1880, começa a investir substancialmente (e cada vez mais) em livros dirigidos ao ensino elementar. Verifica-se, desta forma, que a prosperidade da Livraria Francisco Alves coincidiu com a expansão da escola pública elementar, já em curso em todos os estados brasileiros na década de 1910.

Abílio César Borges, Júlia Lopes de Almeida, João Ribeiro, Olavo Bilac, Felisberto de Carvalho, Olavo Freire, João Köpke, Hilário Ribeiro, Francisco Viana, Arnaldo Barreto, Ramon Roca Dordal, Romão Puiggari, Antonio Trajano, Euclides Roxo, Fausto Barreto e Carlos de Laet, são alguns dos autores de sucesso duradouro da Livraria Francisco Alves. Vários de seus livros foram reeditados durante mais de cinquenta anos e, transformados em *best-sellers* didáticos pelo uso intensivo na escola, sobreviveriam até os anos de 1960.

Por outro lado, o grande sucesso da FTD, sigla que homenageava o Frère Théophane Durand, editora instalada em São Paulo em 1902 pela ordem religiosa dos Irmãos Maristas, parece sinalizar o movimento de resistência católica contra a laicização e os novos métodos de ensino em curso nas instituições públicas. Cabe destacar que a partir de 1906 os livros didáticos da "Coleção FTD" passaram a ser distribuídos pela Livraria Francisco Alves, a qual, mais tarde (1920), passaria também a editá-los, então com a chancela Paulo de Azevedo & Cia.

Neste período de expansão da escola pública elementar, várias editoras especializadas em livros didáticos foram fundadas nos estados, destacando-se a editora Melhoramentos (1915) e a Companhia Editora Nacional (1925).

O CIRCUITO DO LIVRO ESCOLAR

O controle da instituição patrocinadora da educação sobre o livro didático sempre fez parte da história desse objeto cultural, seja no ensino religioso, leigo, público ou privado. Daí a necessidade da frequente composição entre os que estão na ponta da produção (autores e editores) e os agentes encarregados da aprovação dos livros para uso dos seus consumidores finais, os alunos.

No Brasil, registra-se que essa função reguladora foi exercida, ora mais frouxa, ora mais cerrada, pela Companhia de Jesus, pela metrópole portuguesa e pelos governos nacionais (central, provinciais e estaduais). No Império nota-se que a produção regional de livros escolares, embora numericamente mais modesta que a da corte, sempre teve importância na hora das adoções e validações oficiais em várias províncias brasileiras, pois o processo de autorização era local.

A República deu continuidade a esse processo. Os governos estaduais autorizavam o uso e a adoção dos livros didáticos nas escolas públicas, quer seja sob a alegação da necessidade de uniformização do ensino, quer seja porque legislavam sobre programas e currículos, ou ainda porque se converteram em principais compradores do produto. Assim, só poderiam ser adotados nas escolas públicas os livros didáticos aprovados previamente pelos conselhos de instrução pública ou órgãos similares.

Importante destacar a diferença entre os livros aprovados e os livros adotados pelos governos estaduais. Os primeiros estavam liberados para a escolha nas escolas públicas, enquanto os últimos eram aqueles que, além disso, seriam comprados pelo poder público e destinados, geralmente, aos alunos mais carentes.

Além do crivo da autorização, outro fator relevante do controle estatal na adoção de livros didáticos era o estabelecimento de que só os livros de leitura deveriam ser destinados ao uso dos alunos, restrição que, de saída, eximia os governos de fornecer livros didáticos das demais disciplinas, às quais ficariam a cargo da palavra do professor (cf., por exemplo, São Paulo, 1907-1908, p. 383-393).

Desta forma, compreende-se o papel relevante que passaram a assumir livros de leitura e cartilhas na consolidação da ideologia republicana, fazendo com que várias gerações lessem, escrevessem, decorassem e recitassem não só velhos ensinamentos religiosos e morais já tão entranhados na escola, como as máximas, fábulas e contos morais, mas também textos que construíam a ideia de pátria moderna e civilizada, ou seja, conteúdos que combinavam temas patrióticos, regras de civilidade e índices de modernidade e progresso.

A evasão escolar e a grande mobilidade de matrículas e eliminações durante o ano são também aspectos importantes que permeiam as relações de produção e consumo de livros didáticos. A progressiva e drástica diminuição do número de matrículas à medida que o curso primário avançava e a alta mobilidade, além de causar inchaço das classes de primeiro ano e um esvaziamento significativo a partir do segundo ano, acabavam refletindo na tiragem dos livros didáticos, que ia diminuindo bastante à medida que o livro era direcionado para os níveis mais adiantados.

Tal situação, perpetuada durante décadas, fez com que o mercado de material escolar fosse bem mais desenvolvido nos segmentos de produtos dirigidos às séries iniciais do curso primário, sobretudo daqueles produtos de uso dos alunos, como cartilhas, livros de leitura, cadernos de caligrafia e de linguagem.

É por isso que os últimos volumes das coleções de livros de leitura graduada sempre tiveram um número bem menor de edições do que os primeiros. Já em 1946, por exemplo, a Livraria Francisco Alves reeditou os *Livros de leitura* de Felisberto de Carvalho, amplamente adotados nas escolas primárias, sendo que o primeiro volume, indicado para o 1º ano, estava na 130ª ed., o segundo volume (para o 2º Ano) na 107ª ed., o terceiro volume (para o 3º ano) na 75ª ed. e o quarto volume (para o 4º ano) na 42ª ed.

As sucessivas e numerosas reedições das cartilhas de alfabetização ilustram bem tal expansão e a grande quantidade de títulos, constantemente lançados no mercado brasileiro, reflete a concorrência acirrada entre as editoras. Entre as cartilhas de sucesso duradouro destacam-se: a *Cartilha nacional* (1885) de Hilário Ribeiro; a *Cartilha da infância* (2ª ed., 1891) de Thomaz Galhardo; a *Cartilha leituras infantis* (1895) de Francisco Viana; a *Cartilha das mães* (adotada em 1896) e a *Cartilha analítica* (1909) de Arnaldo Barreto; a *Cartilha ensino rápido da leitura* (1917) de Mariano de Oliveira; e a *Cartilha do povo* (1928) de Lourenço Filho.

A ESCOLARIZAÇÃO DA LEITURA

Antes da Proclamação da República, a leitura escolar havia amealhado um patrimônio moral de contos, fábulas e provérbios, legitimado pela religião, cujo legado se perpetuaria nos livros didáticos e na literatura infantil e atravessaria o século XIX e o século XX, resistindo na escola até a década de 1960. A Condessa de Ségur, o Cônego Schmid, Esopo e Jean de La Fontaine foram largamente traduzidos no Brasil e, entre os autores brasileiros, o Marquês de Maricá, com suas *Máximas*, é figura ímpar.

Os livros de leitura graduada de João Köpke, da "Série Rangel Pestana", são os que melhor expressam didaticamente esta tendência moralizante de leitura. Os cinco volumes das *Leituras morais e instrutivas* (1º livro, 1884), seguidamente reeditados até meados do século XX, trazem animais variados e personagens infantis em cenas que evocam o bem, a esmola, o trabalho, a honra, a obediência, etc. Do mesmo modo são os *Contos infantis* (1886) das irmãs Júlia Lopes de Almeida e Adelina Lopes Vieira, e as *Leituras Moraes* (1896) de Arnaldo de Oliveira Barreto.

Embora a escola imperial tivesse interesse no lustro simbólico da nação, principalmente na figura do Imperador, o cultivo dos símbolos nacionais se tornaria a marca distintiva da escola republicana. Tal influência não se limitou à introdução das aulas de *educação cívica*, mas influenciou o ensino de língua materna, de geografia, de história, e até as aulas de música, na entoação dos vários hinos nacionalistas nos atos e solenidades escolares.

Aos poucos, a pátria e seus símbolos vão entrando nas cartilhas e livros de leitura republicanos, configurando a temática patriótica que depois seria explorada como eixo principal de livros como *Através do Brasil* (1910), de Olavo Bilac e Manoel Bomfim. Entre os símbolos nacionais mais cultivados na escola, destacam-se a bandeira brasileira e o Hino Nacional.

Além da diferença de conteúdo, os livros didáticos do século XX iam deixando para trás formas de apresentação de longa tradição no ensino, como a disposição da matéria em forma de perguntas e respostas (chamado de método socrático), organizada por "pontos" numerados, que deveriam ser repetidos e memorizados, tendência que, no entanto, continuaria a ter seus adeptos, como mostram os livros didáticos da Coleção FTD. Somando-se a isso, o método intuitivo se pautava por uma lógica indutiva de aprendizagem, calcada na observação, na experiência e na mobilização dos cinco sentidos (visão, audição, tato, olfato e paladar), onde "o ensino deveria partir do particular para o geral, do conhecido para o desconhecido, do concreto para o abstrato"; lógica contrária, portanto, à do método tradicional onde o ensino era dedutivo, com base na memória e na repetição (SOUZA, 1998: 159).

Assim, a forma antiga de alfabetização, calcada na leitura soletrada e memorizada de letras, sílabas e palavras das cartas de ABC (em detrimento da escrita), vai cedendo lugar para o ensino simultâneo da leitura e da escrita e para sucessivos métodos de alfabetização, dentre os quais destaca-se inicialmente o método da silabação, mais próximo do antigo por também seguir o que se chama hoje de marcha sintética, que vai das partes para o todo, ou seja, das letras e/ou sílabas para as palavras e sentenças. No final do século XIX começam a aparecer cartilhas concebidas pelo método da palavração e pelo método da sentenciação, os quais ficariam conhecidos como método analítico, onde a ordem de aprendizagem era oposta à ordem do método sintético. O método de leitura analítica partia das palavras ou sentenças para a decomposição em sílabas e letras, ou seja, do todo para as partes, para a análise. Daí o uso de gravuras e estampas, num primeiro momento, para ajudar o aluno a estabelecer a associação da ideia com a palavra escrita.

Entre as formas de se realizar a leitura (individual e coletivamente, oral e silenciosamente), percebe-se uma atenção especial com a leitura oral e coletiva, possibilitada pelo ensino simultâneo. Considerando que toda a turma passa a seguir silenciosamente a leitura oral de um aluno de cada vez, o professor tem a oportunidade de corrigir posturas e os diferentes acentos de fala, oferecendo a todos um modelo oral a ser imitado.

Indicadas para o treino daqueles que já sabiam ler, as listas de livros para leituras suplementares e auxiliares tornaram-se comuns na primeira década do século XX. Essa modalidade de leitura complementar, inicialmente feita em sala de aula com livros escolares, aos poucos vai ganhando contornos mais amplos, admitindo obras de valor mais estético e menos didático, como por exemplo os pequenos volumes da *Biblioteca Infantil*, organizada e adaptada por Arnaldo Barreto a partir de 1915, estreitando os laços da literatura infantil com a escola.

Ao que parece, a literatura infantil entrou na escola pública através da leitura suplementar e se desenvolveu bastante a partir da criação das bibliotecas infantis nos próprios grupos escolares, o que só aconteceria depois de 1925.

Sob a influência dos discursos dos reformadores da educação nova, a década de 1930 foi particularmente fértil na criação de bibliotecas escolares e de bibliotecas infantis e no incentivo à leitura, ao menos até o golpe de 1937, que instituiu o Estado Novo e inaugurou uma nova ordem política, com restrições que culminaram no fechamento da Biblioteca Infantil do Pavilhão Mourisco no Rio de Janeiro, dirigida por Cecília Meireles.

A recusa ao livro de leitura como vinha sendo usado, como "centro de todas as atividades escolares", e a expansão da experiência de leitura para além do espaço da sala de aula, com a criação das bibliotecas escolares, estabelecia uma nova relação dos alunos com os livros, pois eram oferecidos vários tipos de livros e de materiais de leitura, ampliando significativamente suas experiências de leitura. Desta maneira, a passagem de uma leitura intensiva, de um só livro (ou de poucos livros) para uma leitura extensiva, de vários livros, ou seja, uma leitura mais produtiva, acabou influenciando o desenvolvimento da leitura silenciosa, cuja rapidez permitia essa leitura produtiva, em oposição à leitura oralizada, mais demorada.

REFERÊNCIAS

ARIÈS, Philippe. *L'Enfant et la vie familiale sous l'ancien regime*. Paris: Du Seuil, 1973.

_____. História social da criança e da família. 2. ed. Rio de Janeiro: Guanabara, 1981 [Trad. Dora Flaksman].

BASTOS, Maria Helena C. & FARIA FILHO, Luciano M. (orgs.). *A escola elementar no século XIX*: o método monitorial/mútuo. Passo Fundo: Ediupf, 1999.

BITTENCOURT, Circe M. Fernandes. *Livro didático e conhecimento histórico*: uma história do saber escolar. São Paulo: USP/FFLCH, 1993 [Tese de doutorado em História Social].

_____. Disciplinas escolares: história e pesquisa. In: OLIVEIRA, Marcus A. Taborda de & RANZI, Serlei M. Fisher (orgs.). *História das disciplinas escolares no Brasil*: contribuições para o debate. Bragança Paulista: Edusf, 2003.

BRAGANÇA, Aníbal. "Uma introdução à história editorial brasileira". *Cultura – Revista de História e Teoria das Ideias*, vol. XIV (2ª série), separata, 2002. Lisboa: Universidade Nova de Lisboa.

CALKINS, N.A. *Primeiras lições de coisas* – Manual de ensino elementar para uso de pais e professores. Rio de Janeiro: Imprensa Nacional, 1886 [Trad. Rui Barbosa].

CARBONE, Graciela. *Libros escolares* – Una introducción a su análisis y evaluación. Buenos Aires: Fondo de Cultura Económica, 2003.

CARVALHO, Marta M. Chagas de. A República, a escola e os perigos do alfabeto. In: PRADO, Maria L. Coelho & VIDAL, Diana Gonçalves (orgs.). *À margem dos 500 Anos*: reflexões irreverentes. São Paulo: Edusp, 2002.

CHERVEL, André (1990). "História das disciplinas escolares: reflexões sobre um campo de pesquisa". *Teoria & Educação*, 2, 1990, p. 177-229.

CORRÊA, Maria E. Peirão et al. *Arquitetura escolar paulista: 1890-1920*. São Paulo: FDE/Diretoria de Obras e Serviços, 1991.

DEAECTO, Marisa Midori. *Comércio e vida urbana na cidade de São Paulo (1889-1930)*. São Paulo: Senac, 2002.

FARIA FILHO, Luciano M. de. Instrução elementar no século XIX. In: LOPES, Eliane M. Teixeira et al. *500 anos de educação no Brasil*. 2. ed. Belo Horizonte: Autêntica, 2000.

FERREIRA, Avany de Francisco et al. *Arquitetura escolar paulista*: restauro. São Paulo: FDE, 1998.

FERREIRA, Orlando da Costa. *Imagem e letra* – Introdução à bibliologia brasileira: a imagem gravada. 2. ed. São Paulo: Edusp, 1994.

GOODSON, Ivor F. *Currículo*: teoria e história. Petrópolis: Vozes, 1995.

HALLEWELL, Lawrence. *O livro no Brasil*. São Paulo: USP/T.A. Queirós, 1995.

HÉBRARD, Jean. Três figuras de jovens leitores – Alfabetização e escolarização do ponto de vista da história cultural. In: ABREU, Marcia (org.). *Leitura, história e história da leitura*. Campinas/São Paulo: Mercado de Letras/ABL/Fapesp, 1999, p. 33-77.

JULIA, Dominique. "A cultura escolar como objeto histórico". *Revista Brasileira de História da Educação*, n. 1, jan.-jun./2001, p. 9-43. Campinas: Autores Associados.

LAJOLO, Marisa & ZILBERMAN, Regina. *A formação da leitura no Brasil*. São Paulo: Ática, 1996.

LYONS, Martyn. Os novos leitores no século XIX: mulheres, crianças, operários. In: CHARTIER, Roger & CAVALLO, Guglielmo (orgs.). *História da leitura no mundo ocidental*. São Paulo: Ática, 2002, p. 165-202.

MANACORDA, Mario Alighiero. *História da educação*: da antiguidade aos nossos dias. 10. ed. São Paulo: Cortez Editora, 2002.

MARTINS, Ana Luiza. *Revistas em revista* – Imprensa e práticas culturais em tempos de República: São Paulo *(1890-1922)*. São Paulo: Edusp/Fapesp/Imprensa Oficial do Estado, 2001.

RAZZINI, Marcia de P. Gregorio. *O espelho da nação*: a Antologia Nacional e o ensino de português e de literatura (1838-1971). Campinas: Instituto de Estudos da Linguagem da Universidade Estadual de Campinas, 2000 [Tese de doutorado – Disponível em http://www.unicamp.br/iel/memoria/Teses/index.htm].

Relação completa das obras publicadas pela Livraria Francisco Alves (1954). Rio de Janeiro: Paulo de Azevedo.

SÃO PAULO (Estado). *Annuario do Ensino do Estado de São Paulo*. São Paulo: Augusto Siqueira, 1907/1908.

SOUZA, Rosa Fátima de. *Templos de civilização* – A implantação da escola primária graduada no Estado de São Paulo (1890-1910). São Paulo: Unesp, 1998.

VALENTE, Vagner Rodrigues. A matemática do ensino mútuo no Brasil. In: BASTOS, Maria Helena C. & FARIA FILHO, Luciano M. (orgs.). *A escola elementar no século XIX*: o método monitorial/mútuo. Passo Fundo: Ediupf, 1999: 271-280.

WATT, Ian. *A ascensão do romance*. São Paulo: Companhia das Letras, 1990.

LEITURAS COMPLEMENTARES

ARROYO, Leonardo. *Literatura infantil brasileira*. São Paulo: Melhoramentos, 1967.

BATISTA, Antonio A. Gomes. Um objeto variável e instável: textos, impressos e livros didáticos. In: ABREU, Márcia (org.). *Leitura, história e história da leitura*. Campinas/São Paulo: Mercado de Letras/ABL/Fapesp, 1999.

CABRINI, Conceição Aparecida. *Memória do livro didático* – Os livros didáticos de leitura de Felisberto Rodrigues Pereira de Carvalho. São Paulo: USP/Escola de Comunicação e Artes, 1994 [Dissertação de mestrado].

CHARTIER, Anne-Marie & HÉBRARD, Jean. *Discursos sobre a leitura:* 1880-1980. São Paulo, Ática, 1995.

CHARTIER, Roger. *A ordem dos livros*: leitores, autores e bibliotecas na Europa entre os séculos XIV e XVIII. Brasília: UnB, 1999 [Trad. Mary del Priori].

_____. (org.). *Práticas da leitura*. 2. ed. São Paulo: Estação Liberdade, 2000 [Trad. Cristiane Nascimento].

LAJOLO, Marisa & ZILBERMAN, Regina. *Literatura infantil brasileira*: história e histórias. São Paulo: Ática, 1984 [Série Fundamentos].

MORTATTI, Maria do R. Longo. *Os sentidos da alfabetização*. São Paulo: Unesp/Conped, 2000.

PFROMM NETTO, Samuel et al. *O livro na educação*. Rio de Janeiro: Primor/INL, 1972.

9
A Escola Ativa na Visão de Adolphe Ferrière
Elementos para compreender a Escola Nova no Brasil

Eliane Peres

O Profeta da Educação Nova: Adolphe Ferrière

"Queiram ouvir esta história.

Um belo dia, deu o diabo uma saltada à terra, e verificou, não sem despeito, que ainda cá se encontravam homens que acreditassem no bem. Como não falta a Belzebu um fino espírito de observação, pouco tardou em se aperceber que essas criaturas apresentavam caracteres comuns: eram boas, e por isso acreditavam no bem; eram felizes, e por consequência boas; viviam tranquilas, e por isso eram felizes. O diabo concluiu, do seu ponto de vista, que as coisas não iam bem, e que se tornava necessário modificar isto.

E disse consigo: 'A infância é o porvir da raça; comecemos, pois, pela infância'.

E apresentou-se perante os homens como enviado de Deus, como reformador da sociedade. 'Deus', disse Belzebu, 'exige a mortificação da carne, e é mister começar desde criança. A alegria é pecado. Rir é uma blasfêmia. As crianças não devem conhecer alegrias nem risos. O amor de mãe é um perigo: afemina a alma dum rapaz; é preciso separar mãe e filho, para que coisa alguma se oponha à sua comunhão com Deus. Torna-se necessário que a juventude saiba que a vida é esforço. Façam-na trabalhar [...]; encham-na de aborrecimento. Que seja banido tudo quanto possa despertar-lhe interesse: só é proveitoso o trabalho desinteressado; se nele se mistura prazer, está tudo perdido!'

Eis o que disse o diabo. A multidão, beijando a terra, exclamou:

– Queremos nos salvar! Que devemos fazer?

– Criem a escola [...]" (Adolphe Ferrière, 1928, p. 11/12).

Em 1920, Adolphe Ferrière publicou a *historieta* reproduzida acima em um livro chamado *Transformons l'école*, que foi traduzido para a língua portuguesa, em Portugal, em 1928 (*Transformemos a Escola. Apelo aos pais e às autoridades*. Paris: Livraria Francesa e Estrangeira Truchy-Leroy). Num ato de coragem e ousadia para a época e para o lugar, Ferrière sofreu algumas consequências por ter escrito tais palavras: foi alvo de críticas, pois a relação entre a escola e a criação diabólica foi considerada ofensiva a uma das instituições mais importantes e *sagradas* da sociedade. Vivia-se ainda um período de celebração da escola decorrente da crença dos poderes dessa instituição, vivido ao longo do século XIX, chamado de "século da escola" e, também, "século da infância". O autor foi obrigado a se retratar em função dessa história. Alguns anos depois de ter publicado o livro *Transformons l'école*, escreveu, em outro livro, *L'école sur mesure à la mesure du maitre*, de 1931 (traduzido para o português em 1934: *A escola por medida pelo molde do professor*. Porto: Editora Educação Nacional), que fora mal compreendido, que sua intenção não era ofender pais, professores e tampouco "manchar" a imagem dessa cândida instituição, a escola (FERRIÈRE, 1934: 51).

Adolphe Ferrière, que nasceu e viveu em Genebra, Suíça, entre 1879-1960, foi um dos nomes mais expressivos do movimento da Educação Nova, movimento que tomou forma em praticamente todo mundo, no final do século XIX e início do século XX e que pretendia, entre outras coisas, estabelecer uma nova ordem social via escola, reformar a sociedade pela educação, em outras palavras, renovar a escola para renovar a sociedade. Em razão disso, temas como educação e democracia; escola para todos; educação e vida; caráter científico da educação; formação das elites; aptidões e capacidades individuais; formação integral; interesse e necessidades das crianças; desenvolvimento infantil; liberdade, individualidade, espontaneidade e autonomia dos educandos; autogoverno; valorização da experiência; educação moral, intelectual e física; métodos ativos de ensino, entre tantos outros, tiveram centralidade nas discussões e nas produções dos pensadores ligados à Escola Nova. Essas questões também mereceram de Ferrière especial atenção.

Ferrière foi fundador do *Bureau International d'Éducation Nouvelle* (1899), primeira *organização oficial* do movimento da Educação Nova e que tinha como objetivo, entre outros, reunir materiais referentes às experiências no campo do nascente movimento da Escola Nova e divulgá-las amplamente para o mundo todo. Foi, ainda, um dos fundadores, juntamente com Pierre Bovet e Edouard Claparède, do *Institut Jean Jacques Rousseau*, em 1912, em Genebra, epicentro das ideias da Educação Nova na Europa. Ajudou a criar, em 1921, durante o *I Congrès Internacional de l'Éducation Nouvelle*, em Calais, na França, a *Ligue Internacional pour l'Éducation Nouvelle*, um dos *órgãos* mais importantes de divulgação das ideias da Escola Nova. Foi, durante muito tempo, diretor e colaborador da revista da *Ligue, Pour l'ere nouvelle*, impresso de divulgação das ideias e das experiências da Escola Nova. Ficou conhecido, ainda, por ser o redator dos trinta pontos da Educação Nova, publicados pela primeira vez no livro de Faria Vasconcelos, *Une École Nouvelle em Bélgique* (1915)[1]. Os trinta pontos da Escola Nova (vide Anexo), segundo Ferrière, foram resultado do registro das experiências e dos contatos de mais de quinze anos com "Escolas Novas autênticas" (1915: 9). Em razão disso, entre as características das Escolas Novas estava a previsão de seu funcionamento em forma de internato no campo, origem das primeiras experiências do que se convencionou chamar Escola Nova na Europa (França, Alemanha, Inglaterra, Bélgica). Os trinta pontos contemplam ainda questões que seriam verdadeiras "bandeiras de luta" dos escolanovistas de várias partes do mundo, inclusive no Brasil, como por exemplo a coeducação dos sexos, os trabalhos manuais na escola, a educação integral (educação moral, física e intelectual), os trabalhos livres, o trabalho coletivo, a (re)organização do tempo escolar, as excursões pedagógicas, a auto-organização dos alunos (*sistema de república escolar*), o ensino baseado na experiência e nos fatos, na atividade pessoal e nos interesses espontâneos dos alunos, etc. Ferrière ocupou-se em aprofundar vários desses temas ao longo de sua vida.

Ferrière foi, sem dúvida, um pensador polêmico, crítico da escola de seu tempo e, também, convicto defensor dos princípios da Escola Ativa. Foi chamado de *profeta da Educação Nova*, de *advogado entusiasta da Pedagogia Funcional* (Émile Planchard no Prefácio da tradução portuguesa de *A Escola Activa*, 1965), de *apóstolo convencido e incansável, mais*

---

1. Os trinta pontos ou *características* da Escola Nova foram publicados no Brasil em *Introdução ao Estudo da Escola Nova*, de Lourenço Filho. Em anexo estão reproduzidos os trinta pontos da Escola Nova conforme a tradução de Lourenço Filho.

fascinante filósofo da educação renovada (Lourenço Filho na apresentação da edição brasileira de *A lei biogenética e a escola ativa*, 1929), de *grande apóstolo da Educação Nova* (António Sérgio no prefácio da obra *Transformemos a escola*, 1928). Foi, acima de tudo, um propagandista dos princípios da Escola Ativa – como o pensador denominou a escola que pretendia *renovada, nova*, no contexto do movimento da Educação Nova.

Compreender as ideias e as iniciativas educacionais decorrentes do movimento da Escola Nova, que tiveram lugar em praticamente todo o mundo entre o final do século XIX e ao longo do XX, inclusive no Brasil, supõe, necessariamente, conhecer o pensamento de Adolphe Ferrière, que para o caso da América do Sul foi divulgado e mais sistematicamente apropriado pelos educadores a partir da sua viagem de trabalho, em 1930, por vários países sul-americanos e, especificamente no Brasil, a partir, também, da tradução de algumas de suas obras para a língua portuguesa, feitas em Portugal e no Brasil.

Cabe lembrar que muitos estudos, sob diversos aspectos, foram já realizados no Brasil sobre o movimento escolanovista (NAGLE, 1974). Há, contudo, uma ênfase nos aspectos relacionados às reformas internas dos sistemas públicos de ensino nos diversos Estados brasileiros[2] e, também, uma atenção especial às influências norte-americanas no pensamento escolanovista brasileiro (especialmente sobre a influência do pensamento do americano John Dewey na educação brasileira). Esse capítulo procura abordar um outro aspecto: a influência da vertente escolanovista europeia no pensamento pedagógico da América do Sul, especificamente a influência genebrina, através do trabalho, das obras, da ação e das ideias de Adolphe Ferrière.

Nesse sentido, é importante ressaltar que, com o intuito de divulgar sua obra e suas ideias sobre Educação Nova, Ferrière *excursionou*, durante o ano de 1930, por alguns países da América do Sul, designadamente pelo Equador, Peru, Chile, Argentina, Paraguai, Uruguai e ao final desse trajeto seu destino foi o Brasil. Não pôde, porém, em função da agitação e dos acontecimentos desencadeados pela Revolução de 30, desembarcar do navio que o trouxera das terras platinas. Impossibilitado de desembarcar no

---

2. Algumas das principais reformas educacionais de cunho escolanovista, empreendidas em estados brasileiros, foram: no Ceará, em 1922, com Lourenço Filho; sob a orientação de Anísio Teixeira na Bahia, em 1925 e no então Distrito Federal entre 1931 e 1935; em Minas Gerais com Francisco Campos, em 1927; com Carneiro Leão, no Pernambuco, em 1928; Fernando de Azevedo promoveu reformas no Distrito Federal, no período de 1927-1930, e em São Paulo, em 1932.

Rio de Janeiro, Ferrière seguiu, então, diretamente para Portugal e Espanha, permanecendo apenas um dia em território brasileiro a bordo do navio. Ele registrou o itinerário da sua viagem:

> [a viagem] nos conduziu, de abril a outubro de 1930, pelo Canal do Panamá, ao Equador (seis semanas), ao Peru (três dias), ao Chile (seis semanas), depois a Mendoza e a Buenos Aires (três semanas), Montevidéu (dez dias), Rosário, Santa Fé, Paraná; ao Paraguai (doze dias) e ao Rio (um dia) (FERRIÈRE, 1931: 8).

A intensa atividade de Ferrière nos países em que esteve, os contatos que manteve, as reuniões, as conferências, os cursos, as visitas que realizou, são indicadores das ações desenvolvidas e do intenso debate que se travava nos países da América do Sul em torno das questões da Escola Nova.

Um dos objetivos principais da viagem de Adolphe Ferrière foi o de estabelecer contatos com pedagogos e professores de alguns países da América do Sul, cujas experiências educacionais no campo da Educação Nova eram já reconhecidas em âmbito internacional. Pretendia, também, conhecer as experiências pedagógicas renovadoras desses países e recolher documentação para o *Bureau International d'Éducation Nouvelle*. Durante os seis meses em que passou visitando os países da América do Sul, conhecendo as experiências pedagógicas de caráter inovador e reunindo material educacional para o *Bureau*, Ferrière ministrou cursos, proferiu inúmeras palestras, visitou instituições, foi recebido por autoridades locais e manteve contato com pedagogos e professores dos países visitados (Equador, Peru, Chile, Argentina, Paraguai, Uruguai).

Além desse trabalho de divulgação de suas ideias pela América do Sul, é preciso considerar que as traduções de algumas obras de Ferrière, tanto para o português quanto para o espanhol, foram uma tentativa de ampliar o público leitor dessa literatura pedagógica e de conquistar novos "seguidores" e adeptos dos princípios da Escola Ativa fora do contexto europeu. Foi possível, até agora, identificar cinco obras de Adolphe Ferrière traduzidas para o português com circulação no Brasil e que, certamente, influenciaram sobremaneira educadores e reformadores brasileiros. São elas: *A lei biogenética e a Escola Activa*, 1929; *Transformemos a Escola – Apelo aos pais e às autoridades*, 1928; *A Escola Activa* (1ª tradução), 1934; *A Escola Activa* (2ª tradução), 1965; *A escola por medida pelo molde do professor*, 1934.

As temáticas dessas obras traduzidas indicam algumas das questões que ocupavam os educadores ligados ao movimento da Educação Nova: coeducação, tempos e programas escolares, métodos ativos de ensino, fundamentos e *leis* psicológicas da Educação, educação moral, social e física (educação integral), autonomia dos educandos, interesses e necessidades das crianças, relações dos pais com a escola e corresponsabilidade na condução da tarefa educativa, modelos e referências de Escolas Novas em várias partes do mundo, principalmente da Europa, exemplos a serem seguidos, etc.

Nas obras de Ferrière é possível, também, perceber uma forte preocupação com os professores e sua formação. O autor indagava: "porque nos preocupamos com as aptidões do aluno e não com as do professor?" (1934, p. 9). A questão dos professores e de sua formação foi tema recorrente entre os educadores ligados à Educação Nova: *para uma nova escola, um novo professor*.

As temáticas abordadas nas obras traduzidas no Brasil e em Portugal permitem-nos perceber o quanto algumas questões eram recorrentes na produção do autor. Esclarecer pontualmente os princípios da Escola Ativa era uma das principais preocupações de Ferrière. Desse modo, compreender o que ele entendia por Escola Ativa possibilita que situemos as discussões mais marcantes do movimento da Educação Nova também no Brasil.

OBREIROS E CONSTRUTORES DA PAZ E DA JUSTIÇA: A ESCOLA ATIVA NA VISÃO DE ADOLPHE FERRIÈRE

> Ainda há pouco uma das mais experimentadas educadoras suíças exclamava, depois de ter considerado o horizonte do futuro de uma educação nova ao serviço da vida e servida pela ciência: devia lançar-se fogo a todas as escolas actuais e mandar embora os professores, a fim de que melhor se pudesse reedificar sobre um terreno novo! É um exagero, sem dúvida, tal afirmação, mas contém uma grandessíssima verdade [...]. A escola tradicional já deu o que tinha que dar, já viveu o que tinha que viver (FERRIÈRE, 1920, apud NÓVOA, 1995: 25).

> [...] À bomba atómica destruidora, é necessário opor esta energia atómica de ordem constructiva e espiritual: a Escola Activa! E que esta vença em poderio aquela" (FERRIÈRE, 1965: 17).

As palavras de Ferrière são emblemáticas e sintetizam a vontade de todos aqueles que ao redor do mundo aderiram aos princípios da Escola Ativa: mudar a sociedade! Preservá-la dos malefícios humanos! Construir, através da escola, um "novo mundo"! Espiritualizar as novas gerações! Remediar os males sociais e morais! Lourenço Filho, ao traduzir uma das obras de Ferrière para o português, afirmou que *a redempção da humani-*

dade pela obra da escola renovada foi a ideia que fez de Ferrière o "apóstolo incansável da Educação Nova" (1929: 5).

Ferrière foi, por um lado, um crítico veemente do que denominava de escola tradicional e, por outro, depositava todas as suas esperanças na "nova escola". Ao referir-se aos educadores ligados à Educação Nova, António Nóvoa (1995) afirmou que, paradoxalmente, "nunca ninguém desconfiou tanto da escola e nunca ninguém acreditou tanto na escola como os grupos que deram corpo e voz à Educação Nova" (p. 31). Certamente Ferrière expressa bem esta posição. Para Nóvoa, com o movimento da Escola Nova,

> pela primeira vez, na história da pedagogia, uma corrente de pensamento alicerça suas propostas de acção numa crítica de fundo ao modelo escolar. Era enfim revelado o reverso da medalha da educação escolarizada, cujas virtudes tinham sido cantadas ao longo de todo *século da escola* (1995: 31).

A história do movimento da Escola Nova revela que havia muitas divergências e discordâncias em relação *ao quê* e *como* seria a escola renovada. Neste sentido, pode-se indagar: o que afinal unia homens e mulheres ligados ao movimento da Educação Nova espalhados ao redor do mundo, que no final do século XIX e principalmente no início do século XX, insurgiram-se contra a escola e, ao mesmo tempo, tantas expectativas depositaram nessa instituição? Segundo Daniel Hameline, "a unidade das diferentes tendências da Educação Nova se fez em torno da crítica de uma educação que se dizia tradicional que não é fácil de precisar suas características senão dizer que ela é nociva para os educandos" (apud NÓVOA, 1987: 733).

Ferrière, ao referir-se à Escola Ativa – ao que tudo indica termo utilizado pela primeira vez por Pierre Bovet, diretor do Instituto Jean Jacques Rousseau, em 1918 –, dizia que se tratava de um movimento de reação contra o que subsistia de medieval na escola, contra seu formalismo e seu hábito de se colocar à margem da vida, contra a sua incompreensão radical daquilo que constitui o fundo e a essência da natureza da criança. Assim, para ele, Escola Ativa era a escola fundada sobre a *ciência da criança*, ou, em outras palavras, era a aplicação das leis da psicologia à educação das crianças. Insistia neste aspecto em suas obras, frisando que a Escola Ativa não era um método como tantos outros, mas a aplicação das leis da psicologia genética à educação. Para ele, não era possível atuar "sobre" a criança, mas incitá-la a agir autonomamente. Dizia então: *Fora disto, não há Escola Activa* (1965: 16). Considerava que a Escola Ativa, "pela primeira vez na História fez justiça à criança" (1965: 23). Segundo ele, "os pedagogos do passado" teriam somente adivinhado a infância, mas com a Escola Ativa foi possível conhecê-la. Incansavelmente questionava-se sobre *o que é a criança?* Em *A Escola Activa* (1965), diz:

> [...] A criança, muitas vezes se tem dito, não é um adulto incompleto: é, em cada idade, um ser "sui generis" [...]. Sob vários aspectos, é um primitivo, um involuído, um equivalente do selvagem, possuindo, a mais, todo um mundo de virtualidades ainda ocultas nas profundezas do seu organismo físico e psíquico, e que na altura própria surgirão à superfície (1965: 24).

Ferrière defendia que uma das principais funções do professor era justamente a de "despertar" essas *virtualidades ocultas nas profundezas da alma infantil*! Com a divulgação da Escola Ativa, Ferrière também ajudou a produzir, portanto, uma "nova" identidade docente. Afirmava que o "novo" professor deveria, entre outras coisas, ter autonomia pedagógica, dominar a ciência da infância, ser um observador tenaz, ser um provocador e condutor da espontaneidade das crianças, descobrir e despertar o interesse infantil, "ser contido" e não se antecipar às necessidades e interesses das crianças. Sintetizando: um profundo conhecedor da *alma humana!* Escreveu:

> Observar a criança, despertar nela as suas curiosidades, esperar que o interesse a leve a formular perguntas, ajudá-la a achar-lhes a resposta; gastar poucas palavras e apresentar muitos factos, fazer observar ao vivo, analisar, experimentar, fabricar, colecionar: deixar à criança a liberdade da palavra e da acção na medida compatível não com uma certa ordem aparente, mas com o trabalho real; esperar que a necessidade dum estudo neste ou naquele domínio se manifeste nitidamente no aluno; nada forçar para não provocar os seus "reflexos de defesa" que inibem cedo toda a acção progressiva espontânea; ser menos um professor e examinador que um "porteiro de espíritos', menos um polícia que um bom juiz a que se recorre espontaneamente; ter uma alma rica de actividade própria, profunda, original, capaz de observar a serenidade e de se exprimir com sinceridade – eis o papel do educador moderno (1934: 191-192).

O movimento de renovação pedagógica que colocou a criança no centro do processo pedagógico, que produziu e enalteceu a Psicologia Educacional como fonte de toda a sabedoria sobre a infância e a escola, precisou, também, construir um novo perfil de professor. Já não era suficiente um professor que dominasse os conteúdos e os métodos de ensino, era preciso um *especialista* no desenvolvimento infantil. Processou-se aquilo que Thomas Popkewitz (1998) caracterizou como reenquadramento da identidade profissional dos docentes.

Tratamento sistemático na obra de Ferrière teve, também, a determinação das *leis* da educação. Desde o final do século XIX, em praticamente todo o mundo Ocidental, a Pedagogia procurou firmar-se como ciência no bojo da afirmação da ciência positiva. Os esforços de experimentação, de generalização, de fixação de leis universais, indicam claramente esse movimento. O conhecimento e a determinação de *leis*[3] no campo pedagógico foi o esforço mais nítido desse processo. Ferrière empreendeu esforços para estabelecer as *leis* da ciência pedagógica, leis do progresso, da economia (máximo de efeitos úteis, mínimo de esforços inúteis), da conservação e desenvolvimento da energia, do progresso por diferenciação e conservação, da manifestação sucessiva dos instintos, tendências, interesses, que foram por ele tratadas.

A Escola Ativa resumia-se em três palavras para Ferrière: *Ciência, Verdade e Fé*. Dizia o autor que se a Escola Ativa tivera êxito em diversos países no mundo, isso não se devia a um homem, nem a um grupo, nem a uma nação, "mas à Verdade que ela contém em si, à sua conformidade com as grandes leis da vida e do espírito, que o Homem, na sua marcha vacilante para a luz, arranca dia após dia ao Desconhecido" (1965: 33).

A Escola Ativa deveria basear-se na autonomia dos educandos, na atividade espontânea, no autogoverno, na experiência pessoal da criança, na liberdade, na criatividade, na individualidade e nos métodos ativos. A Escola Ativa seria, então, a escola da espontaneidade, da expressão criadora, da liberdade. Para Ferrière, o fim da Escola Nova não era "a aquisição de conhecimentos inscritos num programa, mas a conservação e aumento da potência do espírito da criança" (1934: 52), e seu objetivo seria o de formar personalidades equilibradas e harmoniosas, "com o sentido de serem obreiros ativos e construtivos da justiça e da paz no mundo" (1934: 53). Todo o formalismo da escola e todas as práticas que estivessem "à margem da vida" deveriam ser banidas definitivamente dos meios educacionais.

O fim mais importante da Escola Ativa era o impulso espiritual da criança e o desenvolvimento da autonomia moral do educando. Ferrière debatia-se contra a moral "feita de fórmulas" e defendia a liberdade reflexiva, "em que o indivíduo já senhor do ambiente guia a sua vontade de forma a servir-lhe a inteligência" (Ibid., p. 67).

A autonomia dos escolares tem, na obra de Ferrière, uma centralidade. Neste sentido, o ideal da escola seria o de "libertar o aluno da tutela do

---

3. Como afirmou o educador brasileiro Everardo Backheuser, apoiando-se em Augusto Comte, é necessidade da ciência determinar o que "há de constante entre elementos variáveis" (1942: 32).

adulto para o colocar sob a tutela da própria consciência moral" (Ibid., p. 83). Na prática, a autonomia dos escolares deveria ser uma forma de organização escolar na qual se confiaria aos alunos a disciplina e o funcionamento escolar. Daí que defendia o desenvolvimento do trabalho escolar no sentido de que permitisse ao aluno a passagem daquilo que denominava de autoridade consentida (quando a criança recebe a matéria-prima dos seus juízos e forma hábitos) para a autonomia crescente, uma vez que "senhoras de si mesmas, as crianças sê-lo-ão também da sua pequenina república" (a escola) (Ibid., p. 85). Segundo ele, os alunos deveriam assumir responsabilidades "da ordem social escolar" para que mais tarde pudessem enfrentar devidamente os problemas da "ordem política do seu país" (Ibid., p. 80).

Para concluir, é preciso dizer que Adolphe Ferrière foi um homem que acreditou profundamente na essência humana e na redenção da humanidade pela escola. O desenvolvimento da liberdade humana e da democracia, o incentivo à atividade espontânea da criança, a autonomia moral e intelectual, o respeito pela individualidade dos escolares, o aperfeiçoamento social, a busca da justiça, da paz mundial, da ciência enquanto elemento de progresso e de verdade, são os pilares do pensamento de Ferrière que em muito contribuíram para configurar aquilo que conhecemos como *Escola Nova* ou *Educação Nova* e que tanta influência exerceu e, de alguma forma, continua exercendo, sobre o pensamento e a prática pedagógica, inclusive no Brasil.

REFERÊNCIAS

BACKHEUSER, Everardo. *Manual de Pedagogia Moderna*. Edição da Livraria do Globo, Porto Alegre, 3. ed. atualizada e remodelada de "Técnica da Pedagogia Moderna", 1942.

CARVALHO, Marta. "Notas para reavaliação do movimento educacional brasileiro – 1920-1930". *Cadernos de Pesquisa*, SP (66): 33-12, ago./1988.

_____. *Molde Nacional e Fôrma Cívica*: higiene, moral e trabalho no projeto da Associação Brasileira de Educação – 1924-1931. Bragança Paulista, SP: Edusf, 1998.

FERRIÈRE, Adolphe. Préface. In: FARIA DE VASCONCELOS. *Une École Nouvelle en Belgique*. Préface de Adolphe Ferrière. Paris: Delachaux & Niestlé, 1915.

_____. *Transformemos a Escola*. Apelo aos pais e às autoridades. Paris: Livraria Francesa e Estrangeira, 1928 (Biblioteca do Educador) [Tradução de Álvaro Viena de Lemos e J. Ferreira da Costa].

_____. *A lei biogenética e a Escola Ativa*. São Paulo: Editora Companhia Melhoramentos, 1929 (Biblioteca de Educação) [Tradução de Noemy Silveira. Prefácio de M.B. Lourenço Filho].

_____. *L'Amérique Latine adopte l'École Active*. Neuchâteul – Paris: Delachaux & Niestlé, 1931.

_____. *A Escola Activa*. Tradução de Domingos Evangelista. Porto: Editora Nacional de António Figueirinhas, 1934.

_____. *A escola por medida pelo molde do professor...* Porto: Editora Educação Nacional, 1934 [Tradução: Vítor Hugo Antunes].

_____. *A Escola Activa*. Lisboa: Ed. Aster, 1965 [Tradução Jorge Babo. Prefácio de Émile Planchard].

LOVISOLO, Hugo. *A tradição desafortunada*: Anísio Teixeira, velhos textos e ideias atuais. Rio de Janeiro, CPDOC/FGV, 1989.

LOURENÇO Filho. *Introdução ao Estudo da Escola Nova*. 13. ed. São Paulo: Melhoramentos, 1978.

MENDES, Durmeval Trigueiro. "Anotações sobre o pensamento educacional no Brasil". *Revista Brasileira de Estudos Pedagógicos*. Vol. 68, n. 160, 1987.

MONARCHA, Carlos. *A reinvenção da cidade e da multidão* – Dimensões da modernidade brasileira: a Escola Nova. São Paulo: Cortez, 1990.

NAGLE, Jorge. *Educação e Sociedade na Primeira República*. São Paulo: EPU, 1974.

NÓVOA, António. *Le temps des professeurs*. Analyse socio-historique de la profession enseignante au Portugal (XVIII-XX siècle). Vol. I e II. Lisboa: Instituto Nacional de Investigação Científica, 1987.

_____. Uma educação que se diz *nova*. In: CANDEIAS, António; NÓVOA, António; FIGUEIRA, Manuel H. *Sobre a Educação Nova*: Cartas de Adolfo Lima a Álvaro Viana Lopes (1932-1941). Lisboa: Educa, 1995.

NUNES, Clarice. "A escola nova no Brasil: do estado da arte à arte do estudo". In: Gvirtz, Silvina (comp.). *Escuela Nueva en Argentina e Brasil*. Visiones comparadas. Buenos Aires: Miño & Dávila Editores, 1996.

_____. *Anísio Teixeira*. A poesia da ação. Bragança Paulista, SP: Edusf, CDAPH, 2000.

POPKEWITZ, Thomas. A administração da liberdade. In: WARDE, Miriam Jorge (org.). Novas políticas educacionais: críticas e perspectivas. II Seminário Internacional. São Paulo: PUC, 1998.

Leituras complementares

CARVALHO, Marta. A Escola Nova e o impresso: um estudo sobre estratégias editoriais de difusão do escolanovismo no Brasil. In: FARIA FILHO, Luciano M. (org.). *Modos de ler, formas de escrever*. Belo Horizonte: Autêntica, 1998.

FERRIÈRE, Adolphe. *A lei biogenética e a escola ativa...* São Paulo: Editora Companhia Melhoramentos, 1929 (Biblioteca de Educação) [Tradução de Noemy Silveira. Prefácio de M.B. Lourenço Filho].

LOURENÇO Filho. *Introdução ao Estudo da Escola Nova*. 13. ed. São Paulo: Melhoramentos, 1978.

NACIF, Libânia Xavier. *Para além do campo educacional*: um estudo sobre o Manifesto dos Pioneiros da Educação Nova (1932). Bragança Paulista, SP: Edusf, 2002.

VIDAL, Diana G. *Na batalha da Educação*: correspondência entre Anísio Teixeira e Fernando de Azevedo (1929-1971). Bragança Paulista, SP: Edusf, CDAPH, 2000.

ANEXO – CARACTERES GERAIS DAS "ESCOLAS NOVAS"[4] (ADOLPHE FERRIÈRE)

Numa reunião que realizou em Calais, em 1919, foram assentados os caracteres gerais das "escolas novas no campo", ou seja, da escola nova em seu sentido original. Foram estes os pontos aí aprovados:

a) Quanto à organização geral

1) A Escola Nova é um laboratório de pedagogia prática. Procura desempenhar o papel de explorador ou iniciador das escolas oficiais, mantendo-se ao corrente da psicologia moderna, a respeito dos meios de que se utilize, e das necessidades modernas da vida espiritual e material.

2) A Escola Nova é um internato, porque só o influxo total do meio em que se move a criança permite realizar uma educação eficaz. Isso não significa que preconize o sistema de internato como ideal, que se deva aplicar sempre, e por toda parte. O influxo natural da família, quando sadio, deve preferir-se ao melhor dos internatos.

---

4. In: Lourenço Filho. *Introdução do Estudo da Escola Nova*. 13. ed. São Paulo: Melhoramentos, 1978.

3) A Escola Nova está situada no campo, porque este constitui o meio natural da criança. O influxo da natureza, as possibilidades que oferece para empreendimentos simples, os trabalhos rurais que permite realizar, representam o melhor auxílio à cultura física e moral. Para progresso intelectual e artístico, é desejável, porém, que fique próximo a uma cidade.

4) A Escola Nova agrupa seus alunos em casas separadas, vivendo cada grupo, de dez a quinze alunos, sob a direção material e moral de um educador, secundado por sua mulher ou uma colaboradora. É preciso que os alunos não sejam privados do influxo feminino adulto, nem da atmosfera familiar, que os internatos-caserna não podem proporcionar.

5) A coeducação dos sexos, praticada nos internatos, até o fim dos estudos, tem dado quando aplicado em condições materiais e espirituais favoráveis, resultados morais e intelectuais surpreendentes.

6) A Escola Nova organiza trabalhos manuais para todos os alunos, durante uma hora e meia, ao menos, por dia; de duas a quatro, trabalhos obrigatórios que tenham fim educativo e de utilidade individual ou coletiva, mais que profissional.

7) Entre os trabalhos manuais, o de marcenaria ocupa o primeiro lugar, porque desenvolve a habilidade e a firmeza manuais, o sentido da observação exata, a sinceridade e o governo de si mesmo. A jardinagem e a criação de pequenos animais entram na categoria das atividades ancestrais que toda a criança ama, e deveria ter ocasião de exercitar.

8) Ao lado dos trabalhos regulados, concede-se tempo para trabalhos livres, que desenvolvem o gosto da criança e lhe despertam o espírito inventivo.

9) A cultura do corpo será assegurada tanto pela ginástica natural, como pelos jogos e desportos.

10) As excursões, a pé ou em bicicleta, com acampamentos em tendas de campanha e refeições preparadas pelos próprios alunos, desempenham um papel importante na Escola Nova. Tais excursões, adrede preparadas, coadjuvam o ensino.

b) Quanto à formação intelectual

11) Em matéria de educação intelectual, a Escola Nova procura abrir o espírito por uma cultura geral da capacidade de julgar, mais que por acumulação de conhecimentos memorizados. O espírito crítico nasce da aplicação de método científico; observação, hipótese, comprovação, lei.

12) A cultura geral se duplica com uma especialização espontânea, desde o primeiro momento; cultura dos gostos preponderantes em cada menino, depois sistematizada, desenvolvendo os interesses dos adolescentes num sentido profissional.

13) O ensino será baseado sobre os fatos e a experiência. A aquisição dos conhecimentos resulta de observações pessoais, visitas a fábricas, prática de trabalho manual, etc., e, só em falta da observação de outros, recolhida através dos livros. A teoria vem sempre depois da prática, nunca a precede.

14) A Escola Nova está, pois, baseada na atividade pessoal da criança. Isto supõe a mais estreita associação possível do estudo intelectual com o desenho e os trabalhos manuais mais diversos.

15) O ensino está baseado em geral sobre os interesses espontâneos da criança; de quatro a seis anos, idade dos interesses disseminados ou idade do jogo; de sete a nove anos, idade dos interesses adstritos aos objetos imediatos; de dez a doze anos, idade dos interesses empíricos; dos dezesseis aos dezoito anos, idade dos interesses abstratos complexos, psicológicos, sociais e filosóficos.

16) O trabalho individual do aluno consiste numa investigação, seja nos fatos, seja nos livros ou jornais, etc. É uma classificação segundo um quadro lógico adaptado à sua idade, de documentos de todas as classes, assim como de trabalhos pessoais, e de preparação de relatórios para a classe.

17) O trabalho coletivo consiste numa troca, ordenação ou elaboração lógica comum, dos documentos individualmente reunidos.

18) Na Escola Nova, o ensino propriamente dito será limitado à manhã, em geral, das oito ao meio-dia; à tarde, dar-se-á expansão a iniciativas individuais.

19) Estudam-se poucas matérias por dia: uma ou duas, somente. A variedade nasce não das matérias tratadas, mas da maneira de tratar as matérias, pondo-se em jogo, sucessivamente, os diferentes modos de atividade.

20) Estudam-se poucas matérias por mês ou por trimestre.

c) Quanto à formação moral

21) A educação moral, como a intelectual, deve exercitar-se não de fora para dentro, por autoridade imposta, mas de dentro para fora, pela experiência e prática gradual do sentido crítico e da liberdade. Baseando-se

nesse princípio, algumas Escolas Novas têm aplicado o sistema da república escolar. Uma assembleia geral, formada pelo diretor, professores e alunos e, às vezes, por pessoal alheio, constitui a direção efetiva da escola. O código de leis será organizado por ela.

22) Na falta deste sistema democrático integral, a maior parte das Escolas Novas tem-se constituído em monarquias constitucionais; os alunos procedem à eleição de chefes ou prefeitos, que têm responsabilidade definida em estatutos que também organizam.

23) As recompensas ou sanções positivas consistem em proporcionar aos *espíritos criadores* ocasiões de aumentar a sua potência de criação. Desenvolve-se, assim, um largo espírito de iniciativa.

24) Os castigos ou sanções negativas estão em relação direta com a falta cometida, quer dizer, tendem a pôr a criança em condições de melhor alcançar o *fim* julgado *bom*.

25) A emulação se dá, especialmente, pela comparação feita pelo educando, entre o seu trabalho presente e o seu trabalho passado, e não exclusivamente pela comparação de seu trabalho com o de seus camaradas.

26) Escola Nova deve ser um ambiente belo, como desejava Ellen Key. A ordem e a higiene são as principais condições, o ponto de partida.

27) A música coletiva, canto coral ou orquestra, oferece um influxo profundo e purificador entre os educandos.

28) A educação da consciência moral consiste, principalmente, nas crianças, em narrações que provoquem reações espontâneas, verdadeiros juízos de valor que, pela repetição, se acentuam e acabam por ligar-se em estrutura definida.

29) A educação da razão prática consiste, principalmente entre os adolescentes, em reflexões e estudos que se refiram de modo especial à lei natural do progresso individual e social. A maior parte das Escolas Novas observa uma atitude religiosa não sectária, que acompanha a tolerância, em face dos diversos ideais, desde que encarne um esforço que vise o desenvolvimento espiritual do homem.

Aos princípios do Congresso de Calais foi depois acrescido este outro:

30) A Escola Nova, em cada criança, deve preparar não só o futuro cidadão capaz de preencher seus deveres para com a pátria, mas também para com a humanidade.

10
O TRIUNFO DA RAZÃO PSICOTÉCNICA: MEDIDA HUMANA E EQUIDADE SOCIAL

Carlos Monarcha

TEMPO DE INCERTEZAS: O NOVO EM MOVIMENTO

No Brasil, entre 1910 e 1930, em meio à irrupção dramática de tensões e conflitos militares e sociais, impulsos industriais e ideologias modernizadoras, assistiu-se à mobilização de diversas vanguardas estéticas, políticas e culturais, cujos protagonistas atraídos pelo magneto do novo se tornaram augures da eminência da passagem apocalíptica para uma idade nova.

E, de fato, movimentada pelo brusco surto industrial de 1914-1918 e o encrespar das vogas cívico-nacionalistas, a inteligência brasileira decisivamente empenhada na reinvenção da vida republicana, de modo a inaugurar o Brasil moderno, proclamava o fim de uma era e o início de uma outra, pacífica, luminosa e industrial. E por todos os lados constatava-se a presença de um pensamento diurno-iluminista a prefigurar o advento de uma utopia centralizadora e produtivista, fundada numa associação de homens livres de qualquer opressão e constrangimento, senhores de si e da natureza.

Nesse contexto, recrudesceu a busca heterogênea e polifônica do novo em educação e ensino, cujas ideias e práticas renovadoras foram reunidas numa síntese provisória sob a denominação de "movimento da Escola Nova" ou simplesmente "escolanovismo".

Eis as palavras de um dos reformadores, Fernando de Azevedo.

> De fato, por "educação nova" passou-se a julgar toda a variedade de planos e de experiências em que se introduziram ideias e técnicas novas (como métodos ativos, a substituição das provas tradicionais pelos testes, a adaptação do ensino às fases de desenvolvimento e às variações individuais) ou que trouxessem, na reorganização de estrutura

ou num processo de ensino, o selo da novidade. A expressão, aliás, vaga e imprecisa no seu conteúdo, podia abranger todas as formas de educação que levassem em conta as correntes pedagógicas modernas e as necessidades das crianças (AZEVEDO, 1943: 671, nota 17).

Data de então, a entrada na cena histórica de uma profusão de reformadores do ensino, de maior ou de menor expressão, encarnados na figura de especialistas em medidas objetivas de inteligência e aptidões, a saber: testes psicológicos, rendimento escolar desigual, orientação e qualificação profissional. Noutras palavras, os reformadores de formação intelectual humanista e cientificista articulada a uma visão de mundo orgânico-corporativa, dedicaram-se à abordagem de questões concernentes à organização e racionalização de todas as esferas da vida em sociedade, sobretudo, nas esferas do trabalho escolar, fabril e comercial, como escreveu Isaias Alves, um professor que após ter frequentado cursos no estrangeiro destacou-se como especialista em testes de inteligência.

> As vantagens práticas estão, entretanto, de tal modo reconhecidas, que o problema já passou, entre os povos de cultura adiantada, para o escritório do comerciante, no mister de admitir empregados; para a direção das fábricas, que selecionam os bons empregados e repelem os menos capazes; para o alistamento do exército, que não pode levar às trincheiras de guerra homens apoucados de inteligência, que se tornem peso morto, nessa terrível atividade onde o movimento inteligente é poderoso fator de vitória, e até para a aquisição da capacidade legal de cidadão, visto como no Estado de Nova York, os candidatos a eleitor são submetidos a teste de inteligência, não podendo votar todo aquele que tenha idade mental inferior a 10, isto é, QI inferior a 62 (ALVES, 1930: 6).

Por outras palavras, entendendo-se por racionalidade um conceito referente, de um lado, à eficiência e rendimento, e, de outro, a normas e regras disciplinares, os reformadores de ensino configuraram um discurso habitual que gradativamente penetrou em variados campos de atividades humanas para colocar sob o mesmo foco de luz os contingentes de escolares e trabalhadores urbanos, concentrações populacionais que, como sabemos, nas sociedades modernas formam as ruidosas e anônimas "corveias humanas".

E, de fato, insertos numa irrequieta e tensa conjuntura intelectual e política, inúmeros reformadores louvaram um domínio disciplinar novo, a psicotécnica, colocando-o ao lado de outros domínios que assumiam o estatuto de conhecimento científico: eugenismo, higienismo, saúde pública, fisiologia do trabalho, higiene mental. Subitamente, nos meados da década de 1920, o messianismo psicotécnico e seu desejo de mensuração das disposições naturais individuais, tornou-se uma das estratégias de enfrentamento da caótica vida urbano-industrial, condensando todos os aspectos da ideologia do máximo de eficiência com dispêndio mínimo de energia.

Nesse clima mental, encrespou-se a extravagante voga das chamadas "medidas objetivas de inteligência e aptidões" –, voga considerada perfeita para fundamentar uma pedagogia de base científica, que, ao ideal de perfectibilidade do gênero humano mediante desenvolvimento das faculdades da alma, ideal próprio da Pedagogia clássica, opôs o julgamento realista das possibilidades e limitações humanas: "Ninguém mais deve ser alçado até onde não permitam as suas forças, nem tão pouco esquecido em situação inferior à sua capacidade mental" (CARNEIRO LEÃO, 1926: 118).

A PROCURA DA MEDIDA HUMANA

Data de então, no Brasil, a monomania dos *scientifics tests* aplicados aos escolares com propósitos de propiciar uma direção científica à educação espiritual e física dos recém-chegados por nascimento a este mundo.

Espécie de *scientific managment* adequado às necessidades da organização escolar eficiente, a ofensiva nomeada "movimento dos testes", face mais visível da pedagogia científica e experimental da época, assumiu ares de programa coletivo de diagnóstico e prognóstico do rendimento escolar conforme proposto em manuais estrangeiros, como, por exemplo, *Échelle métrique de l'intelligence*, de Alfred Binet (1905), ponto de partida dos testes psicológicos, cuja origem residiu na necessidade de discriminar entre as crianças atrasadas aquelas susceptíveis de progresso em classes normais e aquelas que demandavam classes especiais. Para muitos, a escala métrica de Binet foi considerada "como o marco da nova conceituação de inteligência, não mais tida como um complexo de funções, mas como um todo global, cujo papel capital é ajustar o indivíduo às situações estimuladoras" (RUDOLFER, 1938: 269).

Essa escala de medida da inteligência tornou-se moda entre especialistas franceses, norte-americanos, suíços, alemães, suecos, turcos, japoneses e brasileiros, e, por certo, estimulou a produção de uma ampla e duradoura bibliografia nos meios universitários e escolares de diversos países do ocidente capitalista nas primeiras décadas do século XX: *Mental and scholastic tests*, de Cyrill Burt; *Mental tests*, de Philip Balard; *The measurement of intelligence* e *Intelligence of school children*, de Lewis Madison Terman; *Army mental tests*, de Clarence Yoakun e Robert Yerkes; *Intelligence tests: their sgnificance form school and society*, de Walter Fenno Dearborn; *Comment diagnostiquer les aptitudes chez les écoliers*, de Edouard Claparède; *La mesure du développement de l'intelligence chez les jeunes enfants*, de Binet-Simon; *La pratique dês testes mentaux*, de Ovide Decroly e Omar Buyse.

Considerada por muitos reformadores do ensino, como portadora de uma capacidade científica incomensurável, capaz de descortinar para a psicologia e a pedagogia fenômenos mentais então desconhecidos, esse domínio disciplinar relativamente novo, a psicotécnica, encontrou condições institucionais favoráveis nos laboratórios de psicologia experimental de inúmeras escolas normais e serviços técnicos das diretorias de instrução pública de diferentes estados brasileiros e do Distrito Federal.

Ao compartilharem certas disposições intelectuais, reformadores de expressão e discípulos devotados se uniram numa comunidade de propósitos, que visava à introdução de um almejado espírito científico nos meios educacionais: "Os trabalhos científicos no ramo da educação já nos faziam sentir, em toda a sua força reconstrutora, o axioma de que se pode ser tão científico no estudo e na resolução dos problemas educados, como nos dá engenharia e das finanças" (AZEVEDO, 1932: 37).

Nessa época de ampla difusão de ideias práticas, o "movimento de medida da inteligência e dos resultados escolares", segundo formulação do reformador Anísio Teixeira, prosperou de modo surpreendente nos meios intelectuais brasileiros desejosos de ação e mudança, e contribuiu para afastar os modos tradicionais de expressão, subverteu a linguagem habitual e causou impacto na pedagogia que tendeu a ser reduzida às práticas psicotécnicas como meio privilegiado para o estudo científico dos escolares.

Veja-se, por exemplo, a profissão de fé de Antonio Carneiro Leão, então à frente da Diretoria Geral da Instrução Pública do Distrito Federal.

> Mais um esforço e havemos de conseguir a organização não só das classes homogêneas – sonho dourado da pedagogia – mas também de classes especiais de retardados, já em experiência, de bem dotados de inteligência e até de recuperação, para os momentaneamente atrasados, por moléstia, ou por outro impedimento qualquer (CARNEIRO LEÃO, 1926: 123).

Na maré montante das reformas estaduais do ensino primário e normal, idealizadas e concretizadas entre o final da década de 1910 e meados da década de 1930, a onda das medidas objetivas de inteligência e aptidões se encrespou, e em seguida arrebentou-se nas diretorias de instrução pública de diversas regiões brasileiras dando origem a inusitados ensaios de organização racional de massas de escolares.

10. O triunfo da razão psicotécnica: medida humana e equidade social

Na Diretoria da Instrução Pública do Distrito Federal, o movimento de testes difundiu-se rapidamente durante a administração de Antonio Carneiro Leão. Animado pelas conferências de Henri Piéron a respeito das possibilidades de aplicação da psicotécnica e pela colaboração ativa de professores do porte de Maurício de Medeiros, Manoel Bomfim e Paulo Maranhão, o Diretor Geral da Instrução Pública introduziu e sancionou a prática das medidas objetivas de inteligência e aptidões nas escolas primárias.

> No início de 1924, nas instruções para os trabalhos letivos do ano, determinei fossem os *tests* um dos elementos de julgamento para promoção de classe. Sabia não poder conseguir imediatamente a generalização dessa medida, mas com aquelas instruções se iniciaria um movimento que ia ser inestimável, não só para tornar o julgamento objetivo e justo, mas para iniciar a organização científica das classes (CARNEIRO LEÃO, 1926: 115).

Posteriormente, ainda no Distrito Federal, as práticas psicotécnicas foram retomadas pelos reformadores que sucederam Carneiro Leão na Diretoria Geral da Instrução Pública, a saber: Fernando de Azevedo e Anísio Teixeira. No contexto excitado do pós-revolução de outubro de 1930, Anísio Teixeira, dentre inúmeras iniciativas e realizações, criou o Serviço de Testes e Escalas destinado à aplicação de medidas objetivas de inteligência e aptidões, ao mesmo tempo em que Isaias Alves organizou, no Instituto de Educação do Distrito Federal, o Serviço de Medidas Escolares, que de imediato foi o órgão responsável pela aplicação dos testes ABC entre escolares cariocas.

Em Salvador, Bahia, a Diretoria Geral da Instrução Pública promoveu, na Escola Normal, o "Curso de Medidas da Inteligência e dos Resultados Escolares: Testes", ministrado por Isaias Alves e desenvolvido junto aos professores primários. Pouco tempo depois, o professor Isaias Alves foi comissionado pelo governo da Bahia para orientar professores primários na aplicação de medidas objetivas de inteligência e aptidões; e em 1926 elaborou a aferição da escala Binet-Simon, na chamada "versão Cyril-Burt" (ALVES, 1930: I-XV).

Em Recife, Pernambuco, entre 1920 a 1930, o médico neurologista Ulisses Pernambucano, diretor da Escola Normal de Recife, criador da Escola de Excepcionais e do Instituto de Psicologia, cercado de colaboradores, professores normalistas e médicos – Anita Paes Barreto, Silvio Rabello, José Lucena e outros –, realizou estudos sobre médias de estatura e vocabulário de escolares, estudo psicotécnico de testes de aptidão; verificação de quocientes de inteligência e a célebre revisão pernambucana da escala métrica de inteligência Binet-Simon-Terman.

Em Belo Horizonte, Minas Gerais, a partir de 1928-29, no contexto da reforma Francisco Campos, o Laboratório de Psicologia da Escola de Aperfeiçoamento Pedagógico anexo à Escola Normal de Belo Horizonte contou com a colaboração de teóricos portadores de currículos notáveis: Théodore Simon, Edouard Claparède, Léon Walther e Hèléne Antipoff. A partir de 1929, quando a psicóloga russa, Hèléne Antipoff, assumiu a chefia do Laboratório de Psicologia Experimental e o magistério de Psicologia, foram idealizadas e aplicadas medidas objetivas de inteligência e aptidões para a organização de classes homogêneas nos grupos escolares; complementadas, por vezes, com trabalhos de orientação e seleção profissional.

Em São Paulo, Manuel Bergström Lourenço Filho, nos desfrutes do prestígio de reformador do ensino nos estados do Ceará e São Paulo e de professor de Pedagogia e Psicologia da Escola Normal da Praça da República, elaborou um dos mais bem-sucedidos e duradouros instrumentos de medida individual: os testes ABC para a verificação da "maturidade necessária à aprendizagem da leitura e escrita", para posterior classificação racional dos escolares. Dando expressão a um humanismo de natureza cientificista, Bergström Lourenço Filho assim explicou o porquê de seu interesse pelas medidas objetivas.

> Impressionara-nos o fato de haver algumas crianças fracassado na aprendizagem da leitura, no ano letivo anterior, muito embora apresentassem nível mental igual ou superior ao de outras, para as quais o aprendizado se havia dado normalmente, na mesma classe, com o mesmo mestre, e, pois, com os mesmos processos didáticos. Havia aí um problema de grave importância para a economia escolar (LOURENÇO FILHO, 1933: 36).

Como outras medidas objetivas da época, os testes ABC procuravam dar conta da heterogeneidade de crianças originárias das camadas mais pobres da população – "a criança real em sua diversidade" – que adentravam nas escolas primárias públicas, classificando-as de acordo com "níveis de maturidade" – "alunos fortes, médios e fracos" – para a efetuação de um ensino diferencial por meio da adequação individual de processos didáticos. Consequentemente, eliminavam-se as classes heterogêneas que abrigavam no seu interior uma variedade de tipos mentais: "os avançados" e o "grupo dos retardados", constituído por "atrasados pedagógicos", "retardados físicos médios" e "indisciplinados natos".

Consoante a ideologia da racionalização, os testes ABC objetivavam a diferenciação e a hierarquização dos alunos, para se extrair o rendimento individual possível estipulado em mínimo, ótimo e máximo: "Esse critério –

escreveu uma professora primária – é o único, como se vê, que permite o desenvolvimento duma classe segundo seu ritmo; o único que nos poderá proporcionar a 'escola sob medida' tão sonhada por Claparède" (AMARANTE, 1931: 394).

De sorte que, a organização científica das classes, com base em elementos de diferenciação e responsabilidade individual, e atentamente avaliadas por especialistas vigilantes, eliminava o anonimato das massas de alunos e professores dos grupos escolares.

O movimento de medidas objetivas de inteligência e aptidões, que deu origem aos ensaios de organização racional de contingentes de escolares, reforçou a consciência da necessidade de uma direção científica capaz de coordenar de forma centralizada o trabalho comum de centenas de professores, por intermédio de uma atividade docente estandardizada e assujeitada por meio de planejamento externo e centralização do processo de trabalho.

A VOGA ASCENDENTE: OS MANUAIS DE *TESTS*

Em estreita relação de simultaneidade com os ensaios de organização racional, inúmeros profissionais movidos por convicções teóricas e motivações pessoais escreveram e publicaram os resultados de suas aplicações práticas encrespando, ainda mais, a onda de testes escolares aplicados em constelações de crianças pernambucanas, baianas, paulistas, mineiras, cariocas, gaúchas.

O extenso rol de autores e títulos que alardearam novos instrumentos de medidas das diferenças individuais, e indicados a seguir, pode ser interpretado como índice da imensa euforia e confiança depositada na psicotécnica como instrumento privilegiado para a identificação das diferenças individuais. Por certo, em âmbito nacional, o ponto de partida do movimento de testes residiu no manual de José Joaquim de Campos Medeiros e Albuquerque, *Tests*: introdução ao estudo dos meios científicos de julgar a inteligência e a aplicação dos alunos (1924). Acredita-se ser a primeira publicação do gênero no Brasil, e está apoiado em bibliografia norte-americana, e substituiu um outro manual de certa repercussão nos meios escolares, ainda que de origem estrangeira: *Escala de pontos dos níveis mentais das crianças portuguesas*, de Luisa Sérgio e António Sérgio (Porto: Renascença Portuguesa, 1919).

Numa singular relação de sincronia, fenômeno que pode demonstrar a existência de uma rede de sociabilidade intelectual a concentrar forças, a Medeiros e Albuquerque sucederam outros autores, também empenhados na aferição da medida humana: C.A. Baker, *O movimento dos testes*: estudo dos testes em geral e guia para realização do *test* Binet-Simon-Terman (1925); Paulo Maranhão, *Testes*: testes mentais, testes de escolaridade, programa de testes (1925) e *Testes pedagógicos* (1926); Isaias Alves, *Test individual de inteligência*: fórmula de Binet-Simon-Burt adaptada para o Brasil (1927) e *Os testes e a reorganização escolar* (1930); Manuel Bomfim, *O método dos testes*: com aplicações à linguagem no ensino primário (1928); Celsina de Faria Bueno de Andrada Rocha, *Tests*: como medir a inteligência dos escolares (1930); Ulisses Pernambucano e Anita Paes Barreto, *Ensaio de aplicação do test das 100 questões de Ballard* (1930); José Scarameli, *Testes* (1930); Manoel Bergström Lourenço Filho, *Testes ABC* (1933).

A esta produção intelectual deve ser acrescentado um rol de publicações oficiais: *Test individual de inteligência* (1927), *Testes de inteligência nas escolas* (1932), e *Definição do teste Dearborn* (1935), elaborados no âmbito de centros de pesquisas psicopedagógicas e diretorias gerais de instrução de Salvador, Rio de Janeiro e São Paulo, ou, ainda, de teses de medicina, como, por exemplo, *Da correlação entre testes de desenvolvimento mental e testes psicomotores*, de Antonio Cunha (1933).

As revistas de educação vinculadas às diretorias gerais da instrução pública, por sua vez, divulgavam sistematicamente uma profusão de artigos sobre as possibilidades de aplicação das medidas objetivas de inteligência e aptidões destinados à seleção dos superdotados, ensino dos anormais escolares, retardação escolar, educação dos anormais infantis e dos débeis mentais e seleção de escolares pelos níveis de maturidade orgânica. Mas, sobretudo, para muitos reformadores, a aplicação das medidas objetivas fornecia aos professores primários a neutralidade necessária para julgamento e classificação dos alunos.

> De fato, o que o teste, antes de tudo, pretende é substituir a apreciação subjetiva, variável de mestre a mestre e, nestes, de momento a momento, por uma avaliação objetiva, constante e inequívoca. O teste pretende ser, realmente, uma medida. Medir pressupõe um padrão, uma grandeza conhecida, certa e determinada, invariável no tempo e no espaço, que se aplica sobre grandezas desconhecidas (LOURENÇO FILHO, 1931: 255).

Data dessa época de reorientações enfáticas dos aparelhos escolares em diversos estados e Distrito Federal, um equívoco que não cessou de progredir nas décadas seguintes, a saber: a criação e legitimação científica da classificação de crianças segundo os "tipos mentais" – supranormais, infranormais, normais, anormais, débeis ou retardados –, visando à classificação e a distribuição de alunos de acordo, não com a idade cronológica, mas com a idade mental.

Trivializadas nos meios intelectuais e administrativos, as classificações dos escolares por meio das medidas objetivas de inteligência e aptidões se tornaram um clichê na linguagem científica da época, servindo de panacéia para se lidar com a diversidade humana, tal como pode ser observado na análise de um médico do Serviço de Inspeção Médica Escolar do Distrito Federal preocupado com os "anormais infantis".

> A escola será, pois, um excelente reativo para revelar as desordens físicas dos alunos mentalmente tarados. Geralmente, os retardados escolares são subdivididos em vários grupos, seja sob o ponto de vista intelectual, seja sob o ponto de vista do desequilíbrio psíquico. Deixando de lado os anormais pedagógicos, assim chamados porque têm apenas insuficiência de instrução, por motivos vários, e os falsos atrasados, como são chamados os que, por defeito de visão e de audição, aprendem mal, temos nos verdadeiros atrasados os seguintes grupos: os subnormais, os débeis, os instáveis, os histéricos, os epilépticos, os astênicos e os imaginativos. Esta última classe, dos imaginativos, assim considerada outrora, merece, pelas modernas teorias psiquiátricas, uma referência à parte (PERNAMBUCO FILHO, 1928: 18).

De um modo geral, os testes psicológicos eram concebidos como instrumentos úteis para a organização da diferença existente entre seres dispersos num enorme e diferenciado agregado de moléculas e, assim, constituir conjuntos coesos e uniformes: classes escolares homogêneas, classes especiais de retardados e de bem-dotados de inteligência; já os testes de rendimento escolar, cuja elaboração e aferição cabiam aos recém-criados serviços técnicos das diretorias de instrução, colocavam os professores primários numa situação subalterna, cabendo-lhes apenas a aplicação dos testes.

VOZES DISSONANTES

Mas haveria resistências à voga dos testes naquele universo de formações discursivas tão homogêneas e exaltadas sobre os poderes da psicotécnica?

Ex-assistente de Edouard Claparède na Universidade de Genebra, Waclaw Radecki, chefe do Laboratório de Psicologia da Colônia de Psicopatas de Engenho de Dentro, Rio de Janeiro, formulou uma previdente cláusula de reserva a respeito do que nomeou de "onda de aplicação" de testes e criticou a "febril pressa do imediatismo".

> Na relação da sociedade com a ciência, surgem sempre os momentos em que aquela começa a exigir desta possibilidade de aplicá-la nos problemas práticos da vida.
>
> Quanto menos a sociedade é capaz de entender o objetivo das pesquisas científicas de determinado domínio, tanto mais exige provas de utilidade. Não podendo entender – que ver resultados, porém, na avaliação desses resultados, na formulação das exigências o "profanum vulgus" não sabe olhar longe; criando exigências sociais ele grita: "Panem et circenses" – já". A palavra "prático" como exigência dirigida à ciência degenerou em bruto imediatismo (RADECKI, 1928: 307).

À previdente cláusula de reserva radeckiana podem ser acrescentados os argumentos de Artur Ramos, diretor do Serviço de Ortofrenia e Higiene Mental do Departamento de Educação e Cultura do Distrito Federal, ao final do período de gestão de Anísio Teixeira, que não hesitou em criticar os "testólogos", isto é, o "aplicador primário de testes".

Para Artur Ramos, especialista que sob a influência da antropologia cultural e da psicanálise conferiu privilégio aos fatores ambientais na tarefa de caracterização da "criança problema", as chamadas "atividades testologizantes" deveriam ser objeto de críticas no que diz respeito aos métodos utilizados para a verificação dos defeitos caracteriológicos e posterior classificação dos alunos em categorias como "anormais de caráter" e "anormais de inteligência": "Concluir sumariamente – escreveu o diretor do Serviço de Ortofrenia e Higiene Mental – por um 'atraso' ou uma 'anormalidade', simplesmente porque o *test* A ou o *test* B concluiu assim – é desconhecer os aspectos totais da personalidade humana".

> Multiplicaram-se essas escalas e *tests*, cada investigador desejando construir a sua. E a coisa foi pior, quando, saindo dos estudos quantitativos da inteligência, se quiseram construir *tests* psicopedagógicos de toda a natureza e até escalas de personalidade e de caráter. Não caberia neste livro o exame à crítica desta extrema atividade "testologizante", que tem atravancado a pedagogia de nossos dias (RAMOS, 1939: XV).

Paschoal Lemme, por sua vez, ao rememorar sua participação na administração de Anísio Teixeira, "brusca e dramaticamente" encerrada em 1935 pela opressão getulista juntamente com a administração do interventor do Distrito Federal, registrou a resistência de parcelas do professorado carioca a respeito da utilização das medidas objetivas.

Confira a análise:

> As maiores controvérsias despertaram as provas de apuração de conhecimentos, feitas por meio dos chamados "testes de escolaridade" e

aplicados em dias certos à totalidade dos alunos do sistema escolar, dando assim o início do emprego, entre nós, desses métodos de educação de massas, de larga utilização no ensino norte-americano (LEMME, 1988: 137).

Mas, independentemente das críticas, para um bom número de reformadores, a escola racionalizada e envolvida com a vida prática devia ser vista como a antessala da sociedade pacificada, como bem queria Anísio Teixeira que gizou o quadro do seguinte modo:

> A classificação e a promoção dos alunos em grupos homogêneos, o tratamento individual do aluno, a organização dos graus escolares de conformidade com a qualidade das classes, tudo isso abre novas perspectivas para uma escola eficiente e justa (TEIXEIRA, 1930: IX).

Ora, vivendo uma atmosfera de vanguardas que questionavam profundamente sua época, os reformadores do ensino, envolvidos com a constituição de uma educação de base científica, configuraram, ainda que inadvertidamente, uma representação naturalizada e cientificista de base fisiológica e biológica das crianças de aglomerados humanos cujas culturas eram dadas como inferiores ou diferentes.

CRÍTICA DA RAZÃO PSICOTÉCNICA

Partilhando da visão tecnológica, indicativa de um novo ritmo de civilização, o regime industrial moderno, e assumindo-se como porta-vozes da razão psicotécnica, uma razão que elimina a arbitrariedade no julgamento, inúmeros reformadores do ensino tornaram-se autoridades perspicazes no trato das questões que diziam respeito à normalização das coletividades humanas na sua feição urbana. E, ao abstraírem as relações sociais injustas e desiguais e prodigalizarem cuidados e zelos caridosos – face de um humanismo cientificista –, tais reformadores passaram a interrogar diuturnamente as expressões dos escolares, à procura de indícios de uma maior ou menor inteligência, tal como se faz quando se quer encontrar sinais cicatriciais de uma ferida passada.

No Brasil, entre os meados dos anos de 1910 e 1930, período que na vida nacional é irremediavelmente polêmico, um sem número de reformadores do ensino assumiram-se como sujeitos históricos desejosos de compatibilizar as exigências da ciência com as necessidades sociais e práticas da vida cotidiana, desde o ponto de vista das teorias da organização eficiente, visando à renovação do mundo dos homens em um ato de fé permanente, em uma formação social sobressaltada pelo pânico social e desesperos contínuos.

Assim, naquele momento histórico, sob o influxo triunfante da razão psicotécnica, parcelas crescentes de especialistas colocaram para si o problema da desigualdade humana e da equidade social, explicando ambas por meio da medida, considerada um instrumento universal e não arbitrário e, portanto, símbolo da exatidão.

REFERÊNCIAS

ALVES, Isaias. *Os testes e a reorganização escolar*. Bahia: A Nova Gráfica, 1930 [Pref. Anísio Spinola Teixeira].

AMARANTE, Iracema de Castro. "A escola renovada e a organização das classes". *Escola Nova*, n. 3-4, mar.-abr./1931 [Órgão da Diretoria de Ensino de São Paulo].

AZEVEDO, Fernando de. *A reconstrução educacional no Brasil*: ao povo e ao governo. São Paulo: Nacional, 1932 [Manifesto dos pioneiros da Educação Nova].

_____. *A cultura brasileira* – Introdução ao estudo da cultura no Brasil. Rio de Janeiro: IBGE, 1943.

CARNEIRO LEÃO, Antonio. *O ensino na capital do Brasil*. Rio de Janeiro: Jornal do Commercio, 1926.

CARVALHO, Marta M. Chagas de. Quando a história da educação é a história da disciplina e da higienização das pessoas. In: FREITAS, Marcos Cezar de (org.). *História social da infância no Brasil*. 3. ed. revista e ampliada. São Paulo/Bragança Paulista: Cortez/USF-Ifan, 2001, p. 291-309.

LEMME, Paschoal. *Memórias*: vida de família, formação profissional, opção política. Vol. 2. São Paulo/Brasília: Cortez/Inep, 1988.

LOURENÇO FILHO, Manoel Bergström. "A 'Escola Nova' (Transcrição)". *Educação*, vol. 7, n. 3, jun./1929, p. 293-301. São Paulo.

_____. "O testes". *Escola Nova*, vol. 2, n. 3-4, mar.-abr./1931, p. 253-259. São Paulo [Órgão da Diretoria Geral do Ensino de São Paulo].

_____. *Testes ABC para verificação da maturidade necessária à aprendizagem da leitura e escrita*. São Paulo: Melhoramentos, 1933.

PERNAMBUCO FILHO, Pedro. *Conferências*: o problema da educação dos anormais – Perigo dos venenos lentos. Rio de Janeiro: Francisco Alves, 1928.

RAMOS, Artur. *A criança problema* – A higiene mental na escola primária. São Paulo: Nacional, 1939.

RADECKI, Waclaw. "O estado atual da psicotécnica e meios práticos de aplacá-la". *Laboratório de Psicologia da Colônia de Psicopatas de Engenho de Dentro*. Vol. 1. Rio de Janeiro, 1928 [Trabalhos de psicologia – Direção do Prof.-Dr. W. Radecki – Extraído dos Anais da Colônia de Psicopatas].

RUDOLFER, Noemy da Silveira. *Introdução à psicologia educacional*. São Paulo: Nacional, 1938.

STEPHANOU, Maria. *Tratar e educar* – Discursos médicos nas primeiras décadas do século XX. Porto Alegre: UFRGS/Programa de Pós-graduação em Educação, 1999 [Tese de doutorado em Educação].

TEIXEIRA, Anísio. Prefácio. In: ALVES, Isaias. *Os testes e a reorganização escolar*. Bahia: A Nova Gráfica, 1930.

LEITURAS COMPLEMENTARES

CARVALHO, Marta M. Chagas de. Quando a história da educação é a história da disciplina e da higienização das pessoas. In: FREITAS, Marcos Cezar de. (org.). *História social da infância no Brasil*. 3. ed. revista e ampliada. São Paulo: Cortez/Bragança Paulista: USF-Ifan, 2001, p. 291-309.

MONARCHA, Carlos. "A Escola Normal da praça e o clima normalista de Belle Époque e A Escola Normal da Praça à sombra da racionalização". *Escola Normal da Praça*: o lado noturno das luzes. Campinas: Unicamp, 1999, p. 223-288 e p. 289-341, respectivamente [Coleção Momento].

_____. *Lourenço Filho e a organização da psicologia aplicada à educação* – São Paulo, 1922-1933. Brasília: Inep/MEC, 2001 [Coleção Lourenço Filho, 3].

MORTATTI, Maria do R. Longo. "A alfabetização sob medida". *Os sentidos da alfabetização* – São Paulo: 1876-1994. São Paulo: Unesp/Comped, 2000, p. 141-250.

NUNES, Clarice. "Rio de Janeiro: vitrine do Brasil?" *Anísio Teixeira*: a poesia da ação. Bragança Paulista: Edusf, 2000, p. 227-344.

11
DISCURSOS MÉDICOS E A EDUCAÇÃO SANITÁRIA NA ESCOLA BRASILEIRA

Maria Stephanou

A história dos discursos médicos na sociedade moderna, dos processos de medicalização do social ou de socialização da Medicina, ou ainda, das práticas disciplinares e de higienização no campo educativo, conta já com muitos e consistentes estudos[1].

O exercício de pensamento proposto neste capítulo é o de problematizar as imbricações dos discursos e dos saberes médicos com a Educação, uma história das atenções médicas ao educativo e a circulação dos saberes da Medicina no âmbito das práticas escolares, nas primeiras décadas do século XX. Em outras palavras, pensar nos processos educativos que sucederam aos indivíduos, informados pelos discursos médicos que propunham orientar e educar a fim de constituir cidadãos (pre)ocupados com a saúde e a higiene. Em especial, perceber a emergência dos discursos médicos sobre Educação, a constituição de práticas médicas em escolas. Com isso, dar atenção ao modo pelo qual o educativo se inscreveu no campo médico e, como parte de um mesmo processo, o modo pelo qual o discurso médico fez-se presente no campo educativo num determinado tempo-espaço em que se foi produzindo. Não se trata de sugerir um continuísmo das experiências presentes e aquelas do passado (um passado sempre presente?), mas recolocar o problema numa dimensão histórica, que comporte descontinuidades e contemple a singularidade dos acontecimentos passados e presentes.

---

1. Dentre muitos, destacam-se Costa (1986); Engel (1986, 1989); Freire Costa (1983); Gondra (1998); Herschmann e Pereira (1994); Herschmann, Kropf e Nunes (1996); Machado (1978); Marques (1994), Nunes (1991), Rago (1985, 1991), Rocha (1996), Soares (1986); Vilhena (1993).

11. Discursos médicos e a educação sanitária na escola brasileira

Ao examinarmos os indícios da marcante presença da medicina em nossa cultura podemos pensar o quanto os discursos que hoje nos mobilizam remetem ao tema proposto: trata-se, nesse sentido, de pensar como vimos nos constituindo no que somos, de maneira que os discursos médicos se fazem presentes em nosso modo de agir, pensar o mundo e a nós mesmos. Ou ainda, como a discursividade da medicina inscreve-se em nossa vida e em nossa experiência de escolarização, em diferentes tempos e através de diferentes práticas educativas, produzindo nossas subjetividades, nossos sentidos de saúde, cuidado, moral e higiene.

EM MEIO A TORMENTAS E MALES, EIS A MEDICINA E A EDUCAÇÃO

De que fontes sombrias fluem, em filão assim copioso, os males que atormentam a humanidade e lhe fazem perder a reta do seu destino? Esses males... dimanam apenas da carência absoluta de uma instrução racional e de uma educação esmaltada. Do ensino, do exemplo e do aprendizado. Instrução e educação em todas as suas facetas em fulgurante constante, como os olhos vigilantes de um farol que na sombra das noites indica o rumo das naus. Instrução e educação maternas já em antes da eclosão do fruto, para ensinar as mães a serem mães... Instrução e educação maternas, ao pé dos berços, para difundir as regras da puericultura, o cultivo esmerado do germe para o esplendor da maturidade.

Educação nas escolas, como marco da higiene mental, destruindo, onde quer que se encontrem, os programas obsoletos e os métodos contraproducentes que atulham e abarrotam os cérebros em formação, fazendo estalar, ao sopeso da carga inútil, o suporte das armações mal ajustadas; restrição da quantidade em benefício da qualidade; respeito ao desenvolvimento das faculdades intelectuais e seu justo poder de aquisição; aproveitamento das aptidões naturais; extinção radical dos processos sórdidos que obrigam aos martelamentos da memória, nos raids das decorações estéreis, em detrimento do raciocínio criador. Aprendizado consciencioso e à risca na contração ao estudo e na veneração aos mestres de boas contas: os alicerces são os fiadores das colunas que se aprumam.

Educação sexual para levantar o véu da hipocrisia, para opor o dique da resistência incoercível à enxurrada das perversões, dos vícios, dos males venéreos, dos descalabros e dos instintos desenfreados.

Educação moral para reconduzir à comunhão social o pudor quase ausente, restabelecer a reverência às coisas santas e fazer com que refuljam no seu escrínio cintilante as gemas que ornam a virtude, enfeitam a inteligência, aprimoram o caráter e dão espiritualidade à vida.

Educação mental, da aurora ao crepúsculo da existência humana, para soerguer o ânimo, infiltrar a esperança, edificar a fé, desacorrentar a galé das taras e espargir entre as almas, sob a bênção de Deus, o Dom de produzir e a alegria de viver.

Todos esses problemas em cuja solução o espírito se sublima e a eugenia bebe o veio cristalino da sua água lustral, são à maravilha enfeixados no código da medicina, senhora dos fenômenos que dão ao nosso destino a sua linha tortuosa ou reta (TOTTA, 1935: 40).

Uma nau chocava-se contra rochedos: apagado estava o farol que na sombra das noites indicava às embarcações o rumo a seguir. Assim estávamos à mercê dos males que nos faziam perder o caminho de nosso destino. Panorama metafórico de um Brasil: ausência dos faróis da instrução e da educação, perigo nos alicerces das colunas que estavam a erigir a pátria. Um discurso de exímia retórica do Dr. Mario Totta, manifestação que contempla importantes enunciados sobre Educação, presentes na discursividade do campo médico: educar desde a mais tenra idade, ensinar pela pedagogia do exemplo, difundir regras de bem viver, instruir para salvar da ignorância, formar virtudes e inteligência, fortalecer o caráter, restituir energias para produzir.

Nas primeiras décadas do século XX, muito crédito era atribuído à educação no concurso que ela prestava à obra de saneamento do meio e do homem. Por isso, o Dr. Totta, médico e professor da Faculdade de Medicina de Porto Alegre, julgava que diversos males eram causados pela ausência de "instrução racional e educação esmaltada" do povo. Sem a luz da Educação, de *toda* educação, desde aquela praticada pela mãe junto à criança, passando pela escola e pela própria sociedade, a nau chocava-se contra os rochedos. A iminência de uma catástrofe perseguia os viajantes...

Mas, não se tratava de uma educação qualquer, pois o Dr. Totta propunha as dimensões da boa educação, bem como, e fundamentalmente, as contribuições da ciência médica para a obra educativa: às mães, não uma instrução simplória, mas o domínio de um conjunto de saberes articulados e sistematizados pelos médicos – a puericultura; às escolas, não uma simples educação, mas os conhecimentos científicos da medicina e seus contributos à aprendizagem. Críticas aos processos escolares eram formuladas pelos médicos que voltavam uma atenção especial à educação. Programas obsoletos, métodos contraproducentes, a prática das memorizações que atulhavam os cérebros, o desconhecimento da criança, as condições insalubres dos prédios escolares, as imperfeições na formação do professor, eram indícios que demonstravam a importância dos saberes da medicina para a Educação: respeito ao desenvolvimento das capacidades mentais de cada aluno, identificação e aproveitamento das aptidões naturais de crianças e jovens, métodos de estímulo ao raciocínio criador, conhecimentos da higiene para a saúde das agremiações escolares.

Ainda assim, não uma educação qualquer, mas uma educação "completa". Somente uma educação "integral" e fundada nos conhecimentos científicos poderia dar conta de obra tão grandiosa que lhe estava reservada. "Somente uma terra bem preparada antes do cultivo poderia gerar bons frutos".

Os discursos médicos não se restringem a defender uma bandeira genérica de educação e saúde como solução aos problemas nacionais. Há uma intensa discussão sobre qual saúde e qual educação. Não apenas uma saúde física, mas mental, moral, intelectual. Não apenas uma educação intelectual, mas física, mental, moral, sexual. Nesse período, médicos brasileiros ocupam-se cada vez mais em discutir os conteúdos e objetos de ensino, os procedimentos pedagógicos, a avaliação, o exemplo do professor, a materialidade e a salubridade das escolas, os pressupostos teóricos dos pedagogos.

Assim, um exame menos superficial dá conta de perceber que o discurso médico sobre a Educação, longe de restringir-se a uma discussão política, implicou num envolvimento significativo de vários médicos em temas cada vez mais complexos sobre a escola, os processos de aprendizagem, a educação sanitária do povo. Permite identificar, também, uma intensa atuação médica em espaços educativos, seja em escolas de ensino elementar, técnico, cursos de formação de professores, orfanatos e asilos, cursos de mães, de enfermeiras, e mesmo de jovens doutores, seja através de manuais de saúde e higiene, propaganda sanitária, conferências e artigos educativos divulgados na imprensa da época ou transmitidos pela radiodifusão. Intensidade de uma experiência de tematização do educacional pela medicina, sem precedentes no passado, e, ouso dizer, tampouco no presente.

Se buscarmos os sentidos etimológicos do vocábulo *educar*, podemos perceber as acepções de educação que se articulam e se fazem presentes nos discursos médicos. De origem latina, educar provém de *dux, ducis* que significa guia, chefe, de onde *ducere* designa conduzir, comandar, e os compostos *educere* – "conduzir para fora de", e *educare* – "criar homens ou animais, formar, instruir". Segundo Foulquié, "a etimologia sugere que educar consiste em fazer com que a criança saia do seu estado primitivo; em fazer sair dela (tornar ato) o que possui virtualmente" (1971: 132). Da mesma forma, educar consiste em *formar* pela educação, *dirigir* a formação moral e intelectual de um homem (Ibid.).

Assim, dos compostos *educere* e *educare* se depreendem as significações de criar, instruir, formar, dirigir. No discurso do Dr. Totta, acima apresentado, expressivo da discursividade médica de uma época, encontramos a imbricação desses significados: os médicos não se propõem, como outrora, somente a criar, em sua conotação mais física, biológica, tampouco é esse o sentido que persiste. Talvez o que se mantenha, então, é a ligação de educar com criação no que diz respeito à criança "bem criada", "bem educada", a partir do que lhe é ensinado na família. Nessa perspectiva do familiar, educação como criar não está de todo distante do discurso médico, pois instruir as mães como melhor criar seus filhos é tarefa que se impõe à medicina. Contudo, neste caso, instruir e criar assumem a dimensão de *formar*, formar verdadeiras "mães" em seu sentido prático e moral.

Educar aparece também como dirigir[2] os destinos dos indivíduos e, para tanto, a necessidade de educar, desde a infância, seus modos de ser e fazer, a vida em todos os aspectos: o caráter, as condutas, a moral. A ideia de ensinar o ser em formação é marcante nessa discursividade. De certa maneira, tanto *ducere* (conduzir, comandar) quanto *educare* (formar, instruir) se fazem presentes no discurso médico e permitem definir o médico-educador como o sujeito que intenta assegurar a formação moral e intelectual, mas também que conduz, dirige aqueles a ele afetos. Os médicos, a partir de seus discursos, apresentam-se como educadores, seja para instruir e formar, seja para conduzir e dirigir todos e cada um.

As práticas educativas encetadas pela medicina intentaram exercer-se em relação ao "saber-ser" e o "saber-fazer" dos indivíduos, em especial quanto aos saberes relacionados à higiene e à saúde. Saber-ser e saber-fazer implicados nos modos de conhecimento e cuidado de si que constituem os sujeitos. Em outras palavras, no modo particular pelo qual as pessoas se descrevem, se narram, se julgam ou controlam a si mesmas (LARROSA, 1994), modo intimamente associado à ideia de urbanidade.

Os médicos brasileiros, especialmente sanitaristas e higienistas, nas primeiras décadas do século, foram reconhecidos como aqueles que deti-

---

2. O sentido de educar como dirigir pode comportar muitas acepções, mas sem dúvida remete à ideia de governabilidade no sentido de "[...] atividade que conduz os indivíduos ao longo de sua vida, colocando-os sob a autoridade de um guia responsável daquilo que eles fazem e daquilo que lhes acontece" (FOUCAULT, *Dits et écrits*, apud SANTOS, 1996: 13). Jules Michelet afirmava: "Qual é a primeira parte da política? A educação. A segunda? A educação. E a terceira? A educação" (apud FOULQUIÉ, 1971: 134).

nham um saber "verdadeiro" e, por isso, o direito de falar sobre os modos de cultivar uma vida saudável, a competência para compreender os fenômenos da vida e da doença e definir uma profilaxia e uma terapêutica, bem como a capacidade de investir o discurso acerca da saúde e higiene em decisões, instituições ou práticas (cf. FOUCAULT, 1995: 74-75). Para tanto, disputaram com outros atores sociais a autoridade de distinguir o falso do verdadeiro, atribuindo à higiene um caráter exorcizador até então desconhecido e à saúde uma extensão impensada. Não apenas porque seus instrumentais científicos tivessem experimentado um grande desenvolvimento ou porque sua capacidade de observação e estudo tivesse descortinado uma verdade oculta ou ofuscada a respeito da profilaxia das doenças. A atribuição de um caráter científico, redentor e salvacionista ao discurso médico, inscreveu-se no "regime de verdade"[3] daquele momento histórico. Os saberes e discursos médicos, tecidos no âmago da ordem mental estabelecida, por meio dos valores, convenções, anseios e temores da época, alimentaram expectativas e urgência de atenção à saúde e preservação da vida (BARRÁN, 1995).

A medicina social que se desenvolveu no Brasil conferiu às suas reflexões um sentido prático, especialmente em fins do século XIX e nas primeiras décadas do XX, quando a experimentação se impôs efetivamente. Modernizar, regenerar, civilizar, dar ao povo saúde e educação eram enunciados que inflacionavam os discursos. Nesse contexto, "a ciência técnica passou a ser considerada crucial para o destino da nação" (HERSHMANN & PEREIRA, 1994: 25).

Fundados no discurso da neutralidade da ciência, os médicos apresentaram-se como arautos de uma poderosa alternativa para a cidade, seu espaço e sua população. Uma medicina social, urbana, paulatinamente se legitimou pelo caráter de cientificidade, moralizador e salvacionista. A cartografia dessa discursividade permite o mapeamento das estratégias educativas e legitimadoras que no decorrer do período foram sendo produzidas pelo campo médico em busca do que concebiam como o projeto de um "corpo social sadio" (HERSCHMANN, 1994: 47).

A circulação da produção dos médicos possibilitou a presença desse saber junto a outros campos. As metáforas médicas contaminaram práticas discursivas de diferentes grupos sociais, destacadamente os educadores, uma vez que os médicos, diretamente, buscaram ser reconhecidos como

---

3. Por verdade entende-se aqui "o conjunto de procedimentos regulados para a produção, a lei, a repartição, a circulação e o funcionamento dos enunciados" (FOUCAULT, 1993).

educadores, para o que formularam um discurso que pudesse atestar sua competência para tratar do pedagógico e do escolar, discurso este assentado em uma constante crítica aos processos pedagógicos e à organização escolar, aludindo a inconsistência e arcaísmo daqueles que até então haviam se dedicado às tarefas educativas. Dessa forma, disputando espaço com o campo educacional, de quem criticavam a falta de cientificidade, os médicos manifestam o desejo de serem reconhecidos como responsáveis por conduzir a todos e a cada um, orientando a vida privada dos indivíduos e a vida pública das coletividades.

Cabe ressaltar, contudo, que essa discursividade não pode ser tomada como homogênea; ela produziu-se diferentemente através do tempo, bem como comportou divergências entre diferentes grupos de médicos, diferentes concepções de medicina, diferentes projetos políticos, embora estes evitassem torná-las públicas, já que as disputas mais significativas deveriam ser travadas com outros agentes sociais.

A medicina vinha a cumprir um papel fundamentalmente preventivo. As doenças da civilização moderna ofereciam um campo enorme para as ações sanitárias. Os médicos apresentaram-se como uma espécie de mediadores, aqueles que, propondo medidas de ordenamento do espaço e purificação do meio, conduziriam a uma sociedade sadia e positivamente civilizada. A degeneração poderia ser contornada. A enfermidade dos corpos e da sociedade cederia lugar à saúde e à vida. Fazia-se mister, contudo, garantir espaço para a atuação educativa e saneadora da medicina.

A educação aparecerá como aquela tarefa mais afinada com a missão da medicina preventiva. Mas à medicina social, profilática por excelência, incumbiam também ações corretivas e ortopédicas. Nesse sentido, para os médicos a educação não se resumia a uma instrução elementar. Defendiam uma educação física, intelectual, sexual, mental, enfim, moral, dos indivíduos, para o que empreenderam iniciativas concretas, seja de educação escolar, seja de educação popular e propaganda sanitária.

A MEDICINA VOLTA-SE PARA A EDUCAÇÃO

A preocupação médica com a preservação da infância leva a uma produção de saberes científicos a partir da exploração do universo infantil. Os médicos propuseram iniciativas de assistência e proteção à infância, bem como prescreveram práticas adequadas para o cuidado das crianças pelas famílias, desde a lactação, o crescimento antropométrico, a educação, o desenvolvimento mental.

A família e a escola eram meios que deveriam ser educativos, mas também a cidade, com sua organização físico-espacial, seus rituais de progresso, por meio da reformulação do espaço urbano, passava a ser reconhecida em seu caráter pedagógico. A cidade "torna-se o símbolo por excelência de um tempo de aprendizagem, de internalização de modelos, que, enfim, atingem e orientam os indivíduos" (HERSCHMANN & PEREIRA, 1994: 27).

Importa ressaltar a heterogeneidade dos discursos e dos procedimentos propostos pelos médicos no que diz respeito à educação, bem como a necessária compreensão dos mesmos no contexto histórico em que se efetivaram. Muitas possibilidades, arranjos e disputas caracterizam esse processo. São práticas descontínuas, simultâneas, por vezes conflitivas. Elas foram sendo redefinidas nos embates do campo médico com as práticas de não médicos, fossem eles a população em geral, filantropos, políticos, administradores ou, muito especialmente, aqueles ligados ao campo pedagógico, professores, gestores de escolas, famílias e os próprios estudantes, nas escolas ou fora delas.

Uma espécie de paradoxo parece caracterizar o discurso médico sobre Educação dos anos 1900 a fins da década de 40. De uma parte, o destaque à escola como *locus* educativo por excelência, instituição onde a educação sanitária seria mais fecunda. De outra parte, ácidas críticas dirigidas aos métodos e procedimentos de ensino, a teorias pedagógicas, à precária formação dos professores e mesmo às inadequadas condições do meio escolar. Artifícios argumentativos que, reforçando o caráter estratégico da Educação, buscam desqualificar a prática educativa vigente, para fazer reconhecer outras proposições e outros sujeitos. A disputa pela "verdade" da pedagogia levou os médicos a apontarem sua inconsistente sustentação científica, propondo um campo teórico-prático para dotá-la da cientificidade reclamada.

Os médicos não hesitam: é recorrente a certeza de que a escola é uma fonte preciosa de ensinamentos, pois como reitera o Dr. Mário Totta, "as influências da escola acompanham o homem por toda a vida: a escola é o destino" (1939). Insistências mais fortes delegam à escola a tarefa de produzir grandes mudanças, individuais e sociais, através da difusão de uma consciência sanitária.

> A escola é o local mais propício para promover a transformação. O ensino primário precisa ser vulgarizado... Mas não apenas a ministração dos conhecimentos das letras e das ciências. O capital humano precisa ser preservado das infecções que aniquilam o valor do homem, e para isso é ainda a escola o lugar melhor para infundir uma consciência sanitária, que será tanto mais habitual, quanto mais cedo

for movida. De início, pois deve ser a escola um ambiente educativo por seus vários aspectos (ESPÍRITO, 1934: 3).

Com estas considerações, que insistem na relevância da escola para infundir nos indivíduos um conjunto de hábitos e atitudes sadias, vários médicos pronunciaram-se em artigos, conferências, teses defendidas junto às Faculdades de Medicina ou em congressos.

Indiscutivelmente, higienistas e eugenistas concordavam com a necessidade de atuarem diretamente no espaço escolar, através dos serviços de inspeção médica e ensino da higiene. À escola, inserida numa rede de instituições, estava reservado o papel de formar crianças e jovens, futuros cidadãos, produzindo práticas individuais e coletivas, associadas aos propósitos de constituição de sujeitos ocupados com sua higiene e sua saúde, seja pela ruptura face aos hábitos perniciosos herdados da família, seja pela conservação de práticas salutares, acrescidas de novas formas de ser e de pensar, esboçadas pelos médicos a partir da ciência e dos ideais de civilização e urbanidade.

Observe-se que a defesa da escola é informada tanto pelos pressupostos teóricos da higiene, quanto da eugenia, que aposta na possibilidade de fundar-se na educação da infância para obter a purificação da raça. Além disso, a defesa da escola se ancorava na observação de que os procedimentos de coação e punição não assegurariam a realização dos propósitos da higiene social, para o que se era necessário instruir e forjar convicções nos indivíduos, tarefa precípua da escola.

> Inútil é encarecer a necessidade de difundir o ensino de higiene nas escolas primárias. Hoje, não há quem não reconheça que, só assim, poderemos criar a desejada e indispensável "consciência sanitária" que fará a robustez e a defesa de nossa raça. Todas as nações cultas lançaram mão deste processo, e outro não existe porque só a escola educa, transforma e dirige os destinos dos povos. Como obrigar, por meio de leis e penalidades, o indivíduo a proceder higienicamente, se ele desconhece os preceitos e as vantagens da prática sanitária? Da igorância resulta, quase sempre, a falência das boas intenções, principalmente quando estas visam modificar hábitos, destruir costumes enraizados. Só a educação leva ao espírito a convicção e transforma em ato espontâneo o ensinamento que se adquiriu. [...] A escola deve aparelhar cada indivíduo para sua própria utilidade e para utilidade da Pátria, transformando-o num homem e num cidadão (LARBECK, 1934: 5).

De uma parte, vinculava-se a prática da higiene escolar como a garantia da consciência sanitária, que por sua vez asseguraria a ascensão do país ao *status* de nação culta e desenvolvida. De outra parte, insistia-se na relevância de instilar nos indivíduos – em cada um – o que se lhes é ensinado, pois somente através da convicção ou do "automatismo inteligente" seria assegurada a formação da nacionalidade. A escola, assim, concretiza a consciência sanitária, pois ela produzia ativamente os indivíduos.

As referências à escola no discurso médico, contudo, distinguem uma instituição pensada idealmente e as escolas existentes na época. Uma era a escola proposta pelos médicos, agremiação sadia, asséptica, cientificamente organizada, onde haveria uma estreita colaboração entre médicos, professores e famílias. Outra era a escola concreta, que demandava reformas urgentes e uma indiscutível atuação médico-científica.

É preciso insistir na explicitação das críticas à escola para demonstrar como os médicos buscaram constituir um discurso autorizado e legítimo para as intervenções naquela instituição. Neste sentido, invariavelmente, as questões levantadas pelos médicos se assentavam no caráter científico que presidia suas análises. Desde a crítica aos currículos, passando pelos métodos e processos escolares, até o procedimento de classificação dos estudantes, os argumentos que justificavam as discordâncias e aqueles que sustentavam as proposições tratavam de explicitar sua base científica.

Primeira evidência: a crítica mais contundente se dirigia ao procedimento de classificação e distribuição dos escolares que, segundo os médicos, era estabelecido pelo "falso" critério da idade, o que sugere uma falha grave na sustentação pedagógica da escola. Os pedagogos não dominavam os modernos procedimentos de caracterização das crianças, os chamados testes, contribuições da psicologia experimental para a identificação da "capacidade mental" de cada aluno. Por isso, recorriam à força da tradição e do arcaísmo representado pelo critério da distribuição dos escolares segundo a idade. Mais que provado estava, pelas pesquisas de base científica, que este critério por si só era inadequado e com frequência gerava equívocos, agrupando escolares de diferentes capacidades cognitivas e tratando-os como iguais.

Mas por que uma tal situação persistia? Os professores não estavam preparados para levar em conta rigorosa os atributos psicológicos da criança, suas condições de aproveitamento e sua vocação para o exercício profissional futuro (YGARTUA, 1933: 217). Consequentemente, incorriam tanto no equívoco de subestimar, quanto no de superestimar as capacidades da criança, destinando-lhe tarefas, exigências e exercícios físicos ou intelectuais inadequados, cujos danos muitas vezes eram irreparáveis. Essa inadequação dos métodos e procedimentos escolares decorria, basicamente, da uniformização imposta pelo professor, que de outra maneira não sabia agir.

Mas a classificação e distribuição dos escolares não era incorreta apenas no descuido das capacidades mentais e na uniformização do trabalho pedagógico. A ausência da prática de exames médicos minuciosos impossibilitava detectar anomalias, estados mórbidos e/ou contagiosos, psicopatias, agrupando os estudantes numa heterogeneidade perigosa. Uma espécie de promiscuidade psicofisiológica instalada nas escolas colocava em risco não apenas as capacidades intelectuais do escolar, como também a saúde física e mental. As diferentes caracterizações expostas, o hipotrófico, o eutrófico, o retardado, o supernormal, e outros, assinalam caracteres que supõem o domínio de conhecimentos complexos e sofisticados que, evidentemente, os pedagogos não tinham. Reclamava-se, então, a participação do médico na seleção, classificação e exame periódico dos escolares.

A condenação da prática pedagógica que procedia a um mesmo sistema uniforme de cultura intelectual e física para todos os escolares foi sistematicamente evocada pelos médicos, que muitas vezes se serviam de exemplos ilustrativos dos graves problemas que decorriam dessa forma escolar.

Relativamente aos métodos e processos de ensino, além da crítica à uniformização, que comprometia a atenção aos diferentes caracteres e capacidades dos escolares, formularam-se também outras discordâncias. O atulhamento do cérebro das crianças com coisas abstratas e sem nenhuma aplicação na vida prática (CLARK, 1930: 61); o sistema escolar que condena os adolescentes a uma imobilidade prolongada, a um trabalho intelectual intenso agravado, periodicamente, pelos esforços de exames (LUPI, 1939: 163); a exigência da atenção da criança com recomendações de práticas cujo alcance escapa ao entendimento infantil, perdendo tempo (MACEDO, jan./1932: 107); a escola como instrumento de tortura e meio de deformação (MACEDO, jul./1933: 220); a ênfase no desenvolvimento intelectual, em detrimento da higidez física; a memorização de fórmulas áridas, regras e definições mais ou menos abstratas, sem interesse imediato, desperdiçando energias da criança em atividades estéreis; ou ainda o fato de que a escola arrebata a cria da liberdade para pô-la no torniquete que a pedagogia moderna e a higiene escolar se esforçam por afrouxar (MACEDO, jul./1933: 222), constituíam as críticas mais recorrentes ao que alguns aludiram como o "martírio da escola"[4].

---

4. Expressão explícita em José Pereira Macedo, Diretor da Inspeção Médica Escolar do Paraná, 1932: 107.

Além disso, críticas também eram dirigidas ao desconhecimento dos professores acerca da realidade psicofisiológica do "ser criança", o que, por exemplo, tornava-os incapazes de escolher um tipo de ginástica ou desporto para cada indivíduo e, muito menos, o adequado para as crianças. Seja na prática dos exercícios físicos, seja nas matérias que requeriam as habilidades intelectuais, os mestres usavam a mesma medida educativa para todos os ânimos infantis, e a consequência inevitável é que os instáveis, movediços, deixavam-se conduzir erroneamente, reagindo com mentiras e simulações para fugir aos castigos (cf. AUSTREGÉSILO, apud YGARTUA, 1933: 225). Como assegurar a formação do caráter nessas condições?

Outros questionamentos, ainda, particularizavam a análise da materialidade das escolas, condenando os espaços insalubres, a localização do prédio escolar, os problemas de iluminação, ventilação, os espaços construídos e as áreas livres, a inadequação do mobiliário e dos equipamentos disponíveis, dos bebedouros aos sanitários, avaliando os prejuízos físicos ocasionados às crianças – problemas de visão, focos contagiosos, distúrbios posturais e danos à coluna, dentre outros. Evidentemente, os médicos assinalavam o fato de que os conhecimentos da higiene eram ignorados ou desprezados nos casos citados. E esse era o problema maior.

O próprio currículo escolar foi problematizado pelos médicos. Afinal, quais as incumbências da escola, que ensinamentos deveriam ser ministrados? Era inconcebível que a higiene ainda não fosse objeto de ensino, embora figurassem tantos assuntos abstratos e estéreis naquela que era, para muitos, a única oportunidade de aquisição de conhecimentos e modos educados. Além do que, a difusão de preceitos de higiene nas escolas concorreria grandemente para a saúde daquela agremiação, e sem saúde seria impossível aprender.

> É na escola que se deveriam ministrar os primeiros conhecimentos higiênicos, e não como geralmente acontece e muito bem disse Almeida Jr.: "A escola quando ela existe, contenta-se com ensinar a ler, a assinar o nome e a contar bolinhas". Não dá hábitos de asseio, para salvaguarda da saúde. Não ensina a comer, não diz os perigos do alcoolismo, não conta os horrores da peste branca. [...] Infelizmente, se bem que haja um ensaio de ensino dos preceitos higiênicos nos grupos escolares, deveria ele ser grandemente ampliado. Exige-se e acha-se tempo para tudo, dia das árvores, das aves, etc, e no entanto, não o há, quando se tem em vista a verdadeira prosperidade e felicidade, que somente a saúde pode dar! (LENTINO, 1930: 64)

Mesmo reconhecendo algumas reformas sociais envolvendo a Educação nos anos 1930, o Dr. Ygartua considerava que muita coisa não havia mudado substancialmente, pois métodos didáticos, exames e direção, persistiam distantes e divorciados da própria lei do desenvolvimento das faculdades intelectuais e volitivas da infância. Para ele, os esforços conhecidos reduziam-se, praticamente, ao mecânico ofício da *desanalfabetização* (expressão do autor), quando outras cogitações, mais sérias e profícuas, deveriam nortear os educadores em função da finalidade social do ensino hodierno (YGARTUA, 04/07/1933: 3).

Em suma, a eficiência da escola era avaliada pelos médicos considerando-se a classificação dos escolares, a preparação dos mestres, o ambiente material, os procedimentos pedagógicos e até mesmo o currículo escolar. Mas não se queira inferir, a partir disso, que os médicos fossem ingênuos quanto aos desafios e complexidade do "mecanismo escolar". Em um artigo, que por seu título "Cantinas escolares" talvez pouco tivesse a dizer da visão médica sobre a escola, o Dr. Macedo registrava a insensatez de alguns pedagogos, quiçá seu otimismo exacerbado, quando pensavam que a escola poderia tornar-se um paraíso. Não que ele discordasse da Pedagogia Nova, do ensino centrado no interesse espontâneo da criança e do intuito em tornar a escola cada vez mais atraente, como propagavam os modernos pedagogos da época. Mas, para o Dr. Macedo, estaria sempre a escola a exigir das crianças o cumprimento de deveres de que estão desobrigadas no lar ou no recreio, por isso constituía um erro

> [...] conceber a escola como um lugar cheio de delícias, para onde os meninos corressem como a um divertimento; cujo professor fosse de açúcar e pão de ló e o ensino fácil, muito agradável, doce como o melhor melado. Nem tanto assim! A escola é um lugar de trabalho, com as dificuldades, as fadigas e os obstáculos próprios do trabalho [...]. A escola, pedagogicamente verdadeira é, de certo modo, o espelho da vida, não pode ser uma florescência de rosas sem espinhos (GIOVANNI ZIBORDI, apud MACEDO, mai./1932: 232).

Polemizando com algumas propostas da época, ao Dr. Macedo era forçoso estabelecer uma distinção entre a escola como preparação para a vida e a escola como reflexo da vida, e para ele isso não estava claro aos educadores. Sua posição era de que a escola poderia ser o espelho da vida nos países em que a vida já obedecia a uma lógica econômica e cívica, de bem-estar e de higiene. Contudo, no Brasil, visto que nossas condições estavam muito longe disso, a escola deveria começar por "ser a própria vida, porque do refleti-la somente, como de fato reflete, tal como ela existe em nosso país, outro proveito não colheremos que o de reforçar hábitos que ainda mais nos amesquinham" (Ibid.).

A par das críticas à escola, os médicos não se descuidaram da formulação de proposições. Para cada um dos questionamentos foram prescritos outros modos de organizar os escolares, ensiná-los, preparar o ambiente educativo, informar e instruir. Seja referindo-se a aspectos muito particulares do processo pedagógico, seja polemizando com teorias pedagógicas, as discussões sobre Educação não foram marginais ou pontuais no âmbito da medicina social e exprimem o refinamento das questões formuladas.

A ESCOLA E SUA CENTRALIDADE NAS PROPOSTAS EDUCATIVAS DA MEDICINA

Os médicos prescreveram a si mesmos uma intensa e múltipla atuação nas escolas. Não se constitui um discurso exterior a reclamar dos médicos essa presença. Não se encontram demandas explícitas, pelo menos até os anos 1930, conclamando os médicos a assumirem responsabilidades educativas, talvez apenas indiretamente, quando se discute a eficácia das campanhas sanitárias ou as soluções médicas em momentos de epidemia. O próprio campo da medicina parece gestar e instaurar uma tal exigência. A ampliação dos desígnios da medicina social, as disputas pelo poder de dizer a verdade de cada um e de todos, ou ainda, a busca pelo reconhecimento para conduzir a humanidade a um estado hígido e civilizado, passou a determinar uma tarefa imperativa à medicina: educar o povo, condição imprescindível para a saúde e a preservação da vida. Sem Educação a saúde completa é impossível; sem saúde não se aprende. Soma-se ainda a crença de que no meio escolar, por excelência, fazia-se eficiente a ação profilática, tão cara à medicina social, justificando-se um grande investimento nesse *locus* de atuação do campo médico.

Assistência médica aos escolares, inspeção médico-escolar, serviço de higiene escolar, educação sanitária, assistência sanitária à criança, medicina escolar, são expressões que assinalam variações de um mesmo tema. Permitem identificar ênfases sutis, momentos distintos, todos eles, contudo, delimitando em larga escala a relevância da escola para a medicina e a abrangência da ação médica.

Realizar uma obra completa médico-social e pedagógica nas escolas era, por assim dizer, segundo o Dr. Florêncio Ygartua, a missão do médico escolar, que, para tanto, deveria reunir três capacidades: de médico, de higienista e de pedagogo (GUAITA, apud YGARTUA, 1933: 216). Enquanto médico, no sentido estrito, a atuação deveria envolver a assistência, curativa e terapêutica; na condição de higienista, a prevenção e conservação da saúde; por sua vez, a responsabilidade como pedagogo atribuía-lhe a formação da consciência sanitária dos escolares.

A extensão das atribuições médicas na escola deve ser pensada num processo em que os médicos, progressivamente, foram conquistando espaço e fazendo presentes seus saberes nas práticas escolares. Ao médico será confiada a missão de distinguir os alunos sadios dentre os doentes de todos os tipos, infundir nas crianças novos cuidados com o corpo e a saúde, vigiar-lhes e orientar a sexualidade e as relações de gênero.

Propondo-se a realizar um histórico das atenções para com a higiene escolar, o Dr. Oscar Clark, em 1930, delimitava três fases da atuação médica na escola. Uma primeira fase em que as atenções se voltavam para o meio externo, ou seja, a preocupação com as condições gerais de higiene do prédio escolar e o estabelecimento de uma vigilância sanitária das escolas. Uma segunda fase, que inaugurava a prática da inspeção sistemática dos escolares, com o objetivo de detectar doenças. Nesta fase, segundo o Dr. Clark, descobriu-se que inúmeras crianças aparentemente sadias sofriam, em realidade, de pequenos males ou defeitos físicos que prejudicavam seu crescimento sadio e que até então haviam passado despercebidos. Uma terceira fase, que o autor identificava como aquela que lhe era contemporânea, na qual as tarefas da higiene escolar se encontravam enormemente ampliadas:

Essa terceira fase, denominada pelo médico *fase moderna*, assentada na organização eficiente do serviço de higiene escolar, compreendia ainda a assistência alimentar e os tratamentos higiênico, medicamentoso, cirúrgico e ortopédico, de modo que a saúde do escolar passou a ser considerada o núcleo da questão (Ibid.). O Dr. Clark faz referência à incorporação dos saberes da medicina fisiológica e da pedagogia ativa, como embasamento que levou a aperfeiçoar as funções médico-escolares.

A diversificação de ações foi vivenciada na cidade do Rio de Janeiro durante a coordenação dos serviços de higiene escolar pelo Dr. Clark. Se não podemos afirmar a mesma intensidade de ações em relação a outras experiências, não se pode, contudo, considerá-la uma experiência peculiar. No Rio Grande do Sul, a atuação do Departamento de Saúde do Instituto Parobé, por exemplo, comprova a magnitude da atuação médica em escolas, abrangendo a multiplicidade dos aspectos descritos pelo Dr. Clark.

É possível identificar um amplo programa de medicina escolar e descrever as crescentes atribuições do médico, a saber:

1º) *Atenção à higiene geral da escola*: orientar quanto às condições do terreno, localização, materialidade do prédio escolar; proceder à inspeção sanitária dos locais, com especial atenção à ventilação, iluminação, área útil, pertinência e asseio dos equipamentos sanitários e do mobiliário escolar; realizar a vigilância da água e dos alimentos fornecidos às crianças; etc.

2º) *Profilaxia das doenças contagiosas*: indicar as medidas necessárias à desinfecção dos locais; afastar temporária ou definitivamente as crianças portadoras de enfermidades físicas ou mentais que possam constituir perigo às demais.

3º) *Vigilância da saúde física das crianças*: realizar exames periódicos dos escolares, tratar preventivamente doenças, afecções e neuropatias; proceder à vigilância da higiene do corpo e das roupas, como a própria higiene alimentar; controlar os procedimentos e resultados da educação física; propor medidas especiais com relação aos débeis e doentes; proceder à vacinação sistemática; atender à higiene dentária e bucal.

4º) *Vigilância da saúde intelectual*: intervir na fixação dos horários e na repartição do trabalho cerebral; indicar aos professores as crianças das quais, devido à sua saúde, não se devem exigir senão esforços restritos; avaliar as capacidades individuais; estudar os anormais psíquicos e enviá-los para estabelecimentos especiais; aplicar conhecimentos de higiene mental.

5º) *Educação higiênica das crianças e professores*: orientar e preparar professores para o ensino de higiene; proferir palestras e conferências sobre higiene, nos seus múltiplos aspectos, tanto a alunos quanto a professores; divulgar os meios de evitar as doenças transmissíveis; desenvolver intensa propaganda contra os vícios; aproveitar as ocasiões para mostrar o que é preciso fazer e o que não é preciso fazer, ministrando conselhos sob o ponto de vista da higiene com o intuito de formar a consciência sanitária, bem como uma sólida educação moral.

6º) *Inspeção médica escolar completa*: proceder ao exame clínico de alunos, professores e auxiliares, no momento da admissão e durante o exercício escolar.

7º) *Preparação e orientação de enfermeiras escolares ou educadoras sanitárias.*

8º) *Educação sanitária das famílias*: promover reuniões com pais, chamando-os à escola; realizar visitas domiciliares às famílias; enviar folhetos instrutivos.

9º) *Pesquisa da capacidade da criança*: aplicar testes individuais de inteligência; observar a criança em diferentes situações escolares.

Há uma controvérsia entre os médicos quanto a determinar se a atuação da medicina escolar deveria ser somente preventiva ou também curativa e terapêutica. Alguns médicos foram partidários da ideia de que a ação, além de profilática, poderia ser curativa, física e psiquicamente, exemplificando com o tratamento das verminoses e a terapêutica da sífilis (YGARTUA, 1933: 228). Para outros, enquanto higiene escolar, a ação deveria ser eminentemente preventiva e, uma vez constatada uma enfermidade, o escolar deveria ser encaminhado a um clínico ou a um serviço de saúde, fosse um dispensário ou hospital, pois a assistência clínica aos doentes não constituía uma tarefa que justificasse o médico na escola, pelo seu alto custo. Cuidado e tratamento de doentes eram funções a serem desempenhadas pela família e pelo clínico.

Muito embora esteja registrado que em alguns casos e em circunstâncias pontuais a atenção aos alunos doentes também tenha sido realizada na escola, a tendência que acabou prevalecendo foi a do caráter preventivo da medicina escolar.

Quanto ao restante das atribuições do serviço de medicina escolar parece ter havido consenso entre os médicos e educadores. No entanto, a delegação dessas atribuições foi especialmente conflituosa e os discursos assinalam impasses e disputas. A questão polêmica consistiu na indagação: por que a medicina escolar deve ser encargo do médico e não da autoridade educacional? Na opinião de alguns médicos, o que estava originando muita confusão era o modo errôneo de interpretar a denominação "inspeção médico-escolar". Isso porque havia quem entendesse que tudo o que se relacionasse com a escola deveria ficar a cargo da autoridade educacional, incluída sob sua jurisdição a inspeção médico-escolar (RODRIGUES, 1940: 13). E o que se constatava era que nem sempre aquela posição estava sendo confiada a um médico, comprometendo o desenvolvimento físico da criança.

Diante disso, para dirimir o conflito sugeriu-se a adoção de outra designação, que com maior clareza viesse a assegurar a competência do médico, como por exemplo "inspeção sanitária à criança que atingiu o período escolar" (RODRIGUES, 1940: 13). O título sugerido seria mais adequado levando-se em conta que a principal finalidade da inspeção médico-escolar consistia em dar continuidade e complementar a assistência sanitária à infância, iniciada em dispensários e postos de saúde, com relação ao desenvolvimento das crianças que, uma vez atingida a idade escolar, seriam examinadas e orientadas nas escolas.

Para os médicos, indiscutivelmente, a medicina escolar deveria ficar subordinada à autoridade sanitária. E nada justificaria interromper sua atuação, confiando-a a outra autoridade, que, nos dizeres do Dr. Rodrigues, visa a finalidades completamente diferentes, e, quiçá, de menor importância. Analisando a questão, o médico considerava que entre a saúde e a instrução da criança não se podia traçar paralelo, pois a primeira era sempre soberana (Ibid.). Especialmente importante considerar, ainda, que a fase escolar era decisiva ao futuro dos indivíduos. Nessa fase, manifestavam-se plenamente os atributos físicos, o caráter, possíveis "taras" latentes ou heranças mórbidas. Como, então, confiar a atenção sanitária do escolar a pessoas sem preparação para atender plenamente aos reclamos de tão alta responsabilidade?

Diferentes documentos do período atestam que nessa disputa os médicos asseguraram seu lugar no exercício da inspeção médico-escolar. À medida que as atividades foram se complexificando, estendendo-se, por exemplo, a visitas domiciliares às famílias dos alunos, os médicos trataram de agregar auxiliares, formando-os e orientando-os diretamente, como foi a experiência das enfermeiras visitadoras, também denominadas educadoras sanitárias.

No tocante aos professores, havia unanimidade em considerar que a assistência médico-escolar dependia muito da colaboração ativa e consciente de cada professor, do contrário haveria prejuízo da ação médica, razão pela qual, segundo o Dr. Macedo, os médicos envidariam esforços no sentido de conquistar e preparar os professores para uma ação conjunta. Afinal, inspirado pelo conceito de Educação de Dewey, o Dr. Macedo argumentava que o resultado da ação médica nas escolas se identificava com o seu processo, para o qual concorria decisivamente o professor, do mesmo modo que os fins da vida se identificam com o processo de viver (MACEDO, jul./1933: 226).

Entretanto, enfermeiras visitadoras e professores, aliados de indiscutível eficácia, estariam sempre subordinados à orientação do médico escolar. Ele detinha os saberes científicos que lhe conferiam competência para compreender os problemas ligados à saúde e à doença dos escolares. Detinha da mesma forma o discurso autorizado para classificar o normal e o patológico, prescrever condutas, ditar a verdade, tendo-lhe sido delegada a autoridade para intervir na instituição escolar por meio de uma extensa pauta de ações:

> [...] o papel do médico nas escolas pode ser comparado ao de um agente catalítico numa reação química ou melhor para identificá-lo com o processo da própria vida, ao de uma fermentação diastásica na qual a quantidade infinitamente pequena de fermento pode produzir resulta-

dos infinitamente grandes. Compreende-se, assim, por que, enquanto para um grupo de 40 escolares é preciso um professor, bastem 2 ou 3 médicos para uma população escolar de 15 mil (MACEDO, jul./1993: 226).

Esse conjunto de referências do discurso médico sobre a escola como *locus* educativo, ou melhor, sobre a atuação médico-escolar, pode parecer genérica e efêmera. Entretanto, permite vislumbrar seus modos de realização, que foram se constituindo e tornando intensa e extensa a presença dos saberes médicos no cotidiano escolar. Essa presença, por vezes conflitiva, por vezes colaborativa, instaura também um processo de produção de saberes e poderes, consolidando o discurso médico sobre a Educação. Assentados na inspeção médico-escolar, nos exames clínicos e psicológicos dos estudantes, no ensino da higiene e de preceitos de urbanidade, ou mais especialmente na educação sanitária, os médicos puderam formular um discurso com tal força de verdade que persiste e sustenta práticas pedagógicas ainda hoje reconhecidas como legítimas e eficazes, sob o enunciado de "fazer saúde pela educação".

REFERÊNCIAS

BARRÁN, José Pedro. El disciplinamiento (1860-1920) – Tomo II: *Historia de la sensibilidad en el Uruguay*. Montevidéu: Banda Oriental, 1994.

_____. Medicina y sociedad en el Uruguay de novecientos – Tomo 3: *La invención del cuerpo*. Montevidéu: Banda Oriental, 1995.

CARVALHO, Marta M. Chagas de. Quando a história da educação é a história da disciplina e da higienização das pessoas. In: FREITAS, Marcos Cezar de (org.). *História social da infância no Brasil*. São Paulo/Bragança Paulista: Cortez/USF, 1997, p. 269-288.

CHARTIER, Roger. Textos, impressão, leituras. In: HUNT, Lynn (org.). *A nova história cultural*. São Paulo: Martins Fontes, 1992, p. 211-238.

CLARK, Oscar. "Higiene escolar". *A Folha Médica*, vol. 11, n. 3, 25/01/1930, p. 61-69. Rio de Janeiro [Chefe do Serviço Médico Escolar da Prefeitura do Rio de Janeiro – Relatório apresentado ao diretor geral da Instrução Pública Municipal].

_____. "Higiene escolar em 1930". *A Folha Médica*, vol. 12, n. 23, 15/08/1931, p. 268-269. Rio de Janeiro.

_____. "Higiene escolar e medicina preventiva". *A Folha Médica*, vol. 12, n. 34, 05/12/1931, p. 397-400. Rio de Janeiro.

_____. "Higiene escolar e medicina preventiva". *A Folha Médica*, vol. 12, n. 36, 25/12/1931, p. 423-430. Rio de Janeiro.

COSTA, Nilson do Rosário. *Lutas urbanas e controle sanitário* – Origens das políticas de saúde no Brasil. Petrópolis: Vozes/Abrasco, 1986.

ENGEL, Magali Gouvêa. *Meretrizes e doutores* – Saber médico e prostituição no Rio de Janeiro (1840-1890). São Paulo: Brasiliense, 1989.

_____. "O médico, a prostituta e os significados do corpo doente". In: VAINFAS, Ronaldo (org.). *História e sexualidade no Brasil*. Rio de Janeiro: Graal, 1986, p. 169-190.

ESPÍRITO, Poli Marcelino. *Contribuição para a higiene escolar no Estado do Rio Grande do Sul*. Porto Alegre: Globo, 1934, 132 p. [Tese apresentada à Faculdade de Medicina de Porto Alegre em 01/03/1934].

_____. "Assistência médica aos escolares". *Panteão Médico Rio-Grandense* – Síntese cultural e histórica, progresso e evolução da medicina no Rio Grande do Sul. Porto Alegre: Ramos/Franco, 1943, p. 204-206.

FISCHER, Rosa M. Bueno. "Mídia e produção de subjetividade na cultura contemporânea". *Educação, subjetividade & poder*, vol. 3, n. 3, jan.-jun./1996a, p. 48-58. Porto Alegre/Ijuí: UFRGS/Unijuí.

_____. *Adolescência em discurso*: mídia e produção de subjetividade. Porto Alegre: UFRGS, 1996b [Tese de doutorado].

FOUCAULT, Michel. *História da sexualidade II*: O uso dos prazeres. 6. ed. Rio de Janeiro: Graal, 1990a.

_____. *Microfísica do poder*. 11. ed. Rio de Janeiro: Graal, 1993b.

_____. *Tecnologias del yo y otros textos afines*. Barcelona: Siglo Veintiuno, 1990b.

_____. *História da sexualidade I*: A vontade de saber. 11. ed. Rio de Janeiro: Graal, 1993a.

_____. *Vigiar e punir*: nascimento da prisão. 10. ed. Petrópolis: Vozes, 1993b.

_____. *A arqueologia do saber*. 4. ed. Rio de Janeiro: Forense Universitária, 1995.

FOULQUIÉ, Paul. *Dicionário da Língua Pedagógica*. Lisboa: Livros Horizonte, 1971.

FREIRE COSTA, Jurandir. *Ordem médica e norma familiar*. Rio de Janeiro: Graal, 1983.

GONDRA, José Gonçalves. Conformando o discurso pedagógico: a contribuição da Medicina. In: FARIA FILHO, Luciano Mendes de (org.). *Educação, modernidade e civilização*: fontes e perspectivas de análise para a história da educação oitocentista. Belo Horizonte: Autêntica, 1998, p. 35-71.

HERSCHMANN, M. A arte do operatório – Medicina, naturalismo e positivismo: 1900-1937. In: HERSCHMANN, M. & PEREIRA, Carlos A.M. (org.). *A invenção do Brasil Moderno* – Medicina, educação e engenharia nos anos 20-30. Rio de Janeiro: Rocco, 1994.

HERSCHMANN, M. & PEREIRA, Carlos A.M. (org.). *A invenção do Brasil Moderno* – Medicina, educação e engenharia nos anos 20-30. Rio de Janeiro: Rocco, 1994.

HERSCHMANN, M. et al. *Missionários do progresso*: médicos, engenheiros e educadores no Rio de Janeiro (1870-1937). Rio de Janeiro: Diadorim, 1996.

LARBECK, Emilio Kemp. *A defesa da saúde pública no Rio Grande do Sul*. Porto Alegre: Ildefonso Robles, 1916, 50 p. [Tese apresentada à Congregação da Escola Médico-Cirúrgica de Porto Alegre em 09/12/1916].

_____. *Contribuição para a higiene escolar no Estado do Rio Grande do Sul*. Porto Alegre: Globo, 1934 [Tese apresentada à Faculdade de Medicina de Porto Alegre em 01/03/1934].

LARROSA, Jorge. Tecnologias do eu e educação. In: SILVA, T.T. (org.). *O sujeito da educação*: estudos foucaultianos. Petrópolis: Vozes, 1994, p. 35-86.

LENTINO, José. *Algumas considerações em torno do problema da sífilis em São Paulo*. São Paulo: Mercurio, 1930 [Tese de doutoramento apresentada em 19/12/1930 à Faculdade de Medicina de São Paulo].

LIMA, Nísia T. e HOCHMAN, Gilberto. Condenado pela raça, absolvido pela medicina – O Brasil descoberto pelo movimento sanitarista da Primeira República. In: MAIO, M.C. e SANTOS, R.V. (orgs.). *Raça, ciência e sociedade*. Rio de Janeiro: Fiocruz/CCBB, 1996, p. 23-40.

LUPI, Borba. "Assistência e preservação da infância contra a tuberculose na idade escolar". *Arquivos Rio-Grandenses de Medicina*, vol. 18, n. 4, abr./1939, p. 163-174. Porto Alegre.

MACEDO, José Pereira. "A verminose no meio escolar". *Revista Médica do Paraná*, vol. 1, n. 2, jan. /1932, p. 107-109. Curitiba.

_____. "O Curso de Educação Sanitária da Inspeção Médica Escolar do Paraná". *Revista Médica do Paraná*, vol. 1, n. 3, fev./1932, p. 123-125. Curitiba.

_____. "Cantinas escolares". *Revista Médica do Paraná*, vol. 1, n. 6, mai./1932, p. 231-236. Curitiba.

_____. "O médico nas escolas". *Revista Médica do Paraná*, vol. 2, n. 7, jul./1933, p. 213-226. Curitiba [Tese apresentada no 2º Congresso Médico Sindicalista realizado em Porto Alegre].

MACHADO, Roberto et al. *Da(nação) da norma* – Medicina social e constituição da psiquiatria no Brasil. Rio de Janeiro: Graal, 1978.

MARQUES, Vera R. Beltrão. *A medicalização da raça*: médicos, educadores e discurso eugênico. Campinas: Unicamp, 1994.

RAGO, Luzia Margareth. *Do cabaré ao lar*: a utopia da cidade disciplinar – Brasil 1890-1930. Rio de Janeiro: Paz e Terra, 1985.

_____. "Políticas da (in)diferença: individualismo e esfera pública na sociedade contemporânea". *Anuário do Laboratório de Subjetividade e Política* – Movimentos Sociais/Linhas de Fuga, ano II, vol. II, 1993, p. 11-19. Rio de Janeio: UFF.

ROCHA, Heloísa P. *Pedagogia da boa higiene*: uma leitura do discurso médico-pedagógico nos anos 20. Caxambu, 1996 [mimeo. – Trabalho apresentado na 19ª Reunião Anual da ANPEd].

RODRIGUES, Hermes. *Da assistência sanitária à criança durante o período escolar*. Porto Alegre: Globo, 1940, 61 p. [Tese para concurso à docência livre de higiene apresentada na Faculdade de Medicina da Universidade de Porto Alegre].

SANTOS, José V. Tavares. "Michel Foucault: um pensador das redes de poderes e das lutas sociais". *Educação, Subjetividade & Poder*, vol. 3, n. 3, jan.-jun./1996, p. 7-16. Porto Alegre/Ijuí: UFRGS/Unijuí.

SOARES, Luiz Carlos. Da necessidade do bordel higienizado – Tentativas de controle da prostituição carioca no século XIX. In: VAINFAS, Ronaldo (org.). *História e sexualidade no Brasil*. Rio de Janeiro: Graal, 1996, p. 143-168.

STEPHANOU, Maria. "Práticas educativas da medicina social: os médicos se fazem educadores". *História da Educação/Asphe*, vol. 1, n. 2, set./1997b, p. 145-168. Pelotas: UFPel.

_____. Governar ensinando a governar-se: discurso médico e educação. In: FARIA FILHO, Luciano Mendes de (org.). *Pesquisa em história da educação*: perspectivas de análise, objetos e fontes. Belo Horizonte: HG, 1999, p. 153-168.

_____. *Tratar e educar*: discursos médicos e educação nas primeiras décadas do século XX. Porto Alegre: UFRGS, dez./1999 [Tese de doutorado].

TOTTA, Mário. "Abertura dos cursos: preleção proferida". *Revista dos Cursos*, vol. 21, n. 21, 1935, p. 39-42. Porto Alegre: Faculdade de Medicina.

_____. "Um ponto de higiene escolar". *Revista do Ensino*, vol. 2, n. 7, mar./1940, p. 271-272. Porto Alegre.

VIGARELLO, Georges. *O limpo e o sujo* – A higiene do corpo desde a Idade Média. Lisboa: Fragmentos, 1988.

VILHENA, Cynthia P. de Sousa. "Práticas eugênicas, medicina social e família no Brasil republicano". *Revista da Faculdade de Educação*, vol. 19, n. 1, jan.-jun./1993, p. 79-96. São Paulo: USP.

YGARTUA, Florencio. "O médico nas escolas". *Revista dos Cursos*, vol. XIX, n. 19, 1933, p. 212-229. Porto Alegre: Faculdade de Medicina [Tese apresentada em 01/07/1933, como relator oficial, do 2º Congresso Médico Brasileiro Sindicalista].

_____. "A inspeção médico-escolar". *Correio do Povo*, ano XXXIX, n. 154, 04/07/1933, p. 3. Porto Alegre.

_____. "O médico nas escolas". *Correio do Povo*, ano XXXIX, n. 197, 24/08/1933, p. 5. Porto Alegre.

_____. "O médico nas escolas". *Correio do Povo*, ano XXXIX, n. 203, 31/08/1933, p. 5. Porto Alegre.

LEITURAS COMPLEMENTARES

MARQUES, Vera R. Beltrão. *A medicalização da raça*: médicos, educadores e discurso eugênico. Campinas: Unicamp, 1994.

ROCHA, Heloísa H. Pimenta. *A higienização dos costumes* – Educação escolar e saúde no projeto do Instituto de Hygiene de São Paulo (1918-1925). Campinas/São Paulo: Mercado de Letras/Fapesp, 2003.

STEPHANOU, Maria. Currículo escolar e educação da saúde: um pouco de história do presente. In: MEYER, Dagmar Estermann (org.). *Saúde e sexualidade na escola*. Porto Alegre: Mediação, 1998. p. 19-36 [Cadernos de Educação Básica, 4].

_____. Qualis pater, talis filius? – Educação, cognição e saberes médicos nas primeiras décadas do século XX. In: VASCONCELLOS, Maria Lucia M.C. (org.). *Educação e história da cultura*: fronteiras. São Paulo: Mackenzie, 2002, p. 101-122.

12
EDUCAÇÃO BRASILEIRA: DILEMAS REPUBLICANOS NAS ENTRELINHAS DE SEUS MANIFESTOS

Marcos Cezar de Freitas

A ESCOLA COMO PLATAFORMA POLÍTICA DOS REPUBLICANOS

A história da educação republicana no Brasil não pode ser considerada uma história só, cujo enredo vai se desenrolando à medida que ações republicanas de homens republicanos produzem seus efeitos.

A passagem para o regime republicano, quase ao final do século XIX, foi um fator decisivo para que um modelo de escolarização se estabelecesse. Esse modelo que estabilizou entre nós a escola seriada, o grupo escolar, o ginásio de Estado, o jardim de infância, uma nova escola normal, etc., também estabilizou normas, procedimentos, usos de materiais específicos, orientações aos professores, regras de higiene, enfim, um conjunto de realizações que facilmente podem ser utilizados como exemplos da chegada de um novo tempo, um novo ciclo histórico, um novo ponto de partida para a história do país.

São inúmeros os registros de falas republicanas que demonstram que, ao lado do novo formato para a escola, a cultura política republicana também trazia como conteúdo implícito de muitas falas uma tendência a "apagar os rastros" que pudessem conduzir à descoberta de outras realizações educacionais no passado.

Apresentar-se como responsável pela "inauguração de um novo tempo" tornou-se um marco característico da fala de vários republicanos, ainda que saibamos que nunca houve um grupo só, e que de pessoa para pessoa o entendimento a respeito da finalidade das instituições republicanas variasse muito.

Se o momento de estabilização de uma forma para a escolarização pode ser identificado com os primeiros anos da República, as décadas seguintes assistiram a várias disputas entre grupos que buscavam influenciar a definição das "formas dentro da forma", o que significa disputar o formato de currículos, orientações pedagógicas, produção de materiais e tudo o que pudesse dar normas ao trabalho escolar.

A década de 1920 foi palco de inúmeras reformas estaduais lideradas por jovens como Sampaio Dória, Manoel B. Lourenço Filho, Antonio Carneiro Leão, Anísio Teixeira, Francisco Campos, Mario Casassanta, Fernando de Azevedo, entre outros, os quais, mesmo com identidades políticas e inclinações teóricas diferentes, em muitas ocasiões foram identificados como se fossem homogeneamente defensores dos princípios da "escola nova", como se o adjetivo "escolanovista" fosse suficiente para indicar as características da ação educacional de todos.

Podemos considerar verdadeiro o fato de que muitas das reformas e muitas das falas e escritos daqueles reformadores mencionavam a "escola nova" como inspiradora de suas ações, mas é necessário lembrar que com o passar do tempo cada vez mais falar da escola significava indiretamente "falar da nação". Isso quer dizer que olhar para o "escolanovismo" daqueles reformadores corresponde a olhar para o tema escola sendo apropriado em duas frentes de batalha ideológica: 1) a apropriação que se dava num campo de luta centrado na renovação das questões metodológicas e pedagógicas com a qual se defendia uma nova escola para que a república pudesse "civilizar" seus filhos em novas instituições; 2) a apropriação que se dava num campo de luta centrado na disputa sobre qual república deveria ser consolidada, o que exigiria da escola uma adaptação para atender às demandas da construção dos modelos que cada um defendia. Alguns intelectuais de grande expressão diziam frases como: "não é essa a república dos meus sonhos".

Para muitos, e especialmente para vários intelectuais envolvidos com as reformas educacionais, a Revolução de 1930 adquiriu um significado especial, pois ela sinalizava um momento no qual a ação do Estado organizaria finalmente o que até então não havia sido organizado.

A Revolução de 1930 ampliou o uso das palavras "renovação" e "reconstrução nacional". Alguns intelectuais como Fernando de Azevedo ou Alceu Amoroso Lima demonstravam perceber que a luta para que o Estado realizasse um modelo de escola não era uma luta menor. Era também uma "guerra invisível" para determinar qual segmento daria a direção na reconstrução republicana que a chamada "era Vargas" prometia.

As disputas entre educadores já estavam em curso pelo menos desde 1924 quando foi fundada a Associação Brasileira de Educação, a ABE. Nesse cenário, a disputa entre intelectuais católicos militantes e intelectuais não católicos, genericamente definidos como liberais, era mais visível. O jogo de reconstruções disputado nos confrontos por espaço no "coração do Estado" revelava que o refazer da República interessava a educadores (com suas diferenças entre grupos), à Igreja Católica (com suas diferenças entre grupos), ao exército (com menores diferenças entre seus grupos internos), ou seja, interessava a diferentes frentes políticas, ao mesmo tempo.

Essas considerações são necessárias para que se compreenda que, na década de 1930, expressar ideias republicanas, ligadas ou não à escola, significava sempre estar rebatendo um outro grupo. Por isso, convido o leitor a "visitar" dois documentos de grande repercussão na história da educação do Brasil republicano. São eles o "Manifesto dos Pioneiros da Educação Nova – A reconstrução educacional no Brasil: ao povo e ao governo", publicado em 1932, e o "Manifesto dos Educadores: mais uma vez convocados", publicado em 1959.

Não vamos aqui destrinchar documentos mostrando-os parte a parte. Vamos tomá-los como expressões das (in)definições republicanas a respeito de como expressar um "verdadeiro republicanismo" diante de um Estado tão aberto ao trâmite de influências eclesiais e militares. Vamos pensar os documentos como produtos de alguns intelectuais e não como produtores de um grupo: o dos pioneiros.

São raras as reconstituições históricas relacionadas à educação brasileira que, de passagem pelos anos 1930 do século XX, não se sentem obrigadas a descrever o momento de divulgação do *Manifesto dos pioneiros*, ocorrido em 1932, como um fato investido de importância estratégica porque, entre outras razões, tratar-se-ia de um momento "divisor de águas", "definidor do campo da educação no âmbito das políticas públicas" e indicador do lugar de ação de uma "nova inteligência educacional".

A "revolução de 1930", de fato, tem consequências de profundo impacto no processo de consolidação do Estado como interlocutor principal da sociedade para o encaminhamento das questões relacionadas à educação escolar. Se um manifesto conseguiu instalar-se na memória intelectual da educação brasileira como marco, como peça síntese ou como divisor de águas, isso foi resultado dos movimentos, públicos e de bastidores, através dos quais a formatação republicana do Estado que se construía estava sendo constantemente colocada em disputa.

Em 1932, Fernando de Azevedo já havia realizado importante reforma educacional no Rio de Janeiro. Em São Paulo, seu verdadeiro espaço político, movia-se na esfera de influências do jornal *O Estado de S. Paulo*, e participava dos movimentos de bastidores que dariam origem à Universidade de São Paulo, em 1934, dentro da qual atuou como expressiva liderança na definição do "modo de ser" da instituição. Isso quer dizer que o redator do Manifesto de 1932 não era um personagem qualquer. Era um homem que representava um tipo de republicanismo ilustrado, muitas vezes preocupado com a definição do lugar de São Paulo na definição dos rumos da nação.

São Paulo, por intermédio de seus intelectuais e políticos, várias vezes apresentou-se como se fosse "a nação".

UM MANIFESTO "PÚBLICO" MOSTRA CLARAMENTE TODOS OS SEUS CONTEÚDOS?

No século XX, a divulgação de manifestos tornou-se estratégia de intervenção política em vários lugares da América Latina. Aliás, a arte de produzir um manifesto tornou-se um componente estético das convocações políticas. As falas dos autores sugerem a demarcação de uma fronteira ideológica e, de certa forma, provoca todos os leitores: quem está dentro? quem está fora?

Com vistas a oferecer para toda a sociedade à qual o(s) manifestante(s) se dirige(m) um parâmetro capaz de organizar as adesões de quem quer "estar dentro" do grupo que sustenta os princípios do documento publicado, o manifesto costuma reunir referências a intelectuais de prestígio para mostrar que as ideias ali defendidas fazem parte de uma "tradição argumentativa exemplar". Por isso, um manifesto tende a afirmar que representa um grande projeto, uma grande unidade de propósitos ao redor de interesses gerais. A negação do interesse particular é outro fundamento político da maioria dos manifestos.

É interessante também que o manifesto às vezes proclama o futuro após ler o passado, e não poucas vezes apresenta esse passado com desprezo. José Carlos Mariátegui, por exemplo, após defender uma nova estética, uma nova escola, um novo lugar para a cultura nacional peruana definia também a importância da síntese que só o manifestante público poderia fazer. Dizia:

> [...] A nação vive muito mais nos precursores do seu futuro do que nos remanescentes do seu passado (MARIÁTEGUI, 1925, apud SCHWARTZ, 1995: 474).

O Manifesto é portador de um "marco zero". Atesta simultaneamente o que do passado deve ser deixado para trás e o que do futuro se anuncia nos seus conteúdos. O "novo" só é efetivamente novo se os princípios forem aceitos e suas reivindicações atendidas. Por isso, manifestos têm signatários que são exibidos como "garantia" de sua força e seus autores procuram a imprensa para que aconteçam, antes de tudo, como notícia: eis que o novo vem para enfrentar o envelhecido.

COMO SURGIU O MANIFESTO DOS PIONEIROS?

O *Manifesto dos pioneiros da educação nova*, dirigido ao "povo e ao governo", foi anunciado por Nóbrega da Cunha, na IV Conferência Nacional de Educação, realizada no Rio de Janeiro, em dezembro de 1931, por iniciativa da Associação Brasileira de Educação. O autor anunciava o documento, indicava seu autor, Fernando de Azevedo, e destilava uma série de desconfianças com as quais justificava a necessidade de publicar o documento. Nóbrega da Cunha desconfiava do primeiro Ministro da Educação instituído pela revolução, Francisco Campos, quando este pedia àquela assembleia "grandes linhas" para a educação nacional e desconfiava também de Getúlio Vargas quando pedia ao mesmo fórum as "diretrizes para a educação brasileira". Parecia inverossímil aquela disponibilidade por parte de um governo que já escolhera ministro e ministério e que pedia pistas quando já demonstrava estar pavimentando seu caminho na esfera educacional.

Mas há também outra questão relacionada aos católicos militantes que por lá passaram. O manifestante se inquietava com as palavras de Fernando Magalhães da ABE que, no seu entender, estava interessado em vincular a política educacional ao ensino religioso.

O documento foi anunciado nos seguintes termos:

> [...] Quero concluir o meu segundo e último discurso declarando que o Sr. Fernando de Azevedo, ainda em São Paulo, acaba de ser informado da nossa resolução, tendo assumido o compromisso de consubstanciar num manifesto todos os nossos ideais e fixar, dessa maneira, o sentido fundamental da política brasileira de educação. Esse

documento, que poderá servir de base para o Governo [...] terá ampla divulgação possivelmente dentro do prazo máximo de dois meses (CUNHA [1932] 2003: 59).

O *Manifesto* e seus manifestantes anunciavam a "divisão de águas". Contudo traziam para dentro da militância republicana que queriam expressar as palavras e os exemplos de outros segmentos políticos, de outras opiniões que, desde o início do século, eram identificadas com o lema "aperfeiçoar a República".

Por ocasião da publicação do *Manifesto*, em 1932, o debate a respeito do caráter incompleto da República proclamada, então, somente há quarenta e três anos, estava definitivamente enraizado na sociedade brasileira. Não havia ator político que não buscasse indicar o quanto nossa República fora "mal feita", estando àquela altura incompleta porque as instituições não funcionavam como deviam funcionar.

Nesse sentido, a educação como responsabilidade do Estado que se reorganizava era um tema que tocava a questão da identidade nacional porque dizia respeito também à reorganização dos argumentos que representavam a tutela sobre a infância, a juventude e os analfabetos em geral.

No seio das falas republicanas relacionadas à educação o Brasil tinha lá suas peculiaridades. Primeiramente "não foram os liberais e sim os positivistas que erigiram a educação pública em prioridade nacional" (MORAES, 1997: 83). Desde então, ou seja, desde a abertura do século XX, o problema sintetizado na fórmula "uma nova escola para fazer uma nova República" ou "uma nova República para fazer uma nova escola" ganhou cada vez mais força. A Associação Brasileira de Educação, já mencionada, é um exemplo disso, como também são exemplos as reformas educacionais e as trajetórias profissionais daqueles que, em 1932, assinavam o *Manifesto*. Só que é necessário lembrar que esses exemplos não correspondem a uma linha reta em defesa da escola republicana. O tempo todo variou muito de pessoa para pessoa e de lugar para lugar o que se entendia por República.

O *Manifesto* surgiu quando um grupo quis explicitamente se diferenciar de alguns grupos católicos e defender que o Estado que estava em construção se responsabilizasse pela escola pública, atendendo a um direito básico de cada um, o que no documento era comparado a um "direito biológico".

Há aqui um problema que não pode deixar de ser analisado. Com quais argumentos a escola pública republicana era chamada para atender àquele "direito biológico"?

ESCOLHER AS FALAS: QUE ARTE É ESSA?

No *Manifesto* aparecem com destaque autores que defendiam o aperfeiçoamento do "organicismo social". Entre eles chama a atenção a presença de Alberto Torres e Oliveira Vianna. Quais seriam as consequências da acolhida dessas escolas doutrinárias na estrutura do documento?

No caso do *Manifesto dos pioneiros* a aglutinação ao redor da defesa da escola pública não se fez acompanhar de um pronunciamento dos educadores a respeito de qual modalidade de República considerava-se adequada para fazer funcionar uma dinâmica abrangente de escolarização para toda a sociedade. Ou seja, por República entendia-se uma escolha transistórica, que todos deveriam saber o que é e para que serve.

Analisar a formação dos projetos republicanos é um exercício bastante complexo. O investigador que se ocupar, por exemplo, com a comparação entre os históricos de republicanização das sociedades brasileira e portuguesa, perceberá, em determinado momento, que as autoridades religiosas portuguesas consideraram que a experiência constitucional brasileira elaborou instrumentos de conciliação entre as esferas laica e religiosa, pública e privada, os quais deveriam ser reproduzidos em Portugal (cf. NETO, 1988: 277). Era como se fôssemos um exemplo de República onde todas as conciliações são possíveis.

Mas tudo é possível aqui?

As fundações dos pensamentos sociais no Brasil, especialmente entre o final do século XIX e os cinquenta primeiros anos do século XX, ergueram-se com os andaimes dos debates relacionados à definição de diversas responsabilidades sociais. Ganharam, entre essas, um recorte acentuadamente republicano as responsabilidades institucionais direcionadas ao cuidado com alguns segmentos especiais, dentre os quais, notadamente, a infância, os pobres e os trabalhadores.

Em relação a tais demandas a República trazia consigo uma série de afazeres próprios como codificar, legalizar e institucionalizar. Tais tarefas pouco contribuíram para a renovação dos mecanismos de mobilidade social de modo que, mesmo com a defesa constante de políticas públicas voltadas para o aperfeiçoamento da sociedade, toda ação estatal parecia sempre estar incompleta. Aliás, a República mal começara e já fora acusada de estar inconclusa. Nesse sentido, a situação da escola pública frequentemente era apontada como um "sintoma" da fragilidade do Estado, ou seja, da esfera governamental que não conseguia ser realmente republicana.

O *Manifesto* de 1932 é um documento de interpelação e exigência pública para que Estado e governo assumissem uma nova responsabilidade sobre a nação. Isso demandava que o Estado reconfigurado em 1930 fosse capaz de criar e manter as instituições vitais para que a República fosse, efetivamente, *coisa pública*, e a mais vital dentre todas era a escola.

Habilmente, o *Manifesto* apresenta uma conclamação ao povo e ao governo para que iniciassem uma obra que já deveria estar em andamento. Constatada a insuficiência de realizações no período até então percorrido, o documento imprime a si um tom de "aula inaugural", ainda que estivesse amparado em testemunhos pronunciados anteriormente à sua publicação.

Quais pronunciamentos?

Vistos de perto, os manifestos impressionam pelo ecletismo que abrigam em suas páginas. Os manifestos e inquéritos tecidos por muitas mãos, nas décadas de 1920 e 1930, tornaram-se oportunos para a utilização estratégica de certos episódios ocorridos no passado. Mas a junção eclética de autores e tendências, no corpo argumentativo de um mesmo documento, não poderia significar um comprometimento das possibilidades de concretização das propostas expressas nos conteúdos ali panfletados?

No caso do *Manifesto dos pioneiros* a resposta é sim! Ou seja, o autor Fernando de Azevedo trouxe para o coração dos seus argumentos opções analíticas que afirmavam princípios que o autor queria evitar. Vamos a eles.

A referência ao "direito biológico" à educação, marca forte do documento, é um argumento que posiciona o *Manifesto* de 1932 em relação às práticas de organização dos serviços escolares. O documento denuncia que tais serviços estão submetidos a um "empirismo grosseiro".

Chegamos ao primeiro paradoxo. Na argumentação exposta a sociedade retratada exibia um quadro crônico de problemas relacionados ao não atendimento das necessidades escolares. O exemplo básico de Fernando de Azevedo era que, no Brasil, havia um desequilíbrio entre biologia e sociedade. O interessante é que para falar desse desequilíbrio o autor foi buscar um pensamento republicano divergente e não convergente em relação à argumentação dos chamados pioneiros.

Mostremos a divergência: a escola existente até então, quando conseguia receber uma criança ou um jovem, na maioria das vezes terminava por colaborar com a quebra da harmonia entre pessoa e ambiente e promover uma situação social na qual a escolarização conduzia ao "parasitismo" nas cidades. Alberto Torres, mencionado três vezes no *Manifesto*, é a origem conceitual dessa percepção relativa à ligação entre acesso à escola e parasitismo urbano.

Em suas próprias palavras:

> O desequilíbrio das sociedades modernas resulta, principalmente, da deslocação constante das populações das zonas rurais para as indústrias, do esforço produtivo para as manufaturas e para o comércio. O Brasil tem por destino evidente ser um país agrícola: toda a ação que tenda a desviá-lo desse destino é um crime contra sua natureza e contra os interesses humanos.
>
> No estado de desequilíbrio entre a distribuição das populações e o aproveitamento das terras, que caracteriza uma das faces mais graves do problema mundial, o destino do Brasil não pode ser o de oferecer novas regiões a explorar e novas riquezas às ambições imediatas dos povos superpovoados ou excessivamente ricos, mas o de ir realizando, à medida que o estudo dos problemas da sua natureza permitir, com a instalação quase patriarcal a princípio, dos colonos, e com o estabelecimento agrícola de caráter mais industrial, depois, a solução do problema fundamental da sociedade contemporânea que consiste em fazer regressar o homem ao trabalho da produção – as indústrias da terra (TORRES, 1938: 214)[1].

Para reverter a situação que denunciava, Alberto Torres vinculava o programa escolar republicano à necessidade de reorganizar o Estado para que, em decorrência, o país pudesse ser reconhecido internacionalmente como uma república "rural".

É de se estranhar que um pensamento social de feitio ruralista fosse evocado com o objetivo de conferir autoridade intelectual a um argumento que, na estrutura do *Manifesto* de 1932, queria expressar justamente o contrário, ou seja, representar um pensamento social de corte urbano e industrial. Isso mostra a força de argumentos higienistas que, já desde os tempos da ABE, exigiam a fixação das populações pobres na zona rural. Isso pode ser identificado como uma das principais características daquilo que acima foi chamado de "organicismo".

Deveriam existir reservas à medida que se identificasse o espectro teórico para o qual Alberto Torres quis dedicar sua lógica analítica: o ruralismo.

---

[1] Embora os textos citados sejam os da edição de 1938, convém apontar que já estavam em circulação desde 1910.

O pensamento social proveniente dessa tendência foi assim descrito por Nícia Vilela Luz:

> [...] o protesto contra a predominância do elemento urbano na política republicana traduzir-se-á, na segunda década do século XX, num movimento mais radical de franca oposição à industrialização e à urbanização do país. A reação ruralista tinha, evidentemente, suas raízes nas tendências fisiocratas [...] do pensamento econômico brasileiro. A predominância das atividades rurais, no Brasil, não deixou de favorecer a eclosão de uma mentalidade que encontrava nas doutrinas fisiocratas uma economia de base essencialmente agrícola. Não se limitavam, porém, aos princípios econômicos, os ideais desse grupo ruralista. Transcendendo a ordem econômica, penetravam nos domínios da moral, preconizando uma filosofia antiindustrialista, antiurbana, ressaltando a superioridade da vida no campo (LUZ, 1978: 91-92).

O pensamento e a obra de Alberto Torres não devem ser reduzidos à condição de panfleto das militâncias ruralistas as quais, entre outras, alimentaram fascismos de corte integralista. Contudo, deve-se observar que o pensamento social que ele ajudou a criar, chamado como "reforço estratégico" três vezes no mesmo documento, é a própria raiz intelectual do contexto social que o *Manifesto* buscava superar. A escola, no entender de Torres, deveria articular-se em razão do que um povo é, não em razão daquilo que ele poderia ser. Especificamente no Brasil, seu ponto de partida era a crença de que a ideia de *indivíduo* era incompatível com o país:

> A obra educadora do nosso tempo terá de fazer nestas inteligências um trabalho de sapa, que não é ousado equiparar ao da civilização dos selvagens (TORRES, 1938a: 144).

Civilizar "selvagens" impunha, no seu entender, uma plataforma governamental assim delineada:

> [...] demos terras a todos os homens válidos; instrução primária a todos os que podem ver e ouvir; instrução secundária e superior a todos os que são capazes, não dando a nenhum que não o seja (TORRES, 1938a: 173).

Na obra de Torres o mote da educação para o trabalho, associado à rejeição ao ensino enciclopédico, criava faixas de argumentação adaptáveis a qualquer manifesto disposto a chamar às falas, ao mesmo tempo, povo e governo, para que atentassem às obrigações educacionais de uma República digna desse nome (cf. TORRES, 1938a: 172-173; 1938b: 134).

Mas o Estado pretendido, bem como sua esfera governamental, são outros, consequentemente a ideia de esfera pública do autor é incompatível com as aspirações da maioria dos signatários do *Manifesto*.

Estrategicamente, a centralização das ações nos domínios do Estado em ambos os escritos, o dos Pioneiros e o de Alberto Torres, tem a mesma intenção de interditar as ações das elites locais e regionais. A incompatibilidade conceitual ocorre noutra faixa de explanação, a da definição das consequências decorrentes da centralização almejada.

Para Alberto Torres a centralização é um fim em si. Para a maior parte dos signatários do *Manifesto*, no movimento de descentralização, após a primeira etapa de definição das responsabilidades públicas, seriam disciplinadas as alçadas de interferência do governo central em relação aos governos estaduais e vice-versa.

Proclamada a necessidade de centralização, imediatamente se proclama o formato federativo desse modelo: o governo central é soberano e cada Estado é autônomo.

Entretanto, nossos "federalistas" escoravam-se em fontes que apostavam na própria inviabilidade do federalismo uma vez que, para ensaístas como Alberto Torres, o Estado deveria assumir uma formatação autoritária e centralizadora com vistas a garantir, acima de tudo, que um povo considerado tão desqualificado não fosse responsável pela desestabilização da ordem. Qual o sentido, então, da referência constante a um conjunto de ideias que, em essência, é o oposto do que se quer afirmar?

O ecletismo das fontes com as quais se "compartilhava" um acervo retórico suficientemente amplo para compor um manifesto com aquele feitio agregava ao projeto daqueles intelectuais dois complicadores. Primeiramente operava-se um reforço na posição das frentes políticas as quais deveriam ser suplantadas. Em segundo lugar não se pontuava claramente quais seriam os obstáculos que deveriam ser transpostos para que a chamada escola renovada pudesse se instalar soberanamente nos condomínios da esfera pública. Em outras palavras, não se delineava claramente o jogo de posições no qual o interesse privado se confundia com o interesse público. A disputa pela definição do significado de alguns conceitos estava só começando.

O *Manifesto* tocou na questão dos princípios da nacionalidade, mas não explicitou objetivamente a precariedade dos argumentos aos quais se opunha. A reação de Alceu Amoroso Lima ao conteúdo do documento evidenciou que a ambiguidade das fontes poderia voltar-se contra aqueles que as manipulavam. Disse Alceu:

> [...] Se as ideias contidas nesse infeliz Manifesto lograrem um dia execução neste pobre Brasil, indefeso ao assalto das ideologias mais mortíferas, se for justificada a "serena confiança na vitória definitiva

de nossos ideais de educação" que esses sectários ostentam, ter-se-á perpetrado entre nós o mais monstruoso dos crimes contra a nacionalidade (ATHAYDE, 1932: 320).

À medida que o tema "escola pública" é a razão de ser do *Manifesto A reconstrução educacional no Brasil*, é necessário acrescentar que a heterogeneidade das fontes com as quais se buscava suporte conceitual, de certa forma, inviabilizava uma discussão mais detida a respeito dos conceitos "natureza" e "função" dessa mesma escola pública, no corpo do documento. Acontecia com a escola pública o mesmo que acontecia com a república, apareciam no documento como princípios "transistóricos", cuja disseminação dependia simplesmente da reorganização estrutural do país através do Estado. Parecia ser suficiente pronunciar a palavra escola para que todos, em ato contínuo, manifestassem o mesmo entendimento. Faltava dizer claramente o que se definia por natureza e função da escola pública aqui, no Brasil.

POR QUE REESCREVER O DOCUMENTO E CONVOCAR MAIS UMA VEZ EDUCADORES?

Em 1959, sob a cura da mesma autoimagem de "grupo pioneiro", porém com uma ampliação significativa no número dos signatários, o *Manifesto* se reapresentava à sociedade, com o sugestivo título *Mais uma vez convocados*. O ecletismo da primeira versão foi, de certa forma, expurgado e a discussão aligeirada de certos temas foi retomada em pormenores, posto que a própria escola pública estava sob fogo cerrado. A escola pública, naquele momento, era objeto de significativos ataques por parte daqueles que defendiam um financiamento público às instituições particulares de ensino, especialmente as de corte confessional. Aproximava-se o contexto no qual emergiu a Campanha de Defesa da Escola Pública, na chegada da década de 1960.

A despeito de que o conjunto denominado "os pioneiros" nunca foi efetivamente um conjunto, visto que a semelhança em objetivos não impedia uma intensa diversidade nas interpretações que cada um assinava sobre o país e sua história, o pensamento social que permeava aquele grupo tão heterogêneo, na versão mais restrita de 1932 ou na versão mais ampliada de 1959, era um pensamento portador de uma unanimidade interpretativa: a esfera pública (a *res publica*) tinha no Estado seu lugar de administração. Isso quer dizer que o Estado, de certa forma, era constantemente representado como apogeu das superações históricas que a sociedade brasileira havia realizado e, ao mesmo tempo, como porta de entrada num universo capaz de recriar a sociedade brasileira pelo avesso, o que quer dizer, no sentido da predominância do interesse público sobre o privado. Contudo, esse Estado considerado vital para a reorganização da sociedade não era o mesmo Estado autoritário preconizado nos escritos de autores como Alberto Torres.

Qual o erro estratégico presente na utilização de tais fontes? Desde o momento da publicação do *Manifesto*, em 1932, até a promulgação da Lei de Diretrizes e Bases da Educação em 1961, a defesa da escola pública foi sistematicamente atacada com um argumento devedor da lógica interpretativa do próprio Torres chamado, no *Manifesto*, para defender uma ideia de escola pública que, em si, ele não admitia. O argumento de Torres consistia em afirmar que eram incompatíveis os modelos de institucionalização sugeridos na Revolução Francesa com as características mais arraigadas de um povo considerado essencialmente católico e incomodado com os excessos da cultura urbana. Em razão disso, já no campo das lutas relacionadas à disseminação da escola, as justificativas com as quais a educação privada/confessional tornou-se objeto de defesa afloraram sob o impulso da defesa da "liberdade de ensino" para "este" povo considerado "peculiar".

Talvez por isso, pensamentos como os de Alberto Torres tenham desaparecido na segunda versão. Expurgar tais opiniões significava retirar do *Manifesto* um tipo de pensamento social baseado na rejeição das experiências institucionais europeias e norte-americanas em nome da peculiaridade do povo brasileiro. Significava, então, reafirmar que a escola laica e universal poderia e deveria expandir-se nessas plagas também. Significava fazer da universalização da escola pública o movimento de concretização da República iniciada no século XIX.

A fidelidade aos princípios liberais republicanos manifestada em 1932 e reafirmada com todas as letras em 1959, convertia toda a heterogeneidade dos atores envolvidos com os manifestos, episodicamente diga-se logo, num único pensamento social devotado à defesa da escola pública.

Os manifestos, em geral, são sinalizadores das fronteiras dentro das quais os intelectuais reagem à desordem de um tempo, à qual chamam de crise, mediante o anúncio de um outro tempo, o da plena realização de seus princípios, portanto um tempo de superação da crise que anunciaram a contar da utilização do receituário que propuseram.

O *Manifesto A reconstrução educacional no Brasil* sinalizava o "tempo do Estado" que se anunciava. À sua maneira e com a sua complexa heterogeneidade ampliava para os domínios da educação escolar o sentimento de insatisfação em relação às quatro primeiras décadas de regime republicano experimentadas até então pelo país. A República restava incompleta.

Esse "tempo do Estado" projetado na memória com a Revolução de 1930 e com sua cria mais vistosa, a "era Vargas", à medida que deu guarida constante e intensa aos representantes das iniciativas educacionais não públicas, manteve em contínuo "movimento de recomposição" a disputa pela definição da natureza da escola pública brasileira. O *Manifesto*, portanto, não é um ícone de vitória da escola pública, mas um marco do quanto sua imagem reverberou nos alinhavos que teciam uma esfera pública frágil ao lado de uma burocracia estatal cada vez mais vigorosa.

O *Manifesto*, em sua primeira versão, sinaliza uma ruidosa movimentação política ao redor do tema "República incompleta". Já a segunda versão do *Manifesto*, ainda que separada apenas por vinte e sete anos de intervalo, se deparava com outro argumento se espalhando pela sociedade, cuja força só cresceria em intensidade até o final do século XX: trata-se da defesa da ideia de que a "República está esgotada".

Esse segundo argumento, desde a década de 1950, passou a ser representado por várias modalidades de pensamento social que se apresentaram para afirmar que o Estado não poderia conter em seus limites a "res pública".

O *Manifesto*, em sua primeira versão, fazia coro com uma argumentação convencida do caráter inconcluso da República e, ainda que com contradições, sinalizava que a disseminação da escola pública deveria ser considerada o dado ausente, a lacuna a ser preenchida. Em sua segunda versão a proclamação ainda mais veemente das obrigações governamentais relacionadas à escola conservava o mesmo lamento diante das mesmas lacunas ainda não preenchidas.

Os dois *Manifestos*, ainda que abrigassem uma retórica constitutiva de um grupo que não era grupo e de "técnicos" que se apropriavam da técnica para fazer política, em seus "subtextos" revelavam a vulnerabilidade com a qual o tema escola pública estava posicionado nas rubricas orçamentárias, nos parágrafos jurídicos normativos, nos púlpitos e palanques e nos "chamamentos à nação".

Essa vulnerabilidade fez com que o mote da "reconstrução" educacional, em relação ao passado, se convertesse em denúncia, e, em relação ao futuro, se convertesse em profecia. O estudioso da educação deve ler atentamente os dois documentos.

Ao comparecer a esta coletânea, quero saudar os manifestos como se fosse um signatário à distância, convencido (ainda) de que a República resta inconclusa. Como aqueles autores que se puseram à guarda do habilidoso Fernando de Azevedo, permaneço inconformado com o diagnóstico fácil, pobre e incongruente de que a República está esgotada e que, por isso, é chegada a hora e a vez da escola privada na "res privada".

Que venham outros manifestos com todas as suas incongruências e falas ocultas. Que possa sobrar material para a nossa reflexão e crítica, apoio ou rejeição, mas que não falte a fala republicana na arena dos nossos debates políticos que seguem cada vez mais menos republicanos.

GLOSSÁRIO

Direito biológico à educação – no momento em que o *Manifesto dos pioneiros da educação nova no Brasil* foi publicado, uma série de intelectuais ainda conservava em seus escritos e em suas propostas teses que desde o século XIX defendiam a necessidade de disciplinar a infância em termos de higiene (higienismo) e modificar a herança recebida dos tempos da escravidão provocando uma espécie de "branqueamento" da sociedade.

As ideias de aperfeiçoamento da sociedade pela higiene e pela crítica à mestiçagem no século XIX ganharam prestígio de ciência (eugenia) e ofereciam diagnósticos sobre como uma nação poderia superar seus desníveis, fossem os culturais, os econômicos e, principalmente, os raciais.

No caso do *Manifesto*, o "direito biológico" não pode ser considerado uma manifestação de racismo. A utilização da expressão revela que o autor do documento sensibilizava-se com o argumento de que todos tinham direito à educação, respeitando as aptidões intelectuais, físicas e psicológicas de cada um. E era justamente a tendência a "medir" a aptidão de cada um conforme suas características físicas que tinha feito da antropologia física (antropometria) da virada do século XX um acervo de argumentos "científicos" com os quais a mestiçagem era menosprezada e combatida. Vale lembrar o encantamento que tantos educadores demonstraram em relação à ideia de fazer classes "homogêneas".

A argumentação em defesa da homogeneidade como demonstração da relação entre biologia e cultura revela que o documento em questão foi elaborado num "ambiente cultural" construído bem antes da década de 1930. De certa forma, naqueles anos a mestiçagem começava a ser vista como "positiva", uma vez que poderia conduzir a um "padrão de brasileiro" cada vez mais próximo do padrão branco.

A presença de Alberto Torres como um dos autores de referência do documento indica um modelo de republicanismo que não se aproximava de pregações racistas, mas que se mantinha ativamente militando em prol de uma escola disciplinada, capaz de indicar a cada um o seu lugar na sociedade e voltada para a ascensão social dos que obtivessem sucesso escolar. Naquele contexto, essa era a escola ideal para as elites brancas do país.

REFERÊNCIAS

A reconstrução educacional no Brasil: ao povo e ao governo – Manifesto dos Pioneiros da Educação Nova. *CRPESP – Dossiê Anísio Teixeira* [Arquivo do Centro de Memória da Educação da Feusp].

CARDOSO, Vicente Licínio (org.). *À margem da história da república*. 2 vol. Brasília: UnB, 1981 [Biblioteca do Pensamento Político Republicano – 1. ed., 1924].

CARVALHO, Marta M. Chagas de. Educação e política nos anos 20 – A desilusão com a República e o entusiasmo pela Educação. In: LORENZO, Helena C. e Costa & PERES, Wilma Peres (orgs.). *A década de 1920 e as origens do Brasil moderno*. São Paulo: Unesp, 1997, p. 115-132.

_____. *Molde nacional e fôrma cívica*. Bragança Paulista: USF, 1998.

CUNHA, Carlos A. Nóbrega da. *A revolução e a educação*. São Paulo/Brasília: Autores Associados/Plano Editorial, 2003 [Edição original, 1932].

LIMA, Alceu Amoroso. "Chrônica de transcripções: absolutismo pedagógico". *A ordem*, ano I, 1932. p. 317-320. Rio de Janeiro: Centro Dom Vital.

LUZ, Nícia Vilela. *A luta pela industrialização no Brasil*. São Paulo: Alfa-Ômega, 1978.

"Manifesto dos educadores mais uma vez convocados". *O Estado de S. Paulo*, 01/07/1959. São Paulo: Oesp.

MARIÁTEGUI, José Carlos. Nacionalismo e vanguardismo na literatura e na arte. In: SCHWARTZ, Jorge (org.). *Vanguardas latino americanas*: polêmicas, manifestos e textos críticos. São Paulo: Iluminuras/Edusp/ Fapesp, 1995, p. 474.

MORAES, João Quartim de. O positivismo nos anos 20: entre a ordem e o progresso. In: LORENZO, Helena C. e Costa & PERES, Wilma (orgs.). *A década de 1920 e as origens do Brasil moderno*. São Paulo: Unesp, 1997, p. 73-92.

NETO, Vítor. *O Estado, a Igreja e a sociedade em Portugal (1832-1911)*. Lisboa: Casa da Moeda, 1988.

TORRES, Alberto. *As fontes da vida no Brasil*. Rio de Janeiro: Brasil, 1915.

_____. *A organização nacional*. São Paulo: Companhia Editora Nacional, 1938a.

_____. *O problema nacional brasileiro*. São Paulo: Companhia Editora Nacional, 1938b.

XAVIER, Libânia Nacif. *Para além do campo educacional* – Um estudo sobre o manifesto dos pioneiros da educação nova (1932). Bragança Paulista: USF, 2002 [Coleção Estudos CDAPH].

Leituras complementares

CARVALHO, Marta M. Chagas. *Molde nacional e fôrma cívica*. Bragança Paulista: USF, 1999.

FREITAS, Marcos Cezar de. *Da micro-história à história das ideias*. São Paulo: Cortez, 1999.

ROCHA, Marlos B. Mendes. *Matrizes da modernidade republicana*. Campinas: Autores Associados, 2004.

XAVIER, Libânia Nacif. *Para além do campo educacional* – Um estudo sobre o manifesto dos pioneiros. Bragança Paulista: USF, 2001.

XAVIER, Maria do Carmo (org.). *Manifesto dos pioneiros da educação*: um legado educacional em debate. Rio de Janeiro/Belo Horizonte: FGV/Fumec, 2004.

13
A EDUCAÇÃO INFANTIL NO SÉCULO XX

Moysés Kuhlmann Jr.

A história da educação brasileira tem uma dimensão importante que fica muitas vezes esquecida nas análises: trata-se da falta de acesso às instituições educacionais. Esse aspecto é ainda mais marcante no que se refere às instituições de educação infantil. Se, no século XIX, discutem-se as propostas de instituições de educação infantil, no século XX elas começam a ser implantadas. De lá até meados da décqumas de educação, atendendo crianças de 4 a 6 anos, e parte vinculada aos órgãos de saúde e de assistência, com um contato indireto com a área educacional. No final do século XX, a expansão das instituições se acelera geometricamente, para depois se estabilizar, e a legislação indica o vínculo de todas as instituições aos organismos educacionais.

De acordo com os direitos sociais da Constituição de 1988, prevê-se educação infantil gratuita para pais e mães trabalhadores com filhos de 0 a 6 anos de idade, medida ainda muito longe de ser aplicada de forma generalizada. A incorporação das creches aos sistemas educacionais não necessariamente tem proporcionado a superação da concepção educacional assistencialista. A falta de verbas para a educação infantil tem até estimulado novas divisões, por idades: apenas os pequenos, de 0 a 3 anos, frequentariam as creches; e os maiores, de 4 a 6, seriam usuários de pré-escolas. São várias as notícias de municípios cindindo centros de educação infantil por faixas de idade e limitando o atendimento em período integral.

A primeira creche de que se tem conhecimento no país, para os filhos dos operários da Fábrica de Tecidos Corcovado, no Rio de Janeiro, foi inaugurada no alvorecer do século XX, em 1899, mesmo ano da fundação do *Instituto de Proteção e Assistência à Infância do Rio de Janeiro* (Ipai-RJ), que depois terá filiais em todo o país.

13. A educação infantil no século XX

Em São Paulo, em 1901, a espírita Anália Franco cria a *Associação Feminina Beneficente e Instructiva*, que organiza escolas maternais e creches, agregadas a asilos para órfãos, atingindo em 1910, 18 escolas maternais e 17 creches-asilos em todo o estado.

Em 1908, o Ipai-RJ inaugura a creche *Sra. Alfredo Pinto*. No mesmo ano, no Rio de Janeiro, surge a *Creche Central* do Patronato de Menores, entidade criada pela iniciativa de juristas e senhoras da sociedade fluminense, cujo regulamento era *baseado na suavidade e carinho ao serviço das regras científicas*.

Em Belo Horizonte, no final de 1908, a Prefeitura inaugura a Escola Infantil Delfim Moreira, que é dividida em duas seções, em 1914, com a segunda unidade chamada Escola Infantil Bueno Brandão.

No Rio de Janeiro, o Decreto n. 52, de 1897, que regula o ensino municipal, previa que o ensino primário fosse dado em jardins de infância e escolas primárias, mas a criação de jardins de infância municipais ocorre apenas a partir de 1909. As instituições receberam nomes de personalidades: Jardim de Infância Campos Sales, depois, Marechal Hermes (1910) e Bárbara Otonni (1922).

A *proteção à infância* ganha um ímpeto em relação ao período da escravidão e da monarquia. São políticos, educadores, industriais, médicos, juristas, religiosos, que se articulam na criação de associações e na organização de instituições educacionais para a criança pequena. *Cuidemos da infância de nossa pátria*, intitula-se o discurso do presidente da Associação Municipal Protetora da Instrução da Infância Desvalida, Dr. Vieira Souto, que era chefe da maternidade da Santa Casa de Misericórdia do Rio de Janeiro, em 1917. *Cuidar da infância*, chama-se a conferência de Amadeu Arruda Penteado, na festa da filial do Ipai, em Ribeirão Preto, São Paulo, em 1920.

O Departamento da Criança no Brasil (DCB), fundado em 1919, pelo diretor do Ipai-RJ, Arthur Moncorvo Filho, assume os objetivos de registrar e estabelecer um serviço de informações sobre as instituições privadas ou oficiais dedicadas à proteção direta ou indireta à infância. No primeiro levantamento de instituições realizado pelo DCB, em 1921, para ser apresentado no Congresso Brasileiro de Proteção à Infância, realizado no Rio de Janeiro em 1922, registram-se apenas 15 creches e 15 jardins de infância. Os dados obtidos são parciais, mas no ano de 1924 o DCB consegue mais informações dos Ministérios do Interior e da Agricultura e de alguns governadores de Estados e arrola 47 creches e 42 jardins de infância.

Em julho de 1929, na cerimônia de inauguração da nova sede do Ipai-RJ, Moncorvo Filho lamenta, em seu discurso, que até então não houvesse uma política nacional para a infância:

> Quando por toda a parte se operava então uma verdadeira revolução social visando a preservação da infância sob os mais brilhantes e generosos pontos de vista, concitando-se as populações a cuidarem da semente humana, agindo no sentido de reduzir ao mínimo a morbidade e a letalidade infantis, graças a uma multiplicidade de recursos postos em prática com veementes vantagens, maximé pela criação de não pequeno número de obras filantrópicas as mais variadas: Dispensários modelares, Creches, Gotas de Leite, Ligas e Mutualidades, Hospitais especializados e tantos outros – diga-se a verdade –, o nosso país, numa displicência e desinteresse desoladores, mostrava-se completamente indiferente a todo esse movimento progressista e humanitário.

Entretanto, esse movimento, ao mesmo tempo em que faz a defesa da criança, carrega os limites da concepção da *assistência científica*, que vê com preconceito a pobreza e trata das instituições como dádiva e não como direito. A educação assistencialista promove uma *pedagogia da submissão*, que pretende preparar os pobres para aceitar a exploração social. O Estado não deve gerir diretamente as instituições, repassando recursos para as entidades.

Embora as creches e pré-escolas para os pobres tenham ficado alocadas à parte dos órgãos educacionais, as suas inter-relações se impuseram, pela própria natureza das instituições. No estado de São Paulo, desde dezembro de 1920, a legislação previa a instalação de Escolas Maternais, com a finalidade de prestar cuidados aos filhos de operários, preferencialmente junto às fábricas que oferecessem local e alimento para as crianças. As poucas empresas que se propunham a atender os filhos de suas trabalhadoras o faziam desde o berçário, ocupando-se também da instalação de creches. Em 1925, cria-se o cargo de inspetor para escolas maternais e creches, ocupado por Joanna Grassi Fagundes, que havia sido professora jardineira e depois diretora do Jardim de Infância Caetano de Campos.

Mesmo que, em geral, ao longo da história, as mulheres que atuassem diretamente com as crianças nas creches não tivessem qualificação profissional, é de se supor que muitas das que participavam ativamente da supervisão, da coordenação e da programação das instituições fossem professoras. Essa era a carreira escolar que se oferecia para a educação feminina, inclusive para as religiosas, responsáveis pelo trabalho em várias creches. Os novos conhecimentos sobre a educação das crianças pequenas, como a puericultura, passavam a constituir o currículo da escola normal, lugar de educação profissional, de formação das professoras, mas também lugar de educação feminina, de futuras mães.

No Congresso de 1922, Henrique Castriciano apresenta comunicação sobre o ensino da puericultura na Escola Doméstica de Natal, que era uma instituição dedicada à educação feminina e que mantinha uma creche anexa.

De acordo com o médico baiano, Alfredo Ferreira de Magalhães, diretor da filial do Ipai em Salvador, a *colaboração médico-pedagógica* era *uma necessidade inadiável e indispensável ao progredimento nacional*. Desde a reforma do ensino de 1895, em seu estado, ele foi professor da matéria de *higiene geral e infantil* no curso normal. Em 1910, inicia uma série de dez lições sobre a puericultura, para *acompanhar o movimento progressista que se desenhava no Velho Mundo*. Considerando-se o precursor da eugenia no Brasil, filiado à Sociedade Francesa de Eugenia desde 1913, para Magalhães, a escola formaria o *"bom animal"*, *como quer Herbert Spencer, para que ele seja depois um bom cidadão*.

Magalhães elogiava a instalação do laboratório de pedagogia e psicologia experimental pelo italiano Hugo Pizzoli, na Escola Normal em São Paulo, *o estado que sabe assimilar de pronto os progressos mundiais*, assim como se atribuía esse papel na Bahia. Em suas reflexões, se desloca do seu lugar de médico para assumir o de educador, como tantos outros o fizeram, e anuncia a ênfase que a pedagogia começa a dar à psicologia, à higiene e ao desenvolvimento físico como base da educação, como fonte do *revigoramento da raça*. Mais importante do que a maneira de transmitir o ensino, a criança e a sua aptidão deveriam ser levadas em conta.

Na década de 1920, o campo educacional fica mais delimitado e a pedagogia passa a ser vista como arte e ciência. Começam a se difundir as ideias de Maria Montessori, que individualizam as crianças e que propõem ao professor se limitar a prestar auxílio, aconselhando. Desenvolvem-se modelos de registro e de observação com a intenção de diagnosticar as condições e aptidões dos alunos.

O processo de organização do Estado, que se acentua a partir de 1930, irá estabelecer a tensão entre a legislação e a falta de meios, de regulamentação, de compromisso com as políticas sociais. No nível federal, a Inspetoria de Higiene Infantil, criada em dezembro de 1923, é substituída em 1934 pela Diretoria de Proteção à Maternidade e à Infância, criada na Conferência Nacional de Proteção à Infância, em 1933. Em 1937, o Ministério dos Negócios da Educação e Saúde Pública passa a se chamar Ministério da Educação e Saúde e aquela Diretoria muda o nome para Divisão de Amparo à Maternidade e à Infância. Em 1940, cria-se o Departamento Nacional da Criança (DNCr). Em todas essas fases, o diretor é Olinto de Oliveira, médico que havia participado do Congresso de Proteção à Infância de 1922.

Entre outras atividades, o Departamento Nacional da Criança encarregou-se de estabelecer normas para o funcionamento das creches, promovendo a publicação de livros e artigos. Os médicos do DNCr não se ocuparam apenas da creche, mas de todo o sistema escolar, fazendo valer a presença da educação e da saúde no mesmo ministério até 1953. Nessa data, o DNCr passa a integrar o Ministério da Saúde e, no ano de 1970, muda seu nome para Coordenação de Proteção Materno-Infantil.

A primeira regulamentação do trabalho feminino ocorre em 1923, prevendo que os estabelecimentos de indústria e comércio deveriam facilitar a amamentação durante a jornada, com a instalação de creches ou salas de alimentação próximas ao local de trabalho. Em 1932, as creches tornam-se obrigatórias em estabelecimentos com pelo menos 30 mulheres maiores de 16 anos, medida que vai integrar a CLT. Mas essa legislação foi como letra morta.

Também em 1932, o *Manifesto dos Pioneiros da Escola Nova* propõe o *desenvolvimento das instituições de educação e assistência física e psíquica às crianças na idade pré-escolar (creches, escolas maternais e jardins de infância) e de todas as instituições peri-escolares e pós-escolares.*

Aos poucos, a nomenclatura deixa de considerar a escola maternal como se fosse aquela dos pobres, em oposição ao jardim de infância, passando a defini-la como a instituição que atenderia a faixa etária dos 2 aos 4 anos, enquanto o jardim seria para as crianças de 5 a 6 anos. Mais tarde, essa especialização etária irá se incorporar aos nomes das turmas em instituições com crianças de 0 a 6 anos (berçário, maternal, jardim, pré).

Na Conferência Nacional de Proteção à Infância, realizada no Rio de Janeiro, em 1933, Anísio Teixeira enfatizou a importância da criança pré-escolar ser vista não apenas sob o ângulo da saúde física, pois seu crescimento, desenvolvimento e formação de hábitos envolveriam *facetas pedagógicas, como habilidades mentais, socialização e importância dos brinquedos.*

Em Teresina, capital do Piauí, o primeiro jardim oficial, chamado Lélia Avelino, foi criado em 1933, com os objetivos de proporcionar desenvolvimento artístico da criança de quatro a seis anos de idade e de *servir de tirocínio às futuras professoras* da Escola Normal Antonino Freire. Para a implantação do Jardim de Infância, algumas professoras foram escolhidas, em 1932, para participarem de um Curso de Aperfeiçoamento em Educação Infantil, no Rio de Janeiro. Em Porto Alegre, na década de 1940, há a criação dos jardins de infância, inspirados em Friedrich Froebel e localizados em praças públicas, para atendimento de crianças de 4 a 6 anos, em meio turno.

Após uma ou outra iniciativa no Rio Grande do Sul e em São Paulo, outra instituição, o Parque Infantil, começa a se estruturar no município de São Paulo, vinculado ao recém-criado Departamento de Cultura (DC), dirigido por Mário de Andrade de 1935 até 1938, com Nicanor Miranda na chefia da Divisão de Educação e Recreio, cargo que exerce até 1945. Uma característica distinta da instituição era a sua proposta de receber no mesmo espaço as crianças de 3 ou 4 a 6 anos e as de 7 a 12, fora do horário escolar. O Parque Infantil, na década de 1940, expande-se para outras localidades do país como o interior do estado de São Paulo, o Distrito Federal, Amazonas, Bahia, Minas Gerais, Recife e Rio Grande do Sul.

As ideias de Mário de Andrade sobre a criança e o Parque Infantil valorizaram uma nova referência para a nacionalidade, com elementos do folclore, da produção cultural e artística, das brincadeiras e dos jogos infantis. Mas, os Parques Infantis também enfatizaram o controle, a educação moral e a educação física. No clima do entre guerras, os jardins de infância passaram a adotar uma orientação esportiva, voltada para a cultura física.

No Rio de Janeiro, o Colégio Bennett, metodista, que mantinha um curso normal, implanta em 1939 o Instituto Técnico para formação de professoras pré-primárias, por iniciativa da educadora Heloísa Marinho. Formada naquela escola, com posterior especialização nos EUA, Heloísa Marinho também lecionou desde 1934 no Instituto de Educação do Rio de Janeiro (Ierj), como assistente de Lourenço Filho, na cadeira de Psicologia da Educação. Em 1949, começa o Curso de Especialização em Educação Pré-Primária, no Ierj, reconhecido inicialmente como pós-normal e posteriormente como curso superior. O curso forma ao longo de 18 anos, 549 educadoras de escolas maternais e jardins de infância. Esta iniciativa consolida, na época, o Centro de Estudos da Criança, criado por Lourenço Filho, primeiro diretor do Ierj, como um espaço de estudos e pesquisas sobre a criança e um centro de formação de professores especializados.

A concepção de formação de professoras de Heloísa Marinho exigia, sobretudo, uma sólida fundamentação científica, estudos e pesquisas experimentais sobre o desenvolvimento infantil e a observação da criança. Para tanto, o Colégio Bennett constrói um observatório unilateral para o seu jardim de infância, de acordo com especificações solicitadas ao professor Arnold Gesell. Deste, as alunas podiam fazer suas observações das crianças, em compartimento anexo à sala, sem serem vistas. Em 1942, o jardim passa a admitir crianças a partir de um ano e meio, visando a sua observação. As professoras deveriam também ser capazes de atuar com crianças de outras realidades sociais, para o que houve uma articulação do curso com a Fundação Romão Duarte, que atendia crianças órfãs e abandonadas. Em 1957, Marinho elabora uma Escala do Desenvolvimento Físico, Psicológico e Social da Criança Brasileira, inspirada em estudo da professora Helena Antipoff, realizado na Sociedade Pestalozzi, em Belo Horizonte, em 1939, bem como em autores como Ster, Gesell e Bhuler. A Escala, experimentada até a década de 1970 e publicada no livro *Estimulação essencial*, em 1977, descreve comportamentos esperados mês a mês, desde o nascimento aos 8 meses, depois por períodos cada vez mais espaçados, até os 9 anos de idade. Esse tipo de escala tornou-se referência para o trabalho em muitas creches, visando avaliar, por exemplo, se o bebê estende as mãos para um objeto aos 4 meses, se engatinha aos 9, ou se emprega ao menos quatro palavras com 1 ano e 4 meses.

A proposta de Heloísa Marinho, nas décadas de 1950 e 1960, defendia uma educação em que a atividade criadora da criança superasse em valor educativo os exercícios formais do jardim de infância tradicional. A experiência, considerada uma vivência natural, seria a fonte do verdadeiro saber. Daí propunha as atividades de excursões, vivências com alimentos, confecção de biscoito para lanche, observação de insetos, coleções de folhas, experiências com água, ar, luz, entre outras.

As creches, de algum modo, compartilharam desse clima pedagógico. Em publicação do Departamento Nacional da Criança (DNCr), em 1952, ressalta-se que, de 29 creches pesquisadas, em mais de 50% delas havia um jardim de infância. O texto defendia a existência, nas creches, de material apropriado para a educação das crianças: caixa de areia, quadros-negros, bolas, blocos de madeira, bonecas, lápis, tesouras, livros, papel, quadros, roupas de bonecas, pastas de modelos, livros de pano, pratos para bonecas, brinquedos de animais, "puzzles", carrinhos de bonecas, material de costura, caixinhas, cubos, embutíveis, pianos, etc. A recreação é outro ponto fundamental: pela atividade lúdica, pelo exercício das atividades espontâneas, a criança entra em contato com o ambiente e se torna mais objetiva e observadora; aprende a manipular os objetos, desenvolve o equilíbrio e a habilidade neuromuscular.

13. A educação infantil no século XX   189

Há vários motivos para a criação das instituições de educação infantil, que não se restringem simplesmente ao desenvolvimento do emprego industrial e de grandes centros urbanos. É o que ocorre, por exemplo, a partir do final da década de 1930, em Rio do Sul (SC), em que os fatores relacionados à organização da comunidade e às confissões religiosas (católica ou luterana) motivaram as famílias a valorizarem essa experiência educacional.

Ilustração 1 – Creche Casulo
Fonte: Folheto da Legião Brasileira de Assistência, 1982.

Até o final da década de 1960 e início da década de 1970, os jardins de infância caracterizam-se por estarem associados ao sistema de ensino e por se constituirem segundo alguns critérios de qualidade. A expansão das instituições, que virá em seguida, abandona esse quadro de referência e implanta um modelo de custo e qualidade mínimas.

Em 1967, o Plano de Assistência ao Pré-Escolar, do DNCr, indica as igrejas de diferentes denominações para a implantação dos *Centros de Recreação*, propostos como programa de emergência para atender as crianças de 2 a 6 anos. A elaboração do plano segue as prescrições do Unicef e parece ter sido feita apenas para cumprir exigências relacionadas a empréstimos internacionais. Embora o plano falasse em medidas de emergência, pouco se realizou, sem que ocorresse a sua implantação efetiva: durante a década que se segue, prevalece o tratamento da política social como assunto de polícia. É de se supor, entretanto, que após esse sinal verde às religiões, a Igreja Católica tenha se empenhado na organização das comunidades, nos Clubes de Mãe, etc., favorecendo a eclosão dos Movimentos de Luta por Creche, em vários lugares do país, no final dos anos 1970.

No texto *Projeto Casulo*, publicado pela Legião Brasileira de Assistência (LBA) em 1977, pretendia-se, como no início do século, que o programa viesse a desenvolver atividades paralelas de orientação familiar. A *problemática comunitária*, devido à baixa renda *per capita*, vinha provocando *desequilíbrio nas famílias* e a *desintegração do lar*. O remédio proposto foi a criação de novas vagas para as crianças de 0 a 6 anos, *a baixo custo*, nas creches Casulo.

É nesse período que o Ministério da Educação passa a se ocupar da educação pré-escolar, ponto de destaque no II e no III Plano Setoriais de Educação e Cultura (PSEC), desdobramentos dos Planos Nacionais de Desenvolvimento, elaborados durante o governo militar, para os períodos 1975-79 e 1980-85. Além de solução para os problemas da pobreza, a educação infantil resolveria as altas taxas de reprovação no ensino de 1º grau. Implanta-se a chamada *educação compensatória*, que pretendia fornecer às crianças *carentes culturais* os meios para o sucesso na escola primária.

No início da década de 1980, os textos elaborados por conselheiros ou membros do Ministério da Educação passam a falar da educação pré-escolar dos 0 aos 6 anos. Em parecer do Conselho Federal de Educação, de maio de 1981, Eurides Brito da Silva apontava diretrizes para um sistema público de educação pré-escolar, em que incluía as crianças de 0 a 3 anos, mesmo que ainda atendidas no âmbito dos Ministérios da Saúde e da Previdência.

A ampliação do trabalho feminino nos setores médios leva também a classe média a procurar instituições educacionais para seus filhos. A temática contracultural e a sua crítica à família e aos valores tradicionais inspirou estudantes e profissionais, assim como foi referência para a criação de pré-escolas particulares *alternativas*, em geral cooperativas de educadores.

O atendimento educacional de crianças em creches ganha uma legitimidade social, para além da sua destinação exclusiva aos filhos dos pobres. O programa dos Centros de Convivência Infantil para o atendimento dos filhos de servidores públicos no estado de São Paulo, em várias secretarias; a conquista de creches em universidades públicas; a reivindicação em alguns sindicatos operários e do setor de serviços, como bancários, jornalistas, professores: eis alguns exemplos desse reconhecimento da instituição. Anteriormente, não se pensava em generalizar a creche, destinada apenas às mães pobres que precisassem trabalhar. Não se cogitava que mulheres de outra condição social pudessem querer trabalhar quando geras-

13. A educação infantil no século XX

sem crianças pequenas e, caso isso ocorresse, a solução deveria ficar no âmbito do doméstico, do privado.

As reivindicações de vários setores sociais, assim como a eleição de candidatos de oposição em governos de estados e municípios, são fatores que imprimiram um ritmo muito mais intenso à expansão das instituições do que a intenção inicial dos planos do regime militar. Os dados oficiais do Ministério da Educação para 1972 indicam 460 mil matrículas na pré-escola. Em 1984, são quase 2 milhões e 500 mil; em 1997, 4 milhões e 292 mil. Somando-se as crianças em creche e em classes de alfabetização, os dados de 1997 totalizam um pouco mais de 6 milhões de matrículas. Essa expansão também foi responsável por tornar esses números mais confiáveis e precisos – embora ainda não totalmente – quanto à idade das crianças e à instituição frequentada, o que não ocorria em 1972.

No documento *Organização e Funcionamento de Creche*, da Coordenadoria do Bem-Estar Social da Prefeitura de São Paulo, elaborado no final da década de 1970 ou início de 1980, previa-se o atendimento global à criança proveniente de família de baixa renda, nos aspectos psicopedagógico, de saúde, nutrição, etc., pois *carências desta ordem comprometem todo desenvolvimento intelectual da criança.*

Ilustração 2 – Cinquenta anos...
Fonte: Revista Escola Municipal, ano 18, n. 13, 1985.

O princípio educacional a se adotar nos berçários, para as crianças dos 0 aos 18 meses, era o da *estimulação*, de modo a obter os comportamentos previstos nas escalas de desenvolvimento. Valorizava-se o envolvimento afetivo entre pajem (nome atribuído à profissional) e criança. Depois, a decoração do ambiente físico, vista *como parte de uma programação que visa uma estimulação viso-sensório-motora*, com brinquedos e móbiles que pudessem ser manipulados pelas crianças. Recomendava-se retirar, sempre que possível, as crianças dos berços, para explorar ambientes maiores, de modo a sentir a evolução do próprio corpo. Os exercícios proporcionariam à criança *atingir o máximo de rendimento de seu organismo*.

A programação de maternal, para crianças dos 18 meses em diante, era de caráter compensatório e visava superar *as deficiências da clientela*, devendo ser previstas atividades de expressão oral, desenvolvimento motor, música, matemática, ciências, integração social e vida prática, respeitando-se as necessidades das diferentes faixas etárias.

É mais do que evidente o propósito educacional, tendo como foco o desenvolvimento intelectual da criança. Este também foi o ponto de vista defendido por Paulo Nathanael de Souza, do Conselho Federal de Educação, em palestra realizada em 1980, quando situou um modo *tradicional* de pré-escola, na linha do desenvolvimento natural e do ludismo, e outro modo *moderno*, na linha do desenvolvimento intelectual.

Ao fazer a crítica do modelo das instituições de educação infantil de baixo custo, as propostas de uma educação que atendesse aos interesses das classes populares acabavam por criticar os objetivos de recreação, fundamentais para a saúde de uma pré-escola. Não era uma rejeição total, mencionava-se a importância da criança brincar, mas isso imediatamente era secundarizado, em uma hierarquia subordinada ao *pedagógico*.

A crítica à recreação também tinha um sentido oposto a este, quando se referia à proposta dos jardins de infância. Agora, aquele modelo, que estabelecia padrões de qualidade, era considerado uma proposta pedagógica elitista, distante da nossa realidade.

De um lado e de outro, a dimensão cognitiva aparece como alternativa, como indicava Souza ao considerar o desenvolvimento intelectual como o modo moderno de se atuar da pré-escola, em substituição ao tradicional lúdico.

Na década de 1990, aparecem formulações sobre a educação infantil que passam a enfatizar a inseparabilidade dos aspectos do cuidado e da educação da criança pequena. De uma parte, é de se esperar que determinados conteúdos *escolares* tornem-se objeto de preocupação da educação infantil, conforme as crianças vão se aproximando da idade do ensino fundamental. De outra parte, observa-se que ainda hoje há crianças pequenas que são submetidas a uma disciplina *escolar* arbitrária em que, diferentemente de um compromisso com o conhecimento, a instituição considera não ser sua função prestar os cuidados necessários e sim controlar os alunos para que sejam obedientes à autoridade. O preconceito com relação ao trabalho manual e aos cuidados de alimentação e higiene associa-se à sua dimensão de *doméstico*, o que resulta na desqualificação do profissional que trabalha com as crianças menores e na divisão de trabalho entre professoras e auxiliares.

REFERÊNCIAS

CAMPOS, Maria M. "A questão da creche: história de sua construção na cidade de São Paulo". *Revista Brasileira de Estudos Pedagógicos*, vol. 71, n. 169, jul.-dez./1990, p. 212-231.

FARIA, Ana L. Goulart de. *Educação pré-escolar e cultura*. Campinas/São Paulo: Unicamp/Cortez, 1999.

FILIZZOLA, Ana C. Bonjardim. *Na rua, "a troça", no parque "a troca"* – Os parques infantis na cidade de São Paulo na década de 1930. São Paulo: FE-USP, 2002 [Dissertação de mestrado].

ISOTTON, Andréa P. Probst. *Os primeiros jardins de infância e as congregações religiosas em Rio do Sul (1936-1961)*. Florianópolis: Uesc, 2003 [Dissertação de mestrado em Educação e Cultura].

KUHLMANN JR., M. "Histórias da educação infantil brasileira". *Revista Brasileira de Educação*, n. 14, mai.-ago./2000, p. 5-18.

_____. *Infância e educação infantil*: uma abordagem histórica. 2. ed. Porto Alegre: Mediação, 2001.

LEITE FILHO, A.G. *Educadora de educadoras: trajetória e ideias de Heloísa Marinho* – Uma história do Jardim de Infância no Rio de Janeiro. Rio de Janeiro, PUC-RJ, 1997 [Dissertação de mestrado].

MONARCHA, C. (org.). *Educação da infância brasileira*: 1875-1983. Campinas: Autores Associados, 2001.

REVAH, D. "As pré-escolas 'alternativas'". *Cadernos de Pesquisa*, n. 95, nov./1995, p. 51-62.

ROSEMBERG, F. "O estado dos dados para avaliar políticas de educação infantil". *Estudos em Avaliação Educacional*, n. 20, jul./dez. 1999a, p. 5-58.

_____. "Expansão da educação infantil e processos de exclusão". *Cadernos de Pesquisa*, n. 107, jun./1999b, p. 7-40.

VIEIRA, L.M.F. *Creches no Brasil: de mal necessário a lugar de compensar carências* – Rumo à construção de um projeto educativo. Belo Horizonte: UFMG, 1986 [Dissertação de mestrado].

VILARINHO, Lúcia R.G. *A educação pré-escolar no mundo e no Brasil: perspectivas histórica e crítico-pedagógica*. Rio de Janeiro: UFRJ, 1987 [Tese de doutorado].

LEITURAS COMPLEMENTARES

DEL PRIORE, Mary. *História da infância no Brasil*. São Paulo: Contexto, 2000.

FREITAS, Marcus Cezar de (org.). *História social da infância no Brasil*. São Paulo: Cortez, 1997.

KUHLMANN JR., M. *Infância e educação infantil*: uma abordagem histórica. 2. ed. Porto Alegre: Mediação, 2001.

MONARCHA, C. (org.). *Educação da infância brasileira*: 1875-1983. Campinas: Autores Associados, 2001.

14
A CRIANÇA-ALUNO TRANSFORMADA EM NÚMEROS (1890-1960)

Cynthia Pereira de Souza

Já se afirmou que estudar a infância de uma perspectiva histórica é, no mínimo, assumir que ela é uma "história sem palavras", pois dispomos apenas de *traços indiretos*, produzidos por *adultos* (JULIA & BECCHI, 1998), em diferentes campos do saber. Em um longo processo de apropriação/reapropriação, de criação/recriação, eles construíram e reconstruíram, interpretaram e reinterpretaram a condição infantil (KENNEDY, 2000: 535). Deixaram registradas suas concepções acerca da educabilidade da infância, desenvolveram teorias, práticas e técnicas no espaço de tempo em que a criança vai se constituindo como alvo principal da educação, em que ela começa a ser transformada em aluno, momento marcado principalmente pela inserção da moderna ciência psicológica nos meios escolares e nos quais começam a ser implantados e consolidados uma série de dispositivos de enquadramento e de ordenamento, de medida, de comparação e de diferenciação, destinados a garantir a eficiência do ensino e da aprendizagem da matéria-prima das escolas elementares – as crianças.

Gradativamente percebidas como seres distintos dos adultos desde os tempos modernos, o processo de individualização e diferenciação foi adquirindo contornos bem definidos e se completando, entre os finais do século XIX e ao longo do século XX, ao mesmo tempo em que o universo infantil foi sendo gradualmente colocado sob a "jurisdição" do Estado moderno, por meio de tecnologias de governação e regulação da infância. O Estado, na prática, e não apenas teoricamente, "constrói organizações concretas que administram as vidas das crianças", entre as quais a escola de massas (a educação elementar, primária) é um bom exemplo. Outras evidências desse processo de gestão, de administração das populações infantis podem ser encontradas em dispositivos e regulamentos sobre a infância nas Constituições de vários Estados nacionais (BOLI-BENNETT & MEYER, 1978: 810).

A população escolar infantil deveria ser instruída e educada numa sociedade que se queria organizar segundo os padrões das "nações civilizadas". As chamadas "nações civilizadas" é que davam a medida do progresso social em matéria de educação e de escolarização da infância, expresso em números e cifras estatísticas, cuja produção se inicia no século XIX e, a partir daí, é posta em circulação nos meios institucionais. Importa, portanto, indagar de que forma essa infância que se vai escolarizando começa a ser representada pelo "pensamento demográfico" ou pelo "raciocínio populacional": quais foram os "lugares" da infância e de seus tipos e níveis de instrução traduzidos em categorias, classes e números e que, segundo as abordagens críticas das estatísticas, constituem-se, de um lado, em um dispositivo discursivo acerca do grau de progresso da sociedade e, de outro, em conhecimento que fundamenta estratégias de intervenção na administração social (POPKEWITZ & LINDBLAD, 2001).

É, portanto, sobre algumas dessas crianças, que se tornaram alunos e alunas no Brasil, que nosso olhar vai se voltar, mediado pelos discursos pedagógicos e pelas práticas escolares relativos ao ensino primário e postos em circulação por algumas revistas que compõem o conjunto de produções denominado de *imprensa periódica de educação e de ensino*. Escolhemos três títulos: *Revista Pedagógica* (1890-1896); *Revista Educação* (1927-1960) e *Revista Brasileira de Estudos Pedagógicos* (1944-1960). A primeira e a terceira foram publicadas pelo governo federal e, portanto, mais representativas da escola primária nos diversos estados brasileiros; a segunda, por sua importância para a educação paulista e por ter sido produzida pela então Diretoria Geral da Instrução Pública de São Paulo para os professores e para as escolas de todo o estado.

"O MUNDO É ESCRITO EM NÚMEROS"

A ideia de que, sob diferentes formas, "os números governam o mundo" (MILLER, 1992; GIGERENZER et al., 1989) ou, ainda, de que "o mundo é escrito em números" (ROBSON, 1992) ganha especial significado a partir de estudos que vêm explorando a abordagem de que o universo social é constituído de indivíduos, de populações e de espaços que são objeto de governação por meio dos números (MILLER, 1992: 61), por meio do uso de técnicas de quantificação que servem para "medir" a "saúde" da economia dos países e das empresas, bem como as transformações na vida das populações e dos indivíduos.

Desde o período da formação dos Estados modernos verificamos que foram desenvolvidas várias ações cujo objetivo principal era "o conhecimento e domínio do espaço nacional" (RAVEL, 1990: 103), por meio de levantamentos populacionais, que iam construindo uma outra "aritmética" – a do Estado –, possibilitando aos governantes fiscalizar o recolhimento de taxas e impostos, proteger interna e externamente seus domínios e administrar seu território assentado em um espaço geográfico.

No desenvolvimento do "pensamento demográfico" (ou populacional), desde o século XIX, que se torna parte integrante das funções políticas, as categorias sexo, lugar e data de nascimento, profissão, estado civil funcionam para classificar e identificar os indivíduos e as populações, ou seja, constituem-se em "um meio de conhecer e de prever o comportamento dos governados neste domínio" (LENOIR, 1995: 36). Tais categorias, que exprimem fenômenos sociais, transformam-se nos materiais sobre os quais o "cálculo político" traça os planos para a execução dos programas de governação (ROSE, 1999: 37). Por meio das chamadas "tecnologias numéricas", que aparecem sob a forma de gráficos, escalas, tabelas, porcentagens, apreensíveis e comparáveis quase que imediatamente ao olhar e conferem inteligibilidade ao mundo. Nos regimes democráticos, os domínios da política e o dos números se interpenetraram construindo fortes relações de dependência. Nada se faz, até hoje, sem consulta prévia às estatísticas sobre determinado setor.

AS ESTATÍSTICAS EM REVISTAS DE EDUCAÇÃO E ENSINO

A *Revista Pedagógica* (1890-1896) não tinha, certamente, entre seus objetivos analisar questões ligadas ao uso da ciência estatística ou pôr em destaque as estatísticas educacionais. Mas há breves referências, por exemplo, à obrigatoriedade do "preenchimento de mapas estatísticos pelos professores ou diretores" (n. 22, 23, 24, de 15/06/1893) ou, ainda, o que parece ter sido uma tentativa de iniciar uma seção intitulada "Boletim da Estatística Escolar no Brasil", com dados numéricos sobre o estado do Amazonas (n. 25, 26, 27, de 15/09/1893) e, mais à frente, a transcrição de números relativos ao estado do Pará (n. 40, 41, 42, de 15/12/1894). Esse primeiro movimento para dar ciência aos leitores de números relativos à educação em estados da federação não teve prosseguimento nas páginas da revista.

A partir do século XX, as práticas de quantificação no campo educacional começam a se acelerar e a ganhar contornos mais definidos. Na metade dos anos 1920 vai ser criado um importante organismo – o *Bureau International d'Education*, em Genebra –, que voltará suas atenções aos sistemas de ensino de vários países, publicando estudos e análises dependentes do recebimento de informações e dados estatísticos dos ministérios nacionais de instrução o que era uma forma, sem dúvida, de exercer pressão para que os países organizassem seus serviços de estatística educacional.

No Brasil, nas primeiras três décadas do século XX, a situação dos serviços estatísticos ainda era irregular, apesar de algumas medidas tomadas ao longo da Primeira República. Mas, ainda antes, em 1871, foi criada a Diretoria Geral de Estatística pelo governo imperial que, diante da inexistência de informações básicas para o desenvolvimento desse tipo de trabalho e da falta de pessoal habilitado, tomou como primeira medida a recolha de dados. Proclamada a República, instituído o regime federativo e a descentralização, os estados passaram a usufruir de uma relativa autonomia administrativa; por esta razão, o empenho do governo federal esbarrou, muitas vezes, na resistência a qualquer intervenção federal nas questões estaduais. No caso da coleta de dados, que deveriam ser enviados à Diretoria Geral de Estatística, a tarefa revelou-se bastante confusa e insatisfatória. A ausência de padronização nos procedimentos e nos quesitos a serem recenseados gerou a quase completa impossibilidade de trabalhar com os dados recebidos, pois cada estado enviava aquilo que lhe parecia ser o mais adequado (PESSOA, 1940: 86). Em 1907 reestruturou-se a Diretoria Geral de Estatística e, apesar de persistirem as dificuldades de infra-estrutura, o governo procedeu à coleta, cujos dados foram publicados com o título de *Estatística Escolar de 1907* que, para alguns, foi o trabalho mais completo até então realizado, reunindo informações que antes nunca tinham sido objeto de recolha[1].

Relativamente ao estado de São Paulo, ainda na Primeira República (1889-1930), publicações oficiais permitem perceber que havia um sério esforço no sentido de expressar em números os "progressos da educação",

---

1. Outra publicação desta natureza veio a lume em 1931, no início do governo de Getúlio Vargas – a "Estatística Intelectual do Brasil" –, com dados relativos ao ano de 1929 e aí incluídos números sobre a educação. Isto se constitui em um exemplo dos esforços deste novo governo (em marcha para a centralização política, unificação administrativa e burocratização) de implementar, de forma decisiva, os serviços estatísticos criando o que se poderia chamar de uma "mentalidade estatística" necessária à gestão dos indivíduos, das populações e dos serviços públicos.

bem como os grandes desafios a enfrentar[2]. Nas revistas pedagógicas que examinamos, a partir da década de 1920, as estatísticas sobre educação são publicadas com a adoção de diferentes estratégias. Na revista *Educação* (na sua fase inicial, entre 1927 e 1930), ora as tabelas com dados numéricos são, pura e simplesmente, transcritas de fontes oficiais, como se "os números falassem por si"; ora os dados servem como ilustração de análises de um texto com autoria; ou, ainda, aparecem, sem maiores avisos, em colunas ou linhas com informações ligeiras sobre números da população brasileira em cada estado, ou sobre o número de estabelecimentos de ensino, número de inspetores, despesas com o ensino primário, ou sobre rendimento escolar, etc., ao pé da página de um texto ou seção que não tem relação direta com aqueles dados informados. Neste último formato, mais se parecem com um tipo de "propaganda" ou lembrete aos seus leitores, professoras e professores da rede estadual de ensino.

Nesse periódico também podem ser encontrados indicadores educacionais na seção "Através de revistas e jornais" que, como o próprio título assinala, constitui-se de transcrições de matérias publicadas em outros periódicos. Numa delas, o problema do analfabetismo é colocado sob o prisma das diferenças entre homens e mulheres, no Brasil e no então Distrito Federal (cidade do Rio de Janeiro), com uma situação bem mais favorável do que a do resto do país e levando-se em conta os dados levantados pelos censos desde 1872 (*Educação*, n. 1, out./1927, p. 101).

A partir dos anos 1930, época em que Getúlio Vargas subiu ao poder e em que foram firmados convênios entre o governo federal e os estados para a organização dos serviços estatísticos, a revista *Educação* começa a transcrever decretos, leis, regulamentações, bem como dados e números sobre a educação no Brasil e, em especial, no estado de São Paulo, reveladores dos primeiros resultados das tarefas solicitadas pelo governo.

Do mesmo modo, a *Revista de Educação* (título que dá continuidade à revista *Educação*) publica dados estatísticos, seja em comentários de livros publicados na seção "Bibliografia" (caso do livro de Sud Menucci, "Cem anos de instrução pública", resenhado no n. 1, mar./1933), seja na

---

2. Cabe registrar a publicação dos "Anuários de Ensino", de responsabilidade da Diretoria Geral da Instrução Pública do estado de São Paulo, nos quais cada diretor que passava pelo órgão tinha que fazer sua "prestação de contas", constituindo-se em documentos valiosos acerca do movimento do ensino no estado. Nas suas várias edições (1908/1937), os grossos volumes abrigam todo tipo de informação sobre escolas, professores, alunos, com textos explicativos, tabelas, mapas e gráficos no formato de números e de porcentagens, sobre os níveis de ensino de responsabilidade da Diretoria: pré-primário, primário, normal, profissional.

seção "Fatos e Iniciativas", onde são reproduzidos "Comunicados do Ministério da Educação e Saúde Pública", sobre estatísticas educacionais coletadas em vários estados brasileiros ou, ainda, a transcrição de conferências, como a de M.A. Teixeira de Freitas, intitulada "Resultados da Estatística Educacional" (n. 4, dez./1933). Até 1943, a *Revista de Educação* vai manter este padrão. Vale registrar, ainda, duas notícias sobre eventos na área de estatística: a "1ª Exposição Nacional de Educação e Estatística", que reuniu documentos e materiais impressos produzidos pelos governos estaduais, entre os quais se dá grande destaque à participação do estado de São Paulo e ao seu "Anuário do Ensino", relativo ao período de 1935-1936, sob responsabilidade da Diretoria do Ensino, na pessoa do professor Almeida Júnior.

Em outro número noticia-se a participação de São Paulo em uma "2ª Exposição Nacional de Organização e Estatística Educacionais", similar àquela que acabamos de mencionar. O representante de São Paulo foi o educador Fernando de Azevedo, cujas palavras proferidas na sessão inaugural de 20/12/1935 foram transcritas pela revista. Referendando a importância dos serviços estatísticos como um "serviço de inteligência de uma administração racional e de base científica", Fernando de Azevedo faz alguns ensaios de comparabilidade interna.

> O confronto dos diversos sistemas educacionais, elaborados nos diferentes Estados da União, mostrando as diferenças e semelhanças que existem entre eles, as causas do progresso material de uns, ou a deficiência de outros, sob alguns aspectos, convida-nos a refletir sobre a obra em realização, a insistir sobre a solução dada a alguns problemas, a pesquisar novas soluções para outros, numa atividade larga e desinteressada, sem preconceitos e sem prevenções, com a única preocupação dominante e absorvente, de "fazer sempre e cada vez melhor" e de servir, com espírito de sacrifício e de desprendimento pessoal, à causa suprema da educação (Seção Fatos e Iniciativas, mar.-jun./1936, p. 153).

Quando a revista *Educação* voltou a circular com seu nome original (em seguimento à *Revista de Educação*), de janeiro de 1944 a dezembro de 1947, as notícias que fazem referência a números educacionais aparecem na seção "Fatos e Iniciativas", ou seja, nunca se constituem em matéria de articulistas integrando o núcleo principal do periódico. Também não se encontram textos na revista que levantem um debate sobre o uso das estatísticas, que discutam seus critérios de produção e seus resultados, para dar conhecimento aos leitores. No limite tratava-se de reproduzir, na forma narrativa (sem a utilização de gráficos ou tabelas), alguns dados numéricos como, por exemplo, número de estabelecimentos de ensino primário, número de professores, matrícula geral de alunos, aprovações, conclusões, em um ou mais estados da federação, relativos ao ano "x", obtidos junto ao Inep (Instituto Nacional de Estudos Pedagógicos) ou, ainda, junto ao IBGE (Instituto Brasileiro de Geografia e Estatística). Raramente acontece a publicação, como neste exemplo, de uma tabela simples, com quatro colunas, onde estão dispostos números sobre aprovações nas escolas primárias do estado de São Paulo em 1945, o que incluía a capital e as "regiões escolares" do interior, discriminando matrículas efetivas, aprovações em geral e porcentagem de aprovação sem, entretanto, distinguir entre alunos e alunas. Embora essa tabela não fosse acompanhada de nenhum comentário dos editores, seus totais pareciam mostrar-se promissores, pois "revelavam" que, naquele ano, tinha havido 68,08% de aprovações em todo o estado paulista (Seção "Fatos e Iniciativas". "Aprovações no ensino primário em 1945", n. 50-53, jan.-dez./1946, p. 156).

É legítimo supor, ao menos em relação aos anos 1930 e 1940, a existência de uma "crença" alargada no que os números poderiam revelar, servindo para orientar as medidas a serem tomadas pela administração social. Um outro aspecto liga-se à situação política dessas décadas, nas quais construiu-se um governo centralizador e autoritário, onde não cabiam críticas, nem mesmo à produção de estatísticas. Deste modo, a revista cumpriu parte do seu papel, fazendo circular os últimos resultados em matéria de estatística educacional, tais como eram apresentados pelos órgãos responsáveis, sem se deter em um exame mais profundo das causas das "diferenças" e "semelhanças", dos "progressos" e das "deficiências" dos vários estados brasileiros e, em especial, de São Paulo.

Muito provavelmente pelo fato de ser um periódico que começou a ser publicado por órgão do governo federal, no período final do Estado Novo de Getúlio Vargas, a *Revista Brasileira de Estudos Pedagógicos* (criada em 1944) dedicou espaços não apenas aos dados estatísticos, como também a artigos que analisam a necessidade e organização dos serviços de coleta, além de matérias que procuram dar visibilidade a esforços no plano internacional. A revista se constitui, sem dúvida, em uma estratégia editorial do Inep, de modo a utilizar a informação "como importante instrumento na construção de um modo de pensar e realizar a ação educacional, no seu aspecto administrativo e pedagógico" (DANTAS, 2001: 89, apud GIL, 2002: 18).

Entre 1944 e 1946, a revista publicou quatro artigos em série, de autoria de Germano Jardim, funcionário ligado ao Serviço de Estatística da

Educação e Saúde (Sees). Além de fornecer informações acerca de entendimentos havidos, desde 1931 (na fase do Governo Provisório de Getúlio Vargas), entre o governo federal e os estados para "a cooperação disciplinada dos órgãos interessados quanto ao levantamento das estatísticas escolares", o autor desce a minúcias nos comentários sobre os significados dos conteúdos dos questionários oficiais para evitar "a possibilidade de confusão ou omissão na prestação dos informes". Para ele, os dois principais condicionantes da estatística de ensino eram a "exatidão nas observações locais" e a "pontualidade na transmissão dos informes" (Seção "Ideias e Debates". Jardim, Germano. "A coleta da estatística educacional" (n. 3, set./1944; n. 5, nov./1944; n. 11, mai./1945; n. 21, mar.-abr./1946).

Ainda à espera das apurações dos dados colhidos no censo de 1950, a *Revista Brasileira de Estudos Pedagógicos* publicou estudo do Serviço de Estatística de Educação e Saúde (Sees), que demonstra a preocupação com as falhas ocorridas, até então, na coleta de dados (idades, frequência e aprovações) e as necessárias distinções entre as diferentes situações dos alunos nas escolas primárias, tais como entre alunos novos e repetentes (Seção "Documentação". "Evolução provável do analfabetismo na população brasileira durante o período de 1940 a 1950", n. 43, jul.-set./1951, p. 94-95).

Os autores que assinam artigos sobre estatísticas pertencem ao *staff* do governo. Não se trata tanto do número de artigos escritos que, no período de 1944-1960, não foram muitos, mas pelas posições ocupadas na burocracia estatal[3]. Apesar de ter publicado apenas dois artigos nesta revista (e somente um deles com dados numéricos), no período de 1944 a 1960, Teixeira de Freitas é um nome a ser destacado, em razão de suas ideias sobre o "poder" dos números e sua relevância como instrumento a serviço dos governantes, para a definição de suas políticas, para o conhecimento da sociedade, para a visão mais acurada da realidade. Suas preocupações com a educação primária e o constante apelo aos dados quantitativos podem ser ilustrados pelo sintomático título que deu ao seu livro – *O que dizem os números sobre o ensino primário*. Prefaciado por Lourenço Filho, em 1937, foi um dos títulos que compôs a "Biblioteca de Educação", organizada pelo próprio Lourenço Filho. No longo artigo que a *Revista Brasileira de Estudos Pedagógicos* publica, ele analisa os caminhos percorridos pela

---

3. Teixeira de Freitas foi diretor de Informações, Estatística e Divulgação do Ministério de Educação e Saúde; Lourenço Filho foi diretor do Inep de 1938 a 1946. Teixeira de Freitas tem vários artigos publicados sobre educação primária na *Revista Brasileira de Estatística*, criada em 1940, como órgão do IBGE.

educação popular, traça um plano por meio do qual acreditava que, dado o quadro de "ineficiência" e "insuficiência" da educação elementar, entre 1932 e 1943, o problema poderia começar a ser superado, "já a partir de 1946". Seu diagnóstico da situação do ensino primário pode ser resumido em uma afirmação recorrente ao longo do texto: "Progresso aparente. Nem regeneração, nem recuperação". Nas suas análises, Teixeira de Freitas insiste na utilização de "índices fiéis", porém "menos favoráveis", retirando da contabilidade da educação primária "as parcelas que não pertencem legitimamente ao ativo da escola primária", ou seja, o ensino maternal, o infantil, o fundamental supletivo e o complementar, pois daí derivaria um "campo para a observação mais exata" da educação de massas.

Como educador e na qualidade de diretor do Inep, Lourenço Filho foi uma das vozes a sublinhar a importância das estatísticas por ser "fundamental na percepção dos fenômenos tipicamente coletivos". Embora reticente quanto às relações de interdependência entre estatística e política, ele afirmava que "uma e outra não podem mais desconhecer-se". Sobre as aplicações da ciência estatística ao campo da educação argumentava que "[...] como fenômeno político e, portanto, como fenômeno de massa, a educação só apresenta os seus verdadeiros delineamentos, a sua marcha de execução e os seus resultados, pela estatística [...]" (Seção "Ideias e Debates". Lourenço Filho, M.B. Estatística e educação, n. 31, nov.-dez./1947, p. 467-488).

Entre 1950 e 1960, a revista publica algumas "mensagens presidenciais" sobre a educação brasileira, nas quais comparecem os dados quantitativos como que a dar "visibilidade" à gestão política no campo educacional: matrículas, conclusões, evasão, repetência, financiamento da educação. Estudos de variado grau de extensão e profundidade são publicados, de autoria de técnicos ou sob a responsabilidade de órgãos federais como, por exemplo, a evolução do analfabetismo no Brasil, no qual tabelas, gráficos e quadros com números e porcentagens são partes substantivas do texto (Seção "Documentação". "Evolução provável do analfabetismo na população brasileira durante o período de 1940 a 1950", n. 43, jul.-set./1951, p. 94-129). Análises mais pontuais sobre evasão escolar, repetência e promoção automática na escola primária são publicadas, com amplo recurso aos dados estatísticos produzidos por órgãos federais e estaduais, assinalando quais os problemas "evidenciados" pelos números e apontando as soluções cabíveis (Seção "Ideias e Debates". Kessel, Moysés. "A evasão escolar no ensino primário", n. 56, out.-dez./1954, p. 53-72; Seção "Ideias e Debates". Almeida Jr., A. "Repetência ou promoção automática?", n. 65, jan.-mar./1957, p. 3-15). Algumas vezes, tais estudos são transcrições de trabalhos elaborados por pessoal ligado a órgãos federais, como o Inep, e apresentados em eventos nacionais (Seção "Documentação". Oliveira, Américo Barbosa de. "O ensino, o trabalho, a população e a renda", n. 53, jan.-mar./1954, p. 70-136). Outras vezes são entrevistas de ocupantes do Ministério da Educação, em que "dados e fatos" são peças destacadas nas argumentações sobre os problemas da educação primária "[...] do ponto de vista estatístico, o panorama do ensino primário não é tão mau" (Seção "Documentação". "Extensão da escolaridade do ensino primário", n. 63, jul.-set./1956, p. 202-221). A reprodução de resoluções aprovadas em encontros internacionais na área da educação é uma prática mantida pela revista, onde se encontram, por exemplo, recomendações sobre a realização de "estudos que levem em conta bases estatísticas, geográficas, demográficas e econômicas, a fim de que os sistemas escolares [...] atendam a um conceito claro das necessidades e aspirações nacionais, e da função realista que cumpre realizar" (Seção "Documentação". "Seminário Interamericano de Educação Primária", n. 42, abr.-jun./1951, p. 109-155).

Nesse período de dez anos, entre 1950 e 1960, percebe-se claramente a intensificação das preocupações com o papel da administração pública na educação, notadamente em relação ao ensino primário, representadas nos textos que tratam do financiamento da educação, da distribuição dos recursos federais para este nível de ensino e seu correlato – o ensino normal. As páginas da revista apresentam uma verdadeira "avalanche de números impressos" que dão suporte aos argumentos políticos para as decisões da administração social. É importante registrar que, em nível nacional, estavam em curso acirradas discussões sobre o projeto da Lei de Diretrizes e Bases da Educação Nacional, promulgada em 1961, e cujos resultados decepcionaram os defensores da escola pública e os setores mais progressistas da sociedade brasileira, de vez que permitiu que verbas públicas fossem também destinadas à rede particular de ensino.

Ao financiamento da educação se somam as questões do planejamento educacional, em textos que assinalam, de forma recorrente, as relações entre educação, renovação social e desenvolvimento econômico. O educador Anísio Teixeira, incansável defensor da escola primária pública e gratuita, além de ser um dos articulistas mais assíduos da revista neste período, na qualidade de diretor do Inep, apresentou contribuições substantivas nessas questões (Seção "Documentação". "Plano de distribuição de recursos federais para o ensino primário e normal dos estados", n. 52, out.-dez./1953, p. 126-145; Seção "Ideias e Debates". "Sobre o problema de como financiar a educação do povo brasileiro", p. 27-42, neste mesmo número da revista), ou, ainda, a partir de diretrizes por ele traçadas, a publicação de artigo de J. Roberto Moreira sobre "A educação elementar em face do planejamento econômico" (Seção "Documentação", n. 67, jul.-set./1957, p. 155-168).

CONSIDERAÇÕES FINAIS

Por todos estes modos evidenciam-se as tecnologias de "governação", de administração social da população escolar infantil. A criança-aluno foi transformada em um grande *cálculo contábil*, a partir de uma gama variada de categorias (matrículas, conclusões, evasão, repetência, eliminação, alfabetizados, analfabetos, não matriculados, divisões por sexo, por idade, etc.), permitindo que sucessivos governos viessem a descrevê-la, compará-la, explicá-la, isolá-la dos outros setores da população, para melhor conhecê-la. Estas práticas de quantificação dependiam e continuam a depender do desenvolvimento de um complexo processo de "inscrições", ou seja, de representações gráficas – tabelas, gráficos, quadros, mapas, listas – nas quais os números são os elementos predominantes (ROBSON, 1992; ROSE, 1999), o que, como pudemos constatar, foi uma prática largamente reproduzida pelos periódicos educacionais examinados.

De uma perspectiva macro, o exame de dados censitários e estatísticas educacionais ganha novos significados se a ele juntarmos a análise das motivações que levaram as autoridades a empreender esse tipo de trabalho de "governação" dos indivíduos e da sociedade, construindo "categorias de pessoas" (como a de "alunos" e "alunas", de "analfabetos" e "alfabetizados", de "normais" e "anormais") e tornando "o mundo inteligível e calculável para intervenções políticas e sociais" (POPKEWITZ & LINDBLAD, 2001: 111). A produção dos números sobre educação serve também ao esforço de comparação *interna* (entre unidades administrativas – estados, regiões ou províncias – de um mesmo país) e *externa*, entre países de um mesmo continente; entre aqueles agrupados numa mesma categoria (por exemplo, "países do Terceiro Mundo") e em relação a outras nações tidas como "mais civilizadas e adiantadas" (o binômio "países desenvolvidos" e "países em desenvolvimento" foi fixado mais recentemente) destacando seus "lugares", sua classificação no *ranking* mundial dos países portadores das posições mais equilibradas na relação *número de habitantes x índices de escolarização/alfabetização/letramento*. A partir dos dados remetidos pelos países a ela associados, a Unesco vem processando e construindo as estatísticas educacionais internacionais, desde o início dos anos 1950. Para

Popkewitz e Lindblad, os relatórios produzidos por organismos internacionais têm como pretensão

> aumentar a eficácia dos sistemas educacionais mediante comparações centradas em um número de indicadores. Por meio de comparações educacionais numéricas constroem-se também ideais e fracassos educacionais [...] E essas fabricações têm uma importância vital nos discursos políticos sobre educação e na identificação de crises educacionais (2001: 120).

Se a produção de estatísticas (neste caso, do ensino primário) podem ser entendidas como instrumentos necessários para as ações de intervenção dos governos na área educacional é preciso que estejamos atentos aos modos como investigadores contemporâneos (historiadores, sociólogos, etc.) vêm se apropriando dos dados numéricos oficiais, sem efetuar uma análise crítica das condições de sua produção (variáveis ao longo do tempo), dos usos sociais que deles foram feitos e, ainda que se trate de "fontes insubstituíveis" (de vez que podem fornecer um panorama aproximado do desenvolvimento do ensino em um dado país), são bastante limitadas (em razão da existência de muitas "zonas de sombra e lacunas"). Sua utilização acrítica, certamente, comprometeu e falseou as conclusões finais de muitas das análises até então empreendidas (BRIAND et al., 1979; LUC, 1986; MINTEN, 1991; GUEREÑA, 1994; GUEREÑA & FRAGO, 1996).

GLOSSÁRIO

Inep – Instituto Nacional de Estudos e Pesquisas Educacionais Anísio Teixeira.

REFERÊNCIAS

BOLI-BENNETT, John & MEYER, John W. (1978). "The ideology of childhood and the State: rules distinguishing children in national Constitutions, 1870-1970". *American Sociological Review*, vol. 43, n. 6, dez., p. 797-812.

BRIAND, Jean-Pierre et al. (1979). "Les statistiques scolaires comme représentation et comme activité". *Revue Française de Sociologie*, XX, p. 669-702.

GIGERENZER, Gerd et al. (1989). *The empire of chance* – How probability changed science and everyday life. Cambridge: Cambridge University Press.

GIL, Natália de Lacerda (2002). *Razão em números* – A presença das estatísticas nos discursos educacionais divulgados na Revista Brasileira de Estudos Pedagógicos (1944-1952). São Paulo: USP/Faculdade de Educação [Dissertação de mestrado].

GUEREÑA, Jean-Louis (1994). "La estadística escolar". *Historia de la educación en la España contemporánea*. Madrid: Cide, p. 51-76.

GUEREÑA, Jean-Louis & FRAGO, Antonio Viñao (1996). *Estadística escolar, proceso de escolarización y sistema educativo nacional en España (1750-1850)*. Barcelona, EUB.

JULIA, Dominique & BECCHI, Egle (1998). *Histoire de l'enfance en Occident*. 2 vol. Paris: Du Seuil.

KENNEDY, David (2000). "The roots of child study: philosophy, history, and religion". *Teachers College Record*, vol. 102, n. 3, jun., p. 514-538.

LENOIR, Remi (1995). "L'invention de la démographie et la formation de l'État". *Actes de la Recherche en Sciences Sociales*, n. 108, jun., p. 36-61.

LUC, Jean-Nöel (1986). "Du bon usage des statistiques de l'enseignement primaire au XIXe et XXe siècles". *Histoire de l'Education*, n. 29, jan., p. 59-67.

MILLER, Peter (1992). "Accounting and objectivity: the invention of calculating selves and calculable spaces". *Annals of Scholarship*, 9 (1-2), p. 61-86.

MINTEN, Luc et al. (1991). *Les statistiques de l'enseignement en Belgique*. Vol. 1. Bruxelles, F.N.R.S.

PESSOA, Heitor E. Alvim (1940). "A cooperação disciplinada e os recentes progressos da estatística no Brasil". *Revista Brasileira de Estatística*, n. 1, jan.-mar., p. 86-99.

POPKEWITZ, Tom & LINDBLAD, Sverker (2001). "Estatísticas educacionais como um sistema de razão – Relações entre governo da educação e inclusão e exclusão sociais". *Educação & Sociedade*, n. 75, ago., p. 111-148.

RAVEL, Jacques (1990). *A invenção da sociedade*. Lisboa/Rio de Janeiro: Difel/Bertrand Brasil [Trad. de Vanda Anastácio].

ROBSON, Keith (1992). "Accounting numbers as 'inscription': action at a distance and the development of accounting". *Accounting, organizations and society*, vol. 17, n. 7, p. 685-708.

ROSE, Nikolas (1999). Governando a alma: a formação do eu privado. In: SILVA, Tomaz Tadeu da (org.)". *Liberdades reguladas* – A pedagogia construtivista e outras formas de governo do eu. 2. ed. Petrópolis: Vozes, p. 30-45.

Leituras complementares

BESSON, Jean-Louis (1995). *A ilusão das estatísticas*. São Paulo: Unesp.

CROSBY, Alfred W. (1999). *A mensuração da realidade* – A quantificação e a sociedade ocidental, 1250-1600. São Paulo: Unesp [Trad. de Vera Ribeiro].

FREITAS, M.A. Teixeira de (s.d.). *O que dizem os números sobre o ensino primário*. São Paulo: Melhoramentos [Biblioteca de Educação, vol. 27].

NARODOWSKI, Mariano (2001). *Infância e poder*: conformação da pedagogia moderna. Bragança Paulista: USF [Trad. de Mustafá Yasbek].

RAMALHO, Fausto (1996). *A ordem e a medida*: escola e psicologia em São Paulo (1890-1930). São Paulo: USP/Faculdade de Educação, 1996 [Dissertação de mestrado].

15
O ENSINO INDUSTRIAL: MEMÓRIA E HISTÓRIA

Maria Alice Rosa Ribeiro

O ensino industrial tem sido um dos temas esquecidos pela historiografia econômica. Poucos trabalhos no campo da história da industrialização no Brasil abordam o problema da formação do operariado industrial. Esse, sem dúvida, é um tema ligado diretamente à constituição do mercado de trabalho para a indústria, entretanto, as abordagens têm se preocupado mais em quantificar o contingente de trabalhadores do que em investigar a forma como os trabalhadores adquiriram formalmente os requisitos para o trabalho industrial por meio da formação profissional.

Com maior frequência e interesse, este tema tem sido tratado pelos historiadores da educação que se voltam para os problemas educacionais e institucionais, métodos educacionais, instrumentos pedagógicos, história das instituições de ensino, legislação, etc., configurando uma abordagem mais restrita. Recentemente, observa-se entre educadores uma nova linha de abordagem orientada mais no sentido da formação profissional do operariado, como técnica forjadora de uma disciplina adequada ao mundo do trabalho dominado pelo capital.

A historiografia econômica assume explícita ou implicitamente a hipótese de que a instalação das primeiras fábricas e oficinas e a construção da cidade moderna não exigiram requisitos de qualificações especiais dos operários e, quando esses eram necessários, técnicos eram importados com as máquinas. Adota-se como pressuposto não explícito de que os conhecimentos profissionais eram adquiridos pelos trabalhadores no próprio local de trabalho, ou seja, a fábrica era a verdadeira escola do trabalhador.

Neste capítulo, vamos sustentar que esta assertiva é verdadeira para uma grande massa de trabalhadores e para a maioria dos setores da indústria da transformação. Entretanto, há determinados setores da indústria de transformação e segmentos da indústria da construção civil nos quais as exigências de trabalhadores qualificados são maiores e, por isso mesmo, estes setores vão demandar seus mestres, contramestres, supervisores junto às escolas de formação profissional. Entende-se por trabalhadores qualificados aqueles trabalhadores que aperfeiçoaram a habilidade manual e a precisão na execução e na concepção do trabalho, não somente com a prática, mas com os conhecimentos técnicos e científicos adquiridos de maneira formal, fora da fábrica, nos cursos industriais.

O ensino industrial, a formação do operariado, em especial, a sua qualificação formal ocorre por meio de cursos profissionais regulares, mantidos por instituições públicas e privadas, dentro do contexto da dinâmica do processo de industrialização e da formação do mercado de trabalho no Brasil. Portanto, a abordagem do ensino industrial aqui realizada levará em consideração a estrutura do setor industrial em funcionamento na economia brasileira, os setores industriais mais significativos, a natureza do processo de trabalho nesses setores e, mais, a composição do operariado.

Dentre os setores industriais destacam-se a indústria têxtil, a indústria da construção civil e a indústria metal-mecânica, em especial as oficinas mecânicas das ferrovias, que configuraram a estrutura da indústria brasileira até os anos 1950 e demandavam força de trabalho qualificada. O que mostra que o mercado de trabalho é segmentado e heterogêneo e que, portanto, não pode ser tratado como uma unidade homogênea. Heterogeneidade estrutural da indústria é uma característica da história da industrialização no Brasil, persistindo até os dias de hoje. Ela não se esgota na diferenciação entre os setores industriais, quanto às exigências de qualificação impostas pelo processo de produzir, mas no seu desenvolvimento regional. Há uma expressiva concentração industrial na região da economia cafeeira liderada por São Paulo, e seguida por Rio de Janeiro e Minas Gerais. Fora da economia exportadora cafeeira, a indústria desenvolveu-se com baixas taxas de crescimento, à exceção do Rio Grande do Sul, onde os primeiros investimentos industriais foram registrados no Censo Industrial de 1907, quando aquele estado ocupava o terceiro lugar na geração do valor da produção industrial, situando-se atrás do Rio de Janeiro e de São Paulo.

Nesse capítulo, optou-se por uma visão do ensino industrial, menos panorâmica e abrangente, mais localizada, focalizando dois estados: um líder da produção voltada para o mercado externo, outro líder na produção destinada ao mercado interno – São Paulo e Rio Grande do Sul. Afora a restrição geográfica, optou-se por analisar um período restrito demarcado pelos primeiros anos do século XX até a formação do Senai em 1942. Não se trata de se fazer um inventário da legislação e das instituições de ensino industrial em funcionamento nesses estados, mas buscar nas experiências de ensino industrial seus significados e suas ligações com o processo de industrialização e com a organização mais geral do ensino industrial.

Com base nas experiências de algumas escolas profissionais, pretende-se comparar as concepções de qualificação dos trabalhadores, suas relações com o mercado de trabalho e com o desenvolvimento de setores industriais. A análise comparativa abrangerá as escolas profissionais paulistas – Liceu de Artes e Ofícios, Escolas Profissionais do estado de São Paulo e o Centro Ferroviário de Ensino e Seleção Profissional – CFESP –, e a experiência de ensino profissional que teve lugar no Rio Grande do Sul, onde, por influência das ideias positivistas, funcionou uma das primeiras escolas destinadas à formação de operários, o Instituto Parobé.

AS ARTES E OS OFÍCIOS: INDÚSTRIA DA CONSTRUÇÃO CIVIL E INDÚSTRIA DO MOBILIÁRIO

Em São Paulo, uma das primeiras experiências de ensino profissional é inaugurada, no início dos anos 80 do século XIX, com o Liceu de Artes e Ofícios, resultado da iniciativa de fazendeiros, profissionais liberais e empresários da construção civil que reorganizaram a antiga Sociedade Promotora da Instrução, a qual, até então, dedicava-se a ministrar cursos de alfabetização para as "classes menos favorecidas". No Liceu de Artes e Ofícios foram organizados cursos de Ciências Aplicadas e Artes, além de manter os antigos cursos de alfabetização. O curso de artes e ofícios somente tomou impulso em 1902, quando a escola muda-se para o novo prédio, próximo à Estação da Luz, onde oficinas de marcenaria e serralheria foram especialmente construídas, mas, mais do que a presença deste espaço de aprendizagem, os cursos ganham importância com a nova orientação imposta pelo seu diretor, o engenheiro-arquiteto Francisco de Paula Ramos de Azevedo, que ocupou o cargo de 1895 a 1928. A partir da gestão de Ramos de Azevedo, o Liceu ligou-se definitivamente à história da Escola Politécnica de São Paulo (1893). No primeiro momento por intermédio de Ramos de Azevedo que também foi diretor da Politécnica e, mais tarde, em 1923, por meio de Roberto Mange, professor da Politécnica e criador do curso de Mecânica Prática no Liceu.

A nova orientação imprimida por Ramos de Azevedo à formação do trabalhador volta-se para o ensino de artes e ofícios ligados diretamente ao setor da construção civil e das artes decorativas, em especial o mobiliário.

Combinava ensino profissional com a necessidade de trabalhadores talhados para os serviços exigidos pela expansão da cidade de São Paulo, pelo aumento no número de grandes obras públicas e de expressão arquitetônica, tais como os prédios do Tesouro do Estado, dos Correios e Telégrafos, do Teatro Municipal, da Biblioteca Municipal.

Na primeira década do século XX, inúmeros prédios públicos, destinados a abrigar as administrações públicas federal, estadual e municipal, como também edifícios particulares como bancos, companhias de seguros, escritórios das companhias de estrada de ferro, hotéis, clubes, casas comerciais têm seus projetos de construção executados por mestres, contramestres e trabalhadores saídos dos cursos do Liceu. Além disso, as oficinas do Liceu assumiam a responsabilidade da execução dos serviços de decoração do interior dos edifícios públicos e das residências da burguesia paulista. O mobiliário, os trabalhos em madeira e ferro, os lambris, as escadarias, os gradis, até mesmo as esquadrias, as fechaduras e dobradiças, passando ainda pela parte hidráulica, eram encomendados às oficinas do Liceu, que combinavam a execução destas encomendas com o processo de aprendizagem e a obtenção de receita para a manutenção da escola. Em 1910, o Liceu passa a oferecer cursos de canalizações e instalações hidráulicas e sanitárias. Com estes cursos, a aprendizagem cobriu quase todos os segmentos relativos à indústria da construção civil, restando apenas a parte relativa às instalações elétricas que somente mais tarde foi oferecida pelo Liceu.

É fácil compreender que esta orientação do ensino profissional do Liceu, empreendida por um dos maiores empresários da construção civil da cidade de São Paulo, Ramos de Azevedo, tem por objetivo atender o crescimento da cidade de São Paulo e de outras cidades do interior. A expansão da cidade exige trabalhadores qualificados em diferentes ofícios que compõem a atividade de construção civil. Embora o setor absorvesse um grande contingente de trabalhadores sem qualificação, ele não poderia prescindir de um núcleo de trabalhadores altamente qualificados com habilidade e virtuose para executar trabalhos em madeira e ferro dentro do estilo arquitetônico da época – o ecletismo paulista com pinceladas de *art-noveau*. As fachadas dos edifícios em alto relevo, os gradis em ferro torneado, desenhando florais e frutas; as esculturas, as pinturas decorativas, os entalhes na madeira etc., todos estes trabalhos exigiam mestres, exigiam habilidade do artista para combinar a arte com um dos materiais típicos da revolução industrial – o ferro. O processo de trabalho na construção civil e no mobiliário reunia distintas bases técnicas, as quais, por sua vez, exigiam níveis diferentes de qualificação do seu contingente de trabalhadores. Nele encontram-se as máquinas utilizadas nas fundações e escavações das construções e no mobiliário, a divisão manufatureira presidia as tarefas parceladas e especializadas e, por fim, os ofícios artesanais do acabamento e das artes decorativas exteriores e interiores de uma parte do mobiliário.

O alvo da aprendizagem do Liceu era o núcleo de trabalhadores que era preciso preparar para o exercício de um ofício completo em madeira ou em ferro, cuja formação assenta-se no desenho linear e geométrico.

A história do Instituto Técnico-Profissional Parobé, de Porto Alegre, de forma similar ao Liceu, está ligada à história da Escola de Engenharia, de Porto Alegre, e ao governo municipal, que tomou a iniciativa de conceder recursos financeiros para a fundação do instituto em 1906. A Escola de Engenharia de Porto Alegre foi fundada em 1896 por professores da Escola Militar; engenheiros militares e engenheiros civis formados na Escola Politécnica do Rio de Janeiro; na Escola Superior Técnica de Berlim (*Technishe Hochschule*), na *Ponts et Chaussées* de Paris e na Universidade de *Gand* da Bélgica. A maior influência veio da combinação do ideário positivista com a concepção de formação técnica da escola técnica superior de Berlim. Seus fundadores, inspirados em Comte, idealizaram o ensino profissional técnico e viabilizaram a sua implantação nos porões da Escola de Engenharia. Estes engenheiros militares e civis concebiam o ensino técnico profissional como um instrumento do desenvolvimento econômico, desde que suplantasse as formas rotineiras de realizar a produção, ou seja, a atividade econômica, e do progresso social, desde que acelerasse a incorporação do proletariado à sociedade moderna. João José Pereira Parobé, engenheiro civil e diretor da Escola de Engenharia, foi pioneiro na preocupação de formar mestres e contramestres capazes de cumprir com eficiência as determinações do corpo técnico das empresas quase sempre constituído por engenheiros. Portanto, não era de se estranhar que a própria escola de engenharia fosse a mais habilitada para definir o conteúdo da qualificação dos meninos pobres e filhos de operários, seguindo a demanda dos próprios engenheiros.

A experiência de ensino profissional do Instituto Parobé apresentou aspectos comuns à do Liceu, como a preocupação com a formação de trabalhadores nas "artes aplicadas ao edifício", manifestando a influência da expansão da cidade e dos engenheiros civis na escolha do ensino profissional fornecido pelo instituto. A aprendizagem estava orientada para ofícios ligados à construção civil e ao mobiliário, por exemplo, faziam parte do programa de ensino as construções metálicas e os trabalhos em madeira. O aluno qualificava-se para trabalhar com metais ou com madeira. As construções metálicas envolviam a aprendizagem de trabalhos ligados à construção da infraestrutura urbana, como instalação da rede de água, de gás, instalações sanitárias ligadas à rede de esgoto, etc. Durante a Primeira Grande Guerra, diante da impossibilidade de importar canos e peças de ferro fundido para a rede de esgotos e instalações sanitárias, a Intendência de Porto Alegre encomendou grande quantidade deste material ao Instituto Parobé. Os trabalhos ensinados aos alunos nas artes do edifício como modelagem em barro, escultura, pintura decorativa, trabalhos em estuque, revestimentos e ornatos eram dirigidos à construção civil e, por fim, os trabalhos em madeira como o de estofador, vimeiro, marceneiro, carpinteiro, tupieiro, escultor e torneiro, que além de atender a indústria da construção civil, servia ao ramo mobiliário e às artes decorativas de interiores.

Semelhante ao Liceu, o Instituto Parobé baseava o conteúdo da aprendizagem no desenho, sob o fundamento de que nas indústrias as ideias são representadas por desenhos, portanto é preciso saber desenhar e interpretar o desenho para poder expressar e executar as ideias. Ao lado do desenho, outro elemento da aprendizagem, presente também no Liceu, era o trabalho nas oficinas, o qual era obrigatório. As oficinas recebiam pedidos e encomendas públicas e particulares, tais como da Intendência Municipal, da Escola de Engenharia, de bancos, das casas comerciais para montagem de vitrines e mostruários, etc. O aluno era instruído para executar trabalhos mais simples desde a esquadria até as mais finas mobílias, cristaleiras, cômodas, estantes etc. Por fim, a aprendizagem fundia conhecimentos práticos com conhecimentos gerais que permitiam ao aluno especializar-se não na escola, mas na vida profissional, de acordo com sua vontade e circunstância.

O OFÍCIO DE MECÂNICO E AS OFICINAS DE MANUTENÇÃO DE MÁQUINAS E EQUIPAMENTOS

Se as indústrias do mobiliário e da construção civil exerciam uma demanda sobre um determinado núcleo de trabalhadores qualificados, o qual dificilmente era passível de ser encontrado no mercado ou mesmo de ser preparado no próprio local de trabalho, uma outra indústria irá lhes fazer companhia – a indústria metal-mecânica e, em especial, as pequenas oficinas mecânicas, que se espalhavam pela cidade, e as oficinas mecânicas de manutenção de máquinas e equipamentos instaladas nas próprias fábricas e nas ferrovias.

Para além da introdução do sistema de máquinas nas modernas fábricas mecanizadas, o dito "Quem tem ofício, tem benefício" permaneceu verdadeiro. A unidade fabril mecanizada não se tornou uma realidade homogênea a todos os setores industriais. Mesmo após a introdução da máquina-ferramenta ou/e do sistema de máquinas, determinados setores produtivos não puderam se libertar do trabalhador, cujo conhecimento imprimia um determinado sentido às ferramentas, transformando a matéria-prima bruta em objeto útil, antes projetado ou idealizado apenas mentalmente. Nestes setores, o processo de trabalho, mesmo tendo incorporado a máquina, não a tornou o núcleo central do modo de produzir, substituindo o trabalhador portador de conhecimento e destreza. Este é o caso, sem qualquer dúvida, do setor metal-mecânico, onde a introdução de máquinas-ferramentas não dispensou o trabalhador qualificado, o trabalhador capaz de ler o desenho da peça ou do objeto a ser fabricado, de interpretar tecnicamente, definindo as ferramentas a serem empregadas, de manuseá-las com habilidade, precisão e rapidez, e de produzir a mercadoria tal qual projetada.

A própria descrição do Curso de Mecânica, quer do Liceu quer do Parobé, corrobora com a ideia da permanência dos ofícios de base técnica artesanal, quando a contrasta com a descrição do Curso de Fiação e Tecelagem oferecido esporadicamente pelas escolas profissionais do Estado de São Paulo. Em que pese ser o setor têxtil o maior empregador de mão de obra, ele demandava relativamente um menor número de trabalhadores qualificados; os poucos trabalhadores qualificados que absorvia eram mecânicos de manutenção do sistema de máquinas que presidia do processo de produção: batedores, cardas, passadeiras, maçaroqueiras, fiandeiras, teares, etc. No Curso de Mecânica, as ferramentas eram os instrumentos de trabalho dominantes no processo de transformação da matéria-prima, logo a aprendizagem centrava-se na transmissão dos movimentos que o próprio aprendiz deveria imprimir aos meios de trabalho para a transformação da matéria bruta em um novo produto. O resultado final, a qualidade do produto acabado dependia da habilidade e da precisão do trabalhador. Já o Curso de Fiação e Tecelagem, o sistema de máquinas dominava integralmente o processo de trabalho, logo a aprendizagem orientava-se em instruir o aprendiz sobre o funcionamento e os movimentos do autômato. Como as interferências do trabalhador no processo de produzir eram mínimas, ou seja, os movimentos da máquina eram independentes do trabalhador, restava ao trabalhador vigiar e realimentar o autômato.

As distintas formas de intervenção do trabalhador no processo de trabalho determinavam distintos conteúdos e tempos na formação dos trabalhadores. A preparação do trabalhador mecânico exigia muito mais horas de aprendizagem e treinamento, maior profundidade de conhecimentos científicos e técnicos do que do trabalhador da fiação e tecelagem. Disso derivava a maior preocupação das escolas em fornecer cursos de mecânica do que de outros, como no caso da têxtil, cuja aprendizagem era facilmente absorvida no próprio local de trabalho.

As Escolas Profissionais do Estado de São Paulo, criadas em 1911, foram as primeiras a incluírem no currículo os Cursos de Mecânica e de Metalurgia. Estes eram ofícios que possuíam fortes vínculos com as necessidades colocadas pela grande indústria mecanizada, quando os instrumentos manuais foram substituídos por aparelhos mecânicos e feitos de metal, ao invés da madeira. Daí a necessidade das fábricas contarem com trabalhadores mecânicos e metalúrgicos para os serviços de reparação e manutenção da maquinaria e equipamentos.

Nas razões apontadas pelos representantes do governo paulista para a criação das escolas profissionais há temas que se cruzam, tais como a questão da nacionalização do mercado de trabalho, uma vez que o núcleo de trabalhadores qualificados era constituído basicamente por trabalhadores estrangeiros, a questão da formação da hierarquia social, uma vez que a incorporação do trabalhador nacional ao mundo industrial dependia da valorização das profissões técnicas e do combate ao preconceito em relação ao trabalho manual. A qualificação profissional era vista como sendo capaz de prover o trabalhador nacional de meios para concorrer com o estrangeiro. Sem instrução, o trabalhador nacional estava destinado a ocupar posições inferiores. Estas e outras referências à nacionalização do mercado de trabalho se repetiam nas publicações oficiais. Há, em algumas publicações, referências explícitas à situação privilegiada do trabalhador estrangeiro que, por dispor de habilidades e conhecimentos mecânicos e por não ter de enfrentar concorrência do trabalhador nacional, desfrutava de salários mais elevados.

A disponibilidade de trabalhadores com conhecimentos técnicos e habilidade para exercerem ofícios mecânicos era escassa. Em consequência, os cargos de mestres e contramestres eram ocupados preferencialmente por estrangeiros que exerciam tarefas de controle e supervisão do processo de trabalho, pois era menor ainda a disponibilidade de trabalhadores nacionais com preparo técnico. Isto contradiz a opinião generalizada na historiografia econômica sobre uma suposta oferta abundante de trabalhadores que comprimia os salários. Se pensarmos o mercado de trabalho de forma heterogênea, ou seja, com diferentes níveis de exigências de qualificação da força de trabalho é razoável pensar na possibilidade de escassez de trabalhadores nos segmentos de maior qualificação. Parece, portanto, que foi para ampliar a oferta desses trabalhadores e reduzir a pressão altista sobre a taxa salarial dos trabalhadores qualificados que os Cursos de Mecânica e Metalurgia foram criados nas escolas profissionais do estado de São Paulo.

O Curso de Mecânica compunha-se de uma parte teórica, formada pelas disciplinas Desenho, Física, Química, Português e Matemática, e uma parte prática, desenvolvida nas oficinas de ferraria, serralharia e forjaria; de fundição; de ajustagem e de fresagem. O curso tinha duração de três anos e visava, sobretudo, a formação do mecânico "integral". O aprendiz passava por todas as oficinas e não se especializava em nenhuma.

No Instituto Parobé, o Curso de Mecânica formava a segunda grande seção de aprendizagem que envolvia trabalhos ligados à construção mecânica de máquinas e equipamentos. O aprendiz passava por uma série de ofícios correlatos como o de modelador de fundição, modelador e fundidor, mecânico e ajustador, mecânico-construtor. Além destes ofícios, o aprendiz recebia lições teóricas e práticas de reparação e manutenção de máquinas; de eletrotécnica química e de eletrotécnica de máquinas, as quais compreendiam galvanostegia, galvanoplastia, galvanotipia e estereotipia.

Por volta de 1909-1910, o Instituto Parobé realizou uma reforma no trabalho realizado nas oficinas com vista a maior racionalização. Foram introduzidos cartões de bitola especial nos quais os alunos registravam o tempo de execução da obra e a quantidade de material utilizado. Este sistema de controle foi incorporado ao processo de aprendizagem por João Luderitz, engenheiro-chefe do Instituto Parobé. Durante o ano de 1908, Luderitz foi incumbido de viajar aos Estados Unidos e à Europa para visitar institutos congêneres, contratar pessoal técnico e adquirir equipamentos para a escola. A partir dos registros nos cartões, a escola podia comparar a capacidade produtiva de cada aluno e de cada oficina. Este era um primeiro ensaio de racionalização, porém ele era bastante limitado se for comparado com a proposta de racionalização, para os cursos de Mecânica Prática do Liceu de Artes e Ofícios e de ferroviários, elaborada por Roberto Mange.

A especialização, outro elemento da racionalização do processo produtivo e passível de ser absorvida pela aprendizagem, era criticada pela direção do Instituto Parobé e pela direção das Escolas Profissionais do estado de São Paulo. Estas instituições defendiam a formação do trabalhador integral.

Em 1913, o Instituto Parobé reconhecia os seus aprendizes como politécnicos e não especialistas. A direção da instituição constatava que em qualquer centro industrial adiantado exigia-se a especialização do trabalhador, porém, num país novo e de industrialização recente, faltava o trabalhador completo, portador de conhecimentos gerais e práticos de um ofício completo e não parcelado ou especializado. Na formação profissional do menino pobre e do filho do operário prevalecia, de acordo com a visão dos dirigentes do Instituto Parobé, a ideia de respeito às condições locais e às características do país. Por sua vez, o diretor da principal escola profissional do estado de São Paulo, a Escola Masculina do Brás, compartilhava da mesma opinião e defendia a educação integral, a formação do "trabalhador-cérebro" e imbuído de "ideias de perfeição" e de "ascensão pelo trabalho e para o trabalho".

Quer no Instituto Parobé quer nas escolas profissionais do estado de São Paulo sustentava-se a ideia de que com a instrução profissional integral, o trabalhador era capaz de adquirir independência e segurança em relação às mudanças e crises no mercado de trabalho. A especialização contrapunha-se a esta autonomia e independência. Talvez a coincidência da concepção de ensino profissional integral entre as duas instituições resultasse do fato de que, a rigor, era o Estado quem estava propiciando a instrução do trabalhador, em consequência ele visava a formação do cidadão e a sua inclusão na hierarquia social.

A experiência bem-sucedida de ensino industrial implementada por João Luderitz no Instituto Parobé lhe valeu o convite para presidir em âmbito nacional a reorganização do ensino profissional. Em 1920, Luderitz foi convocado pelo governo federal para dirigir o Serviço de Remodelação do Ensino Profissional Técnico. O Serviço de Remodelação foi um marco na estrutura do ensino técnico profissional de responsabilidade do governo federal. O ensino técnico profissional era ministrado pelas Escolas de Aprendizes e Artífices, mantidas pelo governo federal, desde 1909, e instaladas em cada uma das capitais do país. Até então, as Escolas de Aprendizes e Artífices seguiam as mesmas características do período Imperial e Colonial, sendo voltadas para a aprendizagem de ofícios artesanais, tais como alfaiates, sapateiros, marceneiros, com reduzida ligação com a indústria, e atendendo mais a objetivos assistenciais do que profissionais. Portanto, a remodelação foi o embrião da organização do ensino industrial sustentada no âmbito do governo federal destinada a atender à demanda do setor industrial por trabalhadores com qualificação. Ao longo dos anos, sucessivas reformas foram implementadas, buscando a adaptação dos objetivos do ensino industrial às necessidades impostas pela diversificação e pela maior complexidade da estrutura industrial do país.

Ilustração 1 – Aula de ginástica na Escola Senai do Brás, 1946
Fonte: De homens e máquinas – 1: Roberto Mange e a formação profissional.
São Paulo: Senai, 1991, p. 88.

ENSINO INDUSTRIAL E A RACIONALIZAÇÃO DO TRABALHO

Nos anos de 1920, o ensino profissional de mecânico começou a mudar. Em 1923, o Liceu de Artes e Ofícios abria um Curso de Mecânica estimulado pelas ideias de Roberto Mange de formar cientificamente o trabalhador mecânico. A crítica de Mange ao ensino profissional dirigia-se ao forte peso atribuído às disciplinas da parte teórica e à concepção de formação completa do trabalhador mecânico. No Curso de Mecânica Prática, Mange pôs em prática suas concepções sobre a aprendizagem científica e racional. Ele defendia a necessidade de mecânicos, que desenvolvessem seu trabalho de forma acurada, perfeita e rápida, para promover a expansão da atividade industrial, mas, sobretudo, compensar a redução da jornada de trabalho imposta pelo Tratado de Versalhes, a qual, embora socialmente desejável, poderia trazer consequências economicamente indesejáveis. Portanto, para o professor de Mecânica da Escola Politécnica de São Paulo, era preciso preparar trabalhadores que executassem seu trabalho de modo a eliminar todo e qualquer movimento inútil e que produzissem mais em um menor tempo de trabalho.

Segundo Mange (1932), os trabalhadores com conhecimento prático adquirido no local de trabalho e o trabalhador estrangeiro, dito qualificado, eram inadequados à expansão da indústria, pois ambos executavam seus trabalhos repetindo uma série de vícios e perdiam tempo com movimentos desnecessários, por isso, no Curso de Mecânica Prática, a aprendizagem concentrou-se em transmitir ao trabalhador o modo mais perfeito e rápido de executar um determinado trabalho. Este, sim, era o "artífice formado de modo racional" e verdadeiramente adequado à indústria. A ideia de instrução racional, concebida por Mange, pressupunha, como precondição para o êxito da aprendizagem, a seleção de aprendizes, por meio da avaliação psicotécnica para detectar as aptidões profissionais dos candidatos ao ensino de mecânica. Ao defender a seleção, como um elemento da racionalização, Mange argumentava que na indústria, na agricultura e na pecuária selecionava-se a melhor matéria-prima, a melhor semente e a melhor espécie de animal, portanto a aprendizagem racional devia partir da seleção do aprendiz, escolhendo aquele que apresentasse as melhores aptidões para exercer determinada profissão. Um Laboratório de Psicotécnica foi pela primeira vez instalado nas dependências do Liceu de Artes e Ofícios para promover a seleção dos aprendizes.

O Curso de Mecânica Prática acabou sendo o primeiro ensaio da aprendizagem racional. Nos anos 1930, a aprendizagem racional consolidou-se com a instalação dos Cursos para Ferroviários da Estrada de Ferro Sorocabana e das demais empresas ferroviárias de São Paulo, os quais foram ministrados nas Escolas Profissionais do estado de São Paulo. Nas cidades onde funcionavam escolas profissionais e oficinas mecânicas das estradas de ferro foram instalados cursos especiais para ferroviários, assim, os cursos foram instalados em Sorocaba (Estrada de Ferro Sorocabana), Campinas (Estrada de Ferro Mogiana) e Rio Claro (Companhia Paulista de Estradas de Ferro). Nas cidades onde funcionavam somente as oficinas mecânicas das ferrovias, mas não existiam Escolas Profissionais, foram criados Núcleos de Ensino Ferroviário, anexo às oficinas ferroviárias: Jundiaí (Companhia Paulista de Estradas de Ferro); Araraquara (Estrada de Ferro Araraquarense); Bauru (Estrada de Ferro Noroeste do Brasil); Cruzeiro e Pindamonhangaba (Estrada de Ferro Central do Brasil).

Embora os cursos funcionassem nas escolas profissionais, subordinadas, a partir de 1934, à Superintendência da Educação Profissional e Doméstica, órgão da Secretaria da Educação e Saúde Pública do estado de São Paulo, a coordenação e orientação do ensino e da seleção eram ditadas pelo Centro Ferroviário de Ensino e Seleção Profissional, CFESP, órgão

15. O ensino industrial: memória e história 221

Ilustração 2a – Aprendizes ferroviários e sua locomotiva
Fonte: *De homens e máquinas – I: Roberto Mange e a formação profissional.*
São Paulo: Senai, 1991, p. 106.

Ilustração 2b – Em Rio Claro, os alunos do curso ferroviário assistem a uma aula de desenho
Fonte: *De homens e máquinas – I: Roberto Mange e a formação profissional.*
São Paulo: Senai, 1991, p. 107.

criado sob os auspícios do governo estadual, Secretarias da Educação e Saúde Pública e da Viação e Obras Públicas, das ferrovias, Sorocabana, Mogiana, Paulista, Inglesa (São Paulo Railway) e Central do Brasil. A concepção e a proposta de funcionamento do CFESP foram feitas por Mange, que contou com a colaboração do Instituto de Organização Racional do Trabalho, Idort.

A parceria entre as escolas profissionais e as empresas ferroviárias estabelecia que cabia às primeiras ministrar as disciplinas de conhecimentos gerais e às segundas as aulas práticas e os estágios nas suas oficinas. Entretanto, as aulas práticas, a aprendizagem e o treinamento nas oficinas das ferrovias ganharam maior peso no ensino ferroviário. Nas oficinas, os aprendizes executavam peças que eram aproveitadas na construção ou reparação do material rodante. O método de aprendizagem resultou, de acordo com testes realizados, em redução do tempo de aprendizagem, na intensificação do trabalho e no aumento da produtividade da mão de obra. Na verdade promovia-se a racionalização do processo produtivo das oficinas ferroviárias, por meio da renovação do seu quadro de trabalhadores com a contratação dos aprendizes egressos dos cursos de ferroviários.

O primeiro elemento do processo de racionalização do ensino e do trabalho nas oficinas ferroviárias era o CFESP concebido como órgão responsável pelo estudo do parcelamento do ofício de mecânico e pelo recrutamento científico de trabalhadores pelo método psicotécnico. O ofício de mecânico era dividido em operações simples e repetitivas, eliminando-se os movimentos desnecessários e reduzindo o tempo do não trabalho. Com o processo de fragmentação do ofício em operações, o poder que perdiam os mestres e contramestres das oficinas, ganhavam os engenheiros na concepção do modo de produzir, na supervisão e no controle do trabalho. O engenheiro tornava-se a nova figura pensante do processo de produção, o organizador e coordenador do processo racional e científico do trabalho e o mentor do despojamento do trabalho do empirismo e das idiossincrasias dos mestres e contramestres. Não é de estranhar, portanto, que foram engenheiros e professores da Escola Politécnica de São Paulo e da Escola de Engenharia de Porto Alegre: Antonio Francisco de Paula Souza, João José Pereira Parobé, João Luderitz e Roberto Mange, os primeiros a elaborarem estudos e ensaios sobre racionalização do trabalho, fisiologia do trabalho e psicotécnica.

Uma história e uma tradição, no plano internacional, já cercavam a conexão entre a profissão de engenheiro e a racionalização da organização industrial, que remontavam aos anos finais da grande depressão, década de 1880 do século XIX, quando tem lugar o processo de formação das grandes empresas industriais norte-americanas. Os conhecimentos dos engenheiros passaram a ser requisitados para os estudos dos problemas da organização dentro da fábrica e da estrutura organizacional dessas empresas que espalhavam geograficamente suas unidades produtivas e de prestação de serviços, assumindo a feição multidivisional e, mais tarde, multinacional.

A inovação empreendida pelo engenheiro Frederick W. Taylor consistiu na introdução das ideias da engenharia à organização dentro da fábrica. Ele não se preocupou com as questões relativas à estrutura organizacional das empresas. O que era novo na sua abordagem era a extensão dos fundamentos da engenharia e da racionalização à análise e ao controle das atividades das pessoas dentro da fábrica. O problema básico era a falta de coordenação e controle por parte da empresa para evitar o atraso e o desperdício e, desta forma, reduzir os custos. De modo geral, estes problemas resultavam da falta de registro de procedimentos que era, na maioria das vezes, mantido apenas na memória dos mestres e contramestres das oficinas. As oficinas mecânicas das ferrovias e as empresas metalúrgicas foram as primeiras a adotar registros de procedimentos. Nestes registros eram anotados os materiais empregados, os salários e o tempo gasto em realizar a tarefa. Semelhantes registros foram introduzidos por João Luderitz no Instituto Parobé; embora fossem na unidade de ensino, a pretensão era criar uma cultura entre os jovens aprendizes para prosseguir tais métodos na oficina da fábrica.

Taylor observou que nas empresas os mestres anotavam os procedimentos estipulados por eles próprios. Assim, o procedimento era controlado inteiramente pelos mestres. O que fez Taylor foi aperfeiçoar o procedimento, sustentando que a redução dos custos e as economias na produção não deveriam ser baseadas na experiência passada ditada pelos mestres, mas sobre um padrão cientificamente determinado, por meio do detalhamento da análise das tarefas e do estudo dos tempos e dos movimentos. O esforço de Taylor foi determinar cientificamente o padrão de tempo e produção, deslocando as figuras mais importantes do processo produtivo até então, o mestre e o contramestre, e, no lugar deles, colocando os engenheiros, os mais capazes cientificamente de proceder à análise das tarefas, o estudo dos tempos e movimentos e o estabelecimento de padrões de tempo e de produção.

É possível encontrar na racionalização preconizada por Mange alguns dos princípios da administração científica *taylorista*, embora a experiência do ensino ferroviário não seja uma cópia fiel destes princípios. Há outras influências principalmente vindas da organização das ferrovias alemãs. A ideia do CFESP assemelha-se à ideia de Taylor do departamento – do *staff* de engenheiros responsáveis pelo estudo do ofício, da sua fragmentação e dos métodos de ensino e de seleção dos aprendizes. Os procedimentos na execução de uma determinada peça, que antes passava dos mestres para o operário, são apropriados pelo CFESP que passa a reter o conhecimento e a estabelecer o modo cientificamente correto de execução.

Um segundo elemento da racionalização – a especialização – era realizado por meio da formação do trabalhador com o domínio de uma função restrita ou de uma fração do ofício, não se trata mais da formação do mecânico integral, mas do trabalhador parcial – o ajustador; torneiro-fresador torna-se o operador mecânico; o caldeireiro-ferreiro desdobrou-se em vários ofícios especializados: caldeireiro-cobre, caldeireiro-ferro, ferreiro-modelador e fundidor, etc. Há uma evidente tendência à desqualificação com a especialização e, consequentemente, o tempo de aprendizagem se reduz.

A especialização como um segundo elemento formador da racionalização preconizada por Mange era um objetivo distinto daquele concebido no Instituto Parobé e nas Escolas Profissionais do estado de São Paulo, onde se defendia a formação integral do trabalhador, o domínio de um ofício completo.

As ferrovias foram as primeiras a adotar o método racional de aprendizagem e a racionalização do trabalho. Por que nas ferrovias? Dentro do setor metal-mecânico o segmento mais importante eram as ferrovias que, sem dúvida, representavam as grandes empresas dentro da estrutura industrial brasileira daquele período. A descentralização das empresas ferroviárias com oficinas mecânicas na cidade de São Paulo e espalhadas nas cidades do interior do estado tornava a necessidade de uniformização dos procedimentos ainda maior. Ao lado desta razão objetiva para a racionalização estava a necessidade de mão de obra qualificada, principalmente de mecânicos. As oficinas mecânicas das ferrovias representavam a seção vital do serviço ferroviário – sem elas não era possível realizar a manutenção e a reparação das locomotivas e dos vagões, sem elas o transporte ferroviário parava. Logo, elas dependiam mais do que qualquer outra indústria metal-mecânica desse contingente de trabalhadores.

Nos anos 1940, a concepção e a prática de ensino industrial desenvolvidas pelo CFESP dos anos 1930 orientadas por Roberto Mange ganharam amplitude e desdobramentos quando teve início o processo de criação de

15. O ensino industrial: memória e história

uma nova estrutura de ensino industrial. A matriz sobre a qual os formuladores do Serviço Nacional de Aprendizagem Industrial, Senai, se debruçaram para pensar a nova instituição estava nos Cursos para Ferroviários e no CFESP.

À semelhança de João Luderitz que nos anos 1920 exerceu um papel fundamental na remodelação do ensino profissional ministrado no âmbito do governo federal, Roberto Mange também teve um papel preponderante na definição da estrutura de ensino industrial, agora não mais sob o controle do governo federal, mas sob o controle patronal.

O Senai foi criado pelo governo Vargas, em 1942, em convênio com a Confederação Nacional da Indústria e imprimiria um caráter mais abrangente e racional ao ensino industrial, voltando-se para atender a demanda por trabalhadores qualificados exigida pela modernização e expansão industrial do pós-II Grande Guerra e do *boom* de crescimento industrial centrado na indústria metal-mecânica e petroquímica até a crise internacional que se seguiu aos anos 1970 do século passado e não encontrou sua solução.

Ilustração 3a – Curso de aprendizagem em tecelagem no Belenzinho – Senai
Fonte: De homens e máquinas – I: Roberto Mange e a formação profissional.
São Paulo: Senai, 1991, p. 134.

Ilustração 3b – Curso de aprendizagem em marcenaria na Barra Funda – Senai
Fonte: *De homens e máquinas – I: Roberto Mange e a formação profissional.*
São Paulo: Senai, 1991, p. 134.

Ilustração 3c – Aprendizagem de artes gráficas na oficina do Belenzinho – Senai
Fonte: *De homens e máquinas – I: Roberto Mange e a formação profissional.*
São Paulo: Senai, 1991, p. 135.

REFERÊNCIAS

BUARQUE DE HOLLANDA, Sérgio. *Raízes do Brasil.* Rio de Janeiro: J. Olympio, 1976, p. XIX a XXX e cap. IV [Prefácio de Antonio Candido].

CAETANO, C.G. Qualificação e ferrovias – A experiência das Escolas Profissionais Ferroviárias (1920-1945). In: RIBEIRO, M.A.R. (org.). *Trabalhadores urbanos e o ensino profissional.* Campinas: Unicamp, 1986, p. 225-308.

CHANDLER JR., A.D. *The visible hand* – The Managerial Revolution in American Business. Massachusetts: Harvard University Press, 1977, p. 272-283.

_____. *Strategy and structure* – Chapters in history of the American Industrial Enterprise. 8. ed. Massachusetts, Massachusetts Institute of Technology, 1993, p. 317-318.

GITAHY, M.L.C. Qualificação e urbanização em São Paulo: a experiência do Liceu de Artes e Ofícios (1873-1934). In: RIBEIRO, M.A.R. (org.). *Trabalhadores urbanos e o ensino profissional.* Campinas: Unicamp, 1986, p. 20-118.

GONZAGA, A. "O ensino profissional para homens: observações, inferências e ação". *Revista da Educação,* vol. 1, n. 1, 1923, p. 44-46. São Paulo.

NAGLE, J. *Educação e sociedade na Primeira República.* São Paulo/Rio de Janeiro: EPU/Fund. Nacional do Material Escolar, 1974, p. 163-175.

RIBEIRO, M.A.R. Qualificação da força de trabalho: a experiência das Escolas Profissionais do Estado de São Paulo (1911-1942). In: RIBEIRO, M.A.R. (org.). *Trabalhadores urbanos e o ensino profissional.* Campinas: Unicamp, 1986, p. 119-223.

_____. *Condições de trabalho na indústria paulista (1870-1930).* Campinas/São Paulo: Unicamp/Hucitec, 1988.

SÃO PAULO/Secretaria da Agricultura, Indústria e Comércio. *Estatística Industrial do Estado de São Paulo, 1928 a 1937.*

STEPHANOU, M. *Forjando novos trabalhadores* – A experiência do ensino técnico-profissional no Rio Grande do Sul (1890-1930). Porto Alegre: UFRGS/Faculdade de Educação, 1990, p. 292-295, 304-307, 365-369 [Dissertação de mestrado em Educação].

LEITURAS COMPLEMENTARES

ANTONACCI, M.A. *A vitória da razão (?)* – O Idort e a sociedade paulista. São Paulo: Marco Zero/CNPq, 1993.

CUNHA, L.A. "O ensino de ofícios manufatureiros em arsenais, asilos e liceus". *Forum Educacional*, 3, jul./1979. Rio de Janeiro.

_____. "O Senai e a sistematização da aprendizagem industrial". *Síntese*, 22, mai.-ago./1981, p. 83-111. Rio de Janeiro.

CUNHA, L.A. *O ensino de ofícios artesanais e manufatureiros no Brasil escravocrata*. São Paulo/Brasília: Unesp/Flacso, 2000.

_____. *O ensino de ofícios nos primórdios da industrialização*. São Paulo/Brasília: Unesp/Flacso, 2000.

_____. *O ensino profissional na irradiação do industrialismo*. São Paulo/Brasília: Unesp/Flacso, 2000.

NAGLE, J. *Educação e sociedade na Primeira República*. São Paulo/Rio de Janeiro: EPU/Fund. Nacional do Material Escolar, 1974, p. 163-175.

SANTOS, J.A. A trajetória da educação profissional. In: LOPES, E.M.T. et al. *500 anos de educação no Brasil*. Belo Horizonte: Autêntica, 2000.

16
O ENSINO MÉDIO AO LONGO DO SÉCULO XX: UM PROJETO INACABADO

Marise Nogueira Ramos

Neste capítulo discutiremos as principais mudanças pelas quais passaram a educação secundária e o Ensino Médio no século XX, especialmente a partir da década de 1930, mediante uma aproximação com as leis da educação brasileira. Olhando-as para além de seu caráter formal, poderemos identificar sujeitos políticos e ideias pedagógicas que estiveram em disputa pela definição do sentido e dos propósitos desse grau de escolaridade. Disputa esta orientada por interesses de classes e mediada pelas características do desenvolvimento da economia capitalista em nosso país, conformando culturas e sociabilidades cujas normas e valores estão presentes na organização dos sistemas e no cotidiano das instituições de ensino.

Aqui, somente indicaremos as contradições que marcam a organização do Ensino Médio ao longo desse século, sem apronfundá-las. A exposição limita-se a uma visão histórica concisa da evolução desse grau de ensino em nosso país, no período demarcado. De uma certa forma, as ideias expostas podem se configurar um roteiro metodológico que auxilie na delimitação do objeto de estudo nos tempos aqui abordados.

O ENSINO MÉDIO NA DÉCADA DE 1930: A PRETENSÃO DE UMA ORGANICIDADE

Antes da reforma educacional implementada por Francisco Campos em 1931, cuja normatividade é consagrada pela Constituição de 1934, a política do ensino secundário voltava-se para as escolas oficiais, de modo geral escolas públicas. O Estado tinha o monopólio sobre o acesso ao ensino superior, mediante os exames "de preparatório" e "de madureza". A reforma modificou o caráter de interferência da União, distinguindo-se da política educacional da Velha República.

Se a velha tradição republicana era de subalternizar o compromisso da União com o ensino secundário, tendo-se apenas o Colégio Pedro II como referência oficial, a partir da reforma Campos o governo federal definitivamente compromete-se com esse grau de ensino, dando-lhe conteúdo e seriação própria. O rompimento do monopólio estatal de acesso ao ensino superior deu amplitude à política de oficialização das escolas privadas, desde que cumprissem com a regulamentação da União e se submetessem ao controle federal. Criou-se, dessa forma, uma política educacional especialmente voltada para o ensino secundário como um todo.

Foi com esta reforma, portanto, que o ensino secundário adquiriu organicidade, caracterizando-se por um currículo seriado e pela frequência obrigatória, com dois ciclos, um fundamental e outro complementar. A habilitação no ensino secundário tornou-se exigência para o ingresso no ensino superior.

O caráter enciclopédico dos currículos manteve a característica elitista desse ensino. Os ramos profissionais foram ignorados, criando-se dois sistemas independentes. Ainda que se tenha regulamentado o ensino profissional comercial, nenhuma relação entre eles foi estabelecida. No momento em que a ideologia do desenvolvimento começava a ocupar espaço na vida econômica e política do país, sequer houve qualquer preocupação consistente com o ensino técnico, científico e profissional, oficializando-se o dualismo configurado por um segmento enciclopédico e preparatório para o ensino superior e outro profissional independente e restrito em termos da configuração produtiva e ocupacional.

DA LEI ORGÂNICA À PRIMEIRA LEI DE DIRETRIZES E BASES DA EDUCAÇÃO NACIONAL: CONCILIAÇÕES CONSERVADORAS

A Lei Orgânica do Ensino Secundário (1942), promulgada durante o Estado Novo, na gestão do Ministro Gustavo Capanema, acentuava a velha tradição do ensino secundário acadêmico, propedêutico e aristocrático. Predominava a função propedêutica voltada para o ensino superior, sob a égide da Constituição de 1937, que fortaleceu o ensino privado. Juntamente com esta, o conjunto de leis orgânicas que regulamentou o ensino profissional nos diversos ramos da economia, bem como o ensino normal, significou um importante marco na política educacional do Estado Novo. Entretanto, se havia organicidade no âmbito de cada um desses segmentos, a relação entre eles ainda não existia, mantendo-se duas estruturas educacionais paralelas e independentes.

Somente a Constituição de 1946 apontou para a necessidade de uma regulamentação educacional abrangente, mediante a elaboração de uma Lei de Diretrizes e Bases da Educação Nacional. Esta, entretanto, só veio a ser aprovada treze anos depois (Lei n. 4.024/61), adiando-se o debate mais abrangente sobre os principais problemas educacionais e a formulação de diretrizes para sua resolução.

O projeto de Lei de Diretrizes e Bases da Educação Nacional entrou para a pauta do Congresso em 29 de outubro de 1948, data em que se comemorava o aniversário de queda de Getúlio Vargas e do Estado Novo. Tendo sofrido vários retornos à Comissão de Educação e Cultura, o texto em debate foi substituído por um projeto de Carlos Lacerda, apresentado em 1958, que incorporava os interesses dos estabelecimentos particulares de ensino. As discussões travadas em torno do projeto foram marcadas pelo conflito entre escola pública e escola particular. Não obstante à hegemonia do pensamento privatista, o crescimento da procura pelo ensino secundário entre significativos contingentes da população urbana que não tinham condições de arcar com os custos do ensino privado fez com que as pressões se concentrassem sobre os governos dos Estados da Federação. O atendimento a essas reivindicações provocou intenso processo de criação de escolas secundárias públicas estaduais.

Uma outra polarização também orientou as discussões. Tratava-se da tendência que considerava insuficientes todas as propostas até então formuladas porque não davam atenção à vinculação da educação ao desenvolvimento brasileiro. As críticas salientavam a necessidade de o projeto criar as condições para a construção de um sistema de ensino voltado para a realidade e as necessidades do desenvolvimento brasileiro.

Não obstante, o texto convertido em lei em 1961 representou uma "solução de compromisso" entre as principais correntes em disputa, não correspondendo plenamente às expectativas de nenhuma das partes envolvidas no debate.

Para o Ensino Médio, o fato mais relevante foi a equivalência entre este e o ensino profissional. Organizado em dois ciclos – o ginasial de 4 anos e o colegial de 3 anos –, ambos compreendiam o ensino secundário e o ensino técnico (industrial, agrícola, comercial e de formação de professores).

A partir disto, os concluintes do colegial técnico podiam se candidatar a qualquer curso de nível superior. Quebrou-se, também, a rigidez das normas curriculares, abrindo-se a possibilidade de os Estados e os estabelecimentos anexarem disciplinas optativas ao currículo mínimo estabelecido pelo Conselho Federal de Educação.

Alguns sinais da equivalência já haviam sido dados em 1953, quando foram definidos os cursos superiores nos quais alunos formados no ensino técnico industrial poderiam se candidatar. Esses deveriam ter cursado algumas disciplinas de caráter geral ou certificado sua aprovação em exames dessas mesmas disciplinas em estabelecimentos de ensino federal ou equiparado. Tais cursos eram os de engenharia, química, arquitetura, matemática, física e desenho. A equivalência estabelecida pela Lei n. 4.024/61 veio, então, conferir maior homogeneidade escolar a este campo e, ainda, um caráter mais universal ao ensino técnico.

OS ENSINOS MÉDIO E TÉCNICO NO CONTEXTO DO BRASIL COMO POTÊNCIA MUNDIAL EMERGENTE

No período que se inicia com o golpe civil-militar de 1964, observamos predominar a preocupação com o atendimento, pelo ensino, das demandas criadas pelas transformações do sistema econômico. Motivado pela perspectiva do "milagre econômico" e pelo projeto "Brasil como potência emergente", num quadro de concentração de capital, internacionalização da economia e contenção de salários, especialmente a formação técnica assumiu um importante papel no campo das mediações da prática educativa. Em 1965 é criada a Equipe de Planejamento do Ensino Médio (Epem) no âmbito do Ministério da Educação. Sua existência é paralela ao Programa Intensivo de Formação de Mão de Obra (PIPMO), desenvolvido pelo Ministério do Trabalho. Enquanto este último voltava-se à preparação de operários qualificados, a Epem destinava-se a assessorar os Estados na formulação de planos para o Ensino Médio.

Era grande a influência norte-americana nesse programa, através dos acordos assinados com a *United States Aid International Development* (Usaid) e com o Conselho de Cooperação Técnica da Aliança para o Progresso (Contap). A intenção era ampliar ao máximo as matrículas nos cursos técnicos e promover uma formação de mão de obra acelerada e nos moldes exigidos pela divisão internacional do trabalho. No Plano Estratégico de Desenvolvimento (1967), no qual se previa o fim da recessão, uma das linhas de ação era:

dar prioridade à preparação de recursos humanos para atender aos programas de desenvolvimento nos diversos setores, adequando o sistema educacional às crescentes necessidades do país, principalmente no que se refere à formação profissional de nível médio e ao aumento apreciável da mão de obra-qualificada (BRASIL, M.P., Plano Estratégico do Desenvolvimento, apud MACHADO, 1989: 53).

Nesse contexto, o ponto de maior impacto no ensino secundário foi a reforma de 1971. A Lei n. 5.692, de 11/08/1971, colocou como compulsória a profissionalização em todo o ensino de 2º grau. Essas medidas foram significativas da prática economicista no plano político que, concebendo um vínculo linear entre educação e produção capitalista, buscou adequá-la ao tipo de opção feita por um capitalismo associado ao grande capital. A contradição que aparece nesse quadro, porém, é a crescente função propedêutica do ensino técnico contrapondo-se ao propósito contenedor de acesso ao Ensino Superior.

O ensino técnico, realmente, assumiu uma função manifesta e outra não manifesta. A primeira, a de formar técnicos; a segunda, a de formar candidatos para os cursos superiores. Diferentemente do período pré-industrial, nessa fase o projeto de ascensão da classe média não se dava mais pelas iniciativas individuais em pequenos negócios, mas deslocou-se para a hierarquia das burocracias públicas ou privadas. Portanto, se numa etapa de desenvolvimento incipiente o curso universitário significava o coroamento de uma trajetória social de condições socioeconômicas estáveis e consolidadas, na etapa de industrialização acelerada e de concentração de renda esse curso passou a ser condição necessária para a possibilidade de ascensão social. A Lei n. 5.692/71 carregou em si a função de conter essa demanda mesmo que tal propósito não apareça claramente.

Com este espírito, no âmbito do Departamento de Ensino Médio do MEC foram instituídos os Programas de Desenvolvimento do Ensino Médio (Prodem), objetos de contratos de empréstimo com o Banco Mundial (Bird), tendo por finalidade tratar dos aspectos mais complicados da reforma promovida em 1971.

O primeiro projeto foi a semente germinadora dos Centros Federais de Educação Tecnológica. Nele constava a construção, equipamento, mobiliário e preparação de recursos humanos relativos a seis Centros de Engenharia de Operação, todos vinculados a Escolas Técnicas Federais. O projeto, nitidamente voltado para conter a demanda por vagas nas universidades, tratou da formação de técnicos de nível superior que se situariam entre o técnico de nível médio e o engenheiro de formação tradicional.

Um segundo projeto foi desenvolvido com o objetivo de implantar colégios agrícolas, centros interescolares, colégios integrados, além de escolas técnicas dos Serviço Nacional de Aprendizagem Industrial e Serviço Nacional de Aprendizagem Comercial (Senai e Senac), visando ao aumento de 40.000 matrículas. Um terceiro foi ainda dirigido para o Norte e o Nordeste, envolvendo o 1º grau, mediante a implantação de centros interescolares e colégios integrados.

Observamos, assim, que na década de 1970 as reformas educacionais fizeram parte do mito da economia planificada. Os I e II Planos Nacionais de Desenvolvimento espelham a determinação dos governos da ditadura militar em implementar o desenvolvimento acelerado, com influência crescente da máquina estatal. As políticas se delinearam com a intenção de criar condições para o país enfrentar a competição econômica e tecnológica modernas. A entrada das multinacionais no país era significativa e as principais fontes de financiamento eram o Banco Mundial e o Banco Interamericano de Desenvolvimento (BID).

Essas circunstâncias levaram a uma política ainda mais contundente de formação de recursos humanos e qualificação acelerada de trabalhadores. Esse é o período em que a Teoria do Capital Humano é mais difundida e que tomam força os princípios da economia da educação.

O discurso utilizado para sustentar o caráter manifesto de formar técnicos construiu-se com base nas necessidades do mercado de trabalho e no intuito de possibilitar aos jovens que não ingressavam nas universidades a opção pela vida economicamente ativa imediatamente após a conclusão do 2º grau. Ocorre que este último argumento não condizia com o projeto de ascensão social da classe média, que rejeitou a função contenedora do ensino técnico. Consequência disto foram as medidas de ajustes curriculares nos cursos profissionais – oficialmente reconhecidas nos pareceres do Conselho Federal de Educação – e, finalmente, a extinção da profissionalização obrigatória no 2º grau pela Lei n. 7.044 em 1982.

A LUTA PROGRESSISTA DOS ANOS 1980 E A VITÓRIA CONSERVADORA DOS ANOS 1990: DA NOVA LDB À REFORMA CURRICULAR NO ENSINO MÉDIO E TÉCNICO

Fechando-se o ciclo da ditadura civil-militar, a mobilização nacional para a transição democrática levou, ainda que lentamente, à instalação do Congresso Nacional Constituinte em 1987.

Do lado da estrutura governamental, a preocupação com o ensino secundário voltava-se, mais uma vez, para contornar a pressão por vagas no ensino superior e para o ajuste da formação às necessidades educativas trazidas pela incipiente modernização das bases técnica e de gestão do trabalho. Nesse contexto, um fato marcante foi o Programa de Melhoria e Expansão do Ensino Técnico do Governo Sarney que pretendia, com empréstimo do Banco Mundial, implantar novas duzentas escolas técnicas no país. Este projeto, longe de atingir sua meta, levou a uma expansão relativa da rede federal de ensino.

Do lado da sociedade civil, a comunidade educacional organizada se mobilizava fortemente em face do tratamento a ser dado à educação na Constituição, antes mesmo da instalação da Assembléia Constituinte.

Em relação ao Ensino Médio, um importante avanço era sinalizado no sentido de um tratamento unitário à educação básica que abrangesse desde a Educação Infantil até o Ensino Médio, este como a última etapa. O debate teórico travado pela comunidade educacional, especialmente dentre aqueles que investigavam as relações entre Trabalho e Educação, afirmava a necessária vinculação da educação à prática social e o trabalho como princípio educativo.

Se o saber tem uma autonomia relativa face ao processo de trabalho do qual se origina, o papel do Ensino Médio deveria ser o de recuperar a relação entre o conhecimento e a prática do trabalho. Isto significaria explicitar como a ciência se converte em potência material no processo de produção. Assim, seu horizonte deveria ser o de propiciar aos alunos o domínio dos fundamentos das técnicas diversificadas utilizadas na produção, e não o mero adestramento em técnicas produtivas. Não se deveria, então, propor que o ensino médio formasse técnicos especializados, mas sim politécnicos.

Politecnia diz respeito ao "domínio dos fundamentos científicos das diferentes técnicas que caracterizam o processo de trabalho moderno" (SAVIANI, 2003: 140). Nessa perspectiva, o Ensino Médio deveria se concentrar nas modalidades fundamentais que dão base à multiplicidade de processos e técnicas de produção existentes.

Esta era uma concepção radicalmente diferente do 2º grau profissionalizante, "em que a profissionalização é entendida como um adestramento a uma determinada habilidade sem o conhecimento dos fundamentos dessa habilidade e, menos ainda, da articulação dessa habilidade com o conjunto do processo produtivo" (SAVIANI, 1997: 40).

Portanto, o ideário da politecnia buscava romper com a dicotomia entre educação básica e técnica, resgatando o princípio da formação humana em sua totalidade. Em termos epistemológicos e pedagógicos, esse ideário defendia um ensino que integrasse ciência e cultura, humanismo e tecnologia, visando ao desenvolvimento de todas as potencialidades humanas. Por essa perspectiva, o objetivo profissionalizante não teria fim em si mesmo nem se pautaria pelos interesses do mercado, mas constituir-se-ia numa possibilidade a mais para os estudantes na construção de seus projetos de vida, socialmente determinados, culminada com uma formação ampla e integral.

Com isto se fazia a crítica radical ao modelo hegemônico do ensino técnico de nível médio implantado sob a égide da Lei n. 5.692/71, centrada na contração da formação geral em benefício da formação específica. Especialmente no ensino industrial, conhecimentos das áreas de Ciências Sociais e Humanas e, eventualmente, das Linguagens, tinham pouca relevância na formação dos estudantes. Sob um olhar pragmático, caso o estudante viesse a trabalhar ou a prosseguir os estudos na área em que se habilitou tecnicamente, e suas experiências de vida não desafiassem seus conhecimentos naquelas áreas, pouco se sentiam tais lacunas de formação. Outros estudantes, porém, ao tomarem diferentes rumos, acabavam tendo que supri-las por meio de estratégias as mais diversificadas.

Em face dessa realidade e buscando resgatar a função formativa da educação, os projetos originais da nova LDB insistiam que o Ensino Médio, como etapa final da educação básica, seria composto de, pelo menos, 2.400 horas. A formação profissional, que nunca substituiria a formação básica, poderia ser acrescida a este mínimo e prepararia o estudante para o exercício de profissões técnicas.

O projeto de uma nova LDB foi apresentado pelo deputado Octávio Elíseo em dezembro de 1988, dois meses depois de promulgada a Constituição, incorporando as principais reivindicações dos educadores progressistas, inclusive referentes ao ensino médio. O longo debate foi atravessado pela apresentação de um novo projeto pelo Senador Darcy Ribeiro e este foi o texto aprovado em 20/12/1996, como Lei n. 9.394.

No espírito dos princípios defendidos pelos educadores progressistas organizados, a Lei apresentou pelo menos três marcos conceituais importantes para a estrutura educacional brasileira: 1) o alargamento do significado da educação para além da escola; 2) uma concepção também mais ampliada de educação básica, nela incluindo o ensino médio; 3) como consequência do anterior, a caracterização do ensino médio como etapa final da educação básica, responsável por consolidar e aprofundar os conhecimentos adquiridos pelo educando no ensino fundamental, possibilitando o prosseguimento de estudos, a inserção no mundo do trabalho, bem como o exercício da cidadania. O Ensino Médio foi considerado, ainda, como o responsável pelo aprimoramento do educando como pessoa humana e pela promoção da compreensão dos fundamentos científico-tecnológicos dos processos produtivos. Sendo assim, ele deveria destacar a educação tecnológica básica, a compreensão do significado da ciência, das letras e das artes; o processo histórico de transformação da sociedade e da cultura; a língua portuguesa como instrumento de comunicação, acesso ao conhecimento e exercício da cidadania (Lei n. 9.394/96, art. 35 e 36).

A educação nacional ficou organizada pelo regime de colaboração entre os entes federados, responsáveis por seus sistemas de ensino. Isto no lugar de um Sistema Nacional de Educação, reivindicado pelos educadores. Ao explicitar as respectivas competências, a lei colocou o Ensino Médio como incumbência prioritária dos estados.

Com algumas conquistas, o texto aprovado, na verdade, foi uma lei *minimalista*, que permitiu uma onda de reformas na educação brasileira, dentre as quais esteve a realizada pelo Decreto n. 2.208/97. Este decreto regulamentou a educação profissional e sua relação com o Ensino Médio. O ensino técnico, passando a ter organização curricular própria e independente do ensino médio, não teve mais um conjunto de habilitações regulamentadas como fazia o Parecer do CFE n. 45/72. Regulamentaram-se áreas profissionais mais abrangentes e flexíveis. O que se observou com este movimento, porém, não foi tanto uma ruptura com o modelo produtivista de ensino médio, tão bem representado pela Lei n. 5.692/71; mas sim uma atualização de diretrizes curriculares à nova divisão social e técnica do trabalho.

Somada às reformas estruturais, a política curricular desenvolveu-se com a participação do Conselho Nacional de Educação, no sentido de promover uma "renovação conservadora"; isto é, aquela afinada aos preceitos da flexibilidade e do individualismo que tomaram espaço nas sociedades, sob a égide do neoliberalismo econômico e da cultura pós-moderna, ao final do século XX.

Contraditoriamente, a LDB e, mais especificamente, as regulamentações que a seguiram buscaram conferir uma identidade ao Ensino Médio, com a função clara de desenvolver a pessoa humana por meio da preparação básica para o trabalho e o exercício da cidadania, remetendo o ensino técnico – sua antiga vertente profissionalizante – a cursos isolados. A educação profissional foi regulamentada como modalidade própria de ensino, independente dos níveis escolares, porém com eles articulados.

Um comparação com o projeto de LDB original da Câmara nos permite ver que naquele estava previsto que o ensino médio, *mediante ampliação da sua duração e carga horária global,* poderia incluir objetivos adicionais de educação profissional. Independentemente da regulamentação de outras, ficariam definidas as modalidades Normal e Técnica, como áreas de educação profissional que poderiam ser oferecidas pelas instituições de ensino médio em todo o país. Essas, quando dedicadas exclusivamente a uma das modalidade, usariam a denominação de *Escola Normal* e *Escola Técnica*. Estava explícito que a formação técnico-profissional seria acessível a todos e não substituiria a educação regular.

O fato é que a identidade do ensino médio, conferida formalmente por decreto como etapa da educação básica desvinculada da educação profissional, desconsiderou a realidade do modelo econômico brasileiro, com sua carga de desigualdades decorrentes das diferenças de classe e de especificidades resultantes de um modelo de desenvolvimento desequilibrado.

O Parecer da Câmara de Educação Básica do Conselho Nacional de Educação n. 15/98 e a respectiva Resolução n. 3/98 vieram dar forma às diretrizes curriculares para o ensino médio como indicações para um acordo de ações. Para isso, apresentou princípios axiológicos, orientadores de pensamentos e condutas, bem como princípios pedagógicos, com vistas à construção dos projetos pedagógicos pelos sistemas e instituições de ensino.

Os princípios axiológicos defendidos pelo Parecer eram coerentes com a orientação da Unesco apresentada no relatório da Reunião Internacional sobre Educação para o século XXI. Esse documento apresenta as quatro grandes necessidades de aprendizagem dos cidadãos do próximo milênio, às quais a educação deve responder: aprender a conhecer, aprender a fazer, aprender a conviver e aprender a ser. Na reforma educacional brasileira, a mesma orientação se objetivou nos seguintes princípios: a estética da sensibilidade, a política da igualdade, a ética da identidade.

Esses princípios foram embasados na ideia de uma nova relação das pessoas com a ciência. Os conhecimentos científicos, tecnológicos e sócio-históricos, com particular destaque para as formas de comunicação e de gestão dos processos sociais e produtivos, deixariam de ser demandas unicamente da acumulação capitalista, para serem pressupostos da própria vida em sociedade, em que as relações sociais são cada vez mais mediadas pela tecnologia e pela informação. Ao mesmo tempo, o trabalho passa a exigir do sujeito mais do que conhecimentos, mobilizando também aspectos da sua própria subjetividade.

Sob a lógica capitalista, porém, essa convergência foi desafiada pela retração massiva dos empregos e pela configuração do mercado de trabalho nas sociedades atuais, que levaram à degradação das relações de trabalho. Analisado sob o ângulo da educação, o paradoxo esteve no fato de a necessária síntese entre educação para a cidadania e educação para o trabalho se confundirem justamente no momento em que o mercado de trabalho passou a reservar espaço para poucas pessoas.

Do ponto de vista curricular, o Ensino Médio foi organizado em áreas de conhecimento correspondentes aos seus propósitos: Ciências da Natureza e Matemática; Ciências Humanas; Linguagens e Códigos; todas elas incluindo a dimensão tecnológica que estrutura ou se deriva do respectivo objeto de conhecimento.

A noção de competência tomou centralidade nas orientações curriculares. As competências a serem desenvolvidas no estudo de cada uma das áreas de conhecimento foram descritas pelas Diretrizes Curriculares Nacionais. O Ministério da Educação publicou, ainda, os Parâmetros Curriculares Nacionais, de caráter não obrigatório, que enunciaram as competências básicas associadas a cada disciplina. O Exame Nacional do Ensino Médio (Enem) propôs-se a avaliar o desenvolvimento dessas competências baseando-se em indicadores de desempenhos.

Outro contrato de empréstimo foi assinado com o BID, visando à implantação da reforma, agora como Promed – Programa de Melhoria e Desenvolvimento do Ensino Médio, voltado para o desenvolvimento de políticas nacionais de Ensino Médio e para o apoio aos sistemas estaduais de ensino na respectiva implementação.

Em síntese, a reforma do Ensino Médio promoveu mudanças de ordem estrutural e conceitual. No primeiro caso, as formulações estiveram em sintonia com as orientações das agências internacionais, especialmente o BID, tendo como espinha dorsal a separação entre Ensino Médio e educação profissional, tanto na forma das matrículas quanto das instituições, configurando-se escolas próprias para cada uma das modalidades.

Cultivando a ideia de que o modelo produtivo exigiu que os trabalhadores tivessem conhecimentos e habilidades adequados à sua adaptação ao trabalho flexível, do ponto de vista pedagógico a reforma conferiu forte ênfase às dimensões cognitiva e comportamentalista da educação, negligenciando-se suas dimensões epistemológicas e sociopolíticas. Sob o prisma metodológico, a ênfase recaiu sobre o experimentalismo. Um debate com tal complexidade não foi apreendido pelos educadores, posto que isto exigiria uma incursão teórico-metodológica não empreendida pela política oficial, dados os limites de seus objetivos.

CONCLUSÕES: A TENDÊNCIA PENDULAR DO ENSINO MÉDIO E AS PERSPECTIVAS DE SUPERAÇÃO DIALÉTICA

Na primeira metade do século XX, o Ensino Médio foi fortemente marcado pela dualidade de um sistema que se voltava para as elites e outro para as classes populares. A não equivalência entre os cursos secundários e os técnicos, associada aos currículos enciclopédicos dos primeiros, era a expressão concreta de uma distinção social mediada pela educação. Com a industrialização crescente, especialmente a partir de meados desse século, a dualidade foi mantida. Acentuou-se, porém, sua função de preparar as pessoas para o ingresso no mercado de trabalho, fazendo predominar sua função profissionalizante, em permanente tensão com a função propedêutica. Tal fenômeno fez com que a dualidade se verificasse mais em relação ao momento de ingresso e à posição a ser ocupada na divisão social e técnica do trabalho do que por oposição a outras perspectivas sociais.

Enquanto vigorou o projeto nacional-desenvolvimentista e a certeza do pleno emprego, preparar para o mercado de trabalho foi realmente a principal finalidade do Ensino Médio, ainda que o acesso ao ensino superior fosse facultativo e altamente demandado. Com a crise dos empregos e mediante um novo padrão de sociabilidade capitalista, caracterizado pela desregulamentação da economia e pela flexibilização das relações e dos direitos sociais, a possibilidade de desenvolvimento de projetos pessoais integrados a um projeto de nação e de sociedade tornou-se significativamente frágil.

Nesse contexto, se não se faz possível preparar para o mercado de trabalho, dada a sua instabilidade, dever-se-ia preparar para a "vida". Esta foi a tônica adquirida pelo Ensino Médio a partir da Lei n. 9.394/96. Sob um determinado ideário que predominou em nossa sociedade nos anos 1990, preparar para a vida significava desenvolver competências genéricas e flexíveis, de modo que as pessoas pudessem se adaptar facilmente às incertezas do mundo contemporâneo. Em nenhuma das perspectivas anteriores o projeto de Ensino Médio esteve centrado na pessoa humana. Em outras palavras, sua função formativa esteve historicamente subsumida às funções propedêutica e profissionalizante.

Não obstante, o art. 22 da LDB colocou o aprimoramento da pessoa humana como uma das finalidades da educação básica. Isto implicaria retirar o foco do mercado de trabalho, seja ele estável ou instável, e voltá-lo para os sujeitos. Não sujeitos abstratos e isolados, mas sujeitos singulares cujo projeto de vida se constrói pelas múltiplas relações sociais, na perspectiva da emancipação humana, que só pode ocorrer à medida que os projetos individuais entram em coerência com um projeto social coletivamente construído.

Diante disto, concluímos que a discussão sobre as finalidades do Ensino Médio não se esgotou juntamente com a transição para o novo século. Também ainda não se compreenderam plenamente os fundamentos que lhe dão sentido: sujeitos e conhecimentos. Sujeitos que têm uma vida, uma história e uma cultura. Que têm necessidades diferenciadas, mas conquistaram direitos universais. Conhecimentos que são construídos socialmente ao longo da história, constituindo o patrimônio da humanidade, cujo acesso é um direito de todos. No horizonte permaneceu a necessidade de se construir um projeto de Ensino Médio que supere a dualidade entre formação específica e formação geral e que desloque o foco de seus objetivos do mercado de trabalho para a pessoa humana.

REFERÊNCIAS

CUNHA, Luiz Antonio C.R. *Política educacional no Brasil* – A profissionalização no ensino médio. 2. ed. Rio de Janeiro: Eldorado, 1977.

DELORS, Jacques. *Educação*: um tesouro a descobrir. São Paulo/Brasília: Cortez/MEC/Unesco, 1998.

FÁVERO, Osmar (org.). *A educação nas constituintes brasileiras (1983-1988)*. Campinas: Autores Associados, 1996.

MACHADO, Lucília. *Educação e divisão social do trabalho*. 2. ed. São Paulo: Cortez, 1989.

RAMOS, Marise N. *Do ensino técnico à educação tecnológica*: (a)-historicidade das políticas públicas dos anos 90. Niterói: UFF, 1995.

ROMANELLI, Otaíza. *História da educação no Brasil*. 19. ed. Petrópolis: Vozes, 1997.

SAVIANI, Dermeval. *A nova lei da educação: LDB* – Trajetória, limites e perspectivas. Campinas: Autores Associados, 1997.

_____. *Política e educação no Brasil*. 2. ed. São Paulo/Campinas: Cortez/Autores Associados, 1988.

_____. "O choque teórico da politecnia". *Trabalho, Educação e Saúde*, vol. 1, n. 1, mar./2003, p. 131-152. Rio de Janeiro.

Legislação citada

Constituição da República dos Estados Unidos do Brasil, de 16/07/1934.

_____. de 10/11/1937.

_____. de 18/09/1946.

_____. de 05/10/1988.

Leis do ensino

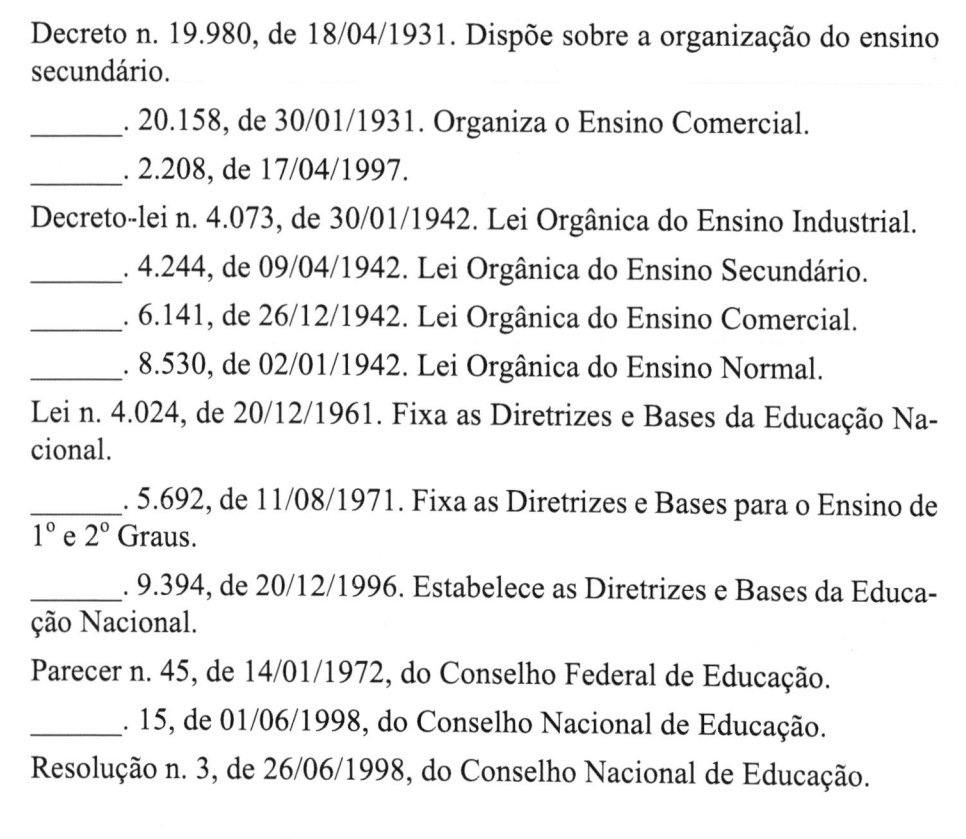

Decreto n. 19.980, de 18/04/1931. Dispõe sobre a organização do ensino secundário.

_____. 20.158, de 30/01/1931. Organiza o Ensino Comercial.

_____. 2.208, de 17/04/1997.

Decreto-lei n. 4.073, de 30/01/1942. Lei Orgânica do Ensino Industrial.

_____. 4.244, de 09/04/1942. Lei Orgânica do Ensino Secundário.

_____. 6.141, de 26/12/1942. Lei Orgânica do Ensino Comercial.

_____. 8.530, de 02/01/1942. Lei Orgânica do Ensino Normal.

Lei n. 4.024, de 20/12/1961. Fixa as Diretrizes e Bases da Educação Nacional.

_____. 5.692, de 11/08/1971. Fixa as Diretrizes e Bases para o Ensino de 1º e 2º Graus.

_____. 9.394, de 20/12/1996. Estabelece as Diretrizes e Bases da Educação Nacional.

Parecer n. 45, de 14/01/1972, do Conselho Federal de Educação.

_____. 15, de 01/06/1998, do Conselho Nacional de Educação.

Resolução n. 3, de 26/06/1998, do Conselho Nacional de Educação.

LEITURAS COMPLEMENTARES

ABRAMOVAY, Miriam & CASTRO, Mary Garcia. *Ensino Médio*: múltiplas vozes. Brasília: Unesco/MEC, 2003.

AGUIAR, Márcia Ângela da S. et al. *O Ensino Médio e a reforma da educação básica*. Brasília: Plano, 2002.

CUNHA, Luiz Antonio C.R. *Educação brasileira*: projetos em disputa. São Paulo: Cortez, 1995.

FRIGOTTO, Gaudêncio e CIAVATTA, Maria. *Ensino Médio*: ciência, cultura e trabalho. Brasília: MEC, 2004.

RAMOS, Marise N. *A pedagogia das competências*: autonomia ou adaptação. São Paulo: Cortez, 2001.

RODRIGUES, José. *Educação politécnica no Brasil*. Rio de Janeiro: Edusf, 1998.

17
A EDUCAÇÃO E O MUNDO DO TRABALHO: DA SOCIEDADE INDUSTRIAL À SOCIEDADE PÓS-INDUSTRIAL

Paolo Nosella

> *A máquina invade, cada vez mais, o campo de ação do operário manual.*
> *Levando o sistema às suas últimas consequências, a função do trabalhador se tornará cada vez mais intelectual.*
> *Reivindiquemos então para os trabalhadores um ensino que não só os salve do embotamento mas, acima de tudo, os instigue a encontrar o meio de comandar a máquina, ao invés de serem eles a máquina comandada* (Anthime Corbon, operário, vice-presidente da Assembleia Constituinte de 1848).

A ideia central deste capítulo é a seguinte: no século XXI esvai-se a demarcação entre trabalho e tempo livre. O primeiro invade o território do segundo e vice-versa. O homem não está ainda preparado para viver as novas formas de produzir e de relaxar; cabe à educação prepará-lo. Propostas, nesse sentido, estão sendo elaboradas pelos educadores.

Esta tese será desenvolvida em três pontos: a história da questão; a caracterização da sociedade do século XXI; o novo estatuto pedagógico.

A HISTÓRIA

Trezentos anos antes de Cristo, Aristóteles criticava a educação espartana. Esparta, argumentava o filósofo, só ensina a arte dos negócios e da guerra, mas não educa a juventude para o gozo da liberdade, isto é, para o exercício das virtudes da sabedoria e da filosofia. E se, em tempo de guerra, as escolas espartanas foram excelentes formadoras de profissionais militares, em tempo de paz entram em decadência porque desconhecem a virtude do ócio. Conclui o filósofo:

> A coragem e tenacidade são necessárias aos negócios, a filosofia é necessária ao lazer (ócio). Um Estado interessado a ser feliz deve possuir essas qualidades morais, pois se é ignominioso para os homens serem incapazes de usar os bens da vida é ainda mais ignominioso serem incapazes de usufruir do lazer. De fato, embora se mostrem bons nos negócios e na guerra, na paz e no lazer se comportam como se fossem escravos (ARISTÓTELES, 1334a).

A civilização ocidental, desde seus primórdios, foi marcada pela dicotomia entre o mundo da necessidade (negócios e guerra) e o mundo da liberdade (ócio e filosofia), os homens da ação e os da contemplação, os homens escravos e os livres, os incluídos (na cidadania) e os excluídos.

A oposição entre o ócio e o trabalho marca decisiva presença na literatura grega, desde suas origens. Hesíodo dirige ao seu irmão Perses o famoso poema *Os trabalhos e os dias*, polemizando contra o ócio em favor do trabalho: "Se no íntimo do teu ânimo desejares riquezas, assim fazes: trabalhas, trabalhas, trabalhas" (HESÍODO, *Os trabalhos e os dias*, versículo 381). Para Homero, como se sabe, a sociedade é composta dos cidadãos livres que lutam e falam e dos escravos que servem. Platão e Aristóteles, inclusive, teorizam e justificam a dicotomia entre a alma e o corpo, entre trabalho (prática) e ócio (teoria), entre os livres e os escravos. Assim, o estigma desta dualidade marcará toda a cultura ocidental greco-latina.

A tradição hebraico-cristã reforça o dualismo: de um lado (ou em cima) existe o paraíso do Éden, da graça e do ócio e, de outro (ou embaixo), o vale de lágrimas, do pecado e do trabalho: "Com o trabalho penoso tirarás da terra o alimento todos os dias de tua vida e comerás o pão com o suor da tua fronte" (Gn 3,17-18). A dicotomia entre céu e terra repercute em todas as esferas da sociedade: na família, na igreja, na escola, na ciência, etc. Quem não lembra, por exemplo, a emblemática cena evangélica das duas irmãs, Marta e Maria, a receberem o Senhor em sua casa?

> Maria sentou-se aos pés do Senhor e escutava sua palavra. Marta, pelo contrário, andava atarefada com muito serviço. Deteve-se esta então e disse: "Senhor, não te importas que minha irmã tenha-me deixado só a servir? Diz-lhe, pois, que me ajude!" Mas o Senhor respondeu-lhe: "Marta, Marta, inquietas-te e te confundes com muitas coisas; uma só coisa é necessária. Maria escolheu, de fato, a melhor parte, que não lhe será tirada" (Lc 10,39-42).

É uma cena que representa, clara e didaticamente, a oposição entre as "duas partes": de um lado, a contemplativa; de outro, a ativa.

A nítida distinção entre os homens das *épea* (palavras) e os das *erga* (ações) continuará durante a Idade Média, refletindo-se, por exemplo, até mesmo na distinção entre as ordens religiosas contemplativas e as ativas, entre as ordens religiosas dos doutores e as dos mendicantes. O lema beneditino *Ora et labora* (reze e trabalhe), ao tentar aproximar e integrar as atividades contemplativas às úteis, em vão atenuou essa profunda contraposição. Uma intransponível linha de sombra continuará, na civilização ocidental, separando o mundo da liberdade do mundo da necessidade; o mundo do ócio do mundo dos negócios; os cavaleiros dos camponeses.

A modernidade, ao se contrapor à sociedade medieval, tentou valorizar o trabalho manual, declarando-o objeto e fundamento da ciência e da filosofia modernas. Miguel de Cervantes, em seu clássico romance *Dom Quixote de la Mancha*, ironiza sobre a dicotomia entre matéria e espírito, corpo e alma, serviços braçais e atividades teóricas, através das figuras do destemido cavaleiro Dom Quixote, que representava o "nobre" mundo do espírito, e a do modesto escudeiro Sancho Pança, que representava o "mesquinho" dia a dia das necessidades.

O conhecimento científico moderno propunha-se a valorizar as atividades industriais nas quais o espírito e as mãos executam, conjuntamente, operações segundo regras objetivas, positivas, teórico-práticas. O Iluminismo criticou a dicotomia entre artes liberais e artes mecânicas explicando que a suposta superioridade daquelas nada mais era que um reflexo da injusta exclusão social:

> Essa superioridade das artes liberais é, sem dúvida, injusta em vários sentidos. [...] Como as artes mecânicas dependem de uma operação manual e estão escravizadas – se permitem este termo – a uma espécie de rotina, foram abandonadas àqueles dentre os homens que os preconceitos colocaram na classe inferior. [...] Mas a sociedade, respeitando com justiça os vários gênios que a iluminaram, não deve aviltar as mãos que a servem (DIDEROT & D'ALEMBERT, 1989).

A Revolução Industrial pareceu, por um momento, realizar o antigo sonho dos humanistas de integrar o trabalho intelectual e o trabalho manual. Sobretudo a automação liquidaria, pensava-se, a milenar separação entre a maioria dos homens que necessitam trabalhar e a minoria isenta do trabalho. Assim, o antigo dualismo seria, finalmente, eliminado, anulando-se o mais penoso dos dois opostos: a fadiga, o trabalho pesado, o suor. Veja-se o que o presidente da Assembleia Constituinte de 1848 escrevia:

> A máquina invade, cada vez mais, o campo de ação do operário manual. Levando o sistema às suas últimas consequências, a função do

trabalhador se tornaria cada vez mais intelectual. Este ideal me agrada muito. [...] Reivindiquemos então para os trabalhadores um ensino que não só os salve do embotamento mas, acima de tudo, que os instigue a encontrar o meio de comandar a máquina, ao invés de serem eles a máquina comandada (CORBON, apud FRIEDMANM, 1964: 7).

Trata-se do "milagre" a que hoje estamos, admirados e assustados, assistindo: as fábricas se esvaziam, as escolas se multiplicam. Desmorona aos poucos a sociedade operária que a modernidade criara e a ideologia socialista defendera. É um sonho ou um pesadelo? Sobre o tema, escreve a filósofa Hannah Arendt:

> O progresso científico e as conquistas da técnica serviram para a realização de algo com que todas as eras anteriores sonharam e nenhuma pôde realizar. Mas esse milagre, por milênios esperado, ao realizar o desejo, transforma-se num pesadelo, como sucede nos contos de fada (1985: 12).

Atualmente, o otimismo iluminista com relação ao fato de que a indústria possibilitaria uma nova cultura integrando as artes liberais e as artes mecânicas é frequentemente contestado. Um grande trauma nos imobiliza: a constatação de que vivemos numa sociedade de trabalhadores sem trabalho, diante da qual estamos despreparados, vítimas de uma trágica sensação de ruína e desagregação. A tentativa da modernidade de integrar as mentes e as mãos resultou em novas e mais cruéis formas de exclusão: a maioria dos homens não só ficou sem a liberdade do lazer e, também, sem a fadiga do trabalho: simplesmente homens inúteis, excedentes, excluídos.

De fato, se para criarmos os instrumentos do progresso científico e da técnica, educamos no passado o homem trabalhador e forjamos a sociedade do trabalho, hoje estamos cinicamente dispensando o trabalhador de existir. Isto é, por cerca de trezentos anos, durante o século XVIII, XIX e XX, elaboramos a ética e a pedagogia do trabalho, difundindo a ideia "burguesa" de que a igualdade de base entre os homens se assentava na laboriosidade industrial que "igualava" até mesmo empresários e operários. Hoje, entretanto, a sociedade pós-industrial e virtual destrói esses valores, impõe novos, enaltecendo, por exemplo, o ócio historicamente tão abominado pela sociedade do trabalho.

A SOCIEDADE PÓS-INDUSTRIAL E VIRTUAL

Os conceitos de sociedade pós-industrial e virtual referem-se à mesma realidade, mas de pontos de vista diferentes. Isto é, são dois conceitos sinônimos e diferentes ao mesmo tempo.

17. A educação e o mundo do trabalho: da sociedade industrial...

Vejamos: ambos referem-se às sociedades destas duas últimas décadas do século XX que vivem o pico da evolução científico-tecnológica. Mas enquanto os teóricos do pós-industrialismo destacam a evolução da produção material, a atenção dos analistas da sociedade virtual se direciona à subjetividade humana enquanto usuária dos bens materiais-virtuais.

Os primeiros afirmam que a história evoluiu por uma tríplice transformação: a produção rural, a industrial e, finalmente, a pós-industrial.

A primeira, a rural, centrada na terra e nos seus proprietários, foi a mais longa. A segunda, a industrial, iniciou aproximadamente no final do século XVII. As referências cronológicas são, obviamente, relativas, pois no Brasil, por exemplo, a fase rural perdura até hoje subjacente à industrial e à pós-industrial. A sociedade industrial, durante todo o século XIX e quase todo o século XX, produziu bens industriais em grande escala. Os novos protagonistas da economia e do poder eram os proprietários das indústrias. Nesta fase, mesmo quando se produziam e consumiam produtos rurais, o homem o fazia de forma industrial, isto é, transformou a terra de meio de produção em simples matéria-prima. Os camponeses expulsos das terras industrializadas e não absorvidos pelas indústrias urbanas formaram as periferias e as favelas das grandes cidades. Finalmente, a terceira fase da evolução das formas produtivas, a sociedade pós-industrial, prioriza a produção de bens imateriais, em escala mundial ou global. Referimo-nos à produção de serviços, de informação, de estética, de símbolos e valores:

> Assim como a sociedade industrial absorvera os bens rurais excluindo porém a mão de obra camponesa, a sociedade pós-industrial está absorvendo os bens industriais mas exclui a mão de obra operária, substituindo-a pelos computadores e pelos robôs. [...] Esta última transformação foi determinada pelo desenvolvimento tecnológico e científico: informática, novos materiais, o laser, as fibras óticas, a biotecnologia, a farmacologia, a medicina, etc. (DE MASI, 1999: 2).

O impacto social mais importante determinado por esta terceira fase, a pós-industrial, é o fenômeno do desenvolvimento sem trabalho, melhor diríamos, sem trabalhadores. Em outras palavras, atualmente as riquezas aumentam e os trabalhadores diminuem. Consequentemente, aumentam o tempo livre e os lazeres.

Os analistas da sociedade virtual dirigem sua atenção à nova subjetividade humana. O homem virtual não se define com base no tradicional conceito de homem da sociedade industrial. O homem virtual não é propriamente o desempregado, o que ficou sem função industrial, pois a subjetividade virtual não é simplesmente a face negativa da subjetividade industrial, mas se estrutura no manuseio dos produtos virtuais.

Os estudiosos que se utilizam do conceito de virtual partem do pressuposto que nesta sociedade importa menos a função essencial dos produtos e mais a função simbólica ou a virtualidade dos mesmos. Assim, por exemplo, o fato dos relógios marcarem as horas com precisão não é mais um fato importante, porque isso já foi tecnicamente assimilado. O que importa hoje é o valor simbólico do relógio, expresso pelo seu *design*. O mesmo se diga dos carros ou de outros produtos industriais. Até mesmo os computadores e os demais produtos imateriais, antes de serem instrumentos, que funcionam ou menos, são forjadores de novos sujeitos sociais, de novos valores e relações. Exemplo: moldam o indivíduo virtual, a família virtual, grupos de colegas virtuais, amizades virtuais, amor virtual, escolas virtuais, divulgações virtuais, símbolos, imagens, aspirações, projetos virtuais, etc.

O sociólogo Domenico de Masi (Universidade de Roma) elabora seus estudos e suas análises pautando-se no conceito de pós-industrialismo; o sociólogo Silvio Scanagatta (Universidade de Padova) prefere pautar-se no conceito de virtualidade. Aqui preferimos utilizar os dois pontos de vista, porque, como é fácil perceber, são complementares. Mas apresentam possibilidades, e também limitações específicas. Por exemplo, o conceito de pós-industrialismo pauta-se ainda, como referência teórica última, na noção de produção industrial. O conceito de virtualidade, de outro lado, privilegia a subjetividade dos países avançados, em detrimento dos menos avançados e dos emergentes. A questão mais importante, para os estudiosos da virtualidade, não é o fim do trabalho, e sim o surgimento das novas subjetividades que, dizem, sofrem, ao contrário, o traumático fenômeno do fim do tempo livre. Com efeito, o tradicional espaço do pós-trabalho está sendo invadido pelas atividades relacionadas à crescente produção difusa, contínua, infinita. Nem o lar, nem o clube, nem as férias permanecem, para os homens virtuais, incólumes aos compromissos e à necessidade de vencer a concorrência desenfreada: os computadores, a internet, o telefone celular, o lap-top são fragmentos das novas empresas que invadem o tempo livre dos executivos e dos funcionários. Diminuindo certo tipo de fadiga física, aumenta o estresse; o trabalho e o tempo livre se mesclam: se de um lado a fadiga do trabalho diminuiu, de outro a tranquilidade do tempo livre do trabalho acabou.

Os dois pontos de vista confluem na tese da necessidade de uma integração humana e orgânica do trabalho e do tempo livre. Essa integração continua sendo a proposta, o sonho e o desafio do pensamento humanista.

É preciso reconhecer que o paradigma do trabalho como princípio pedagógico pagava forte tributo à ética da sociedade do trabalho. Atualmente, a perspectiva da integração do trabalho e do tempo livre torna-se próxima e imperativa. Como, todavia, traduzir pedagogicamente a integração trabalho e tempo livre? É uma questão fundamental para os educadores do século XXI.

Antes das conclusões, porém, o leitor permita um paralelismo histórico. O trauma que a nossa sociedade sofre com a destruição de milhões de empregos e com o consequente aumento de milhões de desempregados faz lembrar a vida dos homens de mil anos atrás, na passagem do primeiro para o segundo milênio. Qual era o maior trauma da humanidade do ano 999? Era o medo do além. Embora muitos outros medos existissem, o medo da exclusão eterna ou da condenação ao inferno era certamente o maior trauma daquela geração: a literatura e as artes o confirmam. Nunca se pintaram, se esculpiram ou se descreveram figuras humanas tão desesperadas como no século X. Pois bem, saber como nossos ancestrais reagiram diante do medo da exclusão do paraíso pode se tornar exercício instrutivo para nós que vivemos, no início do terceiro milênio, aterrorizados pelo medo da exclusão da cidadania do consumo. Mil anos atrás os homens se protegeram do medo da exclusão eterna de duas maneiras: uma conservadora, imediatista e paliativa; a outra de longo prazo, inovadora e definitiva. A primeira solução, a paliativa, consistiu em produzir algumas "garantias", espirituais, naturalmente, contra a exclusão. Foram criadas, assim, inúmeras formas de indulgências para consolar os homens amedrontados prometendo-lhes a inclusão no paraíso após a morte. Na época, criou-se até o purgatório, lista de espera e de penas para reduzir o número dos excluídos para sempre.

A segunda solução, de longo prazo, profunda, foi oferecida pela filosofia moderna que desconstruiu a dicotomia entre o mundo imanente e o transcendente, entre o aquém e o além, entre a natureza e Deus, entre o sujeito e o objeto. A filosofia moderna lançava os fundamentos de uma sociedade absolutamente nova. Giordano Bruno, entre muitos, foi uma vítima emblemática dessa filosofia, segundo a qual o mundo do aquém e o mundo do além não se contrapõem, mas se fundem e se imbricam. Deus, o paraíso, o inferno, são dimensões espirituais ou virtuais da nossa vida e da nossa realidade, não são realidades estanques justapostas.

Mil anos mais tarde, sabemos que as garantias oferecidas pelas indulgências só enriqueceram as instituições eclesiásticas e erigiram suas suntuosas basílicas, enquanto a filosofia moderna aliviou muitas angústias e criou os Estados modernos. Nosso desafio é análogo: como superar a exclusão do emprego, o fim do trabalho e do tempo livre? Podemos, simplesmente, reproduzir os tradicionais empregos da sociedade industrial. Melhor seria, porém, reconstruir um novo conceito de "emprego" que integre trabalho e tempo livre. Estamos, assim, diante de uma nova sociedade onde, felizmente, a fadiga física e até mesmo a fadiga intelectual ocuparão um espaço cada vez menor.

Obviamente, uma sociedade livre da fadiga física e intelectual não se generaliza de repente, nem a passagem da sociedade industrial para a sociedade pós-industrial se dá repentina e mecanicamente. O conceito iluminista de Revolução foi marcado pela influência da tradição judaico-cristã, particularmente o conceito marxiano de Revolução enquanto passagem (Páscoa) da sociedade capitalista para a socialista ou do reino da necessidade (do mercado) para o reino da liberdade (do planejamento socialista).

Na década de 1930, Gramsci criticou essa visão dualista e determinista. O reino da liberdade não é justaposto ao da necessidade, nem começaria quando esse cessasse, isto é, *para além* ou *após* a economia burguesa. Segundo Gramsci, a marxiana fórmula da passagem "do reino da necessidade para o reino da liberdade", que relacionava, mecânica e dicotomicamente, necessidade e liberdade, já fora superada pela filosofia moderna que a substituiu com a fórmula "fazer de necessidade liberdade", ou "necessidade e liberdade historicamente compenetradas". Em suma, ao invés de um processo de justaposição histórica, haverá um processo de simbiose histórica. Consequentemente, a meta-histórica passagem do trabalho como fadiga bruta para o ócio como mero descanso seria substituída pela simbiose do trabalho criativo com o ócio produtivo.

A comparação entre os traumas dos homens do início do segundo milênio, assustados pela possibilidade da exclusão do paraíso metafísico, e o trauma dos homens de hoje, assustados pela exclusão do emprego, permite tirar uma importante lição: embora, às vezes, não se devam desprezar soluções paliativas, pois frequentemente aliviam sofrimentos desnecessários, a solução profunda e de longo prazo da exclusão do emprego consiste, repetimo-lo, na desconstrução conceitual e prática da dicotomia entre o mundo do trabalho fadigoso e o mundo do lazer inútil e parasita. Ou seja, a luta pela conservação dos tradicionais empregos, embora às vezes ainda necessários, a médio e longo prazo não resolverá o problema da exclusão social. De fato:

> acreditar que os trabalhadores substituídos pela máquina encontrarão outro emprego na construção ou manutenção dessas mesmas máquinas, equivale a acreditar que os cavalos substituídos pelos veículos

mecânicos poderiam ser utilizados nos diferentes setores da indústria automobilística (WASSILLY LEOTIEF, apud MASI).

Surgirão sim novos empregos, relacionados às novas tecnologias, mas entre os velhos e os novos haverá cada vez mais uma diferença para menos. Assim, a longo prazo, o problema do *deficit* crescente de empregos só será resolvido inventando outra sociedade que crie, ao lado dos tradicionais empregos, novas formas de distribuição de renda relacionadas a um novo conceito de trabalho. A riqueza, com efeito, está aumentando, mas também se concentrando extremamente, até mesmo por causa da redução dos tradicionais empregos. Inúmeras atividades humanas criadoras e revigorantes da nossa existência devem ser legitimadas como "empregos modernos", logo merecedores de compensação financeira. Só desta formas e poderá inverter a linha da concentração da riqueza.

Se a riqueza geral aumenta e os empregos diminuem, estes não podem ser a única forma (nem a principal) de distribuição daquela. Historicamente, os empregos tradicionais foram a forma principal, quase única, de distribuição dos rendimentos por razões óbvias relacionadas à necessidade do crescimento e expansão da produção industrial. Por exemplo, cuidar da cozinha da fábrica era considerado "trabalho/emprego", mas cuidar da cozinha de casa, jamais era trabalho; produzir o jornal na sede deste era trabalho, mas escrever em casa não era trabalho; cuidar das crianças nas creches e nas escolas era trabalho, cuidar das mesmas em casa não era trabalho, etc. De umas décadas para cá, o trabalho/emprego já se desvencilhou do local da fábrica ou do escritório: trabalhadores produzem e recebem remuneração permanecendo em suas residências ou em qualquer outro local. Entretanto, a vinculação do trabalho/emprego com a produção de bens de troca ficou ainda um dogma. Surgem, aqui e acolá, algumas formas de remuneração para trabalhos vinculados aos bens de uso, mas sua expressão é ainda mínima. Por exemplo, já se admitem aposentadorias para donas de casa, bolsas de estudo para estudantes e renda mínima para famílias pobres, etc. Ensaia-se, com isso, romper com o dogma que vincula trabalho/emprego/salário tão somente à produção de bens de troca. A sociedade pós- industrial e virtual exige cada vez mais o abandono desse dogma próprio da sociedade do trabalho dos séculos XIX e XX. Os empregos, atualmente, representam apenas uma forma, entre muitas (e talvez nem a principal) de distribuição da riqueza, justamente porque trabalhar não é apenas produzir bens de troca e sim também produzir bens de uso.

Um novo conceito de trabalho se dilata para além das atividades próprias das fábricas ou das empresas. Trabalho é a produção da própria existência humana. Trabalho é cuidar da oficina da fábrica, mas é também cuidar da horta, do jardim e da cozinha de casa. Tanto a operária como a dona de casa merecem remuneração, simplesmente porque as duas trabalham.

Mais ainda: estudar, exercitar-se físico-mentalmente, cuidar de si e dos outros, cuidar da natureza, solidarizar-se praticamente com os necessitados, zelar pelo patrimônio comum, ensinar aos mais jovens, etc., são atividades humanas construtivas, portanto, são "trabalhos". Tais atividades merecem, na sociedade pós-industrial e virtual, um concreto reconhecimento financeiro. Mas este, para ser efetivado, precisa da mediação do Estado e dos Municípios, a quem compete garantir e gerir a distribuição da riqueza. As inúmeras e diferentes formas de bolsas (bolsa-escola, bolsa-alimentação, bolsa-solidariedade, etc.), para além da política social compensatória que as criou, sinalizam indiscutivelmente a necessidade histórica de se criar novas formas de distribuição da riqueza. Outros exemplos possíveis: se uma pessoa talentosa se dispõe a passar algumas horas semanais em hospitais, em asilos ou em outras instituições beneficentes, tocando músicas, entretendo e consolando os pacientes, deveria poder apresentar às autoridades competentes um pequeno projeto referente a essas atividades e receber uma bolsa solidariedade. Outra pessoa, amante da terra e da natureza, que se dispõe a cuidar de uma praça ou das margens ciliares de um rio, deveria poder elaborar um pequeno projeto que, se considerado relevante, faria jus a uma bolsa de atividade ecológica. A criatividade, nesse sentido, encontrará infinita margem de invenção.

A EDUCAÇÃO

Se a sociedade pós-industrial e virtual se assenta num novo princípio educativo que integra trabalho e tempo livre, consequentemente, os educadores são chamados a elaborar um novo estatuto pedagógico para orientar as atividades escolares. Esse estatuto apresentaria as seguintes diretrizes gerais:

Primeiramente, a escola do século XXI precisa ensinar a seus alunos que as distinções e os sentidos do trabalho mudam ao longo da história. Em outras palavras, assim como a escola tradicional do século XVIII, XIX e XX alfabetizou ex-escravos, qualificando-os para a cidadania industrial, a escola do século XXI precisa preparar ex-trabalhadores industriais para a nova cidadania virtual, de forma que, futuramente, algum pensador não tenha que censurar nossas escolas, capazes no passado de preparar o homem da sociedade do trabalho, mas incapazes, na atualidade, de educá-lo para a sociedade do tempo livre.

Concretamente, as escolas da sociedade pós-industrial e virtual são chamadas a atender, ao mesmo tempo, às exigências de uma profunda formação geral (ou de base) e às exigências de preparação profissional, muito diversificada e ágil. Não é admitido o jogo da gangorra ou o paradigma da alternativa dual que, para acentuar uma dimensão, aligeira a outra. As duas dimensões estão sendo igualmente solicitadas. O mercado pós-industrial e virtual vê a formação básica e a profissional como um conjunto cada vez mais interligado.

Se do trabalhador tradicional esperava-se somente competência técnica e habilidade mecânica, pois o dirigente se incumbia do relacionamento com o ambiente onde atuava, hoje exige-se que a escola integre a competência técnica e a humana. Muitíssimas e rápidas informações são necessárias, mas é necessário também possuir a capacidade subjetiva de utilizá-las criativamente:

> A escola não deve só ensinar como funcionam as máquinas do navio, mas também como gestir seu leme, enquanto sistema integrado de decisões. Isso fica claro, por exemplo, na navegação pela internet que permite se relacionar com o mundo inteiro, mas é útil somente a quem sabe onde quer chegar (SCANAGATTA, 1996: 4).

A estratégia da educação inclusiva não pode se limitar a colocar todos os alunos do ensino básico, médio e superior, nas salas de aula, nem pode limitar-se a fazê-los assistir a lição do professor, menos ainda pode limitar-se a promovê-los automaticamente, precisa incluí-los num sistema de ensino de elevada qualidade: "O que conta não é o número de anos que passaram na escola, mas os conhecimentos e condutas apropriadas para uma sociedade e um mercado cada vez mais exigentes" (PASTORE, 23/10/2001).

O paradigma alternativo, que ao acentuar um aspecto exclui o diferente, é negado pela realidade pós-industrial e virtual que não admite, por exemplo, que a globalização exclua a regionalização ou os localismos. Competição internacional e competição local são expressões de uma mesma realidade. Assim, a escola não pode aceitar o simplismo de que agora tudo é global. O cidadão deve ser educado tanto para os valores da cultura universal quanto para os da cultura local.

A secular cultura exclusiva do bom e do mau nos levou a valorizar uma face do real excluindo a outra. Assim, afirma-se que o currículo escolar deve "sair" a campo, solicitando cada vez mais de seus alunos experiências de trabalho e reduzindo os momentos de imersão na reflexão e no mundo da teoria. Na verdade, a escola da sociedade pós-industrial e virtual ao se submeter à lógica alternativa e exclusiva se esvazia de sua complexidade.

Quanto mais o aluno precisa sair a campo e mergulhar no mercado, tanto mais precisa de formação e de teoria profunda.

Concluindo: a sociedade atual repropõe para a escola o clássico paradigma da totalidade. Educar à filosofia e à técnica, à criatividade e à disciplina, à meditação e à atividade prática etc. é compreender a dialética da inclusão, para a qual a cada afirmação não corresponde uma negação, e sim a negação da negação. Volta à cena o marxiano paradigma pedagógico da omnilateralidade. O século XXI, porém, acrescenta a esse paradigma uma preocupação específica. Vivemos numa era planetária caracterizada por uma explosão técnica sem precedentes. O homem hoje é submetido a uma acelerada tempestade de informações e imagens. A consciência humana, como um espelho em migalhas, encontra seriíssimas dificuldades para se recompor e se reencontrar à luz de um princípio pedagógico unitário. O espaço humano é fragmentado, banalizado ou até mesmo destruído. As pessoas, quando tentam se encontrar e se autocentrar, esbarram em fragmentos de filmes e documentários, em imagens fortes e autoritárias que ofuscam sua realidade e escamoteiam a fragilidade cotidiana.

Encontrar o homem para além das ilusões das imagens, integrar suas atividades de produção e de prazer, é o grande desafio atual da educação. A integração entre trabalho produtivo e tempo livre não é resultado mecânico do mundo técnico, das máquinas. É fruto exclusivo da interioridade e disciplinas humanas. É no cadinho incandescente da consciência que as informações, à luz do projeto elaborado pelo sujeito, podem educar. Se a mecânica se encarrega dos trabalhos fadigosos, a escola precisa encarregar-se de ensinar ao homem como comandar as máquinas.

REFERÊNCIAS

ARENDT, Hannah. *A condição humana*. 7. ed. Rio de Janeiro: Forense Universitária, 1985.

ARISTÓTELES. *Política*. Brasília: UnB, 1985.

BUFFA, Ester & NOSELLA, Paolo. Epílogo – Artes liberais e artes mecânicas: a difícil integração. In: BUFFA, Ester & NOSELLA, Paolo. *A Escola Profissional de São Carlos*. São Carlos: EDUFSCar, 1998.

CAMARGO, Luiz O. de Lima. *Educação para o lazer*. São Paulo: Moderna, 1998.

Enciclopédia Raciocinando das Ciências, das Artes e dos Ofícios. Discurso Preliminar e outros. São Paulo: Unesp, 1989 [Edição bilíngue].

FRIEDMANN, George. *O trabalho em migalhas*. São Paulo: Perspectiva, 1983.

FRIGOTTO, Gaudêncio (org.). *Educação e crise do trabalho*: perspectivas de final de século. 2. ed. Petrópolis: Vozes, 1998.

GRAMSCI, Antônio. "Caderno do cárcere n. 12: os intelectuais e a escola – Curador Paolo Nosella". *História e Perspectivas*, n. 5, 1991, p. 125-165. Uberlândia: Univ. Federal de Uberlândia.

HESÍODO. *Os trabalhos e os dias*. São Paulo: Iluminuras, 1991.

HOMERO. *Ilíada* (em verso). Rio de Janeiro: Ediouro, s.d. [Trad. Carlos Alberto Nunes].

MASI, Domenico de. *A educação e a regra*. Brasília: UnB, 1999 [Trad. Elia Ferreira Ebel].

_____. *Desenvolvimento sem trabalho*. São Paulo: Esfera, 1999 [Trad. Eugênia Deheinzelin].

_____. *O amanhecer do 3° milênio* – Perspectivas para o trabalho e tempo livre, 1999 [mimeo.].

Novo testamento – Os Evangelhos. São Paulo: Herder, 1970.

OFFE, Claus. *Trabalho e sociedade* – Problemas estruturais e perspectivas para o futuro da sociedade do trabalho. Vol. I e II. Rio de Janeiro: Campo Brasileiro, 1989 e 1991 [Trad. Gustavo Bayer e Margit Martinsic].

PASTORE, José. Jornal, *O Estado de S. Paulo*, 23/10/2001, B 2.

SCANAGATTA, Silvio. *Creativitá e societá virtuale*. Milano: Franco Angeli, 1996.

_____. *Generazione virtuale*. Roma: Carocci, 1999.

_____. *La scuola infinita dopo la scuola* – La socializzazione della quotidianitá. Padova: Univ. de Padova [mimeo.].

LEITURAS COMPLENTARES

ARISTÓTELES. *Política*. 2. ed. Brasília: UnB, 1985, p. 249-285.

BUFFA, Ester & NOSELLA, Paolo. "Epílogo – Artes liberais e artes mecânicas: a difícil integração". In: BUFFA, Ester & NOSELLA, Paolo. *A Escola Profissional de São Carlos*. São Carlos: EDUFSCar, 1998.

FRIGOTTO, Gaudêncio (org.). *Educação e crise do trabalho*: perspectivas de final de século. 2. ed. Petrópolis: Vozes, 1998.

MASI, Domenico de. *Desenvolvimento sem trabalho*. São Paulo: Esfera, 1999 [Trad. Eugênia Deheinzein].

NOSELLA, Paolo. *A escola de Gramsci*. 3. ed. São Paulo: Cortez, 2004.

OFFE, Claus. *Trabalho e sociedade* – Problemas estruturais e perspectivas para o futuro da sociedade do trabalho. Vol. I e II. Rio de Janeiro: Campo Brasileiro, 1989 [Trad. Gustavo Bayer e Margit Martinsic].

18
UMA HISTÓRIA DA ALFABETIZAÇÃO DE ADULTOS NO BRASIL

Leôncio Soares
Ana Maria de Oliveira Galvão

Ignorante, incapaz, cego, dependente, portador de uma doença grave, que precisa ser extirpada. Criança que precisa da ajuda de alguém para tirá-la das trevas. Alguém que precisa de carta de alforria, porque vive em uma espécie de escravidão. Quantas vezes não nos deparamos, hoje, no nosso cotidiano – na mídia, nos programas oficiais, no discurso político, nas conversas banais, na prática pedagógica –, com esse tipo de representação sobre o analfabeto? Quantas vezes não associamos, direta e mecanicamente, a alfabetização aos progressos pessoal e social?

No presente, muito do que pensamos e fazemos traz as marcas de histórias narradas, reconstruídas e repetidas. Nossas concepções acerca do analfabeto, da alfabetização, do analfabetismo, do alfabetizador estão inscritas nessa rede de discursos que foram elaborados e disseminados ao longo da nossa história. Por outro lado, o nosso olhar sobre a história está sempre marcado por nossa inserção no presente. Ao contrário do que poderíamos pensar, a seleção que fazemos sobre o que estudar no passado não é guiada, na maior parte dos casos, pelo próprio passado, que traria, intrinsecamente, algumas histórias supostamente mais dignas de serem narradas do que outras[1].

Nesse sentido, neste texto, diante da impossibilidade de narrar "a" história da alfabetização de adultos no Brasil, selecionamos alguns momentos dessa trajetória que, em grande medida, nossa inserção no presente selecio-

---

1. Sobre as complexas relações entre passado e presente na prática historiográfica conferir, entre outros, Bloch (s.d.) e Certeau (1982).

nou. Cada vez mais, a historiografia – e a historiografia da educação – reconhece que, da totalidade do passado, só temos acesso a alguns dos seus vestígios, que nos foram legados, de maneira intencional ou não, por nossos antepassados. Além de já se constituírem em restos de um passado, esses vestígios nem sempre foram e têm sido conservados em instituições públicas para que possamos conhecê-los. Nesse sentido, a História explicita, hoje, que, no máximo, faz-se "uma" história de algum objeto (e não "a" História) ou se reconstroem "histórias" (no plural) sobre um objeto. Além disso, no nosso caso, o próprio conceito de alfabetização pode ser tomado em diversas perspectivas, tornando a tarefa ainda mais complexa: pode abarcar, por exemplo, apenas as práticas educativas formais e oficiais ou englobar o conjunto das experiências ocorridas informalmente no interior das práticas sociais; pode se referir à decodificação do sistema alfabético ou incluir também a capacidade de uso social da leitura e da escrita[2]. Acrescente-se que o Brasil é um país bastante diversificado e experiências de alfabetização de adultos têm sido vivenciadas de maneiras diferentes nas diversas capitanias, províncias e Estados e as fontes necessárias para reconstruí-las estão espalhadas por instituições em todo o país. Um último fator parece dificultar ainda mais o que nos propomos a realizar: são poucos e ainda incipientes os estudos que tomam como objeto a história da alfabetização de jovens e adultos no país[3]. Assim, optamos por focalizar, em nosso artigo, histórias da alfabetização de adultos no século XX, embora recorramos, em um primeiro momento, a experiências ocorridas anteriormente.

A ALFABETIZAÇÃO DE ADULTOS NO PROCESSO DE COLONIZAÇÃO

Pode-se afirmar que, desde a chegada dos portugueses ao Brasil, o ensino do ler e do escrever aos adultos indígenas, ao lado da catequese, constituiu uma das ações prioritárias no interior do projeto de colonização. Embora os jesuítas, que aqui aportaram em 1549 e são considerados os principais agentes educativos até 1759 – quando foram expulsos pelas no-

---

2. Para uma discussão das transformações ocorridas no conceito ver, entre outros, Magda Soares (1998 e 2003).

3. Para um aprofundamento sobre o tema, consultar os já clássicos estudos de Vanilda Paiva (1983) e Celso Beiseigel (1974). Ver também Ana Maria Freire (1989). Para uma visão panorâmica dessa história ver Ação Educativa/MEC (1996), Sérgio Haddad e Maria Clara Di Pierro (2000) e Celso Beiseigel (2003).

vas diretrizes da economia e da política portuguesas –, priorizassem a sua ação junto às crianças, os indígenas adultos foram também submetidos a uma intensa ação cultural e educacional. As crianças eram tomadas como a base da ação educativa, pois, de um lado, através do trabalho com elas, visualizava-se a formação de uma nova geração – católica – e, de outro, funcionavam como agentes multiplicadores junto aos adultos com quem conviviam, considerados inconstantes e já tomados por vícios e "paixões bárbaras" (DAHER, 1998).

Alguns estudos têm mostrado que, para realizar a obra catequética, principalmente nos primeiros anos após a sua chegada no Brasil, os jesuítas trabalharam muito para aprender as línguas dos índios – o domínio da língua do "outro" era considerado fundamental no sucesso na obra colonizadora. Nesse processo, diversos materiais escritos foram produzidos como instrumentos para a catequese e a instrução dos indígenas, destacando-se, entre eles, as gramáticas da língua tupi e os catecismos ou doutrinas. De modo geral dirigido aos próprios missionários, esses materiais, ao proporcionarem a passagem da língua indígena para o escrito, garantiriam a possibilidade de perpetuação da tradição religiosa. A estrutura desses livretos, muitos dos quais nunca foram publicados, sugere a oralização da leitura – que contém o essencial das normas escritas da religião católica – e a sua memorização por parte do índio-catecúmeno[4]. O tupi-guarani tornou-se tão comumente usado na comunicação entre padres e nativos que, em 1727, temerosas, as autoridades portuguesas proibiram a sua utilização nos processos educacionais e passaram a exigir o uso exclusivo do português.

Posteriormente, os jesuítas, assim como os membros de outras ordens religiosas, também catequizaram e instruíram escravos. Essas experiências, no entanto, foram ainda menos estudadas e pouco se sabe sobre as práticas desenvolvidas junto a esses sujeitos. Por outro lado, poucas parecem ter sido as experiências educacionais realizadas com as mulheres adultas. Poucas sabiam, ao final do período colonial, ler e escrever.

O período que se segue à expulsão dos jesuítas parece não ter conhecido experiências sistemáticas e significativas em relação à alfabetização de adultos. A ênfase da política pombalina estava no ensino secundário, organizado através do sistema de aulas régias.

---

4. Para um aprofundamento do tema, cf. o estudo de Andréa Daher (1998).

EXPERIÊNCIAS E DISCUSSÕES EM TORNO DA ALFABETIZAÇÃO DE ADULTOS NO PERÍODO IMPERIAL

Ao longo de todo o período imperial, considerado como um momento crucial no processo de progressiva institucionalização da escola no Brasil[5], diversas foram as discussões, nas assembleias provinciais, de como se dariam os processos de inserção das então denominadas "camadas inferiores da sociedade" (homens e mulheres pobres livres, negros e negras escravos, livres e libertos) nos processos formais de instrução. Nesse contexto, grande parte das províncias que, a partir do Ato Adicional de 1834, tornavam-se responsáveis pelas instruções primária e secundária, formulou, especificamente, políticas de instrução para jovens e adultos.

Várias são as referências, nos documentos da Instrução Pública do período, a aulas noturnas ou aulas para adultos existentes em diversas províncias. Em 1885, em Pernambuco, por exemplo, o Regimento das Escolas de Instrucção Primária traz, detalhadamente, as prescrições para o funcionamento dessas escolas, destinadas a receber alunos maiores de quinze anos. O ensino deveria ser dividido em duas seções: uma para os que não tinham nenhuma instrução e outra para aqueles que já possuíam alguma. Deveria ser dado nas escolas noturnas criadas pelo governo na capital e na sede de cada termo, nas escolas dominicais, na escola da Casa de Detenção para os presos e na aula dos cegos no "Asylo de mendicidade". Além disso, o Regimento previa ainda que outras aulas para adultos poderiam ser estabelecidas por professores que, gratuitamente, a isso se propusessem, mediante autorização do presidente da província funcionando na casa e com os móveis da escola diurna. O ensino para adultos parecia assumir um caráter de missão para aqueles que a ele se propusessem, na medida em que os professores que ensinavam durante o dia não receberiam nenhum salário ou gratificação a mais para abrir aulas noturnas. Parece se inserir, assim, em uma ampla rede de filantropia que se teceu no século XIX brasileiro, como forma das elites contribuírem para a "regeneração" do povo. O ensino para adultos tinha como uma de suas finalidades a "civilização" das camadas populares consideradas, principalmente as urbanas, no século XIX, como perigosas e degeneradas. Através da educação, considerada a luz que levaria ao progresso das almas, poderiam se inserir ordeiramente na sociedade.

Mas, podemos nos perguntar: será que as experiências de alfabetização de jovens e adultos no Brasil imperial se restringiam à esfera escolar? Certa-

---

5. Para uma discussão sobre esse processo, consultar, entre outros, Luciano Faria Filho e Diana Vidal (2000).

mente não. Pesquisas realizadas recentemente têm mostrado que, mesmo no caso das crianças, que eram prioridade no atendimento da rede formal de escolarização, as experiências domésticas e não formais ultrapassavam em número aquelas realizadas no interior do sistema formal. No caso dos adultos, as experiências pareciam se multiplicar, sobretudo no espaço urbano.

Os historiadores dedicados à escravidão têm descoberto, por exemplo, que o acesso à leitura e à escrita era um elemento fundamental para a conquista dos direitos civis pelos escravos. Essa nova historiografia tem colocado o escravo como agente histórico e não simplesmente no papel de vítima, como tendiam a fazer os estudos clássicos sobre o tema, reificando o cativo e o cativeiro. Novas fontes têm sido pesquisadas e, através delas, tem-se descoberto a existência de práticas de leitura e de escrita entre escravos. Embora proibidos legalmente de frequentar os sistemas oficiais de ensino e tradicionalmente vinculados à oralidade, os escravos pareciam se inserir em diversas redes de sociabilidade, em que a escrita se fazia presente[6]. Uma vez adquirida a capacidade de ler e escrever, formavam-se, em alguns casos, redes de apredizagem informais, em que, através da leitura oralizada e do reconhecimento de trechos previamente memorizados, tornava-se possível a alfabetização. Os escravos também se inseriam em práticas de leitura e escrita como ouvintes participantes das leituras em voz alta feitas em geral por um branco. Desse modo, embora não tivessem um contato direto com o texto, não desconheciam a escrita.

Em muitas províncias, também se observa, principalmente na segunda metade do século XIX, a criação de associações de intelectuais que, entre suas atividades, ministravam cursos noturnos para adultos como uma forma de "regenerar" a massa de pobres brancos, negros livres, libertos e até mesmo, em alguns casos, escravos[7]. Era preciso "iluminar" as mentes que viviam nas trevas da ignorância para que houvesse progresso. A alfabetização de adultos é, ainda, colocada sob a égide da filantropia, da caridade, da solidariedade e não do direito.

A concepção do analfabeto como ignorante e incapaz torna-se ainda mais aguda no final do Império, por ocasião da discussão da chamada Lei Saraiva, de 1881. Essa lei, que determinava eleições diretas, foi a primeira a colocar impedimentos, ao lado de outras restrições, como a de renda, aos votos dos analfabetos. Até esse momento da história política brasileira, as

---

6. Cf., entre outros, os trabalhos de Maria Cristina Wissenbach (2002) e Sarita Moysés (1995).
7. Esse é o caso, por exemplo, da Biblioteca Pública Pelotense, objeto de estudo de Eliane Peres (2002).

restrições ao direito de voto sempre haviam sido de natureza econômica ou social, mas não de instrução. Na clássica análise de José Honório Rodrigues (1965), até o final do Império, não havia se colocado em dúvida a capacidade do analfabeto, na medida em que era essa a condição da maioria da população, inclusive das elites rurais: "o saber ler não afetava o bom senso, a dignidade, o conhecimento, a perspicácia, a inteligência do indivíduo; não o impedia de ganhar dinheiro, ser chefe de família, exercer o pátrio poder, ser tutor" (p. 144). A partir desse momento, no entanto, uma série de discursos, que se acentuam na Primeira República, começam a circular nas diferentes instâncias sociais, identificando o analfabeto à dependência e incompetência. Esses discursos passam a justificar a proibição do voto do analfabeto.

A Reforma Leôncio de Carvalho, de 1879, já preconizava, tendo em vista a discussão em torno da Lei Saraiva, a necessidade de promover a criação de cursos elementares noturnos, pois o autor acreditava que a restrição ao voto do analfabeto contribuiria para o desenvolvimento da educação. Rui Barbosa, em seu conhecido parecer de 1882[8], tinha opinião semelhante. Os analfabetos são considerados, assim, como crianças, incapazes de pensar por si próprios.

A REPÚBLICA E A "VERGONHA NACIONAL"

A República referenda, em sua primeira Constituição (1891), a proibição ao voto do analfabeto e elimina a seleção de eleitores por renda. O censo de 1890 mostrava que mais de 80% da população brasileira era analfabeta, o que gerou, entre os intelectuais brasileiros, um sentimento de "vergonha", diante dos países "adiantados"[9].

As primeiras décadas do século XX foram marcadas por intensas mobilizações[10], em diversas esferas da sociedade, em torno da alfabetização de adultos. Foram muitas as campanhas pela alfabetização no período. Ao lado de associações que congregavam intelectuais, vários estados, muitos dos quais administrados na área educacional pelos "renovadores", tomaram iniciativas diversas em relação à questão, na medida em que gozavam

---

8. O parecer, que fazia um diagnóstico exaustivo da realidade educacional brasileira, serviu de base à proposição da reforma Leôncio de Carvalho.

9. Para uma história quantitativa da alfabetização no Brasil cf. Alceu Ferraro (2003).

10. Movimento que Jorge Nagle (1974), em estudo clássico, denomina "entusiasmo pela educação".

de autonomia para implantarem seus próprios sistemas de ensino. Não havia uma política nacional e centralizada de educação.

No interior das diversas "ligas" que se organizaram nesse período, foi fundada, no Clube Militar do Rio de Janeiro, por exemplo, em 1915, a Liga Brasileira contra o Analfabetismo, que, como afirmam seus Estatutos, pretendia se caracterizar como um "movimento vigoroso e tenaz contra a ignorância visando a estabilidade e a grandeza das instituições republicanas" (apud PAIVA, 1983: 96-97).

No interior da Associação Brasileira de Educação[11], os debates em torno da necessidade de disseminar a educação por todo o país eram acalorados. A ignorância, em muitos discursos formulados por higienistas e sanitaristas, é considerada uma "calamidade pública" e comparada à guerra, à peste, a cataclismos, a uma praga. A falta de educação "é comparada ao 'câncer que tem a volúpia ao corroer célula a célula, fibra por fibra, inexoravelmente, o organismo', levando a nação à 'subalternidade' e à 'degenerescência'" (COUTO, apud CARVALHO, 1998: 145). Para os intelectuais, as "elites esclarecidas" deveriam desempenhar um papel fundamental nesse processo de regeneração da nação, através da obra educativa, considerada redentora. No entanto, no projeto da ABE fica claro que "a questão do *direito* do cidadão à escola fica subsumida ao *dever* deste educar-se" (CARVALHO, 1998: 40).

A mobilização em torno de como erradicar o analfabetismo no menor prazo possível partia de todos os lugares do país. Abner de Britto, bacharel em ciências jurídicas e sociais, promotor público no Rio Grande do Norte, por exemplo, cria um método, por ele intitulado de "desanalphabetisador", consagrado especificamente ao ensino dos analfabetos. Segundo seu autor, os sujeitos submetidos ao método "ficam lendo e escrevendo após haverem recebido sete lições". Cada lição tinha a duração de três dias. Abner afirma propagar seu método por todo o país, dando "combate ao analphabetismo tão deploravel em nossa cara Patria"[12].

Por outro lado, no interior mesmo da intelectualidade, havia um certo temor em que a alfabetização pura e simples, se não viesse acompanhada

---

11. Para um estudo aprofundado sobre a ABE, cf. Marta Carvalho (1998).
12. Arquivo Público de Mato Grosso: Ofício (s.n.) para D. Aquino Corrêa – Governador do Estado de Mato Grosso. Lata A-1921. Agradecemos a Lazara Nanci Amâncio e a Cancionila Cardoso a referência ao método "desanalphabetisador".

de uma formação moral, se transformasse em uma arma que, por sua própria natureza, é "perigosa". Carneiro Leão chega a afirmar, em 1916, que temia que a alfabetização generalizada pudesse aumentar a "anarquia social", pois: "Toda essa gente que, inculta e ignorante, se sujeita a vegetar, se contenta em ocupações inferiores, sabendo ler e escrever aspirará outras coisas, quererá outra situação e como não há profissões práticas nem temos capacidade para criá-las, desejará também ela conseguir emprego público" (apud PAIVA, 1983: 92).

Podemos ver, assim, que nesse período o analfabeto, agora identificado ao "povo", continuou a ser visto como improdutivo, degenerado, viciado, servil e incapaz, necessitando da ajuda das elites intelectuais para sair da situação doentia em que se encontrava. Ao mesmo tempo, a alfabetização em massa era referida em parte dos discursos como potencialmente perigosa, uma arma sobre a qual não se teria controle. Por isso a necessidade de, ao lado de alfabetizar, fornecer uma formação moral, que transformasse o analfabeto em alguém produtivo, livre dos vícios.

Ilustração
Fonte: Nosso século: 1945-1960 – I: A era dos partidos. São Paulo: Abril, 1985, p. 23.

PRÁTICAS DE ALFABETIZAÇÃO DE ADULTOS EM MEADOS DO SÉCULO XX

Nos anos 1930, algumas experiências de alfabetização de adultos foram realizadas, entre as quais se destaca o ensino supletivo, organizado por Paschoal Lemme, durante a gestão de Anísio Teixeira na Secretaria de Instrução Pública do Distrito Federal, hoje município do Rio de Janeiro. Durante o Estado Novo, por outro lado, poucas iniciativas foram tomadas em relação à difusão da alfabetização de adultos. O novo regime, que suspendeu as eleições diretas, parecia mais preocupado com a formação das "individualidades condutoras"[13] do que com a instrução popular.

Por outro lado, se eram tímidas as iniciativas oficiais de promoção da alfabetização de adultos, os sujeitos não alfabetizados, principalmente aqueles que moravam em áreas urbanas, se inseriam em práticas de usos efetivos da leitura e da escrita. Entre essas experiências, podemos destacar, no caso de Pernambuco, a grande força que teve, nos anos 1930 e 1940, as práticas de leitura oralizada de folhetos de cordel[14]. Comprados ou tomados de empréstimo, os folhetos eram lidos pelo vendedor ainda nas feiras e, posteriormente, em reuniões coletivas, onde ocorriam, em muitos casos, narrações de contos e cantorias. Os poemas eram lidos, principalmente, de maneira intensiva – ou seja, um mesmo folheto era lido diversas vezes pela mesma pessoa e/ou pelo mesmo grupo – e a memorização, facilitada pela própria estrutura narrativa e formal dos poemas, era considerada, pelos leitores/ouvintes, fundamental nos processos de apropriação das leituras. Em muitos casos, as pessoas chegavam a se alfabetizar através do cordel: a memorização dos poemas, lidos ou recitados por outras pessoas, permitia que o "alfabetizando", em um processo solitário de reconhecimento das palavras e versos, atribuísse, ele mesmo, significados a esse novo sistema de representação – a escrita. Aos poucos, esse processo se ia estendendo a outros objetos de leitura.

É interessante observar que muitos leitores/ouvintes de folhetos tiveram experiências curtas e traumáticas de escolarização. Marcadas pelo uso da carta do ABC[15], pela abstração dos conteúdos e pela inflexibilidade dos

---

13. Referimo-nos, aqui, à expressão do então Ministro Gustavo Capanema, sobre o papel atribuído ao ensino secundário, na exposição de motivos da Lei Orgânica desse nível de ensino de 1942.

14. Sobre o tema, consultar Ana Galvão (2001).

15. Embora já criticadas no final do século XIX, as cartas do ABC ou abecedários foram amplamente utilizados no Brasil até a segunda metade do século XX (Samuel Pfromm Neto et al., 1974).

professores, essas vivências, somadas à necessidade de engajamento no campo de trabalho e à pouca oferta de escolas no período, principalmente na zona rural, contribuíam para a não frequência à escola e para a construção de uma autorrepresentação do não alfabetizado como "cabeça dura", "sem jeito para as letras", "incapaz". Fora da escola, entretanto, vivenciavam experiências com materiais escritos que provocavam prazer, deleite e fruição estética. A vivência no mundo urbano, a ocupação profissional e o pertencimento de gênero[16] também pareciam decisivos para que esses sujeitos se inserissem gradativamente no mundo da cultura escrita.

A REDEMOCRATIZAÇÃO DO PAÍS E A ALFABETIZAÇÃO DE ADULTOS EM CAMPANHAS NACIONAIS

Com o fim da Segunda Guerra Mundial e do Estado Novo e a volta da democracia no país, ganham novamente impulso as iniciativas oficiais de alfabetização de adultos. A Lei Orgânica do Ensino Primário, de 1946, já prevê o ensino supletivo, mas é em 1947 que o governo brasileiro lança, pela primeira vez, uma campanha de âmbito nacional visando alfabetizar a população[17]. Os altos índices de analfabetismo – que chegavam a mais da metade da população com 15 anos ou mais (56%), o restabelecimento de eleições diretas e pressão internacional[18], podem ser vistos como alguns dos fatores que contribuíram para a realização da Campanha. Foram criadas, inicialmente, dez mil classes de alfabetização em todos os municípios do país e uma infraestrutura nos estados e municípios para atender à educação de jovens e adultos. Houve também a produção de vários tipos de materiais pedagógicos, como cartilhas, livros de leitura e folhetos diversos, sobre noções elementares de higiene, saúde, produção e conservação de alimentos. O *Primeiro guia de leitura*, organizado em lições que partiam de

---

16. Na memória de muitas mulheres, mesmo aquelas pertencentes às elites econômicas, o acesso ao mundo da leitura e da escrita e a sua integração aos processos formais de alfabetização estavam marcados pela tutela e, na maioria dos casos, pela proibição de seus pais e/ou maridos.

17. Para um aprofundamento dessa Campanha consultar o já citado estudo de Celso Beiseigel (1974) e Leôncio Soares (1995).

18. A Unesco (Organização das Nações Unidas para a Educação, Ciência e Cultura), fundada em 1945, estimulava a realização de programas nacionais de educação de base nos países membros, principalmente naqueles considerados "atrasados". Nesse momento é que se cunhou a expressão "analfabetismo funcional", chamando a atenção para a existência de pessoas que, embora soubessem decodificar, não eram capazes de utilizar cotidianamente a leitura e a escrita.

palavras-chave, tinha como base de sua elaboração o método silábico. Pequenas frases e textos de conteúdo moral e com informações sobre higiene, saúde e técnicas de trabalho compunham a parte final do livro (CAMPANHA, 1952).

A alfabetização inicial estava prevista para ocorrer em três meses. Após essa etapa, o curso primário seria feito em dois períodos de sete meses e, posteriormente, o adulto poderia fazer cursos voltados para a capacitação profissional e o desenvolvimento comunitário. A Campanha fez vários apelos ao engajamento de voluntários para erradicar o "mal do analfabetismo" do país. O aspecto redentor, missionário e assistencialista da alfabetização de adultos aqui permanece. O grau de atenção dado à figura do voluntariado foi tamanho que se elaboraram dois documentos abordando o tema: *Relação com o público e o voluntariado* (CAMPANHA, 1948) e *Manual do Professor Voluntário – Ilustrações para o Ensino de Leitura e Linguagem Escrita* (CAMPANHA, 1960). Para aqueles professores pertencentes aos quadros do funcionalismo público era destinado um pagamento de $850,00 mensais, o que foi considerado insuficiente. Em relatório do Seminário Preparatório ao II Congresso Nacional de Educação de Adultos, os delegados mineiros assim se pronunciaram: "Os vencimentos não atraem os professores mais indicados ou mais dedicados, e, sim, os mais necessitados" (Seminário, s.n.t.)

Além disso, como não se tinha uma tradição, um acúmulo de experiências e de estudos sobre como alfabetizar adultos que dessem suporte às ações governamentais, o discurso em torno da Campanha, os argumentos didáticos e pedagógicos tinham como ênfase a educação das crianças. O analfabeto continuava a ser considerado como incapaz e marginal e era, ele próprio, comparado a uma criança. Em uma publicação destinada aos professores – *Guia do Alfabetizador* – um dos mentores da Campanha, Lourenço Filho, assim se expressou: "É mais fácil, mais simples e mais rápido ensinar a adultos do que a crianças" (CAMPANHA, 1952). Vê-se, dessa maneira, que a primeira Campanha Nacional de Alfabetização se assentou sobre alicerces de bases fracas para sustentar um projeto nacional que alfabetizasse a população: foi uma ação emergencial que continuava a propor a erradicação do analfabetismo – visto como um mal em si mesmo – a curto prazo.

No final dos anos 1950, críticas à Campanha foram realizadas pelos próprios participantes nela engajados. As mais contundentes partiram do grupo de Pernambuco, liderado por Paulo Freire que, no II Congresso Nacional de Educação de Adultos, realizado em 1958, indicava que a organização dos cursos deveria ter por base a própria realidade dos alunos e que o trabalho educativo deveria ser feito "com" o homem e não "para" o homem. Por consequência, os materiais a serem usados com os alunos não poderiam ser uma simples adaptação daqueles que já eram utilizados com as crianças. Subjacente a essas novas práticas propostas estava a concepção sobre o adulto não alfabetizado, que não poderia mais ser visto como alguém ignorante e imaturo, mas como um ser produtor de cultura e de saberes. Por isso, um dos pressupostos que baseavam a sua proposta de alfabetização era que a leitura do mundo precedia a leitura da palavra. Além disso, afirmava que o problema do analfabetismo não era o único nem o mais grave da população: as condições de miséria em que vivia o não alfabetizado é que deveriam ser problematizadas.

Nos anos 1950, outras campanhas[19] foram criadas, como a Campanha Nacional de Educação Rural (1950) e a Campanha Nacional de Erradicação do Analfabetismo (1958). A primeira foi para atender a especificidade do meio rural onde residia o maior contingente de sujeitos analfabetos no país. A segunda, por outro lado, surgiu como resposta às críticas mencionadas no II Congresso Nacional de Educação de Adultos sobre as ações – consideradas dispersas e desarticuladas – da Campanha Nacional de Educação de Adultos. Como forma de superação das críticas, foi proposta a criação de projetos-polos com atividades que integrassem a realidade de cada município e servissem como modelo para expandir-se pelo país. No entanto, essas campanhas pouco se diferenciaram da primeira campanha e acabaram sendo extintas em 1963, com a elaboração do Plano Nacional de Alfabetização como política do MEC.

A ALFABETIZAÇÃO NOS MOVIMENTOS DE EDUCAÇÃO E CULTURA POPULAR – ANOS 1950 E 1960

Paralelamente à ação governamental, surgiram no final da década de 1950 e início da 1960, movimentos de educação e de cultura popular[20], muitos dos quais inspirados nas ideias de Paulo Freire. São exemplos desses movimentos o MEB – Movimento de Educação de Base, da Conferência Nacional dos Bispos do Brasil (CNBB); o MCP – Movimento de Cultura Popular, ligado à Prefeitura do Recife; os CPCs – Centros Populares de Cul-

---

19. Para maior aprofundamento sobre as campanhas desse período cf. Maria Alves Carvalho (1977).

20. Existem muitos estudos e publicações sobre esses movimentos. Consultar, para uma "memória" do período, Osmar Fávero (1983).

tura, organizados pela União Nacional dos Estudantes (UNE); o Ceplar – Campanha de Educação Popular, da Paraíba; o De Pé no Chão Também se Aprende a Ler, da Prefeitura de Natal. Esses movimentos emergiram em diversos locais do país, mas foi no Nordeste que se concentraram em maior número e em expressividade. Naquele período, marcado pelo populismo, pelo nacional-desenvolvimentismo e pelas reformas de base, a educação de adultos é vista como forte instrumento de ação política: afinal, mais de 50% da população brasileira era excluída da vida política nacional, por ser analfabeta. Os movimentos surgem da organização da sociedade civil visando a alterar esse quadro socioeconômico e político. Conscientização, participação e transformação social foram conceitos elaborados a partir da realização de suas ações. O analfabetismo é visto não como causa da situação de pobreza, mas como efeito de uma sociedade injusta e não igualitária. Por isso, a alfabetização de adultos deveria contribuir para a transformação da realidade social.

O saber e a cultura populares são valorizados e o analfabeto considerado produtor de conhecimentos: a educação deveria ser, assim, dialógica e não bancária. Por isso, Paulo Freire propunha que, em lugar das cartas do ABC ou das cartilhas, a própria realidade do educando estivesse no centro do processo de alfabetização. A partir do conhecimento dessa realidade, o educador selecionaria algumas palavras – denominadas geradoras – que pudessem desencadear um processo de problematização dessa mesma realidade e as formas de superá-la e, ao mesmo tempo, servissem como ponto de partida para o ensino dos padrões silábicos da língua. No interior dos diversos movimentos, muitos materiais didáticos foram produzidos, inspirados na proposta de Paulo Freire.

Com o objetivo de reunir os diversos movimentos envolvidos com a alfabetização de adultos, realizou-se, em setembro de 1963, em Recife, o Encontro Nacional de Alfabetização e Cultura Popular com a presença de quase 80 grupos nacionais.

No mesmo ano, a Campanha Nacional de Alfabetização de Adultos, que já vinha sofrendo várias críticas, foi encerrada. Paulo Freire foi indicado para elaborar o Plano Nacional de Alfabetização junto ao Ministério da Educação. A interrupção desse processo se deu com o Golpe Militar, de 31 de março de 1964, quando muitos desses movimentos foram extintos e seus participantes perseguidos e exilados.

A ALFABETIZAÇÃO DE ADULTOS NA DITADURA MILITAR

Se a prática da alfabetização desenvolvida pelos movimentos de educação e cultura popular estava vinculada à problematização e conscientização da população sobre a realidade vivida e o educando era considerado participante ativo no processo de transformação dessa mesma realidade, com o Golpe Militar de 1964, a alfabetização se restringe, em muitos casos, a um exercício de aprender a "desenhar o nome".

No período imediatamente após o Golpe, em 1965, o governo militar direcionou as atividades de alfabetização de adultos para a Cruzada ABC, de caráter evangélico, que já havia se instalado no país a partir de práticas oriundas dos EUA[21].

O Mobral – Movimento Brasileiro de Alfabetização –, criado em 1967 (embora só inicie suas atividades em 1969) e funcionando com uma estrutura paralela e autônoma em relação ao Ministério da Educação, reedita uma campanha em âmbito nacional conclamando a população a fazer a sua parte – "você também é responsável, então me ensine a escrever, eu tenho a minha mão domável, eu sinto a sede do saber". O Mobral surge com força e muitos recursos. Recruta alfabetizadores sem muita exigência: repete-se, assim, a despreocupação com o fazer e o saber docentes – qualquer um que saiba ler e escrever pode também ensinar.

Os métodos e o material didático propostos pelo Mobral assemelhavam-se aparentemente aos elaborados no interior dos movimentos de educação e cultura popular, pois também partiam de palavras-chave, retiradas da realidade do alfabetizando adulto para, então, ensinar os padrões silábicos da língua portuguesa. No entanto, as semelhanças eram apenas superficiais, na medida em que todo o conteúdo crítico e problematizador das propostas anteriores foi esvaziado: as mensagens reforçavam a necessidade do esforço individual do educando para que se integrasse ao processo de modernização e desenvolvimento do país. Além disso, era um material padronizado, utilizado indistintamente em todo o Brasil.

Os últimos anos do Mobral foram marcados por denúncias que culminaram na criação de uma CPI – Comissão Parlamentar de Inquérito – para apurar os destinos e a aplicação dos recursos financeiros e a divulgação de falsos índices de analfabetismo. Pedagogicamente, o Mobral também passou a ser criticado. Por não garantir a continuidade dos estudos, muitos adultos que se alfabetizaram através dele "desaprenderam" a ler e escrever.

---

21. Cf. Scocuglia, 2000.

De maneira semelhante ao que ocorreu na Campanha anterior, de 1947/1963, iniciativas simultâneas às do governo federal foram surgindo no âmbito da sociedade civil. Práticas de alfabetização foram desenvolvidas no interior de igrejas, de associações comunitárias e de sindicatos. Essas práticas, muitas vezes, mesclaram-se com as do Mobral surgindo, assim, ações contraditórias, como as ocorridas na Baixada Fluminense que, com os recursos do Mobral, desenvolveram uma experiência que foi além do que se esperava, resgatando-se o sentido crítico e problematizador da alfabetização.

Ao mesmo tempo, com a abertura política, surgem, a partir dos anos 1980, diversas experiências e projetos de alfabetização no interior de associações de moradores, sindicatos, comunidades religiosas. O Mobral é extinto em 1985 com a Nova República e o fim do regime militar e, em seu lugar, surge a Fundação Educar.

A ALFABETIZAÇÃO DE ADULTOS NA "NOVA REPÚBLICA"

A Fundação Educar foi criada em 1985 e, diferentemente do Mobral, passou a fazer parte do Ministério da Educação. Também de maneira diferente do seu antecessor, que desenvolvia ações diretas de alfabetização, a Fundação apenas exercia a supervisão e o acompanhamento junto às instituições e secretarias que recebiam os recursos transferidos para a execução de seus programas. Essa política teve curta duração, pois, em 1990 – Ano Internacional da Alfabetização –, em lugar de se tomar a alfabetização como prioridade, o governo Collor extinguiu a Fundação Educar, não criando nenhuma outra instância que assumisse suas funções. Tem-se, a partir de então, a ausência do governo federal como articulador nacional e indutor de uma política de alfabetização de jovens e adultos no Brasil.

Ao mesmo tempo, de maneira aparentemente contraditória, em 1988, foi promulgada a nova Constituição Federal que estendeu o direito à educação aos que ainda não haviam frequentado ou concluído o ensino fundamental. Com a desobrigação do governo federal em atender esse direito, os municípios iniciaram ou ampliaram a oferta de educação para jovens e adultos. Além disso, muitas experiências passaram a ser desenvolvidas em outros espaços, como universidades, movimentos sociais e organizações não governamentais. Uma pluralidade de práticas e metodologias de ensino passaram a ser utilizadas, algumas das quais influenciadas pelas descobertas recentes da psicologia, da linguística e da educação que, com os estudos de Emilia Ferreiro[22] e com os trabalhos sobre letramento, forneceram subsídios para a compreensão de como se processa a construção das hipóteses acerca da leitura e da escrita pelos sujeitos não alfabetizados.

Entre esses movimentos que emergiram principalmente no início dos anos 1990, destaca-se o Mova – Movimento de Alfabetização –, com uma nova configuração que procurava envolver o poder público e as iniciativas da sociedade civil. Os Movas se multiplicaram como uma marca das administrações ditas populares, tendo o ideário da educação popular como princípio de sua atuação: o "olhar" diferenciado sobre os sujeitos da alfabetização; a elaboração das propostas a partir do contexto sociocultural dos sujeitos; a consideração dos sujeitos como copartícipes do processo de formação. Portanto, é característico do Mova, como gestor de uma política pública de alfabetização e ao pressupor a associação entre educação e cultura como base dessa política, o vínculo Estado-sociedade.

O governo federal volta a propor um programa nacional de alfabetização de adultos mais de dez anos depois da extinção da Fundação Educar. Em 1996, foi lançado o Programa Alfabetização Solidária, que causou polêmica entre os estudiosos da área por reeditar práticas consideradas superadas. Com duração de 6 meses, sendo um mês para "treinamento" dos alfabetizadores e 5 meses para desenvolver a alfabetização, o PAS propunha uma ação conjunta entre governo federal, empresas, administrações municipais e universidades. Atendendo aos municípios com IDH – Índice de Desenvolvimento Humano – inferior a 0,5, o PAS propunha às Instituições de Ensino Superior das regiões Sul e Sudeste que supervisionassem as ações nas cidades localizadas nas regiões Norte e Nordeste. O formato do Programa atraiu críticas de pesquisadores[23]: além de se tratar de um programa aligeirado, com alfabetizadores semipreparados, reforçando a ideia de que qualquer um sabe ensinar, tinha como um de seus pressupostos a relação de submissão entre o Norte-Nordeste (subdesenvolvido) e o Sul-Sudeste (desenvolvido). Além disso, com a permanente campanha "Adote um analfabeto", o PAS contribuiu para reforçar a imagem que se faz de quem não sabe ler e escrever como uma pessoa incapaz, passível de adoção, de ajuda, de uma ação assistencialista. O não alfabetizado, mais uma vez, não é visto como um sujeito de direito. Os resultados do PAS também foram pouco significativos: menos de um quinto dos adultos atendidos

---

22. Emilia Ferreiro estudou também os adultos não alfabetizados e concluiu que eles desenvolvem hipóteses semelhantes às das crianças a respeito da escrita (FERREIRO, 1983).
23. Cf., por exemplo, Sérgio Haddad (2000) e Maria Clara Di Pierro (2001).

pelo programa foram capazes, ao final do processo, de ler e escrever pequenos textos (HADDAD & DI PIERRO, 2000). À semelhança do que ocorreu com o Mobral, o PAS se estruturou paralelamente ao Ministério da Educação, dificultando as ações de continuidade no processo de pós-alfabetização.

De uma maneira mais focada, foi criado em 1998 o Pronera – Programa Nacional de Educação na Reforma Agrária – com o objetivo de atender às populações em processo de alfabetização nas áreas de assentamento. Esse Programa desenvolve suas atividades articulando as ações governamentais por meio do Incra, das universidades e dos movimentos sociais (DI PIERRO, 2001).

O governo Lula anunciou a alfabetização de jovens e adultos como uma das prioridades de seu governo e, para concretizar essa ação, lançou em 2003 o Programa Brasil Alfabetizado. No início, o programa foi visto como mais uma campanha por suas características serem semelhantes a ações de períodos anteriores. Com ênfase no trabalho do voluntariado, o Programa previa erradicar o analfabetismo em 4 anos atuando sobre 20 milhões de brasileiros. Previa-se um mês de preparação do alfabetizador e 5 meses para a ação direta de alfabetização. Em 2004, com a mudança de ministros, o programa foi redefinido em alguns pontos: retirou-se a meta de erradicar o analfabetismo em 4 anos e a duração dos projetos de alfabetização foi ampliada de 6 para 8 meses.

Chegamos, então, ao século XXI, com um índice elevado de brasileiros que ainda não têm o domínio da leitura, da escrita e das operações matemáticas básicas: são quase 20 milhões de analfabetos considerados absolutos e passam de 30 milhões os considerados analfabetos funcionais, que chegaram a frequentar uma escola, mas por falta de uso da leitura e da escrita retornaram à posição anterior. Chega, ainda, à casa dos 70 milhões os brasileiros acima de 15 anos que não atingiram o nível mínimo de escolarização obrigatório pela Constituição, ou seja, o ensino fundamental. Somam-se a esses os neoanalfabetos que, mesmo frequentando a escola, não conseguem atingir o domínio da leitura e da escrita.

CONSIDERAÇÕES FINAIS

Muitas experiências ocorridas em relação à alfabetização de adultos no Brasil se organizaram, como vimos no decorrer deste texto, no formato de campanha. Foram ações emergenciais que, desconsiderando a educação como um processo que exige tempo e maturação, buscaram, primordialmente, baixar as estatísticas do analfabetismo. Muitas ações foram, nesse sentido, realizadas sob a marca da improvisação, do voluntariado, da transposição de métodos e materiais didáticos da escola para crianças para a escola de adultos. O acesso à leitura e à escrita deixa de ser visto, portanto, como um direito, para ser considerado como uma ação emergencial, às vezes missionária, caritativa.

Por outro lado, certamente as experiências de alfabetização mais significativas aqui reconstruídas ocorreram de maneira mais localizada, pois se inserem em redes já existentes de sociabilidade em que a palavra escrita está presente ou partem da cultura dos adultos para dar início ao processo de alfabetização.

De qualquer maneira, as histórias narradas mostram, na verdade, que os analfabetos não podem ser simplesmente considerados como vítimas, como dignos de piedade, como "menores", na medida em que, mesmo com a ausência do poder público, tomaram iniciativas, realizaram experiências, se inseriram em práticas de letramento. Em muitos casos, tornaram-se analfabetos por não existirem escolas nos locais onde moravam quando eram crianças, já que a expansão da rede escolar fez-se muito lentamente no Brasil; em outros, por terem, para sobreviver, o tempo destinado à escola dedicado ao trabalho; em outros, por terem sido afastados da escola que, em sua prática cotidiana, não teve a competência necessária para, considerando-os portadores de saberes e produtores de cultura, proporcionar uma inserção duradoura na rede formal de ensino.

REFERÊNCIAS

Ação Educativa/MEC. "Breve histórico da educação de jovens e adultos no Brasil". *Educação de jovens e adultos*: proposta curricular para o 1º segmento do ensino fundamental. São Paulo: Ação Educativa/MEC/Unesco, 1996.

Arquivo Público Estadual de Mato Grosso. *Correspondência – Ofício (s.n.) para D. Aquino Corrêa, Governador do Estado de Mato Grosso*. Lata A-1921.

BEISIEGEL, Celso de Rui. *Estado e educação popular*. São Paulo: Pioneira, 1974.

_____. A educação de jovens e adultos analfabetos no Brasil. *Alfabetização e cidadania*, n. 16, jul./2003, p. 19-27. São Paulo.

BLOCH, Marc. *Introdução à história*. Lisboa: Europa-América, [s.d.].

Campanha de Educação de Adultos. *Relações com o público e o voluntariado*, n. 7, set./1948. Rio de Janeiro: Dep. Nacional de Educação.

_____. *Instruções aos professores de ensino supletivo*, n. 4, fev./1952. 4. ed. Rio de Janeiro: Dep. Nacional de Educação.

_____. *Manual do professor voluntário*, n. 13, 1960. Rio de Janeiro: Dep. Nacional de Educação.

CARVALHO, Maria A. de Oliveira. *Três campanhas brasileiras de educação de base no período 1947-1963*: análise crítica e comparação. Rio de Janeiro: UFRJ/Faculdade de Educação, 1977 [Dissertação de mestrado em Educação].

CARVALHO, Marta M. Chagas. *Molde nacional e fôrma cívica* – Higiene, moral e trabalho no projeto da Associação Brasileira de Educação (1924-1931). Bragança Paulista: Edusf, 1998.

CERTEAU, Michel de. *A escrita da história*. Rio de Janeiro: Forense, 1982.

DAHER, Andréa. "Escrita e conversão: a gramática tupi e os catecismos bilíngues no Brasil do século XVI". *Revista Brasileira de Educação*, n. 8, mai.-ago./1998, p. 31-43. São Paulo.

DI PIERRO, Maria Clara. "Descentralização, focalização e parceria: uma análise das tendências nas políticas públicas de educação de jovens e adultos". *Educação e Pesquisa*, vol. 27, n. 2, jul.-dez./2001, p. 321-337. São Paulo.

FARIA FILHO, Luciano Mendes & VIDAL, Diana Gonçalves. "Os tempos e os espaços no processo de institucionalização da escola primária no Brasil". *Revista Brasileira de Educação*, n. 14, mai.-ago./2000, p. 19-34.

FÁVERO, Osmar (org.). *Cultura popular e educação popular*: memória dos anos 60. Rio de Janeiro: Graal, 1983.

FERRARO, Alceu Ravanello. História quantitativa da alfabetização no Brasil. In: RIBEIRO, Vera Masagão (org.). *Letramento no Brasil*. São Paulo: Global, 2003.

FERREIRO, Emilia. *Los adultos no alfabetizados y sus conceptualizaciones del sistema de escritura*. México: Instituto Pedagógico Nacional, 1983.

FREIRE, Ana M. Araújo. *Analfabetismo no Brasil*. São Paulo/Brasília: Cortez/Inep, 1989.

FREIRE, Paulo. *Cartas a Cristina*. Rio de Janeiro: Paz e Terra, 1994.

GALVÃO, Ana M. de Oliveira. *Cordel*: leitores e ouvintes. Belo Horizonte: Autêntica, 2001.

GRAFF, Harvey J. *Os labirintos da alfabetização* – Reflexões sobre o passado e o presente da alfabetização. Porto Alegre: Artes Médicas, 1994.

HADDAD, Sérgio. "Aprendizagem de jovens e adultos: avaliação da 'Década de educação para todos'". *São Paulo em Perspectiva*, vol. 14, n. 1, jan.-mar./2000, p. 29-40. São Paulo: Seade.

HADDAD, Sérgio & DI PIERRO, Maria Clara. "Escolarização de jovens e adultos". *Revista Brasileira de Educação*, n. 14, mai.-ago./2000, p. 108-130. Rio de Janeiro.

MOYSÉS, Sarita. "Literatura e história – Imagens de leitura e leitores no Brasil no século XIX". *Revista Brasileira de Educação*, n. 0, set.-dez./1995, p. 53-62. São Paulo.

NAGLE, Jorge. *Educação e sociedade na Primeira República*. São Paulo: EPU, 1974.

PAIVA, Vanilda. *Educação popular e educação de adultos*. 2. ed. São Paulo: Loyola, 1983.

PERES, Eliane. "Sob(re) o silêncio das fontes... A trajetória de uma pesquisa em história da educação e o tratamento das questões étnico-raciais". *Revista Brasileira de História da Educação*, n. 4, jul.-dez./2002, p. 75-102. Bragança Paulista.

PERNAMBUCO. *Instrucção Pública* – Regimento das Escolas de Instrucção Primaria. Recife: M. Figueirôa de Farias e Filhos, 1885.

PFROMM NETO, Samuel et al. *O livro na educação*. Rio de Janeiro: Primor/INL, 1974.

RODRIGUES, José Honório. "O voto do analfabeto e a tradição política brasileira". *Conciliação e reforma no Brasil*: um desafio histórico-político. Rio de Janeiro: Civilização Brasileira, 1965, p. 135-163.

SCOCUGLIA, Afonso Celso. *Histórias inéditas da educação popular*: do sistema Paulo Freire aos IPMs da ditadura. São Paulo: Cortez, 2000.

Seminário Regional de Educação de Adultos, 1, 1958. Belo Horizonte [Mimeo. – Relatório].

SOARES, Leôncio. *Educação de adultos em Minas Gerais*: continuidades e rupturas. São Paulo: USP/Faculdade de Educação, 1995 [Tese de doutorado em Educação].

SOARES, Magda. *Letramento*: *um tema em três gêneros*. Belo Horizonte: Autêntica, 1999.

_____. Alfabetização: a ressignificação do conceito. *Alfabetização e cidadania*, n. 16, jul./2003, p. 9-17. São Paulo.

WISSENBACH, Maria Cristina. "Cartas, procurações, escapulários e patuás: os múltiplos significados da escrita entre escravos e forros na sociedade oitocentista brasileira". *Revista Brasileira de História da Educação*, n. 4, jul.-dez./2002, p. 103-122. Bragança Paulista.

LEITURAS COMPLEMENTARES

FÁVERO, Osmar (org.). *Cultura popular e educação popular*: memória dos anos 60. Rio de Janeiro: Graal, 1983.

HADDAD, Sérgio & DI PIERRO, "Maria Clara. "Escolarização de jovens e adultos". *Revista Brasileira de Educação*, n. 14, mai.-ago./2000, p. 108-130. Rio de Janeiro.

PAIVA, Vanilda. *Educação popular e educação de adultos*. 2. ed. São Paulo: Loyola, 1983.

RAAAB. *Alfabetização e Cidadania*, n. 16, jul./2003. São Paulo [Número especial sobre alfabetização de jovens e adultos].

SBHE. *Revista Brasileira de História da Educação*, n. 4, jul.-dez./2002. Bragança Paulista [Número especial sobre negro e educação].

19
A EDUCAÇÃO RURAL COMO PROCESSO CIVILIZADOR

Dóris Bittencourt Almeida

EDUCAÇÃO RURAL: UMA HISTÓRIA ESQUECIDA?

Os estudos sobre a história da educação rural no Brasil constituem uma área de investigação que ainda se situa na *"marginalidade"*[1]. Nóvoa (1994: 91) salienta o caráter *"nebuloso"* da história da educação por legitimar alguns grupos e, paralelamente, ignorar muitos sujeitos. Segundo ele, as pesquisas educacionais "[...] deixam na sombra grandes zonas das práticas pedagógicas e dos atores educativos, [...] referem-se às regiões urbanas, esquecendo a importância do meio rural, [...] ignoram sistematicamente os outros, como se eles não fizessem parte da história da educação".

Aqui se pretende problematizar uma face pouco explorada da história: a educação no meio rural no século XX. Estamos diante de uma história que envolve personagens anônimos, alunos e professores, que constituíram identidades particulares nas escolas afastadas das cidades. Na experiência dessas escolas, os poderes públicos parecem ter acreditado numa suposta *"predestinação rural"* do país e, para isto, apostaram no professor como o

---

1. O conceito de marginalidade assume outros significados para Certeau. Do ponto de vista semântico, a palavra nos induz a pensar naquilo que está de fora e que, portanto, ocupa um espaço menor que o todo. Certeau relativiza essa compreensão ao explicar o conceito de "marginalidade de massa" (1996: 44). Isso afasta a possibilidade de pensar que o marginal se refere a pequenos grupos, ao contrário, identifica-se mais com a ideia da marginalidade enquanto uma "maioria silênciosa". Neste sentido, também fala em "bricolagens e metamorfoses" (p. 40) e tal comparação auxilia na compreensão da construção de histórias que não buscam a linearidade ou a continuidade, mas que têm o objetivo de "inventar" e reconstruir uma realidade que nunca será transparente e sim nebulosa, mas que permite instantes de claridade e sugestão de novas visões, de novas possibilidades.

grande responsável pelo êxito educacional. As posições do Estado traduzem-se em algumas ações reais, mas que não atenderam o conjunto das necessidades do meio rural. Constatamos que houve um abandono dessas populações campesinas que permaneceram desassistidas, afastadas das melhorias educacionais, pois efetivamente os investimentos públicos concentraram-se no modelo de urbanização que emergia no país naquele período.

Atualmente, nossas referências são, em grande parte, essencialmente urbanas. Por isso, é difícil percebermos o quanto foi acelerado este processo que revolucionou os parâmetros da sociedade brasileira. As fronteiras, que no passado separavam claramente os aspectos culturais dos meios urbano e rural, hoje se apresentam pouco nítidas. Há uma tendência da "cidade" assumir uma posição de guia, de condutora das populações, indicando os caminhos a serem seguidos.

O advento da República, no final do século XIX, delimita um processo de mudanças estruturais na sociedade brasileira, que assume proporções maiores no século seguinte, com a afirmação do trabalho assalariado e melhoramentos urbanos aliados ao início da industrialização. Os novos olhares para a educação indicam seu caráter público, universal e laico. A reorganização do Estado, sob o paradigma republicano, promove a busca da escolarização como uma necessidade e uma alternativa de adaptação às transformações econômicas, sociais e políticas que vivia o país (GHIRARDELLI, 1995: 16).

Há uma redefinição do papel do Estado brasileiro que precisa enquadrar-se a uma nova ordem mundial, a dinâmica da acumulação do capital passou do setor agrário para o industrial (PESAVENTO, 1991). Dessa forma, agrava-se a crise do modelo agroexportador, isto é, a economia já não é mais comandada pelas diretrizes do setor primário. Assim, aceleram-se as migrações do campo para a cidade provocando, consequentemente, um processo de urbanização desenfreado e sem planejamento, aliado a um processo de exclusão social dessas populações migratórias (KALIL, 1998: 40).

Os dados estatísticos[2] sinalizam que o crescimento da população brasileira ocorre proporcionalmente ao aumento da população que vem do campo para o meio urbano. Até o final do século XIX, é realmente pequena a quantidade de pessoas que vivem em cidades, pouco mais de 10%. Essa situação altera-se década a década, a ponto de nos anos 1960 e 1970 existir qua-

---

2. Dados referentes ao período 1872-1920: Lopes, 1976, juntamente a análise do Censo Demográfico do IBGE – 1996 (BOMENY, 2001).

se um equilíbrio entre população urbana e rural, com uma ligeira vantagem para as cidades. Observa-se que, entre os anos 1940 e 1960, as mudanças ocorridas sinalizam a distribuição populacional do Brasil no início do terceiro milênio. Esse período de fortes mudanças é justamente a época que mais nos interessa, é quando grandes transformações marcaram as vidas de brasileiros e brasileiras e, como consequência, há um processo de expulsão do campo e muitas pessoas veem nas cidades a única possibilidade para se estabelecerem. O Brasil era um país nitidamente rural e assim se manteve até a década de 1920, mas a cada novo período a tendência irreversível foi o aumento da população urbana e o decréscimo da população rural.

Com a crescente diversificação da economia, o Estado brasileiro tornou-se mais complexo e mais urbano. A educação também se ajusta aos novos padrões econômicos e sociais brasileiros. Em um país que se torna industrializado e urbano, a escola da cidade passa a ser valorizada, tanto pelos poderes públicos quanto pela iniciativa privada. Segundo Romanelli (1998: 59), "onde se desenvolvem relações capitalistas, nasce a necessidade da leitura e da escrita, como pré-requisito de uma melhor condição para concorrência no mercado de trabalho".

Os trabalhadores rurais vivem um processo de afastamento de suas atividades originais, o que culmina com a expulsão do campo. Há um deslocamento crescente do meio rural para o urbano, e, consequentemente, o encontro e o choque entre valores e referências desses dois mundos. A nova ordem econômica impõe a adoção de outros parâmetros culturais identificados com a modernização pela via da industrialização e urbanização. O país "moderniza-se" e tal modernização reflete diretamente as escolhas e os caminhos educacionais percorridos. O mundo urbano passou a ser o condutor, é lá que as decisões políticas e econômicas passam a ser tomadas e que se constroem as novas referências culturais.

Nas primeiras décadas do século XX, o Brasil vive uma experiência de urbanização que não acompanha o processo de industrialização. Castells (1983) sugere a expressão *hiperurbanização*, na tentativa de explicar por que a urbanização no país não implicou, de fato, melhores condições de vida para muitas pessoas que abandonaram os campos e tomaram o rumo das cidades, em busca de trabalho.

> A hiperurbanização aparece como um obstáculo ao desenvolvimento, na medida em que ela imobiliza os recursos sob a forma de investimentos não produtivos, necessários à criação e à organização de serviços indispensáveis às grandes concentrações da população, enquanto que estas não se justificam como centros de produção (CASTELLS, 1983: 55).

A marginalização e a exclusão social acompanham as populações na saída do campo, não permitindo que se integrem efetivamente à realidade urbana, permanecendo alijadas do processo produtivo onde passam a viver, embora as cidades exerçam alguma sedução, afinal, talvez conseguissem encontrar emprego, moradia, saúde, educação, conforto e lazer. No entanto, analisando a conjuntura da época, percebe-se que essas populações são muito mais expulsas do campo e de suas atividades profissionais do que propriamente atraídas pela possível melhoria de vida na cidade. A vinda para o meio urbano não é propriamente uma escolha, é tão somente a única alternativa que se apresenta. Via de regra, as pessoas não estavam preparadas profissionalmente para a inserção nas ofertas de trabalho das cidades, por isso não conseguiam ocupação e suas expectativas de uma vida melhor logo se viam frustradas. Restava a marginalização e a exclusão social.

Assim, à medida que o Brasil se industrializa, as escolas da cidade passam a atender a outras demandas que não são as mesmas das escolas do interior. Essa é uma realidade que se afirma a partir do momento em que o país toma outras direções econômicas, ou seja, a educação nas cidades deve preparar os alunos para interagirem e se adaptarem às condições exigidas pela ordem social e econômica vigente. O ensino no meio rural, ainda que teoricamente, também se torna uma preocupação social, seja por interesses nacionalistas seja no sentido de compelir a saída das populações rurais de seu ambiente original.

ESCOLA RURAL E NACIONALIZAÇÃO DO ENSINO

O discurso educacional, ao longo da Primeira República (1889-1930), afirma que o homem do campo não precisaria de uma formação educacional qualificada como o homem da cidade. Segundo Zeila Demartini:

> A política educacional adotada durante este período foi a de atendimento restrito e preferencial às populações urbanas, em detrimento das populações residentes em áreas rurais, que eram justamente aquelas consideradas, na época, como as mais avessas à educação escolar. [...] deixavam-se os setores considerados mais arredios sempre para momentos posteriores, ou recebendo uma educação diferenciada e inferior à que se propunha para as áreas urbanas (1989: 12).

Entretanto, no final da década de 1920, o descaso com a educação nos meios rurais altera-se um pouco, tendo em vista o fortalecimento das concepções nacionalistas. Desenvolve-se no país a ideia do ensino rural voltado à defesa do nacionalismo, na busca da construção de uma identidade do povo brasileiro e da nação brasileira. O objetivo era, primeiramente, alfabetizar amplas camadas da população, colaborando para a formação do "caráter nacional dos brasileiros" (NAGLE, 1974: 232). Para tanto, os programas curriculares deveriam priorizar o ensino da Língua Portuguesa, da História e da Geografia do país, somados aos conteúdos de Instrução Moral e Cívica. Era importante, também, que a escola estivesse adaptada às necessidades regionais da população. A escola deveria resgatar valores do mundo rural, mantendo vivas ideias possíveis de serem esquecidas, entre elas a de que o Brasil era um país com uma natural vocação agrícola.

As contradições entre o tipo de ensino que se pretendia desenvolver e a realidade vivida são visíveis. Por um lado, insistia-se na ideia "Brasil, país essencialmente agrícola" ou "destino rural do país". Por outro, faltavam investimentos e vontade política para pôr em prática uma educação realmente identificada com as necessidades do meio rural. Para Nagle (1974: 187), a União opta por uma *política abstencionista*, no sentido que nada faz para incentivar a expansão da escolarização pelas diferentes regiões do país.

Assim, as atenções voltam-se para o sul, especialmente para as regiões colonizadas por imigrantes europeus. De acordo com Bomeny (2000: 23), essas pessoas eram conscientes de sua cidadania brasileira, admitiam seus deveres enquanto cidadãos brasileiros, mas, ao mesmo tempo, sentiam-se fortemente vinculados à sua pátria de origem e, portanto, organizavam suas escolas e desenvolviam a educação como um instrumento capaz de colaborar na manutenção de sua cultura original. Urgia a necessidade de difusão de um discurso veemente que, junto a essas populações, incutisse sentimentos de identidade nacional e as levassem a uma assimilação mais plena do sentido da cidadania brasileira. Como afirma Nagle (Ibid.: 231), era preciso *abrasileirar o brasileiro*. Era fundamental a formação de um caráter nacional do povo brasileiro e a educação deveria colaborar nesta tarefa, num esforço de diminuir ao máximo o analfabetismo, imprimindo uma identidade aos currículos escolares, tanto em escolas do campo, como da cidade.

Não se pode perder de vista a conjuntura internacional da época a que nos referimos. Estamos falando dos anos 1920, um período tenso, com o fim da Primeira Guerra Mundial e afirmação de ideologias como o fascismo e o nazismo, criando as condições que levariam à Segunda Guerra Mundial. Portanto, era fundamental que todos os brasileiros e brasileiras, independente de sua etnia ou condição social, desenvolvessem a percepção de que algo maior os unia, sentissem que partilhavam de uma mesma identidade nacional.

19. A educação rural como processo civilizador

O cultivo de ideias nacionalistas se faz presente na Primeira Conferência Nacional de Educação de 1927 (COSTA et al., 1997) e denota a preocupação com um ensino voltado para as regiões rurais do país, a busca por uma diferenciação entre os currículos das escolas do campo e os currículos das escolas da cidade. Enfim, era preciso uniformizar por um lado, mas diferenciar por outro, uniformizar valores e sentimentos da cultura nacional e diferenciar a formação específica do aluno que frequentava escolas no campo ou nas cidades. Lourenço Filho, em uma das teses da Conferência, defendia a integração das crianças do meio rural à cultura nacional. E a separação entre escola urbana e escola rural vinha logo em seguida nas conclusões do mesmo documento: "[...] urge a diferenciação da escola urbana e da escola rural, reconhecida implícita ou explicitamente em todas as organizações escolares dos estados" (Ibid.: 249). Nesse sentido, Lourenço Filho fazia críticas ao currículo das escolas rurais, denunciando a falta de identidade da escola rural e esclarecia quais deveriam ser os verdadeiros propósitos da educação neste meio, estabelecendo diferenças quanto à formação de meninos e de meninas. A escola, para elas, deveria desenvolver a "vocação doméstica", ou seja, mais importante era aprender a ser uma boa dona de casa e uma boa mãe, em detrimento do aperfeiçoamento do potencial intelectual:

> A escola da roça, regra geral, é a mesma escola verbalística da cidade, com as mesmas tendências literárias e urbanistas, que falha, assim, por inteiro, à missão que deverá cumprir. Nos meios rurais, a escola deve tender – onde for possível – torná-la mais do que um órgão de alfabetização – a um aprendizado agrícola, quando mais não seja para aguçar a curiosidade dos meninos da roça para a técnica agrícola racional. Nas escolas femininas do mesmo meio, ampliar, tanto quanto possível, o ensino vocacional doméstico, instituindo-se o aprendizado prático da higiene e puericultura (LOURENÇO FILHO, 1927: 247-248).

Nagle (1974: 235) salienta que a educação rural nos anos 1920 apresentava-se ainda como uma "ideologia em desenvolvimento", ou seja, seus resultados práticos ainda não apareceriam naquele momento, em termos de eficiência do ensino, comparando-se com a educação nas zonas urbanas. Nesse sentido, Maria Julieta Calazans (1983) destaca a continuidade dessa tendência ruralista do ensino que se estenderia pelas décadas seguintes, principalmente nos anos 1940, apresentando-se como uma alternativa para nacionalizar as populações rurais de origem europeia, bem como promover o seu ajustamento e adaptação ao meio rural.

Embora o ensino propriamente rural tenha se difundido no Brasil a partir de meados dos anos 1940 e 1950, a Conferência Nacional de Educação aponta, em 1927, problemas referentes à educação rural que tomariam proporções maiores futuramente. Portanto, a leitura das teses defendidas, mesmo que se caracterizassem por um vanguardismo, sinalizavam preocupações sociais e educacionais. É importante a referência a este acontecimento, pois se trata da primeira conferência de caráter nacional abordando questões relativas à educação, entre elas o nacionalismo e a problemática que envolvia as populações rurais e o acesso delas à escolarização.

A Conferência Nacional de Educação não é um evento isolado, faz parte do processo de mudanças educacionais que vive a sociedade brasileira nas primeiras décadas do século XX. Neste contexto, é importante destacar a criação da Associação Brasileira de Educação (1924) e o Movimento da Escola Nova. Todas essas iniciativas constituem-se em evidências que demonstram a preocupação com os problemas educacionais. Bomeny constata que:

> [...] foram respostas críticas a esse tipo mais imediatista e pragmático de solução para o grande problema nacional. [...] A ABE tinha como objetivo influir na implantação de políticas para a educação, [...] abrigou em seu programa de debates e conferências a elite dos educadores que se empenhavam em difundir no Brasil os avanços no campo da educação em vigor na Europa e nos Estados Unidos. A ciência se punha a serviço da melhoria da educação brasileira em bases mais sistemáticas. O movimento da Escola Nova é a síntese mais acabada desse empenho (2000: 31).

É importante destacar que a Associação Brasileira de Educação defendia um programa de educação que não se limitava ao simples aprendizado da leitura e escrita, valorizava uma educação de caráter integral "capaz de modernizar o homem brasileiro, de transformar essa espécie de Jeca Tatu em brasileiro laborioso, disciplinado, saudável e produtivo" (BOMENY, 2000: 31-32).

Paralelamente, começa a ser defendida a ideia da escola pública, obrigatória, laica, constituindo-se em um direito e um dever de todos. Romanelli analisa as implicações do ensino público para a sociedade brasileira:

> Sendo, portanto, função do Estado, cabe-lhe, a este, proporcioná-la, de tal forma que nenhuma classe social seja excluída do direito de beneficiar-se dela e ainda de tal forma que ela não constitua privilégio de uns em detrimento de outros, devendo ser ministrada de forma geral, comum e igual (1998: 31-32).

Se o acesso à escola afirma-se como um direito a todos os/as brasileiros/as, estaria garantindo este direito aos habitantes do meio rural? Os pioneiros do escolanovismo reivindicam mudanças no ensino, adaptando-o à nova realidade econômica do país, mas, por outro lado:

> É evidente que o documento não questionava a nova ordem que se estava implantando. Nesse sentido, o grande avanço que representa o documento para a teoria da educação no Brasil é que ele propõe, em última instância, adequar o sistema educacional a essa nova ordem, sem todavia questioná-la. Com isso manifestava ele, pois, o pensamento pedagógico dos representantes dessa nova situação que tiveram a lucidez de equacionar o problema das relações entre a escola e a nova ordem social, política e econômica (ROMANELLI, 1998: 150-151).

Outro aspecto importante a considerar é a participação dos setores da Igreja no movimento da Escola Nova, pois um dos seus princípios era o ensino público e universal. O natural é que fosse um ensino laico, sem interferência religiosa alguma, e a isso a Igreja se opunha, da mesma forma que também percebia tendências socialistas pelo fato de estender o acesso à escolarização a todos. A Igreja é a grande proprietária das escolas privadas do país e os fundamentos da Escola Nova atingiam diretamente seus interesses educacionais (BOMENY, 2000: 47). Talvez isso explique os motivos pelos quais a Igreja preservou seu lugar no desenvolvimento educacional e interferiu diretamente nas iniciativas relacionadas ao ensino rural, com a participação direta na estruturação das primeiras Escolas Normais Rurais, além de demonstrar constante preocupação em criar escolas rurais comunitárias, muito antes do Estado tomar qualquer atitude[3]. Provavelmente, junto com o incentivo à escolarização estava também o interesse em manter vivos e presentes os ensinamentos da Religião Católica nos currículos escolares.

URBANIZAÇÃO E MODERNIZAÇÃO DO BRASIL: ESCOLA PRA QUEM?

A escolarização nos meios rurais, a partir dos anos 1940, adquire a conotação de ser um instrumento capaz de colaborar na fixação das populações em seu ambiente original. A escola rural deveria ensinar conhecimentos básicos. Assim, se o aluno viesse para a cidade teria as habilidades mínimas necessárias para sobreviver em um novo ambiente. Porém, essa es-

---

3. Sobre as relações que se estabelecem entre Estado e Igreja, cf. Giolo, Jayme. "República: positivistas e católicos". *Simpósio de Pesquisas da Faculdade de Educação da Universidade de São Paulo* (1: 1994) – Anais. São Paulo: Feusp, 1994: p. 306-326.

cola também deveria ter propósitos maiores, no sentido de desenvolver saberes de acordo com as necessidades da vida das populações rurais. Tudo isso teoricamente, pois, em muitos casos, a realidade mostrou-se diferente e os currículos escolares eram os mesmos, tanto para as escolas das cidades quanto para as do meio rural. Pode-se dizer que há uma omissão do Estado e as responsabilidades educacionais são transferidas ao professor. Ele é o agente que deveria lutar por melhorias nas regiões em que trabalhava, via de regra sozinho.

Muitas são as adversidades que acompanham a educação rural. Poucas e precárias escolas, distantes umas das outras, dificuldades de comunicação, ausência de orientação metodológica e didática, falta de verbas públicas na escolarização, deficiências na formação de professores, currículos por vezes inadequados, poucos materiais pedagógicos, falta de livros, entre outros. Certamente, não é ao acaso que muitos professores, ao evocarem suas memórias, referem-se à *solidão* e à *renúncia* que os acompanhava em seu trabalho nas escolas rurais (ALMEIDA, 2001). Os professores também relatam as deficiências de alimentação, o problema da moradia, pois ou alojavam-se na própria escola ou em casas de pessoas da comunidade, as doenças que os acometiam, a demora a voltar para casa. O inverno, período de frio e chuvas intensas, é lembrado como a pior época, em parte pelo sentimento de estar isolado e sozinho em um meio, por vezes, inóspito.

O Instituto Nacional de Estudos e Pesquisas Educacionais Anísio Teixeira (Inep), em 1949, evidencia a preocupação com a necessidade de aperfeiçoamento da educação rural no país, destacando os inúmeros problemas com o ensino neste meio que se agravaram, em contrapartida às melhorias do ensino nas cidades.

> O Brasil está procurando vencer a grave crise que afeta sua estrutura econômico-social, criada, sem dúvida, pelo rápido desenvolvimento que a nossa indústria apresentou.
>
> A evolução rápida que a era do aço nos acarretou está sendo acompanhada pela urbanização, pelo crescimento continuado dos centros industriais para onde, diariamente, afluem elementos prestantes da vida rural que, desalentados pelo abandono em que vivem, procuram nas cidades trabalho mais compensador e salário que proporcione razoável padrão de vida.
>
> [...] agrava-se, dia a dia, o desajustamento entre a vida rural e a vida urbana. Aumenta, a cada passo, a distância social e econômica que separa o Brasil industrial do Brasil agrícola (INEP, 1949: 7).

As soluções para diminuir as dificuldades vividas pelas populações campesinas são apontadas pelo documento e, entre elas, destaca-se a importância da educação:

> A solução, portanto, implica o combate às endemias [...] medidas de defesa do solo, abertura de modernas estradas e equipamento que facilite as intercomunicações, incentivar a abertura de novos e modernos cursos de educação geral e profissional. A fixação do homem rural à terra só poderá ser alcançada quando o meio rural oferecer recursos de educação, transportes, habitação, assistência médico-social, e condições gerais de existência e de trabalho que elevem o padrão de vida no campo (Ibid., 1949: 8).

A educação rural é vista como um instrumento capaz de formar, de modelar um cidadão adaptado ao seu meio de origem, mas lapidado pelos conhecimentos científicos endossados pelo meio urbano. Ou seja, é a cidade quem vai apresentar as diretrizes para formar o homem do campo, é de lá que virão os ensinamentos capazes de orientá-lo a bem viver nas suas atividades, com conhecimentos de saúde, saneamento, alimentação adequada, administração do tempo, técnicas agrícolas modernas amparadas na ciência, etc. E a escolarização é quem vai preparar e instrumentalizar o homem rural para enfrentar as mudanças sociais e econômicas, só assim poderá estar apto a participar e compreender as ideias de progresso e modernidade que emergem no país.

E o professor que trabalha na zona rural? O Inep ressalta a falta de motivação do docente que se defronta com a realidade precária das escolas rurais:

> Indagaríamos que entusiasmo poderia apresentar o docente responsável por uma escola barracão? Que prestígio social e moral ostentaria na comunidade o professor cuja sala de aula mais se assemelhava a um depósito atulhado de bancos imprestáveis e de crianças vencidas, desde logo, pelo ambiente? (Ibid., p. 11).

Mais uma vez o documento indica soluções para a busca de melhorias no ensino rural. Entre elas estão a construção de escolas rurais pelo país, com instalações adequadas; a difusão de Escolas Normais Rurais em municípios centrais de forma a receberem alunos de localidades próximas; a promoção de cursos de aperfeiçoamento para professores rurais, entre outros.

OS PROFESSORES, A FORMAÇÃO E A PRODUÇÃO DE IDENTIDADES: UMA MOLDURA RURAL?

As escolas normais rurais são criadas diante da necessidade de se desenvolver uma política educacional identificada com os interesses das populações rurais. Era fundamental que se formassem professores conhecedores dos saberes próprios do mundo rural, e, ao mesmo tempo, lhes oportunizassem o contato com conhecimentos pedagógicos fundamentais para sua atividade docente. Entretanto, diante das transformações econômicas do país, essas escolas acabavam preparando os alunos para uma realidade que estava prestes a desaparecer. Ensinavam-se conteúdos de práticas agrícolas e de zootecnia, por exemplo, que, muitas vezes, não seriam efetivamente aplicados nas escolas.

Ao observar-se a listagem de conteúdos das Escolas Normais Rurais do Rio Grande do Sul (ALMEIDA, 2001: 97-98), nota-se uma tendência à cientificização na formação docente, coerente com os discursos defensores dos ideais de progresso e modernidade alcançados através da ciência. Além dos saberes indispensáveis a qualquer aluno, o currículo do magistério rural deveria contemplar conhecimentos do mundo rural, buscando qualificar a relação do homem com seu meio. É assim que estudos de Química e Física aplicadas à Agricultura, Economia e Administração Rural, Biologia Geral e Educacional, Zootecnia, Economia Doméstica, Higiene Rural, Educação Sanitária, Horticultura, Indústrias Rurais, figuram entre disciplinas da formação de professores rurais. O programa curricular, entretanto, não descuida de disciplinas artísticas, como Música, Canto e Cultura Artística. Da mesma forma, os saberes da Psicologia, Filosofia e Sociologia complementam a formação docente.

A preocupação com os ideais do nacionalismo parece estar sempre presente em tudo o que diz respeito à educação rural, portanto, o currículo das escolas normais rurais prevê o ensino da História e Geografia do país nos dois primeiros anos do curso, e apenas no último ano se estudam a História e Geografia de outras partes do mundo. Era fundamental que o professor cultivasse valores nacionais, dominasse a Língua Portuguesa, soubesse quem foram os heróis da pátria, conhecesse as guerras que envolveram o país, localizasse pontos geográficos, soubesse caracterizá-los, nomear os rios, os acidentes geográficos, as capitais do país, etc. Enfim, acreditava-se que a identificação e o conhecimento da cultura nacional qualificaria a formação do professor.

Além disso, tais iniciativas de criação de escolas normais rurais ainda estavam longe de sanar o problema educacional, devido à precariedade de formação pedagógica de muitos docentes. Um exemplo disso está nas palavras de Carneiro Leão que, em 1953, faz críticas à falta de uma formação específica para o magistério rural, denuncia as mazelas da educação neste

19. A educação rural como processo civilizador

meio, bem como o descompasso entre currículos escolares das escolas normais das cidades e as necessidades dos alunos que viviam fora delas:

> O problema do mestre é indiscutivelmente dos mais graves. Sua solução ainda está longe. Os professores mandados para o interior estudaram na capital ou nas grandes cidades, cujos problemas são urbanos. [...] Vão ensinar nos meios matutos e sertanejos, por programas manipulados na capital, cuja distribuição de matérias e cujos métodos preconizados só por descuido cogitam das necessidades e realidades da vida no interior. Sua aspiração é correr, seu pensamento está na cidade e na família distantes, [...] sua atitude é de aversão ao meio que eles não compreendem e que, em retribuição, com eles antipatiza (LEÃO, 1953: 281).

O autor prossegue em sua análise enfatizando o quanto os professores são impotentes para desenvolverem um bom trabalho no meio rural, chegando a afirmar que passam *incólumes* em suas trajetórias naquele meio. Denuncia os problemas cruéis que envolviam o ensino rural no país e, especificamente, as limitações dos professores no intuito de resolvê-los.

Ainda sobre a questão da formação dos professores rurais, é relevante a referência a um documento, também de 1953, do Inep, elaborado por Lourenço Filho, para uma publicação da Unesco, especialmente o capítulo *La formation dês maîtres ruraux*. Seu objetivo é justamente chamar a atenção para as deficiências de formação docente rural no país e tentar encontrar respostas e soluções para esta realidade. Entre as soluções apontadas, defende a ideia de uma formação especial para os professores rurais:

> Os professores constituem um elemento essencial de todo o sistema de ensino. Deles depende, em grande parte, o sucesso ou o fracasso da instituição escolar, notadamente nas áreas rurais. Os professores rurais devem receber uma moldura rural apropriada, formação adequada e orientada para o mundo rural e para a prática do serviço social (LOURENÇO FILHO, 1953: 10).

O final dos anos 1940 e os anos 1950 são vistos como momentos importantes de difusão das escolas primárias rurais e de promoção das Escolas Normais Rurais. Todavia, as dificuldades existentes no país são muitas, os professores são poucos, considerando-se a demanda de alunos espalhada pelas inúmeras regiões rurais do território brasileiro. Estatisticamente, 48% dos docentes em exercício não tinham um mínimo de formação pedagógica, variando a situação conforme a região do país. A região sul é apresentada como sendo a mais rica e povoada, estando em vias de industrializar-se rapidamente. São Paulo já não contava com mais nenhum professor leigo, ao passo que o Norte, Nordeste e Centro-Oeste do país apresentam, no máximo, 30% de seus docentes com algum nível de escolarização identificado com o magistério. Ainda no documento, Lourenço Filho alerta para o importante e decisivo papel do professor como "guia da comunidade", sendo responsável por "elevar o nível de vida das populações campesinas". Nessas palavras, define os significados da escola, como o "centro cultural do vilarejo", talvez com uma importância maior até que a paróquia local. A escola é o espaço em que se transmitem e se constroem conhecimentos, é um lugar que deve ser frequentado por todos. Ela representa o acesso ao conhecimento, a possibilidade de se adquirir uma cultura distinta dos costumes rurais. Nela concentram-se eventos e festividades da comunidade, e não é incomum vermos que a escola "transforma-se" em teatro, em sala de cinema, quem sabe em salão de baile, em local de exposição de trabalhos de alunos, centro de atendimento médico, entre outras possibilidades. Enfim, a escola tem uma multiplicidade de funções na zona rural e deve procurar atender às necessidades e desejos da população, sejam essas necessidades educacionais, culturais, sociais, artísticas, sanitárias, entre outras. A escola e a sala de aula, especialmente, são "espaços mágicos", pois promovem a construção de saberes, viabilizam interações com o mundo e possibilitam o crescimento pessoal e intelectual através das vivências cotidianas.

Mas quem vai conduzir essas populações? O professor, pois, segundo Lourenço Filho, deve ser o *guia da comunidade*, entenda-se por guia como aquele que conduz, que indica os caminhos a serem trilhados e, para tanto, deve receber uma *moldura*, para transformar-se neste ser que personifica e incorpora as virtudes esperadas pela sociedade. O professor é percebido como um lutador, um *guerreiro*, como se estivesse em uma *cruzada* ou em uma batalha contra o maior inimigo: o analfabetismo. Ele poderia considerar-se um vencedor se conseguisse contribuir para trazer melhorias às populações e eliminar o analfabetismo.

Enfim, Lourenço Filho propõe outras alternativas para serem alcançadas melhorias no meio rural, e, em todas elas, são fundamentais a atuação e o incentivo do Estado. Entre as medidas, estão uma reforma no regime agrário existente, desenvolvimento de crédito fundiário, melhorias nas vias de comunicação e nos serviços de assistência, educação de jovens e adultos, criação de missões rurais, melhorias nas instalações escolares, construção de casas para os professores e organização de um ensino normal a partir de planos regionais com condições próprias para cada região.

Entretanto, ao analisar-se tais soluções, percebe-se que se situam em uma perspectiva talvez idealizada, pois contrariam interesses políticos e econômicos das elites dominantes do país. Tais soluções dificilmente encontrariam respaldo nos anos 1950, época em que se investiu muito mais nas cidades, pois era lá que o país se modernizava e se industrializava.

E PARA CONCLUIR... SERIAM OS PROFESSORES RURAIS ATORES ESQUECIDOS?

Uma mirada sobre o ensino rural parece demasiado incompleta se não refletirmos um pouco mais sobre os professores rurais. Quem eram essas pessoas? Como podemos compreender a construção de suas identidades? Ao entrevistá-los, percebemos que a história da educação vive nas memórias desses sujeitos.

Os antigos professores rurais se autorrepresentavam como *o guia*, aquele que conduz a comunidade. E realmente esse papel, essa *máscara*[4] é assumida por muitos deles, principalmente por aqueles que se envolveram mais com o ensino. É importante considerar que nem todos os professores rurais tiveram o mesmo envolvimento e, de certa forma, uma cumplicidade com a profissão, tendo em vista que muitos ficavam por pouco tempo na escola rural e, assim que podiam, solicitavam transferência para uma escola da cidade. Então, não bastava só ensinar aos alunos, era importante ser um orientador, um conselheiro da comunidade, conhecer sua realidade e perceber o magistério menos como uma profissão e mais como um *sacerdócio*. Não se pode esquecer que os discursos educacionais da época acentuavam posturas morais que os professores deveriam ter, especialmente as professoras rurais.

Talvez lhes parecesse importante a posição que assumiam nas comunidades, de líderes, autoridades. É como se isso os distinguissem dos demais atores sociais de seu tempo. Entretanto, se por um lado eram valorizados quando se apropriavam dessa imagem *ideal e idealizada* (BASTOS; COLLA, 1995), por outro, havia a necessidade de um esforço para a manutenção desta posição de destaque social e cultural. Portanto, conseguiam preservar essa imagem, essas *máscaras*, através da forma como se apresentavam socialmente, adotando posturas e hábitos de vida condizentes à moral vigente, que

---

4. Máscaras é uma expressão que sugere as múltiplas identidades que o professor assume em suas atividades. Stuart Hall (1997) analisa essas possibilidades de identidades que nos constituem como sujeitos. Assim, a ideia de um sujeito único, centrado, dotado de uma identidade fixa, imutável, singular, não se sustenta mais. Somos portadores de várias identidades, muitas vezes não resolvidas, problemáticas e que não obedecem a um "eu coerente".

tinha na figura do professor *um santo, um ídolo* da comunidade. É claro que o acesso ao conhecimento e os anos de escolarização também auxiliavam na construção desta imagem de *pessoas notáveis* (QUEIROZ, 1969), mas a identificação com as referências morais e culturais próprias do mundo rural era imprescindível para a "construção do personagem professor".

Vocação, sacerdócio, altruísmo, abnegação, renúncia, serenidade, senso de justiça, amor materno, idealismo constituem-se em discursos que se misturam, se confundem e instituem a profissão. Todos são amplamente difundidos pelos dispositivos discursivos da época, que interpelam os professores com maior ou menor intensidade. Da mesma forma, dizia-se ao professor rural que nunca deveria *sentir-se vítima de sua profissão* e muito menos encará-la como sendo um *castigo penoso* (SILVA, 1951: 24).

A ideia de que o magistério era uma *batalha* e os professores eram *soldados e guerreiros* e que era preciso alcançar a *vitória* também faz parte da discursividade da época e evidencia a capacidade, especialmente das professoras rurais, de assumirem novas responsabilidades e desafios em suas vidas (ALMEIDA, 2001). Entre os discursos, exemplar é a *Oração da mestra*, de Afrânio Peixoto, que indica um código de regras e de moral condizentes a uma professora. As orações mostram um disciplinamento ético e moral da profissão, valorizando posturas e ações corretas e, ao mesmo tempo, condenando tantas outras atitudes. Na *Oração da mestra* observa-se que as relações profissionais são invadidas por sentimentos e ações próprios da esfera privada das professoras. E assim, através de excertos como: "Senhor, pois que o quiseste que o meu lar fosse a minha escola, que seja feita a Tua vontade", ou então, "Faze com que toda a manhã eu acorde de alma tranquila para encontrar meus filhos, de quem a noite inteira fui privada [...]" (Ibid.: 112), os discursos, diluídos nas palavras de uma "simples" oração, constituem os sujeitos professores "conscientes" dos caminhos da profissão docente rural. Da mesma forma, o artigo com o título "Nossa Senhora", publicado na Revista do Ensino (1958), compara a professora rural a Nossa Senhora. O texto evidencia as precauções que a professora deveria ter com a sua imagem diante da comunidade na qual estava inserida: "[...] só assim ela poderá ser a 'Nossa Senhora' do seu meio e a milagrosa condutora da sua gente [...]". O discurso impõe o que ser e o que não fazer e sugere as *máscaras* a serem utilizadas. Disso tudo se conclui que os discursos educacionais colaboravam e muito na formação identitária dos professores, especialmente das mulheres. Esses discursos ofereciam uma *moldura* que deveria ser usada na composição do personagem. Vocacionados, lutadores, missionários, exemplos de moral, condutores do progresso, tudo isso e muito mais é o que se esperava de um professor do meio rural.

Quanto à formação pedagógica, é importante destacar que muitas vezes o professor rural não tinha um preparo específico para o magistério rural, alguns haviam frequentado escolas normais rurais, outros tantos cursaram o "normal" nas cidades e ainda havia os leigos, que lecionavam de acordo com o seu empirismo.

O tempo assume outras percepções no meio rural. Isolado de tudo, distante das cidades, parece que o professor ficava alheio, "à margem" do que acontecia fora do "seu mundo". Talvez o mais difícil fossem as escolhas que cotidianamente tinha de fazer e que, por vezes, não havia com quem partilhar dúvidas e aflições vividas cotidianamente. Certamente, não é por acaso que muitos antigos professores rurais narram a *solidão* e as *renúncias* que enfrentavam nas escolas. É por isso que quando pensamos nesses professores, talvez em suas vozes esquecidas, urge indagarmos se estão esquecidas no passado ou talvez ainda silenciadas pelos historiadores e gestores da educação no presente.

REFERÊNCIAS

ALMEIDA, Dóris Bittencourt. *Vozes esquecidas em horizontes rurais*: histórias de professores. Porto Alegre: UFRGS, 2001 [Dissertação de mestrado apresentada ao Programa de Pós-graduação em Educação – PPGEdu].

BASTOS, Maria H. Camara. As revistas pedagógicas e a atualização do professor – A revista do ensino no Rio Grande do Sul (1951-1992). In: CATANI, Denice & BASTOS, Maria H. Camara (orgs.). *Educação e revista* – A imprensa periódica e a história da educação. São Paulo: Escrituras, 1997, p. 47-75.

BASTOS, Maria H. Camara & COLLA, Anamaria Lopes. "Retratando mestres – A idealização do professor na representação da docência". In: GONDRA, José Gonçalves (org.). *Pesquisa histórica*: Relatos de educação no Brasil. Rio de Janeiro: Uerj, 1995.

BOMENY, Helena M. Bousquet. *Os intelectuais da educação*. Rio de Janeiro: Zahar, 2001.

CALAZANS, Maria Julieta. Para compreender a educação do Estado no meio rural – Traços de uma trajetória. In: TRERRIER, Jacques & DAMASCENO, Maria N. (orgs.). *Educação e escola no campo*. Campinas: Papirus, 1983, p. 15-40.

CASTELLS, Manuel. *A questão urbana*. Rio de Janeiro: Paz e Terra, 1983.

CERTEAU, Michel de. *A invenção do cotidiano* – Artes de fazer. Petrópolis: Vozes, 1994.

COSTA, Maria J.F. Ferreira da et al. (orgs.). *Primeira Conferência Nacional de Educação (1927)*. Brasília: Ministério da Educação e Cultura/Sediae/Inep, 1997.

DEMARTINI, Zeila (org.). "Uma visão histórico-sociológica da educação da população rural de São Paulo". *Cadernos Ceru*, 15, ago./1981, p. 7-32. São Paulo.

_____. *Velhos mestres das novas escolas*: um estudo das memórias de professores da Primeira República em São Paulo – Ceru. Brasília: Inep, 1984.

_____. *História de vida na abordagem de problemas educacionais*. São Paulo: Vértice, 1988.

_____. "Cidadãos analphabetos" – *Propostas e realidade do ensino rural em São Paulo na Primeira República*. Fundação Carlos Chagas, 1989 [Cadernos de Pesquisa].

GHIRARDELLI, Paulo Jr. *História da educação*. São Paulo: Cortez, 1994.

KALIL, Rosa M. Locatelli. Migração e urbanização: o caso da região de Passo Fundo. In: DAL MORO, Selina et al. (org.). *Urbanização, exclusão e resistência*. Passo Fundo: Ediupf, 1998, p. 39-65.

HALL, Stuart. *Identidades culturais na pós-modernidade*. Rio de Janeiro: DP&A, 1997.

LEÃO, A. Carneiro. *A sociedade rural*. Rio de Janeiro: S.A. Noite, 1953.

LOURENÇO FILHO, Manuel Bergström. A uniformização do ensino primário no Brasil – Tese n. 42 da I Conferência Nacional de Educação, p. 244-249. In: COSTA, Maria J.F. Ferreira da et al. (orgs.). *I Conferência Nacional de Educação (1927)*. Brasília: Ministério de Educação e Cultura/Sediae/Inep, 1997.

LOURENÇO FILHO, Manuel Bergström et al. La formation des mâitres ruraux. *Problèmes d'educatión, VII*. Paris: Unesco, 1953.

NAGLE, Jorge. *Educação e sociedade na Primeira República*. São Paulo: Edusp, 1974.

NÓVOA, António M.S.S. *História da educação*. Lisboa: Universidade de Lisboa, 1994 [Tese de livre-docência].

PAIVA, Vanilda Pereira. *Educação popular e educação de adultos*. São Paulo: Loyola, 1987.

PESAVENTO, Sandra Jatahy. *O Brasil contemporâneo*. Porto Alegre: UFRGS, 1991.

PIERUCCI, Antônio F. de Oliveira (org.). *O Brasil republicano*: economia e cultura (1930-1964). Rio de Janeiro: Bertrand Brasil, 1995.

QUEIROZ, Maria Isaura P. de (org.). *Sociologia rural*. Rio de Janeiro: Zahar, 1969, p. 7-63.

RIBEIRO, Maria L. Santos. *História da educação brasileira*. Campinas: Autores Associados, 1993.

ROMANELLI, Otaíza de Oliveira. *História da educação no Brasil*. Petrópolis: Vozes, 1998.

SILVA, Ruth I. Torres da. *Educação primária rural*. Porto Alegre: Globo, 1961.

LEITURAS COMPLEMENTARES

ALMEIDA, Dóris Bittencourt. *Vozes esquecidas em horizontes rurais*: histórias de professores. Porto Alegre: UFRGS, 2001 [Dissertação de mestrado apresentada ao Programa de Pós-graduação em Educação – UFRGS].

DEMARTINI, Zeila. *Cidadãos analphabetos* – Propostas e realidade do ensino rural em São Paulo na Primeira República. Fundação Carlos Chagas, 1989 [Cadernos de Pesquisa].

NAGLE, Jorge. *Educação e sociedade na Primeira República*. São Paulo: Edusp, 1974.

PAIVA, Vanilda Pereira. *Educação popular e educação de adultos*. São Paulo: Loyola, 1987.

20
O ENSINO SUPERIOR NO BRASIL

Marilia Costa Morosini

O ensino superior no Brasil, mesmo quando comparado a congêneres latino-americanos, é de criação recente. Seus primeiros cursos datam do início do século XIX e sua primeira universidade do século XX. Em outros países, já na Idade Média, eram registradas universidades, tais como: Lérida (1300, Espanha), Avignon (1303, França), Peruggia (1308, Itália), Coimbra (1308, Portugal), Praga (1347, República Tcheca), Cracóvia (1364, Polônia), Viena (1375, Áustria), Erfurt (1379, Alemanha).

No Brasil, embora tenha havido inúmeras tentativas prévias, até mesmo no século XVI, com o colégio dos jesuítas, com a implantação de cursos superiores no período de D. João VI (1808), ao longo dos períodos imperiais e da República Velha, a universidade é fundada em 1920, através do ato que consubstanciou a Universidade do Rio de Janeiro. Tal ensino foi marcado pela formalização (Quadro 1), o que é ressaltado pela ocorrência de inúmeras legislações que caracterizam até hoje o ensino superior brasileiro como de magnitude, o maior da América Latina, voltado às elites, com um alto grau de privatização, dependente do governo central, diversificado em instituições públicas e privadas e em cursos de graduação, sequenciais, tecnológicos e de pós-graduação, com um forte sistema nacional de avaliação.

Este capítulo aborda o ensino superior no Brasil desde o período colonial (1808) até os dias de hoje, acompanhando a transformação sociopolítica mundial, de predomínio do estado-nação e da globalização. Neste contexto, examina a consubstanciação do ensino superior primeiramente em cátedras, que se aglutinam em cursos superiores; uma segunda fase quando a universidade é a figura acadêmica administrativa central e uma terceira fase, que adentra o século XXI, marcada pela influência da internacionalização no sistema de educação superior.

Quadro 1 – Legislações do ensino superior – Brasil – séc. XIX – 2004

Regime político	Data	Denominação (decreto)	Substância
Reino Unido	1808 – 18/02	Carta Régia	Autorização para a criação do 1º Curso Superior
	1808 – 23/02	Carta Régia	1º Estatuto do Curso Superior
	1813 – 01/04	Reforma Álvares de Carvalho	Estatutos de Cirurgia
Império	1832 – 03/10	Reforma Senador Vergueiro	Nova organização às Academias Médicas da Bahia e RJ
	1854 – 28/4	Reforma Luiz Pereira de Couto Ferraz (1.386)	Novo Estatuto aos Cursos Jurídicos
	1879-1884*– 19/04	Reforma Leôncio de Carvalho (7.274)	Criação de Faculdades Livres
Primeira República	1891 – 02/01	Reforma Benjamin Constant (1.232H)	Regulamento Instituição de Ensino Jurídico
	1901 – 01/01	Reforma Epitácio Pessoa (3.890)	Código para o Ensino superior-equiparação
	1911 – 05/04	Reforma Rivadávia Corrêa (8.659)	Transição entre a oficialização completa do ensino à sua total independência
	1915 – 18/03	Reforma Carlos Maximiliano (11.530)	Restabelecimento da Fiscalização
	1925 – 13/01	Reforma Rocha Vaz (16.782a)	Criação de universidades

* A Reforma Leôncio de Carvalho só foi completada em 1884, através de uma série de outras legislações. Morosini, 1990 (p. 69).

Regime político	Data	Denominação (decreto)	Substância
República	1931	Estatuto das Universidades Brasileiras (19.850)	Criação do Conselho Nacional de Educação
		(19.851)	Organização das Universidades
		(19.852)	Organização da Universidade do Rio de Janeiro
	1961	Lei Diretrizes e Bases da Educação Nacional – LDB (4.024)	Organização do Sistema de Educação
	1968	Reforma Universitária (5.540)	Modernização da Universidade
	1991	Mercosul Educativo	Integração dos sistemas educativos dos países do Mercosul
	1996	Lei Diretrizes e Bases da Educação Nacional – LDB (9.394)	Flexibilização do Sistema de Educação Superior

O CURSO COMO CENTRO DO ENSINO SUPERIOR NO BRASIL: PERÍODOS COLONIAL, IMPERIAL E A REPÚBLICA VELHA

Do início da colonização até a República (1889), o controle do ensino superior foi privativo do governo central, e teve caráter repressivo, visto que visava garantir a hegemonia portuguesa sobre a colônia (MATTOS, 1985). A criação dos cursos superiores no país ocorreu somente com a vinda da família real portuguesa para o Brasil, em 1808. Estes se caracterizavam por duas "tendências marcantes: cursos isolados (não universitário) e preocupação basicamente profissionalizante" (RIBEIRO, 1981: 44). Fortemente influenciado pelo modelo francês, o ensino superior brasileiro não superou a orientação clássica, nele prevalecendo a desvinculação entre teoria e prática. Os principais cursos eram voltados ao ensino médico, de engenharia, de direito, de agricultura e de artes.

Azevedo (1976: 76) afirma a esse respeito que a "profissionalização do ensino superior, inaugurada por D. João VI, e a fragmentação do ensino consagrada pelo ato institucional deviam marcar tão profundamente, através de mais de um século, a fisionomia característica de nossa educação que se teriam de malograr todas as tentativas para alterar o curso da evolução".

No Quadro 2 estão identificados os Cursos Superiores no país até o início da República.

Ilustração 1 – Faculdade de Direito do Recife
Conhecidos como Cursos Jurídicos, o de Olinda foi a origem da Faculdade de Direito do Recife, instalado no dia 15 de maio de 1828, no mosteiro de São Bento, passando a funcionar em dependências cedidas pelos monges beneditinos. A Faculdade de Direito do Recife hoje pertence à Universidade Federal de Pernambuco.
Fonte: Universidade Federal de Pernambuco.

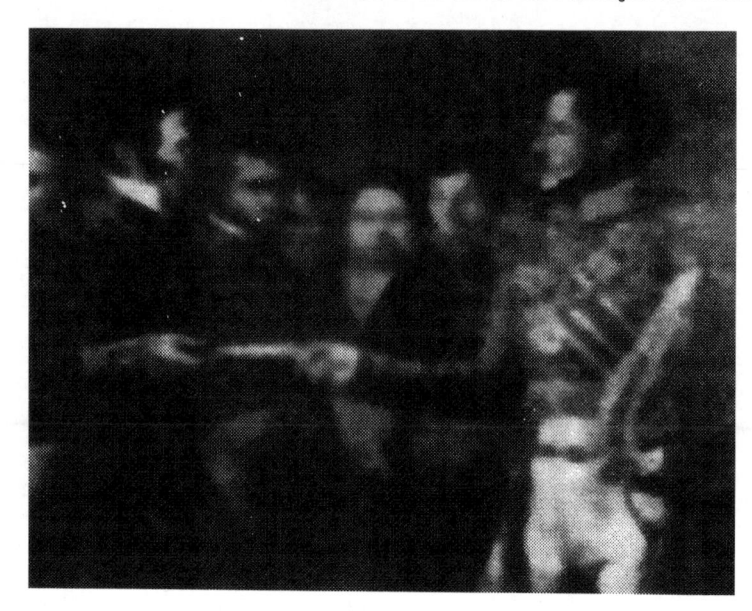

Ilustração 2 – Faculdade de Medicina da Universidade Federal do Rio de Janeiro
Dom Pedro I passa às mãos do diretor da Faculdade de Medicina, Dr. Vicente Navarro de Andrade (Barão de Inhomirim) o Decreto-lei que autorizava as escolas brasileiras a formar cirurgiões e médicos, assim como a expedirem diplomas e certificados.
Fonte: Universidade Federal do Rio de Janeiro.

Ilustração 3 – Faculdade de Medicina da Bahia
Fonte: Faculdade de Medicina da Bahia.

20. O ensino superior no Brasil   301

Ilustração 3 – Faculdade de Medicina da Bahia
Fonte: Faculdade de Medicina da Bahia.

Ilustração 4 – Escola Politécnica da UFRJ
A Academia Militar foi transformada em Escola Central, permitindo o estudo de civis e militares (1860).

Escola Central, local onde foi realizada a Primeira Exposição Nacional (1861).

Em 1874 a Escola Central é transformada em Escola Politécnica, para o ensino exclusivo da engenharia civil.

Fachada da Escola Nacional de Engenharia da Universidade do Brasil, denominação adotada a partir de 1937.
Fonte: Universidade Federal do Rio de Janeiro.

Quadro 2 – Origem do ensino superior brasileiro – 1808-1889

	Rio de Janeiro	Bahia	Pernambuco	São Paulo	Minas Gerais	RS
1808	* Academia de Marinha, 4,5	* Escola de cirurgia (Hospital Real da Bahia)				
1809	* Cadeira de Anatomia					
	* Cadeira de Medicina Teórica e Prática (Hospital Real Militar e da Marinha)					
1810	* Academia Real Militar					
1812		* Curso de Agricultura 3,4,5				
1813	Academia Médico-Sanitária					
1814	* Curso de Agricultura					
1815		* Academia Médico-Cirúrgica 1				
1817		* Curso de Química (Industrial, Geologia e Mineralogia) 3,4,5				
1820	* Academia de artes 4					
1826	* Academia de Belas Artes 4					

			* Curso de Ciências Jurídicas e Sociais de Olinda	* Curso de Ciências Jurídicas e Sociais de São Paulo	
1827					
1832	* Faculdade de Medicina	* Faculdade de medicina da BA			
1833	* Academia Naval / Militar 4				
1839	* Escola Militar				Faculdade de Farmácia 2,3
1841	* Escola Nacional de Música 1,3				
1854			* Faculdade de Direito de Recife	Faculdade de Direito de SP	
1855	* Escola de Aplicação do Exército 3,4				
1858	Escola Central – Curso de Matemática e Ciências Físicas e Naturais				
1874	* Escola Politécnica do RJ				

1875				*Escola de Minas e Metalúrgica	
1878	Curso de Odontologia				
1883		Escola Superior de Agronomia (Cruz das Almas)			Escola de Medicina Veterinária e Agric. Prática (Pelotas)
1884	Escola de Farmácia				
1888			Escola Politécnica		
1889					

Obs.: A variação de números ao lado dos referentes cursos indica o autor que revela tal informação. A ausência de números ao lado dos cursos significa concordância de todos os autores em relação à informação. O asterisco significa que a informação foi confirmada pelo índice da legislação de Josephina Chaia-Fontes. **1)** TOBIAS, José. *História da educação brasileira*. São Paulo: Juriscredi, 1972. **2)** CAMPOS, Ernesto de Souza. *Instituições culturais e de educação superior no Brasil*. Rio de Janeiro: Ministério da Educação, 1941. **3)** CUNHA, Luiz Antonio. *A universidade temporã*. Rio de Janeiro: Francisco Alves, 1986. **4)** AZEVEDO, Fernando de. *A transmissão de cultura*. São Paulo: Melhoramentos, 1976. **5)** RIBEIRO, Maria Luiza S. *História da educação brasileira*. São Paulo: Moraes, 1984. **6)** CHAIA, Josephina. *A Educação Brasileira* [Índice da legislação].

Fonte: LEITE et al., 1997.

Em 1808, por uma carta régia do Príncipe Regente, é permitida a criação do curso médico da Bahia, que, embora muito rudimentar, apresentava-se sob a forma de um curso regular, sistematizado e com um regime escolar (CAMPOS, 1941). Também neste ano é concedido o título do primeiro professor do ensino superior brasileiro, e são estabelecidas as determinações para o desempenho dessa função. Nas *Instruções para lente de cirurgia*, que se constitui no Primeiro Estatuto de Ensino Superior Brasileiro, o curso deveria ter a duração de quatro anos, desenvolvidos por aulas teóricas, em salas do Hospital Militar, e por aulas práticas duas vezes por semana, em uma das enfermarias, ao fim do qual seria concedido um certificado ao praticante. Eram habilitados a frequentar os alunos que tivessem conhecimento de língua francesa, pagando seis mil e quatrocentos réis ao seu professor. No verão, as aulas iniciavam às sete horas da manhã e no inverno às oito, com duração de três quartos de hora, excluindo as quartas-feiras e feriados. No último dia de aula da semana, aos sábados, ocorria a sabatina ou recapitulação das matérias que haviam sido objeto das lições. Nessa ocasião os lentes poderiam arguir os estudantes ou designar arguentes e defendentes. Vigorava a obrigatoriedade do comparecimento às aulas e o abono de faltas ficava a critério dos professores, após exame de atestado médico. A perda de ano decorria da não presença a vinte aulas, por negligência, ou a sessenta aulas, por doença. Destaca-se nesta época o Lente de cirurgia Manoel José Estrella.

Neste período, ressalta-se uma tendência de concentração de poder nas mãos dos lentes proprietários e/ou catedráticos, denominação pós-1854, com a Reforma Couto Ferraz. As cátedras inicialmente eram o cerne do ensino superior e à medida que se aglutinavam deram origem aos cursos superiores. Na Carta Régia de 1808, o professor ensinaria "[...] na conformidade das instruções que lhe remeto, esperando do seu zelo, da sua conhecida instrução e estudos luminosos e mesmo de seu patriotismo e desempenho do conceito que faço de sua pessoa" (apud CAMPOS, 1941). A partir de 1832, com a Reforma Senador Vergueiro, têm início os concursos para lentes substitutos, função inferior à de lente catedrático. Apesar do rigorismo de detalhes sobre o concurso, ficava estabelecido que se não houvesse candidato ao cargo ou se o concurso fosse anulado, o governo poderia fazer diretamente a nomeação, por exemplo, para o Curso de Direito, dentre uma das seguintes classes: a dos doutores em direito que tivessem advogado por cinco anos ou a dos bacharéis em direito com dobro de tempo de advocacia ou serviço público.

A escassa demanda e a pouca importância que o ensino superior representava para o aumento de lucratividade da nação brasileira, aliados ao seu caráter federal, acarretam a criação, até a República, de 12 a 15 cursos e faculdades superiores (Quadro 2). É importante registrar que, apesar da permissão para a criação das Escolas livres, poucas dentre elas vingaram devido ao reduzido número de alunos que se candidataram aos cursos: a prestação de "exames perante as escolas oficiais e essa condição atemorizadora – o exame de Estado – era mais que suficiente para esfriar o ânimo da juventude" (UFRGS/Faculdade de Medicina, 1955: 6).

Azevedo (1976: 107), ao fazer uma comparação entre as reformas educacionais ocorridas no período Imperial, desde a Reforma Couto Ferraz, o organizador, até as de Leôncio de Carvalho, "o inovador, que mais se afastou dos moldes da Universidade de Coimbra...", afirma que as reformas indicam "influências transitórias dos gabinetes ministeriais que... não fizeram mais do que conservar, aperfeiçoando-as, as instituições fundadas por D. João VI ou criadas no Primeiro Império, com os cursos jurídicos".

O final do século XIX presencia acontecimentos decisivos para a nação brasileira: a troca de regime político, a abolição da escravatura, a introdução da mão de obra livre, a política imigratória e o primeiro surto industrial. Em tal contexto, a influência positivista se intensifica. Os setores médios fortalecidos, principalmente os militares, aliados à burguesia cafeeira, desencadeiam uma postura descentralizadora, o que se reflete também na educação superior. Reflexo dessa força emergente pode ser observado na Constituição de 1891, que concede à União, porém privativamente, atribuições de criar instituições de ensino superior nos estados. Entretanto, pelo Código Epitácio Pessoa (Brasil, 1902) era mantido o controle, pois competia privativamente à União legislar sobre o ensino superior. A partir dessas legislações surgem os cursos superiores nos Estados.

Nos Estados, esse período se caracteriza pela política dos governadores, pela qual tratava-se "de entregar cada estado federado, como fazendas particulares, à oligarquia regional que o dominasse, de forma que esta, satisfeita em suas solicitações, ficasse com a tarefa de solucionar os problemas desses estados..." (SODRÉ, 1973: 304). É um período fértil para a expansão do ensino superior que de 1907 a 1933 passa de 25 para 338 instituições de ensino superior e 17 Universidades e de 5.795 para 24.166 alunos (LEITE, CUNHA, MOROSINI et al. 1997: 45). Entretanto, mesmo com esta expansão, a taxa de escolarização era muito baixa. Ribeiro (1964: 87) afirma que somente 0,05% da população total do país, em torno de 17 milhões de habitantes, estava matriculada em um curso superior.

O período compreendido entre o final do século XIX até 1930 é movido por "reformas consecutivas e desconexas", onde o "sistema educacional continuava a orientar-se pela herança da escola jesuítica, o que na prática significava que a escola brasileira era de conteúdo intelectualista, alienada da realidade e sem vinculação ao mundo do trabalho..." (BERGER, 1976: 169-170). Em 1924, são criadas a Associação Brasileira de Educação e a Academia Brasileira de Ciências, que corroboraram para a emergência de uma nova concepção de universidade numa nítida reação ao positivismo do período. Isto se reflete na proposta de criação de universidades com consequente desenvolvimento de atividades de pesquisa.

Fazendo um balanço do nascimento do ensino superior no Brasil, até 1930, onde o curso era o cerne, constatamos que as modificações são apenas superficiais, embora nesse largo período histórico tenham ocorrido modificações estruturais significativas no regime político, na economia e nas relações sociais.

A UNIVERSIDADE COMO CENTRO DO ENSINO SUPERIOR NO BRASIL: PERÍODO REPUBLICANO (1930-1996)

A universidade como justaposição de cursos superiores (1930-1968)

A fase primeira deste período se caracteriza por tentativas de democratização face a leis discriminatórias. Já a partir de 1937 tais leis se fortificam pela consolidação de um forte controle e centralização estatal ocorrido com a instauração do "Estado Novo". A segunda fase (1945-1964) caracteriza-se pela redemocratização da nação, pela efervescência social e a concomitante discussão de modelos de universidade, que se consubstanciam em 1968 na Reforma Universitária (Lei n. 5.540).

A educação, onde predominam ideias do liberalismo, propõe-se que seja oferecida à população em geral, pois existe a compreensão da educação não só como fator de incorporação das massas ao progresso do país, mas também como fator de propulsão de desenvolvimento pelo alargamento e circulação das elites.

Entre as primeiras medidas educacionais do pós-1930, é estabelecida a reforma do ensino superior assinada por Francisco Campos, titular dos Ministérios da Educação e Saúde, e representada no Estatuto das Universidades Brasileiras (11/04/1931), que tem como modelo a Universidade do Rio de Janeiro (Decretos 19.850, 19.851 e 19.852: o primeiro decreto cria o Conselho Nacional de Educação; o segundo contém normas gerais para a organização das universidades, e o terceiro legisla especificamente para a Universidade do Rio de Janeiro). Por esta reforma a organização do sistema universitário do país tem como ponto de partida a criação de universidades pela justaposição de pelo menos três dos seguintes institutos de ensino superior: Faculdade de Direito, Faculdade de Medicina, Escola de Engenharia e/ou Faculdade de Educação, Ciências e Letras. Na fase precedente, o ensino superior concretizava-se em cursos isolados. Nesta, criam-se as universidades a partir da junção de cursos superiores. Porém, apesar da universidade se constituir numa figura que paira sobre os cursos que a compõem, estes se mantêm praticamente autônomos nas questões de ensino e isolados uns dos outros.

Podem ser citadas como primeiras universidades: Universidade do Rio de Janeiro (1920), Universidade Federal de Minas Gerais (1927), Universidade de São Paulo (1934) e Universidade Federal do Rio Grande do Sul (1934).

Merece destaque, pelo grau de diferenciação entre as instituições universitárias da época, a Universidade de São Paulo, hoje a maior universidade do Brasil e da América Latina. Ela foi criada pelo Decreto estadual n. 6.283, de 25/01/1934, do governador de São Paulo, Armando de Salles Oliveira. Obedecendo ao Estatuto das Universidades Brasileiras, de 1931, a USP incorporou a Faculdade de Direito do Largo São Francisco, de 1827, a Escola Politécnica, a Faculdade de Medicina, a Faculdade de Farmácia e Odontologia, o Instituto de Educação e a Escola Superior de Agricultura Luiz de Queiroz, de Piracicaba, e a Faculdade de Filosofia, Ciências e Letras Maria Antonia. Foram convidados para dar aulas na universidade diversos professores estrangeiros, a maioria de países como França, Itália e Alemanha, a saber: Fernand Braudel, Roger Bastide, Arbusse Bastide, Pierre Monbeig, Paul Maugue e Martial Guérroult, entre outros.

Na visão de Fávero (1977: 36), esta "reforma do ensino superior reflete as ambiguidades do momento histórico: o caráter dúbio de certas afirmações, o reforço a um tipo de educação humanista e elitizante, entre outros, são sinais que refletem uma época". É inegável, porém, seu mérito de abrir perspectivas para as universidades. No Estatuto das Universidades Brasileiras, o Governo Federal mantinha seu poder de determinação sobre os cursos superiores que compunham a universidade. E, apesar da legislação determinar a existência da figura da universidade com instâncias hierárquicas como a do diretor das Escolas, a figura máxima deste período era ainda a do professor catedrático, "responsável pela eficiência do ensino de sua disciplina cabendo-lhe ainda promover e estimular as pesquisas que

20. O ensino superior no Brasil 311

Ilustração 5 – Faculdade de Direito de São Paulo
Fachada da Faculdade de Direito do Largo São Francisco.
Fonte: http://www.universiabrasil.net – Acesso em 17/06/2004.

Ilustração 6 – Pontifícia Universidade Católica do Rio Grande do Sul
A PUCRS em 1942 se localizava junto à praça São Sebastião, nas dependências do colégio Nossa Senhora do Rosário, Porto Alegre.
Fonte: www.pucrs.br/fabio/ – Acesso em 18/06/2004.

concorram para o progresso das ciências e para desenvolvimento cultural da nação" (BRASIL, 1931b, art. 61). Pela reforma de 1931, foram alteradas as formas de recrutamento: para ser alçado à categoria de catedrático, o concorrente deveria submeter-se a concurso de provas e títulos, cujo resultado seria submetido à congregação da faculdade. As provas incluíam defesa de tese, prova escrita, didática e prática ou experimental, a critério dos institutos. Porém, apesar de recomendada na exposição de motivos, a busca de uma melhor forma de seleção do cargo docente, através do aprimoramento do concurso, a legislação facultava à congregação preencher a vaga de catedrático independentemente de concurso, desde que o candidato fosse profissional que tivesse realizado invento de alta relevância ou escrito obra doutrinária de excepcional valor.

A reforma também alterou a vitaliciedade, que só ocorreria após dez anos e com realização de concurso de títulos, em que outros profissionais também poderiam concorrer. A destituição do professor ocorreria após ouvida uma comissão de professores eleitos pela congregação, com uma apuração favorável à destituição por 2/3 de seus membros, e com a sanção do Conselho Universitário. Além dos professores catedráticos, também integravam o corpo docente dos institutos os auxiliares de ensino, os docentes livres e, eventualmente, os professores contratados e outras categorias. A permanência do professor na classe dos auxiliares de ensino dependia do respectivo professor catedrático e de um concurso de provas e títulos à docência livre, ao qual todos os auxiliares deveriam submeter-se após dois anos de exercício. A docência livre, obrigatória em todas as faculdades, destinava-se a ampliar a capacidade didática dos institutos e a formar o corpo de professores. A cada cinco anos a congregação fazia uma revisão dos quadros de docentes livres, destituindo-os ou não de acordo com sua produção.

A força da cátedra é mantida e ampliada nas constituições brasileiras de 1934 e 1946, em aspectos como a vitaliciedade, irremovibilidade e a liberdade da cátedra.

Após 1945, as legislações universitárias são refletoras da democratização política e econômica vigente na nação brasileira. Tal conjuntura, em nível educacional, propiciou uma mudança nos canais de ascensão social. Até a década de 1950, a ascensão ocorria através da "reprodução do pequeno capital" e/ou abertura de um negócio. Após esta data, abrem-se canais no "topo das burocracias públicas e privadas", onde diplomas escolares passam a constituir critério para a posse do cargo (CUNHA, 1980). Assim, os cursos superiores passam a ser buscados como estratégia de ascensão social.

É deste período a criação da Universidade Católica do Rio Grande do Sul (1948), que após dois anos passa a denominar-se Pontifícia Universidade Católica do Rio Grande do Sul, a primeira universidade marista no mundo.

Na década de 1950, ocorre a federalização de muitas universidades estaduais, com exceção da USP, que permanece estadual. Em 1961, a UnB – Universidade de Brasília, concretiza o projeto de universidade como instituição de pesquisa e centro cultural, concebido por Darcy Ribeiro e sintetizada em seu livro *Universidade necessária*. Seria uma universidade que objetivava manter junto ao humanismo e à livre criação cultural a ciência e a tecnologia modernas e (FÁVERO, 1994: 150) manter junto ao governo uma reserva de especialistas altamente qualificados. Com o golpe militar de 1964 e a posterior implantação do regime militar, os princípios idealizados para a UnB foram solapados e uma outra instituição é construída.

Em 1961 é estabelecida a Lei de Diretrizes e Bases da Educação Nacional que não alterou as disposições relativas às questões de ensino vigentes. Em grandes linhas sobre o assunto, a LDB restringiu-se a determinar que a fixação dos currículos mínimos e a duração dos cursos caberia ao Conselho Federal de Educação – CFE, mantendo a hierarquia docente com a figura do catedrático. A LDB delegou às universidades a normalização sobre concursos, distribuição dos docentes segundo o tipo de disciplinas e cursos a serem atendidos, pois entendia que "aos estatutos desta (a universidade) é que cabe desenvolver o assunto, atendendo às peculiaridades de cada órgão e com a necessária fidelidade aos padrões internacionais e nacionais do ensino universitário" (BRASIL, 1961 – Razão do Veto do art. 75, 84c). Com a instauração do regime militar, as discussões universitárias de cunho político cederam lugar às de cunho técnico: Plano Atcon, acordos MEC-Usaid e relatório Meira Mattos.

A política educacional superior constituiu o período de 1945-64 como uma fase de construção do próximo período, que se instaura com a reforma universitária de 1968. Isso porque, na fase de redemocratização da sociedade brasileira, a modernização do ensino superior já se processava, modernização essa que foi desvendada pós-68 e se caracteriza pela busca da formação da força de trabalho de nível universitário com vistas a, de um lado, atender o capital monopolista e, por outro lado, aplacar os anseios de mobilidade social das camadas médias. Para Cunha (1980), a modernização não era "tão nítida, mascarada que estava pelo populismo, pelo nacionalismo e pelo desenvolvimentismo" (p. 12).

A universidade e sua modernização (1968-1990)

Os períodos precedentes, um dos quais corresponde ao dos cursos superiores isolados e outro ao da criação da universidade, têm em comum a égide do curso. Cada curso possuía uma organização própria, mesmo quando em obediência a normativas federais. No período seguinte – 1968-1990 – dissolve-se tal centro de atenções. Os cursos cedem lugar a um todo orgânico – a universidade – onde as células estruturadoras do ensino são os departamentos acadêmicos.

A fase tem seu início com a reforma universitária de 1968 e estende-se até o fim dos anos 1980, quando já está consolidada a imagem de uma universidade em crise. Em termos de normatizações, a reforma universitária começou a germinar com o Parecer n. 442/66, Secretaria de Ensino Superior/ MEC, seguido pela Lei n. 5.540, de 28/11/1968, que fixa as normas de organização e funcionamento do ensino superior e sua articulação com os demais níveis de ensino, e pelas alterações na regulamentação desta lei através do Decreto-lei n. 464, de 11/02/1969. Muitas outras normatizações se fazem presentes: Política para o ensino superior (1985), Relatório do Grupo Executivo para a Reformulação da Educação Superior – Geres (1986) e outros estatutos, como os elaborados pelo Conselho de Reitores das Universidades Brasileiras (Crub), Associação Nacional de Docentes Universitários e Federação das Associações dos Servidores das Universidades Brasileiras (Andes/Fasubra). Estas normatizações refletem o contexto sócio-político-econômico da nação brasileira, onde o desenvolvimento, com base na industrialização e na internacionalização da economia, caracteriza o processo de modernização da sociedade.

A imbricação entre a política socioeconômica e a educacional fica clara na exposição de motivos da Lei n. 5.540, que trata da reforma universitária e declara ser uma das suas principais metas a racionalização das atividades universitárias, de forma a dar-lhes maior eficiência e produtividade (Relatório GTRU, 1968: 125), características das atividades empresariais.

Esse período teve sua gestação ainda na fase populista, quando uma crise no modelo econômico de substituição das importações adotado no Brasil pós 1930, coexistia com os anseios da classe média de ascender socialmente via educação. O declínio do processo econômico acoplado à democratização política propiciou a eclosão de um clima de discussão sobre os rumos do desenvolvimento da sociedade brasileira. Acompanha tal movimento o questionamento da universidade e o anseio de uma reforma universitária, que geraram propostas de universidade diferenciadas, entre as quais destacam-se a da Universidade de Brasília, as da UEE e a determinada pela LDB.

Na RU de 1968 domina o conteúdo técnico em vez do político, embora algumas pretensões geradas pelo clima efervescente dos anos 1960 tenham nela obtido abrigo (VIEIRA, 1982), pois "a importação de modelos estrangeiros, sem o contrapeso da discussão na comunidade acadêmica brasileira, reduziu a questão da reforma universitária ao âmbito organizacional e administrativo" (OLIVEN, 1985: 9).

A reforma universitária foi profunda. Ela legislava para o ensino superior com base nas universidades, instituindo a ampliação de suas funções para o ensino, pesquisa e extensão, e criando os departamentos aliados a um complexo sistema organizacional, caracterizado, de um lado, pelo sistema administrativo e, de outro, pelo acadêmico.

O regime autoritário militar aboliu a cátedra – e o consequente "enfeudamento do saber" –, transformando o cargo de professor catedrático no patamar final de carreira docente, e alocou os docentes em departamentos e não mais em cursos, procurou implantar a indissociabilidade ensino/pesquisa, pelo qual o professor deve transmitir o saber adquirido e criar o saber novo; a carreira do professor passou a ligar-se a graus e títulos acadêmicos; criou o regime de trabalho de dedicação exclusiva à universidade, pelo qual os professores passariam a ser membros efetivos da "comunidade pensante"; e vinculou ao regime trabalhista os professores admitidos por contrato de trabalho. Assim, extirpava-se a cátedra e a sua representação de universidade elitista, pois num contexto social de universidade de massa, de ensino superior como canal de ascensão social, tal anacronismo não era mais possível perdurar.

A pós-graduação, cursos de mestrado e doutorado, que fundamentavam a concepção de desenvolvimento nos governos militares, recebe apoio fundamental, através de três Planos Nacionais de Pós-graduação, o primeiro em 1972-1979; o segundo em 1982-1985; e o terceiro em 1986-1989.

"Nas universidades públicas, com maior tradição de mobilização política, a possibilidade de críticas ao governo foi contida pelo Decreto 477 e as cassações que se lhe seguiram, com a presença das Assessorias de Segurança e Informação implantadas no seio de cada instituição e com o próprio clima de censura geral imposto à população" (OLIVEN, 1985, apud MOROSINI, 2003: 389). Esta modernização do ensino superior vem acompanhada pela paroquialização do ensino no setor privado, que se deu através da implantação de faculdades isoladas que se multiplicaram em cidades do interior e se expandiram na periferia dos grandes centros urbanos, oferecendo cursos de graduação sem levar em conta o padrão acadêmico.

Assim, a partir da Reforma Universitária de 1968, a indissociabilidade de ensino, pesquisa e extensão, a estrutura departamental, o desenvolvimento da pós-graduação, a matrícula por disciplinas e a gestão de racionalidade eficientista tornam-se modelares, embora não predominantes nas instituições de Educação Superior. Posterior ao período de abertura política, inúmeras tentativas de democratização e transformação da universidade são identificadas e eclodem na Constituição Federal democrática de 1988.

Esta fase de modernização estende-se até meados de 1990, caracterizada pela expansão do número e tamanho das instituições, a privatização do setor, a interiorização de novas instituições e a diversificação da comunidade acadêmica e de cursos, inclusive com a legitimação de cursos noturnos e em períodos especiais, como os cursos de férias para docente da Educação Básica. Também surgem as instituições *multicampi* e comunitárias, como forma peculiar de processo de aglutinação. Este período revela acentuada expansão das chamadas novas universidades do setor privado com marcante vocação empresarial (LUCE, 2003, apud MOROSINI, 2004).

A INTERNACIONALIZAÇÃO DO ENSINO SUPERIOR (SÉCULO XXI)

A década de 1990, refletindo o contexto internacional de tensões entre a supremacia da globalização e a defesa do estado-nacional, é perpassada por diferentes concepções de educação superior. São de registrar as concepções advindas da Unesco, que sintetizando encontros regionais (Havana, Dakar, Tóquio, Palermo, e Beirute), em 1998, em Paris, publica o documento "A Educação no século XXI: visões e ações: informe da Conferência Mundial sobre Educação Superior". Neste documento é reafirmada a cultura da paz, da equidade e da qualidade. São apontadas para a universidade as seguintes missões: educar, formar e realizar pesquisas; ter funções ética, de autonomia, de responsabilidade e de prospecção; igualdade de acesso a todos e às mulheres em especial; promoção do saber mediante a pesquisa e a difusão de resultados; orientação a longo prazo fundada na pertinência; cooperação com o mundo do trabalho; diversificação como meio de reforçar a igualdade de oportunidades; métodos educativos inovadores; protagonismos dos professores e dos estudantes, avaliação da qualidade; potencialização dos desafios da tecnologia; reforço à gestão e ao financiamento da educação como serviço público; disseminação dos conhecimentos entre os países; e fortalecimento de alianças e associações. Também merece registro a concepção de educação superior de caráter neoliberal identificada no documento advindo do Banco Mundial e do Fundo Monetário Internacional, tais como (1995) – *La Enseñanza Superior: as lecciones derivadas de la experiencia*, que busca uma universidade voltada ao mercado, eficiente e racional.

No Brasil, a influência destas concepções pode ser identificada junto a movimentos da sociedade civil por uma universidade pública e democrática. Nos oito anos do governo do presidente Fernando Henrique Cardoso, tendo como ministro da educação Paulo Renato de Souza, é notória a influência de organismos internacionais neoliberais no ensino superior. É neste período que se aprova a Lei de Diretrizes e Bases da Educação Nacional – LDB, 9.394/96, também conhecida como Lei Darcy Ribeiro, e outras medidas complementares. Esta influência internacional adquire diversos formatos, que se estendem desde as orientações para o desenvolvimento de uma instituição universitária eficiente, empreendedora e sustentável até a constituição de uma instituição universitária de caráter transnacional.

A influência internacional no sistema de educação superior do país, proposta pelo documento elaborado pelo Banco Mundial (1995), reflete a presença de um estado avaliador e que orienta os países em desenvolvimento para a redução do papel do Estado na educação superior; a privatização e a diversificação do sistema de educação superior (SES) e a avaliação da qualidade, todos estes princípios fundamentados num grande articulador – a flexibilização do SES. Merece referência especial a avaliação do ensino de graduação embasada prioritariamente no Exame Nacional de Cursos que, até 2003, avaliava alunos de graduação que iriam se formar num determinado ano letivo.

Por decorrência destas influências, já não contamos com um modelo único de ensino superior – a universidade, mas com um sistema de educação superior complexo, diversificado e expandido, representando, em 2004, cerca de 1632 Instituições de Ensino Superior. A diversificação se verifica em relação à dependência administrativa, pública e privada, pois a grande maioria é de instituições de caráter privado (1.475 ou 90%), com uma concentração nas regiões sudeste (840), seguida da região sul (260). A diversificação é também registrada em relação à organização acadêmica: universidades e não universidades (centros universitários, federação de escolas e faculdades isoladas). Em relação ao número de alunos na graduação, o Brasil tem 3.479.913, dos quais 61,80% em universidades (INEP, 2004). A taxa de sucesso, razão entre ingresso e conclusão, é de somente 37%.

Este sistema tem uma cobertura de matrículas muito aquém do necessário para uma nação que se pretende desenvolvida. Somente 11,7% de nossa população, em idade dos 18-24 anos, está na graduação. Esta taxa, além de ser pequena, mesmo quando comparada a países latino-americanos, está também concentrada nas camadas mais altas da população: dos 10% dos mais ricos no Brasil, 23,4% está no ensino superior, enquanto que para os 40% dos mais pobres este índice é de somente 4,0%. A distorção se agrava em algumas regiões: por exemplo, no nordeste, 25,8% dos 10% dos mais ricos e 0,9% dos 40% mais pobres.

Um segundo movimento de internacionalização da educação superior, além da complexidade e diversificação do Sistema de Educação Superior, é identificado no início deste século. Se no nascimento do ensino superior, durante o período colonial, era praxe a formação das elites brasileiras em Coimbra (Direito) e em Montpellier (Medicina), hoje existe uma tendência que se fortifica, de formação da elite, já na graduação, em instituições universitárias no exterior, principalmente nos Estados Unidos da América. Também começa a se identificar a inserção de instituições de ensino superior estrangeiras no panorama nacional, via de regra, em consórcio com uma instituição brasileira e/ou, via oferta de cursos similares ao Master of Business Administration – MBA e/ou também via ensino à distância.

Paralelo a este movimento de internacionalização, marcado por concepções neoliberais, em 2003, o governo popular assume o comando do país com o presidente Luis Inácio Lula da Silva. O programa do governo popular para a área da educação, denominado "Uma escola do tamanho do Brasil" (PALLOCCI, 2002), privilegia a ampliação do papel do Estado e do público no âmbito local, regional e nacional ou ainda o aumento de vagas e matrículas, o fortalecimento do sistema nacional de educação interdisciplinar e articulado, a escola para todos com qualidade, gratuidade de ensino e permanente avaliação das Instituições de Educação Superior.

Para a implantação destas propostas, o governo popular aprovou a Lei n. 10.861/04 que regulamenta o Sinaes – Sistema Nacional de Avaliação da Educação Superior, que avalia a instituição, os cursos e o desempenho dos estudantes. Este último item se intitula Enade – Exame Nacional de Desempenho dos Estudantes. O governo elaborou, também, os projetos de Lei "Universidade para Todos" (Prouni) e "Reservas de Vagas nas Instituições Federais de Ensino Superior", ambos voltados à ação afirmativa de inclusão social e racial, e vem discutindo novas formas de financiamento das IES federais através de loterias e impostos; e para obter, além do acesso, a permanência dos estudantes carentes na universidade, discute a concessão de bolsas e a alocação dos estudantes num primeiro emprego acadêmico. É ainda importante registrar que na busca de um novo modelo universitário, em 2004, apresenta-se a construção de uma nova reforma universitária.

No plano mundial, uma nova configuração socioeconômica se implanta através de blocos, tais como: Nafta –Tratado de Livre Comércio da América do Norte; Caricon – Comunidade do Caribe; Assam – Associação das Nações do Sudeste Asiático; MCCA – Mercado Comum Centro-Americano; PA – Pacto Andino; Ceao – Comunidade Econômica da África do Oeste; Apec – Associação de Cooperação Econômica da Ásia e do Pacífico; Efta – Associação Europeia de Livre Comércio; G3 – Grupo dos três – África do Sul, Índia e América Latina, além da União Europeia (hoje com 25 países) e da Alca – Área de Livre Comércio das Américas. Junto a esta nova configuração mundial uma concepção de universidade voltada ao mercado, atendendo a princípios de microeconomia (Teoria do preço – oferta/demanda), de barganha nas transações para a obtenção de equilíbrio competitivo desponta no horizonte global. Fundamenta tal concepção a perspectiva transnacional, onde a educação corre o risco de ser incluída na área dos serviços e, consequentemente, estar sujeita ao OMC/WTO e ao AGCS/GATs – Acordo Geral de Comércio e Serviços/General Agreement on Trade in Services. É um acordo multilateral, administrado pela WTO/OMC-World Trade Organisation/Organização Mundial do Comércio e dirigido ao comércio internacional de serviços. A educação superior é um dos doze ramos do acordo, o qual foi resultante da Rodada Uruguai e prevê diversos graus de serviços, a saber: fornecimento de educação através de fronteiras, consumo da educação no exterior, presença comercial e presença de pessoas do país fornecedor no país atendido.

Neste plano internacional o governo brasileiro, fomentando o projeto social da educação superior, comanda o bloco dos países em desenvolvimento nas negociações frente a concepções de caráter neoliberal globalizantes. É uma nova geografia comercial e social: o G20, grupo dos países em desenvolvimento, tem a liderança do Brasil, Índia e China, bem como o G3.

No plano específico do continente latino-americano, é ressaltado o fortalecimento do Mercosul (Argentina, Brasil, Paraguai, Uruguai e parceiros associados – Bolívia, Chile e Peru), seus elos de cooperação econômicos, comerciais e políticos e seus desdobramentos na educação superior. A implantação efetiva do Mercosul educativo (1991) prevê a mobilidade acadêmica e profissional entre os países membros, com extensão à América Latina pela criação de um espaço educacional latino-americano, semelhante ao que vem ocorrendo na União Europeia através do processo de Bolonha.

O ensino superior brasileiro, nesta terceira fase, a da internacionalização, reflete tensões entre a educação como bem público e a educação como serviço comercial (DIAS, 2002). Neste contexto, a configuração de um espaço educacional latino-americano fortifica a perspectiva da educação como bem público e confere peso ao bloco dos países em desenvolvimento nas negociações onde a perspectiva da "educação como serviço comercial" leva a uma globalização perversa, segundo Stiglitz (2002), prêmio Nobel de Economia.

Sintetizando, o início do século XXI é marcado internacionalmente por discussões acirradas sobre os modelos universitários e inúmeras tensões despontam: a instituição universitária que desde a Idade Média no mundo, e, no Brasil, desde o século XIX, mantinha-se praticamente imutável, a partir da década de 1990 sofre drásticas transformações, onde a perspectiva do Estado-nação está sendo suplantada pela perspectiva transnacional.

REFERÊNCIAS

AZEVEDO, Fernando. *A transmissão da cultura*. São Paulo: Melhoramentos, 1976, 268 p.

BANCO INTERNACIONAL DE RECONSTRUCCIÓN Y FOMENTO/BANCO MUNDIAL. *La Enseñanza Superior: as lecciones derivadas de la experiencia*. Washington: Banco Mundial, 1995.

BERGER, Manfredo. *Educação e dependência*. São Paulo/Porto Alegre: Difel/Ed. da Universidade, 1976, 354 p.

BRASIL. *Constituição da República Federativa do Brasil*. Brasília, 05/10/1988.

_____. *Decreto-lei n. 3890*, de 01/01/1901. In: *Collecção de leis da República do Estados Unidos do Brazil – Código Epitácio Pessoa*. Rio de Janeiro, 1902, p. 1-51.

_____. *Decreto-lei n. 19.850*, de 11/04/1931. In: *Diário Oficial da República Federativa do Brasil*. Brasília, 15/04/1931a, p. 5.799.

_____. *Decreto-lei n. 19.851*, de 11/04/1931. In: *Diário Oficial da República Federativa do Brasil*. Brasília, 15/04/1931b, p. 5.799.

_____. *Decreto-lei n. 19.850*, de 20/12/1961. In: *Diário Oficial da República Federativa do Brasil*. Brasília, 27/12/1961a, p. 11.430.

_____. *Lei n. 9024C*. Estabelece as diretrizes e bases da educação nacional [Publicada em 1961].

_____. *Lei n. 9394*, de 20/12/1996. Estabelece as diretrizes e bases da educação nacional [Publicada no *D.O.U.* em 23/12/1996, p. 27.833-27.841 – Disponível em http://www.mec.gov.br/ legis/default.shtm – Acesso em: 10/04/2003].

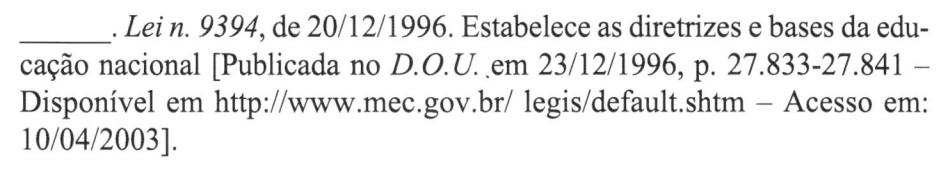

_____. *Lei n. 10 861*, de 14/04/2004. Institui o sistema nacional de Avaliação da Educação Superior – Sinaes e dá outras providências [Disponível em http://www.mec.gov.br/legis/educsuperior – Acesso em 14/06/2004].

_____. *Projeto de Lei*, abr./2004 [Disponível em http://www.mec.gov.br/ acs/ pdf/Prouni.pdf. Acesso em 15/06/2004].

BUARQUE, Cristovan. *A aventura da universidade*. São Paulo: Paz e Terra/Unesp, 1994.

CAMPOS, Ernesto de Souza. *Instituições culturais e de educação superior do Brasil*: resumo histórico. Rio de Janeiro: Imprensa Nacional 1941, 728 p.

CUNHA, Luiz Antonio. *A universidade temporã* – O ensino superior da Colônia à Era Vargas. Rio de Janeiro: Francisco Alves, 1986.

DIAS, M.A.R. Educação superior: bem público ou serviço comercial regulamentado pela OMC? In: PANIZZI, W.M. *Universidade*: um lugar fora do poder. Porto Alegre: EdUFRGS, 2002, p. 31-109.

FÁVERO, Maria de L. de Albuquerque & BRITTO, Jader de Medeiros (orgs.). *Dicionário de Educadores no Brasil*: da colônia aos dias atuais. Rio de Janeiro: UFRJ, 2002.

_____. Vinte e cinco anos de reforma universitária: um balanço. In: MOROSINI, M.C. (org.). *Universidade no Mercosul*. São Paulo: Cortez, 1994.

_____. *A universidade brasileira em busca de sua identidade*. Petrópolis: Vozes, 1977, 102 p.

INEP. *Instituto Nacional de Estudos e Pesquisas Educacionais Anísio Teixeira* [Disponível em http://www.inep. gov.br – Acesso em 14/06/2004].

LEITE, Denise et al. *Universidade e ensino de graduação*: memória e caracterização na UFRGS e na UFPEL. Pelotas: Ed. e Gráfica Universitária/UFPEL, 1997.

LUCE, M.B. & MOROSINI, M.C. *A educação superior no Brasil*: políticas de avaliação e credenciamento. Porto Alegre, 2003 [Disponível em http://www.uv.es/alfa-acro – Acesso em 24/03/2004].

MATTOS, P.L. "Quadro histórico da política de supervisão e controle do governo sobre as universidades federais autárquicas". *Ciência e Cultura*, vol. 37, n. 7, jul./1985, p. 14-38, Suplemento. São Paulo.

MOROSINI, M.C. *Seara de desencontros* – A produção do ensino na universidade. Porto Alegre: UFRGS, 1990, 270 p. [Tese de doutorado em Educação].

MOROSINI, M.C. (org.). *Enciclopédia de Pedagogia Universitária*. Porto Alegre: Fapergs/Ries, 2003.

OLIVEN, A. *Paroquialização da educação superior no Brasil*. Petrópolis: Vozes, 1985.

PALOCCI FILHO, Antonio (org.). *Uma escola do tamanho do Brasil* – Programa de Governo, Comitê Lula Presidente, 2002, 24 p. [Partido dos Trabalhadores para o Governo de Luiz Inácio Lula da Silva (Lula)].

Revista Brasileira de Estudos Pedagógicos, vol. 50, n. 11, jul.-set./1968. p. 119-150. Rio de Janeiro [Relatório Grupo de Trabalho para a Reforma Universitária].

RIBEIRO, Darcy. *A universidade necessária*. 4. ed. Rio de Janeiro: Paz e Terra, 1982, 307 p.

RIBEIRO, Maria Luiza. *História da educação brasileira* – A organização escolar. São Paulo: Moraes, 1981, 166 p.

SODRÉ, N.W. *Formação histórica do Brasil*. São Paulo: Brasiliense, 1973, 280 p.

STIGLITZ, J. *A globalização e seus malefícios* – A promessa não cumprida de benefícios globais. São Paulo: Futura, 2002 [Trad. Bazán Tecnologia e Linguística].

UNESCO. *Declaração mundial sobre educação superior no século XXI*: visão e ação. Paris: Conferência Mundial sobre Ensino Superior, 1998.

UFRGS. *Faculdade de Medicina*, 1955.

_____. *A reforma universitária*: pressupostos gerais e implantação na UFRGS. Porto Alegre, 1979, 137 p.

USP. http://www.usp. br/70anos/index.php

VIEIRA, S. *O discurso da reforma universitária*. Fortaleza: Proed, 1982, 197 p.

WORLD BANK. *Higher Education in Brazil: challenges and options* – A World Bank Country Study. Washington: D.C. The World Bank, 2002, p. 6.

LEITURAS COMPLEMENTARES

CUNHA, Luiz Antonio. *A universidade crítica* – O ensino superior da República populista. Rio de Janeiro: Francisco Alves, 1982.

_____. *A universidade temporã* – O ensino superior da Colônia à Era Vargas. Rio de Janeiro: Francisco Alves, 1986.

FÁVERO, Maria de L. de Albuquerque & BRITTO, Jader de Medeiros (ogs.). *Dicionário de Educadores no Brasil*: da Colônia aos dias atuais. Rio de Janeiro: UFRJ, 2002.

OLIVEN, A. *Paroquializaçao da educação superior no Brasil*. Petrópolis: Vozes, 1985.

ROSSATO, R. *Universidade*: nove séculos de história. Passo Fundo: Ediupf, 1998.

21
A PROFESSORA PRIMÁRIA NOS IMPRESSOS PEDAGÓGICOS (1950-1970)

Beatriz Daudt Fischer

Em meados do século XX, com a expansão da escola pública no Brasil, amplia-se o número de instituições dedicadas à preparação do magistério, constituído basicamente de moças da classe média. Paralelamente, surgem outras instâncias formativas, preocupadas não só com o desempenho didático da mestra moderna, mas também com o comportamento moral desta moça que deve deixar a casa de seus pais para adentrar lugarejos distantes, enfrentando sozinha novas vicissitudes e *tentações*. Entre as instâncias formativas, destacam-se as revistas pedagógicas que ou circulam nas escolas, ou são assinadas individualmente por cada professora.

Uma das publicações da época, a *Revista do Ensino*, editada no Rio Grande do Sul, mas com projeção em todo país e até mesmo no exterior[1], é especialmente ilustrativa dos discursos que produzem a professora primária. A revista, que começou a circular em 1951, com 5.000 exemplares e chegando a 50.000 na década seguinte, pode ser considerada artefato indispensável aos interessados em estudar a circulação de saberes e modelos pedagógicos daquele período. Artigos e poesias, reportagens e sugestões didáticas, tudo ali permite identificar modalidades discursivas que contribuíram na edificação de um modelo *moderno* da mulher professora. Constata-se, a cada página, um solo fértil, fazendo germinar discursos como efeitos de verdade.

Partindo do pressuposto de que comunicar é sempre uma certa forma de atuar sobre outras pessoas (DREYFUS & RABINOW, apud TERÁN,

---

1. A *Revista do Ensino* teve assinantes em todo Brasil, e também na América do Norte, Central e do Sul, Europa e África Portuguesa.

1995: 177), aqui são analisadas possíveis contribuições da *Revista do Ensino* ao processo de subjetivação das suas leitoras. Descreve-se parte das práticas discursivas ali edificadas que possivelmente ajudaram a constituir o próprio objeto de que falam, isto é, um tipo de professora para quem a revista foi pensada e destinada desde sempre, à professora das primeiras letras. Tais práticas, atravessadas por enunciados normalizadores, constituem dispositivos relacionados a instâncias de poder nem sempre de fácil visibilidade. Assim, a análise dedicou atenção minuciosa a cada página, percorrendo-se todos os números existentes[2], desde sua primeira edição em 1951 até 1970.

Se alguém aleatoriamente abrir um dos números da década de 1950, por exemplo, talvez não conseguirá captar toda a dimensão do que ali se diz. Mas se penetrar no contexto que envolve aqueles discursos – o que em parte é possível constatar através da leitura de jornais da época (FISCHER, 2002) – conseguirá perceber um conjunto de enunciados que, aos poucos, vão dando suporte ao que faz, ao que pensa, ao que diz, ou deixa de dizer, uma professora de então.

Com Foucault (1993) aprendemos que são as práticas sociais atravessadas por relações de poder que favorecem certos discursos, permitindo a emergência de determinados temas e não de outros. O não discursivo – como por exemplo o contexto político ou as instituições – engendra o campo do saber a partir do qual os sujeitos que falam recortam os objetos, elaboram conceitos ou selecionam estratégias. É a partir dessas relações que também os textos da RE – verdadeiros "acontecimentos discursivos" – podem ser lidos.

Ao longo das páginas folheadas, vai se explicitando a professora, "mestre humilde e ignorada", que tem uma missão a cumprir aqui na terra: "salvar almas para Deus e formar cidadãos para a Pátria" (RE, set./1959: 15)[3]. Ou seja, mestras são pessoas "sempre prontas para a íngreme escalada do dever e a busca suprema dos bens eternos" (RE, set./1959: 15). Por isso, a professora é "mãe espiritual", e por isso "ensinar é mais que criar a carne, é criar a alma", fazendo com que os alunos sejam "o grande amor de sua vida". Magistério é vocação e a professora jamais é identificada como uma profissional. Seu trabalho não supõe recompensa "neste mundo". Os

---

2. Com uma média de 70 a 80 p., a Revista era editada mensalmente de março a dezembro.

3. As citações passam a ser identificadas pelo mês de publicação (indicado pelas três principais letras), seguido do mês/ano e página. A grafia permanece fiel à gramática da época. A *Revista do Ensino*/RS será identificada pela sigla RE.

méritos são computados "pela glória de tudo dar e pelo triunfo de nada receber" (RE, set./1958: 2). Tais textos, entretanto, não constituem exclusividade da Revista do Ensino, tendo sido objeto de minuciosas análises em trabalhos acadêmicos de indiscutível importância, como é o caso por exemplo dos estudos de Kreutz (1985), Arroyo (1985), Lopes (1991a; 1991b), Nadai (1991), Nóvoa (1992), Alliaud (1993), Hypolito (1997), entre outros. Sem negar a riqueza das análises já elaboradas, outro aqui é o modo de abordar a dimensão *missionária*. Busca-se indicar, a partir de Foucault (1987; 1992; 1993), formas sutis de controle, verdadeiros dispositivos que se propagam através das superfícies discursivas e que se materializam na *Revista do Ensino*.

Assim, destacam-se conteúdos de exaltação aos professores em geral, mas de modo muito especial louva-se esta figura que é "fada boa e carinhosa, misto de sacerdote, artista e operário" (RE, out/1953: 47), que faz "da sua vida um holocausto" (RE, set./1957: 53), fato que lhe traz "a satisfação íntima por estar consagrando a vida terrestre a um ideal de eternidade" (RE, ago./1961: 68). É como se a vida cotidiana da leitora ficasse sempre marcada por um toque do impossível, fazendo com que aquilo que a coloca fora do alcance concreto funcione como lição e exemplo (FOUCAULT, 1992: 124). Quanto mais a narrativa foge ao real, mais força tem para fascinar ou persuadir. Nesse jogo discursivo, envolvendo o *fabuloso exemplar*, a diferença face ao verdadeiro ou ao falso não é questão que se coloca.

Nesta mesma perspectiva, os ditos, partindo dos mais diversos sujeitos enunciadores, em geral independem da época em que são publicados. Uma leitura com mais acuidade, entretanto, permite verificar, a partir da década de 1960, relativa queda na quantidade de textos enaltecedores da mestra. O que não quer dizer, entretanto, que eles sejam abandonados totalmente. Apenas vão tomando novas formas, em novos contextos. No conjunto, nem sempre fica explicitado o nome de quem por eles é responsável, o que permite concluir que, nesses casos, a *Revista do Ensino* os assume como incorporados aos seus propósitos. Quando, porém, apresentam autoria definida é possível perceber ali uma polifonia de vozes (FOUCAULT, 1992), as quais ocupam posições variadas, todas direta ou indiretamente vinculadas ao campo da educação. Desta forma, orações e poemas, mensagens e cartas vão tendo seus espaços ao longo das edições, quer tenham sido encaminhadas por uma inspetora da Secretaria de Educação, quer por uma professora assinante do interior: quando se trata de louvar e reconhecer esta que faz de sua vida um "apostolado da fraternidade" (RE, set./1958: 2), todos os textos são atravessados pelos mesmos enunciados. Esses discursos vão, assim, arquitetando o objeto de que falam. A professora ali objetivada não se parece com um ente real, de carne e osso, com necessidades concretas, desejos e ambições. Os atributos que lhe são creditados permitem imaginá-la como um *ser quase divino*. Da mesma forma, inúmeras são as expressões que referem a atividade docente como "Missão de Transcendência" (RE, out/1954: 4), a ponto de exigir de quem "a ela se consagra o ato de renunciar aos direitos individuais em favor do bem coletivo, cultivando o espírito de serviço pela humanidade" (RE, n. 105/1965: 11)[4].

Embora nem sempre visíveis à primeira vista, o conjunto de enunciados parece cumprir uma função formadora; são enunciados vinculados a práticas que ajudam a constituir esta mulher professora. Em meio ao processo de desamarrar os nós dessa rede de múltiplas tramas, eis que surge mais uma questão: por que se fazem exaltações à mestra e, ao mesmo tempo e na mesma intensidade, se busca alertá-la acerca do *peso* que tal atividade acarreta? Difícil diagnosticar, ao longo da mesma proposição, se as palavras carregam o significado de elogio ou de controle. Uma leitura superficial talvez identificasse algum paradoxo. Mas não se trata disso. Pelo contrário, é justamente aí que se configura total coerência: como dispositivo de normalização, o discurso do elogio se transfigura em prática de alerta e disciplinamento.

Se a *missão* da professora é "de colaboradora predileta de Deus em sua obra de amor" (RE, mar/1960: 35) e se "não há amor sem grandes sacrifícios" (RE, ago./1955: 4) – como decorrência, evidentemente, a vida dessa mulher exige constantes cuidados e restrições pessoais, tendo em vista a preservação de um comportamento condizente com tal tarefa. É preciso, portanto, buscar o contínuo aperfeiçoamento do caráter. Se ela ainda não se deu conta dessa *verdade* ou não está suficientemente consciente das exigências que a posição lhe obriga, as recorrentes palavras e expressões por certo a farão lembrar. Para tanto, os textos se valem da exaltação mas, ao ser louvada, a professora é também advertida de que precisa tornar-se sempre digna de tal louvor. Outras enunciações, inseridas neste mesmo dispositivo, aparecem em textos que identificam os alunos como "espelhos que refletem a maneira e a personalidade do professor"[5] ou que dizem que "a criança precisa aprender a ordem, pois a desobediência conduz a desastres

---

[4]. A partir de 1964 a RE deixa de publicar o mês de sua edição, substituindo-o por numerações, o que faz com que a partir desse ano a referência indique o número ao invés do mês.

[5]. Ainda que a imensa maioria dos textos seja dedicada às professoras primárias, muitas expressões estão flexionadas no masculino.

e sofrimentos" (RE, ago./1955: 42). Logo, "cabe à professora dos primeiros anos escolares" estar consciente de que é exemplo: "As professoras devem ser pessoas maravilhosas em todos os sentidos" (RE, nov./1961: 30). Entretanto, diante da vida concreta de mulher, permeada de sentimentos, desejos e ambições inerentes à condição humana, certamente não foi fácil para ela manter-se nesse ideal. Talvez por esta razão aparecem publicados inúmeros textos em forma de prece, como se forças extraordinárias fossem indispensáveis para cumprir a tarefa do magistério. Por exemplo, indicando imolação e suplício: "Senhor [...] quero ser para os meus gárrulos discípulos como o pelicano para os seus filhinhos [...] ave da dedicação e da renúncia – alimenta os seus pequeninos rebentos com o próprio sangue, a própria vida. Mata-se lentamente para que eles vivam e cresçam, e sejam fortes e felizes. Amor de pelicano é também este amor pedagógico da professora pelos seus alunos, tão grande e tão puro que não visa à correspondência afetiva nem à compensação material" (RE, set./1958: 3).

É como se um catolicismo moralista atravessasse cada uma daquelas páginas. Há um conteúdo que se autoproduz, convidando as leitoras para tornarem-se, sem saber, "funcionárias do discurso" (ROUANET, 1971). Assim, nada sutis são os convites para que a vida siga as regras estabelecidas: "Como pode a professora primária preparar-se hoje, convenientemente para sua missão educativa?" Entre as alternativas, lá estão mais algumas das capacidades a desenvolver: "cultivar a apresentação pessoal, a arte de falar e o dom de saber ouvir, adquirir a virtude do sorriso e a magia acolhedora do olhar [...]" (RE, ago./1961: 4). Muito mais do que transmitir os tradicionais saberes escolares, cabe-lhe como tarefa a propagação de verdades relacionadas à moral e aos bons costumes, identificadas muitas vezes como "o evangelho do Bem e do Labor" (RE, set./1957: 38).

Inúmeras modalidades enunciativas são desdobradas ao longo dos textos e integram o dispositivo de poder, ensejam um convite à reflexão, à tomada de consciência sobre cada passo a ser dado, como veremos a seguir. Uma das modalidades enunciativas, ainda relativa à exaltação, é aquela das histórias exemplares, ou seja, aqueles textos que buscam no passado exemplos de vida a seguir, já que o exercício cotidiano da autorreflexão da professora exige modelos de conduta, exige parâmetros para melhor progredir na escalada da perfeição. Nada mais adequado do que buscar nas pessoas que já partiram desse mundo a inspiração para o presente. Nesse sentido, a seção *Retratando Mestres* é pródiga em apresentar mulheres – quase somente mulheres – que recebem homenagens póstumas (BASTOS; COLLA, 1995).

Fazer do magistério um sacerdócio significava que a professora exemplar "ao entrar na escola deixava toda a preocupação de sua vida doméstica, enlevada pela vocação à carreira que abraçara" (RE, abr./1955: 14); ou então, que "[...] cumpriu assim, aqui na terra, a mais alta e sublime missão que uma mulher pode almejar: foi esposa modelo, mãe exemplar e mestra dedicada" (RE, set./1953: 17). Os dois últimos exemplos, além de tudo, explicitam claramente questões de gênero, embora estas se façam presentes em todos os discursos, com maior ou menor evidência. Na verdade, quando alguma pessoa do sexo masculino é homenageada nesta seção – o que aparece com relativa raridade –, louva-se sua condição de "estudioso, culto e altamente conceituado" (RE, ago./1954: 19) ou "culto e fino, possuidor de invulgar capacidade, com profundos conhecimentos da Língua Vernácula..." (RE, jun./1954: 14). No rol das mulheres destacadas, jamais se descortinam tais qualidades.

Além disso, considerando que a função enunciativa só se torna possível de apreensão se for relacionada ao universo extradiscursivo, ou seja, se vista na sua dimensão histórica, é fundamental assinalar: essa seção da revista, datada das edições de 1951 a 1956, insere-se num tempo caracterizado pelos jornais como "época conturbada", já que o professorado parece começar a se movimentar em busca de seus direitos[6]. Ou seja, período em que práticas divergentes manifestam-se mais e mais. Na *Revista do Ensino* um discurso recorrente insiste em alertar sobre o momento que se vive, como se a sociedade estivesse sob ameaça, no sentido de que algo fora do estabelecido pudesse ocorrer a qualquer momento, desestabilizando a ordem vigente[7]. Na *Revista do Ensino* o presente é sempre descrito como uma época "tresloucada e transviada", "momento difícil". Para a *Revista do Ensino*, entretanto, "a crise de que sofre nossa cultura não é, em primeiro lugar, de natureza econômica ou política; é uma crise profunda da vida espiritual" (RE, ago./1955: 4). O passado é sempre lembrado como um

---

6. Nos jornais consultados, diversos editoriais, ao mesmo tempo em que enaltecem "a tradição de diligência e resignação", denunciam "a remuneração injusta dos professores" e a falta de "maiores desvelos entre os nossos homens de governo..." (*Correio do Povo*, 15/10/1954, p. 4). Em 1956, o "Centro de Professores Primários convoca o magistério primário para uma convenção na qual tratará, entre outros assuntos, do aumento de vencimento do magistério" (*Correio do Povo*, 09/10/1956, p. 7).

7. Vale aqui mencionar Celi Pinto (1988), que vê *crise* como um discurso construído, com presença constante na história: "A crise é sempre apresentada de uma maneira pouco definida, e de sua própria indefinição surge um dos pontos básicos de sua eficácia, pois torna opacas políticas concretas e tomadas de decisões dos grupos no poder" (Ibid., p. 7).

tempo em que tudo era melhor, a conduta das pessoas muito mais equilibrada, os valores muito mais próximos do ideal que se almeja. É como se tudo isso *hoje* estivesse em perigo. E quem melhor para resgatar antigos valores do que a escola e, nela, a professora, que tem a sua frente a criança, este ser ainda "virgem de defeitos graves"? (RE, mar/1960: 35).

A segunda modalidade discursiva – caracterizada por textos que propõem o autoexame e uma série de alertas para a mestra – tem a mesma finalidade das histórias exemplares: predispor a professora a meditar sobre suas próprias ações, só que agora valendo-se de recursos que implicam na autoanálise, o que vem comprovar o funcionamento da reflexividade como um traço marcante do discurso moral, constituidor de subjetividades (LARROSA, 1996). Nessa perspectiva, o espírito do dever se expressa através de inúmeros verbos imperativos. Seja na forma afirmativa ou negativa, diferentes proposições surgem ao longo das páginas, algumas delas, inclusive, sugerindo a interação da leitora, a qual deve responder *sim ou não* às perguntas formuladas, no sentido de avaliar até que ponto suas atitudes correspondem àquilo que se identifica como *uma verdadeira professora*. Segue-se um texto exemplar:

> *Autoexame de uma professora*
>
> Querida professora, você é das que se sente ofendida, quando a diretora lhe faz alguma observação? Convido-a para, juntas, fazermos um autoexame, quase um exame de consciência. Coragem! Você chega à escola sempre no horário estabelecido, a tempo de assinar o ponto descansadamente para depois conduzir seus alunos à aula? Você aceita com naturalidade as tarefas extraordinárias que a diretora lhe destina? [...] Você se penteia ou prende os cabelos dentro de uma rede porque não tem tempo de cuidar deles? E sua maquiagem? Ela é necessária sim, mas lembre-se de que é para a escola e não para o teatro que você vai. [...] Você é das que senta sobre a mesa...e com as pernas cruzadas? [...] As professoras devem ser pessoas diferentes, maravilhosas! (RE, nov./1951: 39)

Seguindo o mesmo tom prescritivo, uma edição de março de 1960 convida a professora para refletir sobre seu agir, também valendo-se da estratégia da pergunta – estratégia essa comumente utilizada nos catecismos católicos da época, na seção em que orientavam o preparo do fiel para a confissão: "Tens meditado alguma vez na autêntica grandeza do teu ofício? É possível que muitas vozes tenham murmurado em teu ouvido a letânia malsã que se inclina a concluir na inutilidade de todo esforço excêntrico a um eixo que tem na riqueza e no prazer seus polos. Porém, teu reino não é deste mundo, mas de outro, muito mais alto e, por isso mesmo, muito mais difícil e exigente" (RE, mar/1960: 35). As mensagens carregam, simultaneamente, o tom de exaltação e autocontrole. Aos poucos, algumas das *verdades* ali edificadas passam a integrar o dia a dia da professora. Nos textos, os sujeitos enunciadores, situados na primeira pessoa do plural, permitem à leitora incorporar as frases como produtos de sua própria reflexão. Conforme Foucault afirma em suas produções, criam-se dispositivos e neles os indivíduos acabam emaranhando-se, sem perceber que aí também se constituem enquanto *sujeitos*. Conforme aludido aqui, tais discursos independem da época em que aparecem. Eis a seguir alguns exemplos da década de 1960, quando são utilizados recursos discursivos semelhantes àquele das revistas femininas da época:

> Março vem aí! Responda Sim ou Não às perguntas formuladas. E segue uma listagem de vinte questões do tipo "Você foi moderna sem exageros, elegante com discrição, usou vestidinhos alegres, embora simples, que a tornaram mais jovem e lhe deram aparência cuidada? Responda sinceramente. Se você responder NÃO às perguntas 1, 8, 19 e 20 e SIM às demais, você é pontual, atualizada, disciplinada, simpática, moderna, caprichosa, discreta e jovial. Se você não é tudo isso, procure modificar-se e todos notarão que você está mais simpática, mais amável, mais moderna embora muito simples, e que sua aula está mais agradável e seus alunos mais felizes! As professoras devem ser pessoas maravilhosas em todos os sentidos!" (RE, nov./1961: 30). [E, na revista imediatamente seguinte]: Bom-dia, Professora! Março chegou. [...]Não esqueça que é necessário deixar em casa, custe o que custar, qualquer problema que nada tenha a ver com a escola. [...] Procure ser carinhosa e amiga na medida justa, nem demais, nem de menos. [...] De você, professora, depende o futuro da Pátria (RE, mar./1962: 76).

No interior desses ditos há um saber que se constitui, sejam eles apresentados de forma singular, sejam eles padronizados e repetitivos, como os que aparecem nas páginas da Revista[8]. Todas as formas, sem exceção, correspondem à economia desses discursos que se orientam a partir de determinado dispositivo de poder. Similares entre si todos eles incorporam enunciados que referem o sacrifício como dever da profissão. O próprio título a seguir – "Quem tem a culpa?" – já carrega implicitamente as razões pelas quais poderia ser considerado como peça de museu – verdadeiro mo-

---

8. Os textos sob esta dimensão são inúmeros, tornando difícil decidir quais destacar.

numento – exigindo preservação. Na preciosidade de sua arquitetura, conteúdo e forma não somente falam, mas gritam, escandalosamente, as regras de um tempo.

Quem tem a culpa?
Tu escolheste uma profissão que implica necessariamente desprendimento, abnegação, sacrifício, perseverança... Se se produz alguma vez colisão de interesses, a reta compreensão do teu dever te impõe que sacrifiques os teus interesses pessoais nas aras de teus alunos. Quem tem a culpa? Somente tu, que te fizeste professora, em vez de abraçar outra profissão qualquer, menos exigente. [...] Há em ti múltiplos desejos pessoais, sentimentos, gostos, ambições, etc., que nada têm a ver com a profissão. E tu, naturalmente, dás razões: "Ninguém me agradece por tanto sacrifício. Pagam muito pouco para que se faça tanta coisa". Mas a tua profissão não se paga com dinheiro, nem com gratidão, nem com honrarias! Vale tanto que está muito acima de toda classe de recompensa. [...] Teu trabalho é puramente espiritual. [...] Se pelo bem de teus alunos te vês forçada a fazer sacrifícios, renúncias, trabalhos, esforços superiores, e não o fazes, faltas simplesmente ao teu dever. Porque escolheste uma profissão que implica necessariamente desprendimento, abnegação, sacrifício, perseverança, e te negares a tudo isto quando chega a ocasião, equivale a desertar com deserção culpável e afrontosa. Ou bem deixas de ser professora, ou, bem continuando a sê-lo, não tens mais remédio senão viver disposta a renunciar muitas vezes aos gozos legítimos, a pospor desejos atendíveis, para estimar acima de tudo o bem de teus alunos. Sem regatear nenhum trabalho que convenha a esse bem. Assim deve ser forçosa e necessariamente. A quem cabe a culpa? Somente a ti, que abraçaste esta profissão e te fizeste professora... (RE, ago./1954: 28).

Outrossim, a análise permite constatar que, na década de 1960, com a ascensão da Psicologia – campo do conhecimento que passa a se instalar com maior vigor no meio acadêmico – a *Revista do Ensino* chega a dedicar um terço de suas páginas a abordar assuntos de relacionamento interpessoal ou problemas de aprendizagem, identificando-se ali uma nova formação discursiva, considerada de dimensão científica. Em outras palavras, umas vezes, um suntuoso edifício verbal... outras, meia dúzia de frases breves (FOUCAULT, 1992: 118), mas sempre lá está presente o controle; em última análise, o poder. Se, no início, a *Revista do Ensino* se valia de conceitos enraizados na fé em um ser supremo – Mestre, Senhor Jesus, Deus, Nossa Senhora –, na medida em que os anos vão passando outros tomam esta posição: os fundamentos da ciência passam a ter lugar de destaque na construção de saberes em torno da professora. A identidade da mestra e, por decorrência, suas práticas, passam a ser guiadas, direta ou indiretamente, por tais fundamentos. Entretanto, os mesmos enunciados que marcam antigos valores não são descartados. Eles permanecem lá, travestidos em novas estratégias discursivas, no interior ou na superfície dos discursos.

Fica evidente a produção de uma identidade de professora, marcada pela atitude sempre esperada da abnegação. Há, entretanto, um paradoxo: ao mesmo tempo em que estas mulheres se sentem convidadas a voltar-se para o passado, seguindo o exemplo de outras mestras, são também convocadas a encarar o desafio do futuro, da modernização, acompanhando o que se diz acerca das tendências da ciência da educação, em especial da Psicologia. Na articulação sutil destes dois polos, amarra-se uma estratégia eficaz de sedução permanente para que cada uma venha a ser uma "verdadeira mestra". Assim, o ideário do magistério como sacerdócio transmuda-se em verdadeiras "práticas de aquisição" (MARSHAL, 1993: 27), na medida em que ali, diretamente, "nada se ensina", no entanto, muito se aprende.

Em outras palavras, aquele eterno discurso edificador de uma imagem de professora pacienciosa, abnegada, humilde, mansa e feliz, irradia-se de fato enquanto dispositivo de normalização, vindo a sustentar práticas correspondentes não só na vida dessa mulher enquanto professora, mas igualmente enquanto mulher-filha, mulher-esposa e mulher-mãe.

REFERÊNCIAS

ALLIAUD, Andrea. *Los maestros y su história* – Los orígenes del magistério argentino. Vol. 1 e 2. Buenos Aires: Centro Editor de America Latina, 1993.

ARROYO, Miguel. *Mestre, educador, trabalhador*: organização do trabalho e profissionalização. Belo Horizonte: UFMG/Faculdade de Educação, 1985 [Tese apresentada em concurso para professor titular – Mimeo.].

BASTOS, Maria H. As revistas pedagógicas e a atualização do professor – A revista do ensino do Rio Grande do Sul (1951-1992). In: CATANI, Denice B. & BASTOS, Maria H. (orgs.). *Educação em revista*: a imprensa periódica no Brasil. São Paulo: Escrituras, 1997.

BASTOS, Maria H. & COLLA, Ana Maria. Retratando mestres: a idealização do professor na representação da docência. In: GONDRA, J.G. (org.). *Pesquisa histórica*: retratos da educação no Brasil. Rio de Janeiro: Uerj, 1995, p. 91-98.

Correio do Povo, 15/10/1954. Porto Alegre.

_____. 08/10/1956.

DREYFUS, H.L. & RABINOW, P. (orgs.). *Michel Foucault*: beyond structuralism and hermeneutics. Chicago: Harvester, 1982.

FISCHER, Beatriz T. Daudt. *Histórias e discursos de um passado presente*. Porto Alegre, UFRGS, 1999 [Tese de doutorado].

_____. "Memória impressa – Enunciados em torno do magistério no Rio Grande do Sul (1950-1970): um *mesmo* sempre retorna". *Série Estudos – Periódico do Mestrado em Educação da UCDE*, n. 14, dez./2002, p. 39-48. Campo Grande.

FOUCAULT, Michel. *A arqueologia do saber*. Rio de Janeiro: Forense Universitária, 1987.

_____. *O que é um autor?* Lisboa: Vega, 1992.

_____. *História da sexualidade* – I: A vontade de saber. Rio de Janeiro: Graal, 1993.

HYPOLITO, Álvaro L.M. *Trabalho docente, classe social e relações de gênero*. Campinas: Papirus, 1997.

KREUTZ, Lúcio. "Magistério: vocação ou profissão?" *Educação em Revista*, n. 3, jun./1986. Belo Horizonte.

LARROSA, Jorge. "A estruturação pedagógica do discurso moral". *Educação e Realidade*, vol. 21, n. 2, jul.-dez./1996. Porto Alegre.

LOPES, Eliane M.S.T. *Da sagrada missão pedagógica*. Belo Horizonte: UFMG/Faculdade de Educação, 1991a [Tese apresentada em concurso para professor titular].

_____. De helenas e de professoras. *Teoria & Educação*, n. 4, 1991b, p. 172-175. Porto Alegre.

_____. *Da sagrada missão pedagógica*. Belo Horizonte: Autêntica, 2003.

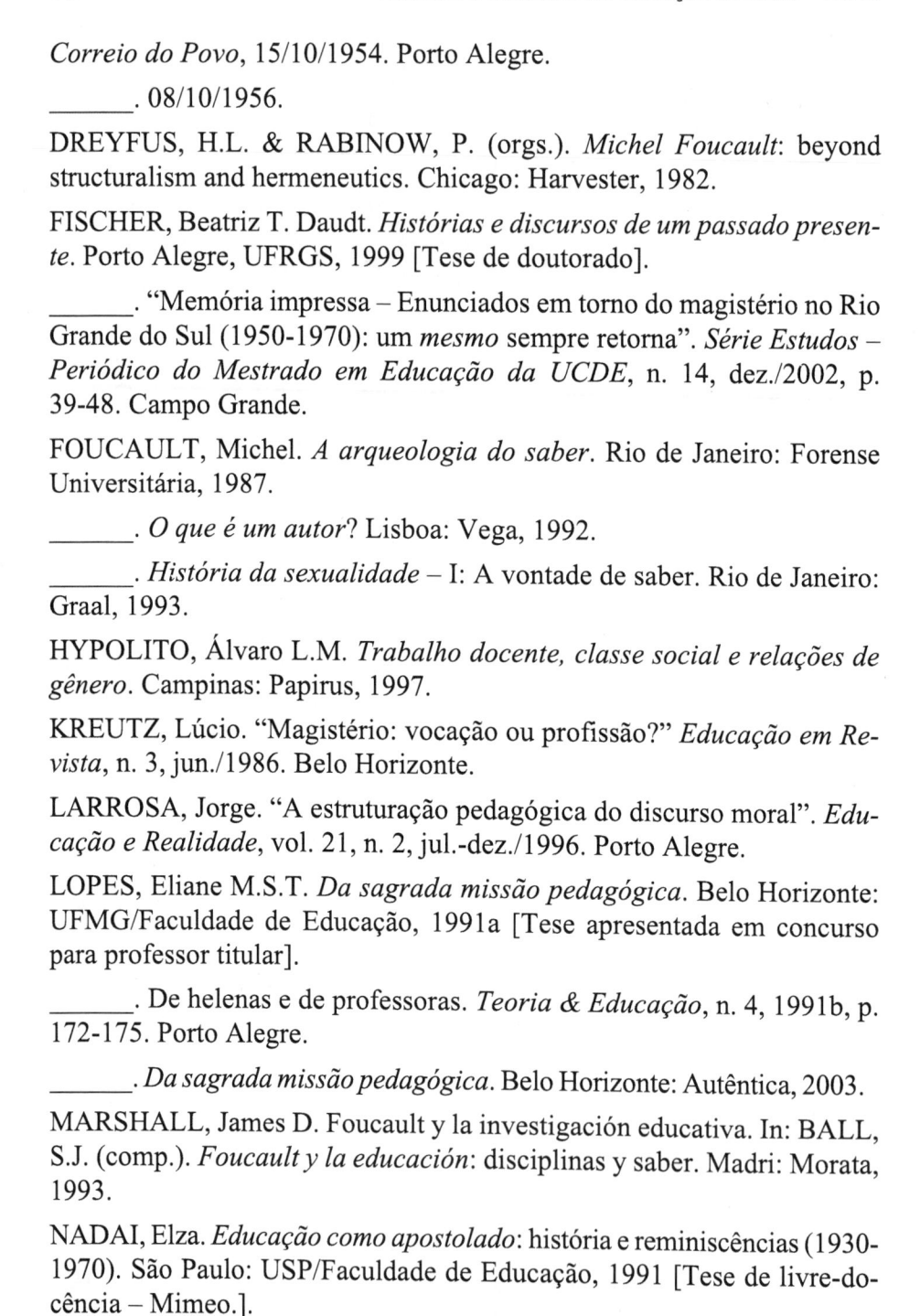

MARSHALL, James D. Foucault y la investigación educativa. In: BALL, S.J. (comp.). *Foucault y la educación*: disciplinas y saber. Madri: Morata, 1993.

NADAI, Elza. *Educação como apostolado*: história e reminiscências (1930-1970). São Paulo: USP/Faculdade de Educação, 1991 [Tese de livre-docência – Mimeo.].

NÓVOA, António. *Le temps des professeurs*. Vol. 1 e 2. Lisboa: Instituto Nacional de Investigação Científica, 1987.

_____. "Fontes documentais e categorias de análise para uma história da educação da mulher". *Teoria & Educação*, n. 6, 1992, p. 105-114. Porto Alegre.

PINTO, Céli. *Com a palavra o Senhor Presidente José Sarney* – O discurso do Plano Cruzado. São Paulo: Hucitec, 1989.

_____. "O discurso da crise: uma presença constante na história gaúcha". In: ACURSO, C. (org.). *Uma avaliação da economia gaúcha no período 1960-1985* – Relatório final de pesquisa. Vol. 1. Porto Alegre: UFRGS/ Instituto de Estudos e Pesquisas Econômicas, 1988.

Revista do Ensino, Porto Alegre [Todas as publicações: 1950-1972].

ROUANET, Sergio P. et al. *O homem e o discurso*. Rio de Janeiro: Tempo Brasileiro, 1971.

TERÁN, O. (org.). *Michel Foucault*: discursos, poder y subjetividade. Buenos Aires: El Cielo por Asalto, 1995.

VEYNE, Paul. *Como se escreve a história* – Foucault revoluciona a história. Brasília: UnB, 1978.

LEITURAS COMPLEMENTARES

ALMEIDA, Jane Soares. *Mulher e educação* – A paixão pelo possível. São Paulo: Unesp, 1998.

ARROYO, Miguel. *Ofício de mestre*. Petrópolis: Vozes, 2002.

BASTOS, Maria H. "As revistas pedagógicas e a atualização do professor – A revista do Ensino do Rio Grande do Sul (1951-1992)". In: CATANI, Denice B. & BASTOS, Maria H. (orgs.). *Educação em revista* – A imprensa periódica no Brasil. São Paulo: Escrituras, 1997.

CAMPOS, Maria Christina S. de S. & SILVA, Vera Lúcia G. (org.). *Feminização do magistério* – Vestígios do passado que marcam o presente. Bragança Paulista: Edusf, 2002.

FISCHER, Beatriz T. Daudt. *Histórias e discursos de um passado presente*. Porto Alegre, UFRGS, 1999 [Tese de doutorado].

HYPOLITO, Álvaro L.M. *Trabalho docente, classe social e relações de gênero*. Campinas: Papirus, 1997.

LOPES, Eliane M.S.T. *Da sagrada missão pedagógica*. Belo Horizonte: UFMG/Faculdade de Educação, 1991a [Tese apresentada em concurso para professor].

PEREIRA, Gilian R. de M. *Servidão ambígua, valores e condição do magistério*. São Paulo: Escrituras, 2001.

22
A PROFISSÃO DOCENTE NO BRASIL: SINDICALIZAÇÃO E MOVIMENTOS

Paula Perin Vicentini

Pretende-se reconstituir aqui a história do movimento de organização dos professores no Brasil a partir das lutas empreendidas no século XX pela melhoria das condições de trabalho e por maior reconhecimento social, tomando como referência o conceito de profissionalização, tal como o define António Nóvoa. Para o autor, quatro etapas marcam este processo: inicialmente, a docência torna-se a principal ocupação daqueles que a exercem; num segundo momento, a "licença para ensinar" institui um suporte legal para o exercício da profissão, levando, em seguida, à criação de instituições voltadas para a formação de professores; por fim, surgem as associações profissionais que produzem um conjunto de normas e valores próprios do magistério, bem como defendem os "interesses socioeconômicos de seus membros" (NÓVOA, 1998: 153). Tais etapas referem-se a dimensões da docência a partir das quais se pode apreender o estatuto profissional da categoria, em diferentes momentos de sua história.

Ao se adotar tal modelo interpretativo para o caso brasileiro, é importante considerar a constituição de sistemas de ensino estaduais que remonta à Primeira República e que acabou por condicionar o movimento de organização dos professores e os estudos sobre a história da profissão no Brasil. A Carta Magna de 1891 manteve a descentralização instituída pelo Ato Adicional de 1834, deixando a cargo dos estados a educação primária e profissional (incluindo o ensino normal) e reservando à União, "mas não privativamente, a atribuição de criar instituições do ensino secundário e superior [...] e prover à instrução no Distrito Federal" (AZEVEDO, 1976: 118-119). Assim, coube a cada estado organizar a sua rede pública de ensino, privilegiando a instrução popular e tomando como instituições modelares os grupos escolares e os estabelecimentos destinados à formação de professores, mas sem deixar de recorrer também aos docentes leigos e às escolas isoladas que abrigavam em classes únicas três séries de escolarização. Evidentemente, as diferenças socioeconômicas existentes no Brasil fizeram com que tal processo assumisse configurações distintas quanto à estruturação e à ampliação do sistema educacional de cada estado, criando condições diversas para a profissionalização do seu corpo docente e o movimento de organização da categoria pela melhoria do seu estatuto profissional[1].

Nesse sentido, é importante considerar a "heterogeneidade da categoria" (ENGUITA, 1991), da qual fazem parte o magistério oficial e o particular, bem como o que corresponderia ao antigo professorado primário e secundário que, quer seja pelo tipo de vínculo empregatício, quer seja pela natureza da atividade docente desenvolvida nos diferentes níveis de ensino, acabaram por se organizar em torno de reivindicações específicas, formando entidades próprias. Proibido de sindicalização até 1988 (assim como todo o funcionalismo público brasileiro), o magistério oficial tem na realização de concursos (de ingresso e de remoção) regulares uma garantia contra as designações e as perseguições por razões políticas, ao passo que, para os professores de escolas particulares, a regulamentação do contrato de trabalho sob a fiscalização do Ministério do Trabalho e o estabelecimento de regras para o cálculo de seus vencimentos com base no pagamento realizado pelos alunos têm por objetivo evitar abusos por parte dos empregadores.

Diferentemente do professorado primário, o secundário teve o exercício da profissão regulamentado em nível federal com a instituição, em 1931, do Registro de seus membros junto ao Ministério da Educação, por ocasião da Reforma Francisco Campos. Este registro previa a exigência da formação universitária específica, proporcionada pela Faculdade de Filosofia (criada em São Paulo, em 1934, e no Rio de Janeiro, em 1939) – o que, segundo Coelho (1988), gerou a oposição dos "velhos mestres", autodidatas ou oriundos de cursos superiores diversos (direito, medicina, engenharia, etc.) e de seminários, aos quais se concedeu um Registro Provisório

---

1. Embora o movimento de organização dos professores no Brasil se dê em nível estadual, cabe mencionar aqui uma tentativa de arregimentação nacional empreendida pelas associações representativas do magistério primário que, a partir de 1953, passaram a promover os Congressos Nacionais de Professores Primários que deram origem, em 1962, à Confederação dos Professores Primários do Brasil (CPPB) – atualmente designada Confederação Nacional dos Trabalhadores em Educação (CNTE) – que reúne "entidades de especialistas, de professores e de funcionários de escolas das redes públicas do ensino fundamental e médio" (ANDRADE, 2001: 173).

que, em 1946, devido ao número ainda insuficiente de licenciados, foi substituído pelo definitivo com a comprovação de três anos de docência.

A despeito das mudanças na estruturação do sistema educacional brasileiro que alterou não só a designação destes dois segmentos, mas também passou a solicitar a formação universitária dos professores das séries iniciais do ensino fundamental[2], cuja escolarização obrigatória se restringia anteriormente ao nível médio (a Escola Normal e, a partir de 1971, a Habilitação Magistério), o processo de constituição da identidade profissional permanece distinto, pois, no primeiro caso, gira em torno da infância e, no segundo, da disciplina lecionada e envolve, ainda, diferenças relativas à forma de organizar as aulas, à natureza da relação estabelecida com os alunos e ao tipo de remuneração (por hora-aula ou não). Embora a LDB de 1971, ao instituir o primeiro grau de oito anos que reuniu ambos os setores num mesmo nível de ensino, tenha rompido com esta segmentação levando as associações a se reorganizarem para representar a categoria independentemente deste aspecto, algumas entidades ainda conservam as vinculações com o grupo de origem que continuou a ser majoritário no quadro de associados e mantém a sua influência no que concerne às concepções sobre a profissão e as práticas reivindicativas.

Tais segmentos acabaram por constituir, no interior da categoria, modos distintos de conceber a profissão e as práticas associativas, bem como de articular as estratégias de luta em torno das quais se dão as tentativas de definir e redefinir a identidade profissional do grupo no âmbito do movimento docente, contribuindo assim para forjar a sua imagem social. Evidentemente, a maneira como se desenvolveu o sistema educacional de cada estado, no que diz respeito à participação da iniciativa oficial e particular na expansão dos diferentes níveis de ensino, fez com que o processo de organização dos professores assumisse configurações distintas, conforme evidenciam os exemplos de São Paulo e do Rio de Janeiro, antigo Distrito Federal, transformado no estado da Guanabara em 1960. No caso paulista, a rede pública de ensino na década de 1940 já havia conseguido incorporar à escola primária a população urbana e promoveu a expansão das escolas secundárias durante os governos populistas de Adhemar de Barros (1947-1950) e Jânio Quadros (1954-1958), passando de 42 ginásios em 1945 a 561 em 1962. De forma contrastante, no sistema educacional carioca, a presença da iniciativa privada foi marcante mesmo nas escolas primárias – sobretudo no subúrbio – até

---

2. A LDB de 1996 estabeleceu a exigência da formação superior para os professores das séries iniciais do ensino fundamental.

o início dos anos 1960. Com a criação do estado da Guanabara, o seu primeiro governador (Carlos Lacerda) procurou eliminar o *deficit* existente neste nível de ensino e acabou por favorecer o crescimento dos ginásios particulares devido à adoção de uma política de concessão de bolsas de estudo aos alunos desprovidos economicamente[3].

Tais diferenças tiveram repercussão no movimento de organização dos professores de cada local. No caso paulista, as primeiras iniciativas nesse sentido partiram de profissionais do ensino público primário: a Associação Beneficente do Professorado Público de São Paulo, que esteve em funcionamento entre 1902 e 1918, e cujo patrimônio foi incorporado pelo CPP (Centro do Professorado Paulista), fundado em 1930 e que constitui a entidade mais antiga do estado, ainda em funcionamento. Tendo sua imagem vinculada ao segmento majoritário do magistério na época de sua criação – os professores primários –, o CPP foi durante um período significativo a principal associação docente do estado. Somente nos anos 1940, com o crescimento da rede de ensino público, sobretudo no nível secundário, surgiram outras associações representativas de setores específicos do magistério que alcançaram expressão no campo educacional paulista, dentre as quais se destacou a Apesnoesp (Associação dos Professores do Ensino Secundário e Normal Oficial do Estado de São Paulo), fundada em 1945 e designada, em 1971, Apeoesp (Associação dos Professores do Ensino Oficial do Estado de São Paulo) e que se tornou sindicato em 1988. Diferentemente, a entidade carioca mais antiga e ainda em funcionamento é o Sindicato dos Professores do Município do Rio de Janeiro (Sinpro-RJ), criado em 1931 por iniciativa do magistério secundário particular e cuja denominação variou ao longo de sua trajetória. Esta entidade ocupou um lugar de destaque no movimento docente do Rio até meados dos anos 1960, pela sua combatividade na luta contra os baixos salários e na denúncia das péssimas condições de trabalho existentes nas escolas particulares, embora em 1948 tenha surgido a União dos Professores Primários do Distrito Federal (UPP-DF) – posteriormente denominada União dos Professores Primários do Estado da Guanabara e União dos Professores do Rio de Janeiro –, que se caracterizou por uma atuação de caráter conciliatório. Em 1979, esta associação fundiu-se a outras duas, originando o Centro Estadual dos Professores do Rio de Janeiro (CEP-RJ) que, no mesmo ano, comandou uma greve histórica e entrou na clandestinidade,

---

3. Maiores informações sobre a expansão do sistema educacional paulista e carioca podem ser encontradas nas obras de Beisiegel (1974), Sposito (1984), Matos (1985) e Santos (1992).

constituindo o atual Sindicato Estadual dos Profissionais de Educação do Rio de Janeiro (Sepe/RJ)[4].

A inserção de tais entidades no processo de organização da categoria, em cada estado, depende não só de suas condições materiais (sede, órgão informativo, canais de comunicação com os docentes de diferentes localidades, serviços oferecidos aos associados: lazer, assistência médica e jurídica, etc.) que, em muitos casos, foram proporcionadas pelo desconto da mensalidade na folha de pagamento e pela isenção de impostos – mas também da sua representatividade junto aos segmentos aos quais estão vinculadas. Nesse sentido, é importante considerar, além do número de filiados, a capacidade das entidades de engajar os professores tanto nas atividades de caráter cultural ou comemorativo quanto nos atos pela melhoria das condições de trabalho e dos seus vencimentos que, a partir de meados dos anos 1950, passaram por grandes transformações. Até então restritas ao encaminhamento de memoriais às autoridades constituídas, as reivindicações do magistério incorporam práticas mais agressivas – concentrações, passeatas e greves –, numa tentativa de sensibilizar a opinião pública para os problemas que afetavam a categoria ou uma parcela de seus membros. Assim, tomando como referência um estudo realizado anteriormente (VICENTINI, 2002), comentarei três greves que constituíram momentos de ampla visibilidade dos professores na grande imprensa e difundiram novas imagens da docência, constituindo marcos na história da profissão no Brasil.

1956 – RIO DE JANEIRO: O MAGISTÉRIO PARTICULAR CONTRA A "INDÚSTRIA DO ENSINO"

> O que não é decente é o educador fazer greve. O homem que se dedica espontaneamente por força de vocação especial a formar e orientar caracteres não tem o direito de tomar atitude dessa qualidade. É contra todos os princípios pedagógicos.
>
> Seria até imperdoável que omitíssemos [...] a desbragada e ignóbil exploração que sofrem os professores da parte dos proprietários de colégios que usam essa modalidade de comércio como se o educador fosse uma geladeira, um rádio ou um aparelho de televisão. Uma vez que reconhecemos na atividade do professor uma missão especial e nobre, é necessário [...] colocar o educador num plano de alto respeito

---

4. Sobre o movimento docente paulista, ver Catani (1989), Vicentini (1997), Lugli (1997), Joia & Kruppa (1993) e Kruppa (1994) e, sobre o carioca, ver Coelho (1988), Andrade (2001), Masson (1988) e Sobreira (1989).

e dignidade que nada tem de semelhante com uma mercadoria posta à mercê de comerciantes gananciosos. Ser dono de um colégio é ser dono de uma fonte de lucros fáceis e absurdos, embora digam que perdem dinheiro no negócio. Se perdessem, essa qualidade de comércio definhava (NERY, 1956: 3).

A primeira greve do magistério carioca foi organizada em outubro de 1956 pelo Sindicato dos Professores do Distrito Federal, em razão do conflito entre o Ministério da Educação e o Ministério do Trabalho concernente à portaria que determinava a fórmula para o cálculo do salário dos professores do ensino particular. Esta greve provocou um intenso debate na grande imprensa sobre o direito à greve dos professores e os lucros exorbitantes da chamada "indústria de ensino". Contrários ao movimento, *O Globo* e *O Correio da Manhã*, jornais cariocas de ampla circulação, criticaram os líderes dos sindicatos e questionaram a sua representatividade, afirmando que a maioria dos professores aderira à greve por solidariedade. Ambos os jornais acusaram os grevistas de gazeteiros, contestando as afirmações de que a sua remuneração era insuficiente e lembrando o privilégio docente de grandes férias. Diferentemente, o *Última Hora* apoiou a decisão do sindicato, ressaltando a paciência de uma categoria disciplinada e laboriosa, que aguardava a revalorização de seus salários enquanto os lucros dos proprietários de ginásios aumentavam de forma exorbitante. Num período em que uma greve de professores era totalmente impensável, este movimento deu visibilidade não só à polêmica concernente às práticas reivindicativas adequadas à categoria como um todo, mas também à especificidade dos problemas enfrentados pelos professores secundários que trabalhavam em escolas particulares.

1963 – SÃO PAULO: AS PROFESSORAS PRIMÁRIAS NA LUTA POR MELHORES SALÁRIOS

Elas estão em greve, bem na vanguarda do movimento. Entusiasmadas e ativas, querem dar uma lição de disciplina, e estão ganhando nota alta. Seus cartazes são de briga, mas não têm erros de gramática. Sabem somar, subtrair e dividir: fazendo contas – e compras – viram que o que ganhavam não dá para viver. Agora, resolveram brigar. Seu quadro-negro é o Diário Oficial, onde procuram ver se suas reivindicações foram atendidas. Quando o forem, voltarão a ser apenas professoras e explicarão a seus alunos que as vogais são cinco, que quem proclamou a independência foi D. Pedro I e quem deu o aumento foi Ademar (Lição de mestre, 1963, Primeira Página).

A partir do final dos anos 1950, o movimento de organização da categoria em São Paulo – sob o comando do CPP – passou a promover campanhas salariais que envolviam passeatas e a mobilização de professores em concentrações diante da Assembleia Legislativa. Estas campanhas culminaram, em 1963, na primeira greve geral do professorado, que contribuiu para consolidar a imagem dos docentes como profissionais que precisavam ser bem remunerados, sem deixar de insistir na disciplina e na ordem do movimento, numa tentativa de sublinhar a sua distância do operariado. Deflagrada em 15 de outubro de 1963, após a realização de uma campanha salarial que se estendeu por dez meses e envolveu passeatas e negociações sem êxito com o governador Adhemar de Barros, a primeira greve da categoria teve um significado inegável no panorama político da época. A intensificação do processo inflacionário e o aumento das greves nos setores públicos concorreram para acentuar a oposição ao então presidente João Goulart e para a polarização dos debates travados no campo político-ideológico com relação aos rumos tomados pelo governo brasileiro[5].

A grande imprensa deu ênfase à participação das professoras primárias na greve e, após o término da paralisação, que durou uma semana, este segmento da categoria conseguiu o reajuste reivindicado, ao passo que os professores secundários não ficaram satisfeitos com os resultados obtidos e pretendiam continuar com a greve, criticando os colegas do primário por deixá-los "sozinhos na luta". *O Estado de S. Paulo* e a *Folha de S. Paulo* manifestaram o seu apoio ao movimento, apontando a atitude do governador como a principal responsável pelo fato do professorado ter tomado essa "decisão radical" e exaltaram a isenção política, a ordem e a disciplina do movimento, afirmando que, como as suas lideranças haviam advertido, os professores apresentaram um comportamento condizente com a sua função. Tais comentários, ao insistirem no caráter diferenciado da greve, procuravam salvaguardar a imagem da categoria que poderia ser comprometida com a utilização de uma estratégia típica do operariado, evidenciando a tentativa de fazer com que o magistério fosse "percebido como distinto" (BOURDIEU, 1996). Nesse sentido, havia um forte apelo a valores relativos à dignidade do professor e à importância de sua missão que, segundo Pereira, "no plano das suas funções sociais manifestas servem como elemento de defesa do nível de vida e do grau de prestígio do professor primá-

---

[5]. Convém informar aqui que, em setembro de 1963, ocorreu também a primeira greve do magistério gaúcho. Cf. a esse respeito Fischer (1999).

rio; de modo latente, porém, desencadeiam compensações que se opõem à degradação econômica e social da ocupação" (1969: 180).

1978/1979 – SÃO PAULO: A EMERGÊNCIA DOS "TRABALHADORES DO ENSINO"

> Aluno de Geografia da USP, dava aulas como precário em escolas estaduais da periferia. Saía de casa logo cedo, com uma mochila carregada de livros da Faculdade e de trabalhos dos seus alunos. E até a meia-noite, ele se dividia como aluno e professor. Magro, barbudo, roupas amassadas, sempre duro, mas dedicado, profundamente dedicado ao magistério, ele representava o modelo de professor, da década de 70 (LIMA, 1978: 17).

Diferentemente da greve promovida em 1963, as greves realizadas no final dos anos 1970 foram deflagradas à revelia das duas principais associações docentes do estado (o CPP e a Apeoesp) e permitiram aos professores das séries correspondentes ao antigo ensino secundário – que, devido à expansão desordenada do sistema escolar, tornaram-se uma parcela expressiva do magistério paulista, embora fossem contratados a título precário – disputar uma posição no movimento de organização da categoria, procurando instaurar uma nova concepção da docência, vinculada à total reformulação de suas práticas associativas. Assim, o movimento iniciado em agosto de 1978, apesar de ter lutado por 27% de reajuste salarial, privilegiou a reforma do Estatuto do Magistério em suas reivindicações, defendendo uma série de direitos trabalhistas para os docentes, "contratados em caráter temporário – os precários" – devido ao crescimento acelerado da rede pública de ensino e à raridade de concursos de ingresso (LUGLI, 1997: 63-64). Após 25 dias de paralisação, foi aprovada uma reformulação do Estatuto do Magistério, atendendo em parte às expectativas do professorado.

Já em 1979, a categoria participou da greve do funcionalismo em geral – da qual fizeram parte, também, os professores das universidades públicas – que lutavam por 70% de aumento mais CR$ 2.000 fixos. O grupo ligado ao Comando Geral de Greve articulou-se contra as lideranças existentes no movimento docente, rotuladas de "pelegas" e cujo desgaste foi notável, assumindo a direção da Apeoesp após uma intensa disputa, fazendo com que a entidade se posicionasse politicamente à esquerda e se aproximasse do movimento operário. Segundo Rosario Genta Lugli, "a partir daí, surgiu no discurso dos professores uma polarização: Apeoesp à esquerda e CPP à direita no espectro político" (1997: 79). Nesse momento, já não se tratava mais do profissional que lutava de forma disciplinada e ordeira por uma remuneração condigna, mas sim do professor politizado, considerando-se "um trabalhador em educação", que se insurgia contra os salários miseráveis pagos pelo Estado – tido como patrão – e contra a pretensa neutralidade política das entidades representativas da categoria. Vale dizer que, no mesmo período, professores de outros estados também paralisaram as suas atividades (em 1978, Paraná e Minas Gerais e, em 1979, Rio de Janeiro e Rio Grande do Sul), assim como outros segmentos profissionais – em especial, os metalúrgicos – desempenhando um papel importante no processo de abertura política do país.

As greves comentadas aqui mostram como diferentes segmentos da categoria se articularam contra problemas específicos e comuns, em períodos distintos da história brasileira, dando visibilidade a diferentes concepções sobre a profissão e o movimento docente, constituindo imagens que ainda hoje estão em circulação. Em 1956, os professores secundários cariocas que trabalhavam em escolas particulares paralisaram as suas atividades para denunciar a exploração que sofriam por parte dos proprietários de colégios, colocando em primeiro plano as particularidades das condições de trabalho do ensino privado. Diferentemente, durante a mobilização de todo o magistério paulista em 1963, a atuação das professoras primárias – cuidadosamente vestidas – lutando, com sorriso no rosto, contra a desvalorização salarial ganhou destaque fazendo com que uma prática social *a priori* chocante da parte dessa categoria profissional se tornasse aceitável pelo fato de manter uma continuidade com a imagem tradicional do magistério. Já as greves realizadas no final dos anos 1970 registraram a emergência de um novo modelo de professor – barbudo, com cabelos compridos e calça jeans – que se insurgiu contra a precariedade de sua situação funcional, simbolizando a expansão desordenada do antigo ensino secundário. Ávido por combater as péssimas condições de trabalho impostas pelo Estado e as práticas associativas em vigor, mas obrigado a enfrentar a forte repressão à mobilização da categoria, o jovem professor rompia totalmente com a imagem tradicional da profissão gerando opiniões contraditórias a respeito das mudanças que pretendia instaurar.

REFERÊNCIAS

ANDRADE, Teresa Ventura de. *A União dos Professores do Rio de Janeiro*: um capítulo da história da organização docente (1948-1979). Niterói: UFF, 2001 [Dissertação de mestrado].

AZEVEDO, Fernando. "A transmissão da cultura". *A cultura brasileira (3ª parte)*. Brasília/São Paulo: INL/Melhoramentos, 1976.

BEISIEGEL, Celso de Rui. *Estado e educação popular*. São Paulo: Pioneira, 1974.

BOURDIEU, Pierre. *A economia das trocas linguísticas*: o que falar quer dizer. São Paulo: Edusp, 1996.

CATANI, Deníce Barbara. *Educadores à meia-luz* – Um estudo sobre a Revista de Ensino da Associação Beneficente do Professorado Público de São Paulo (1902-1919). São Paulo: Feusp, 1989 [Tese de doutorado].

COELHO, Ricardo B. Marques. *O Sindicato dos Professores e os Estabelecimentos Particulares de Ensino no Rio de Janeiro (1931-1950)*. Niterói: UFF, 1988 [Dissertação de mestrado].

ENGUITA, Mariano F. "A ambiguidade da docência: entre o profissionalismo e a proletarização". *Teoria & Educação*, n. 4, 1991, p. 41-60. Porto Alegre.

FISCHER, Beatriz T. Daudt. *Professoras: histórias e discursos de um passado presente*. Porto Alegre: UFRGS/Faculdade de Educação, 1999 [Tese de doutorado].

JOIA, Orlando & KRUPPA, Sonia (org.). *Apeoesp: 10 anos (1978-1979)* – Memória do movimento dos professores do ensino público estadual paulista. São Paulo: Cedi, 1993.

KRUPPA, Sonia. *O Movimento dos Professores em São Paulo* – O sindicalismo no serviço público, o Estado como patrão. São Paulo: Feusp, 1994 [Dissertação de mestrado].

Lição de mestre. *Folha de S. Paulo,* 18/10/1963, 2. ed., p. 1. São Paulo: FSP.

LIMA, José Maria de. Os "boias-frias" do ensino. *Folha de S. Paulo*, 22/08/1978, p. 17. São Paulo: FSP.

LUGLI, Rosario S. Genta. *Um estudo sobre o CPP (Centro do Professorado Paulista) e o movimento de organização dos professores (1964-1990)*. São Paulo: Feusp, 1997 [Dissertação de mestrado].

MASSON, Máximo A. Campos. *Magistério e sindicalismo*: a trajetória do Centro dos Professores do Rio de Janeiro. Rio de Janeiro: UFRJ/Instituto de Filosofia e Ciências Sociais, 1988 [Dissertação de mestrado].

MATOS, Heloísa M. Leiras. *Análise do ensino fundamental na cidade do Rio de Janeiro*: caracterização sócio-político-pedagógica de três administrações públicas 1946-51; 1960-65 e 1975-79. Rio de Janeiro: PUC-RJ, 1985 [Dissertação de mestrado].

NERY, Adalgisa. O dever dos professores. *Última Hora*, 25/10/1956, p. 3.

_____. Os donos do ensino. *Última Hora*, 27/10/1956, p. 3.

NÓVOA, António. *Histoire & comparaison*: essais sur l'éducation. Lisboa: Educa, 1998.

PEREIRA, Luiz. *O magistério primário numa sociedade de classe*. São Paulo: Pioneira, 1969.

SANTOS, Paula Martini. *A expansão escolar pública primária e seus significados no Estado da Guanabara durante o governo Carlos Lacerda (1960-65)*. Niterói: UFF, 1994 [Dissertação de mestrado].

SOBREIRA, Henrique Garcia. *Educação e hegemonia*: o movimento dos professores públicos de 1º e 2º graus do Estado do Rio de Janeiro de 1977 a 1985. Rio de Janeiro: UFRJ, 1989 [Dissertação de mestrado].

SPOSITO, Marília Pontes. *O povo vai à escola* – A luta popular pela expansão do ensino público em São Paulo. São Paulo: Loyola, 1984.

VICENTINI, Paula Perin. *Um estudo sobre o CPP (Centro do Professorado Paulista)*: profissão docente e organização do magistério (1930-1964). São Paulo: Feusp, 1997 [Dissertação de mestrado].

_____. *Imagens e representações de professores na história da profissão docente no Brasil (1933-1963)*. São Paulo: Feusp, 2002 [Tese de doutorado].

LEITURAS COMPLEMENTARES

CATANI, Denice Barbara. *Educadores à meia-luz* – Um estudo sobre a Revista de Ensino da Associação Beneficente do Professorado Público de São Paulo (1902-1919). Bragança Paulista: Edusf, 2003.

ENGUITA, Mariano F. "A ambiguidade da docência: entre o profissionalismo e a proletarização". *Teoria & Educação*, n. 4, 1991, p. 41-60. Porto Alegre.

LAWN, Martin. Os professores e a fabricação de identidades. In: NÓVOA, António & SCHRIEWER, Jurgen. *A difusão mundial da escola*. Lisboa: Educa, 2000, p. 69-84.

NÓVOA, António. "Para o estudo sócio-histórico da gênese e desenvolvimento da profissão docente". *Teoria & Educação*, n. 4, 1991, p. 109-139. Porto Alegre [Dossiê: interpretando o trabalho docente].

PEREIRA, Luiz. *O magistério primário numa sociedade de classe*. São Paulo: Pioneira, 1969.

23
COPIAR PARA HOMENAGEAR, GUARDAR PARA LEMBRAR: CULTURA ESCOLAR EM ÁLBUNS DE POESIAS E RECORDAÇÕES

Maria Teresa Santos Cunha

> *Não tenho mais nada a dizer-te*
> *Em prova de minha afeição*
> *Mas vou escrever-te meu nome*
> *Como sincera recordação* (10/08/1949)[1].

Os álbuns de poesia eram uma forma ritual de prestar homenagens escritas que foram bastante frequentes, desde os finais do século XIX até os anos 60 do século XX, para celebrar a amizade durante o tempo escolar. Uma provável origem desta prática parece remontar aos cadernos decorados a mão que continham espaço para desenhos e anotações e cuja utilização era comum entre estudantes e principalmente entre viajantes, nos séculos XVI e XVII, nos quais havia espaço para ilustrações e assinaturas colhidas pelo(a) dono(a) do caderno e guardadas como recordação de um tempo[2]. Os álbuns apresentavam-se, em geral, em pequenos livros, mais ou menos luxuosos, seja no aspecto gráfico (com capas chamativas e configuradas segundo uma estética *kitsch*[3]) seja na temática (com sua linguagem voltada para motivos românticos, moralmente edificantes). Estavam destinados a receber a cópia de versos, sonetos, pensamentos, pequenas ilustrações, todas com dedicatórias e assinaturas que serviam para homenagear/saudar o(a) proprietário(a)

---

1. Trecho de um poema, escrito no álbum de recordações de N., uma das fontes para este estudo.

2. Segundo a coluna Documento, da *Revista Nossa História* (ano 1 /n. 8, jun./2004: 12), a Divisão de Manuscritos da Biblioteca Nacional tem em seu acervo magníficos álbuns dos séculos XIX e XX, que se transformaram em peças de inestimável valor histórico.

3. "O kitsch compreende um sistema estético de comunicação de massa [...] envolve uma valorização estética do efêmero e do fútil [...] opõe-se à simplicidade, é rebuscado [...] adorna a vida cotidiana com uma série de ritos ornamentais [...] não reclama raciocínio" (MOLES, 2001: 20-26).

e, ao mesmo tempo, guardar lembranças de amigos que eram convidados para ali escrever e depositar sua assinatura.

Figuras I e II – Capas dos dois álbuns

Espaço de memória. Expressão de saudades. Refúgios para o exercício da amizade. Lembranças de tempos escolares. Recordações gloriosas. Emoções partilhadas. Enternecimentos. Estes sentimentos pareciam mover o ato de escrita nos álbuns e permitem considerar esta prática como um aspecto da cultura escolar da época já que se constituíam como saberes e experiências produzidas e vividas no ambiente da escola, eram por ela incentivadas e praticadas e, como tal, construtoras de história e instituidoras de lugares da memória.

Os cadernos de escrever utilizados nas classes escolares constituem ícones da cultura escolar, ao lado de outros materiais, como os manuais, os programas, as provas, os boletins e a escrita preservada em álbuns, podem ser considerados como um "conjunto de aspectos institucionalizados que caracterizam a escola como organização [...] práticas e condutas, modos de vida, hábitos e ritos – a história cotidiana do fazer escolar –, objetos materiais – função, uso, distribuição no espaço, materialidade física [...] modos de pensar e ideias partilhadas" (VIÑAO FRAGO, 1995: 68/69)[4].

Assim, pode-se considerar os álbuns como documentos da vida cotidiana escolar do período em que foram produzidos e estudá-los na clave de

---

[4]. Ainda sobre o conceito de cultura escolar, cf. Julia, 2001, p. 9-43 e Cadernos Cedes, 2001.

uma experiência cuja produção é guiada institucionalmente pela escola: um tipo de documento produzido pela cultura escolar. Como tal, os álbuns eram campos privilegiados para o exercício de múltiplas funcionalidades do escrito, onde se copiavam poemas, sonetos, máximas guiados por uma preocupação constante com a limpeza, a ordem e a elegância da letra (HÉBRARD, 2001: 137). Os álbuns também funcionavam como mediadores básicos do afeto que circulava entre os amigos escreventes.

A instituição escolar contribuía para a emergência de uma etapa de socialização que se caracterizava, entre tantas outras práticas, pela presença de encontros amistosos entre colegas, bem como por uma educação das sensibilidades dadas a ver, muito especialmente, pelas práticas de leitura e escrita. Os amigos que se saudavam nos álbuns com a escrita de poemas, dedicatórias, pensamentos, estavam repetindo o gesto inaugural que os unia; aquele momento em que se viram juntos sob um aspecto da vida, reconhecendo-se como parceiros de uma aventura única: os tempos escolares como instantes que deveriam ser eternizados pela magia da escrita e que tem na escola um lugar central de aprendizado.

Folhear, hoje, estes álbuns amarelados pela passagem do tempo e manchados pelo manuseio, possibilita confrontar-se com atividades que se voltam para o processo de aprendizagem da cópia e da caligrafia, marcas da escola materializadas nas páginas dos álbuns e, igualmente, pensar no lugar dos afetos e da construção de sensibilidades na educação escolarizada na segunda metade do século XX: um período que ainda perseguia o desejo de uma escola em bases enciclopédicas/humanistas – *para aprimorar o espírito*. O sentido de aprender também era uma forma de colecionar e repetir, como se pode confirmar nas poesias deixadas, trechos de leitura acumulados e transcritos em letras desenhadas nos álbuns em estudo.

Reconhecidos, notadamente, como práticas de memória feminina (PERROT, 1999: 9-18), seu lugar, quase sempre, é o da lembrança, da saudade e até do esquecimento e podem ser considerados como objetos biográficos, pois "envelhecem com o possuidor e se incorporam à sua vida, representam uma experiência vivida, uma aventura afetiva do dono" (BOSI, 2003: 26). Incorporando esquemas escriturísticos ritualizados, como uma saudação inicial ou uma dedicatória final emocionada, os álbuns foram preservados e guardados como verdadeiras relíquias por seu caráter de coisa aparentemente sem importância, uma prática de *escrita ordinária*[5].

---

5. As escritas ordinárias ou sem qualidade são aquelas realizadas pelas pessoas comuns e que se opõem aos escritos privilegiados, elaborados com vontade específica de *fazer uma obra*. (cf. FABRE, 1993).

Historiar estes velhos *objetos-relíquia*[6], reunir dados, juntar evidências sobre seus usos e funções na história da cultura escrita, frutos de uma cultura escolar, eis a problemática que se coloca. Um dos objetivos a perseguir é o de recorrer a esses textos para despertar desejos de pesquisa e fazê-los dialogar com a História e a Educação, ultrapassando a dimensão da memória afetiva e pessoal ou da mera exposição de curiosidades, causadoras de sentimentos nostálgicos que costumam marcar este tipo de fonte.

Os álbuns de poesia e recordações mostram afetos que desapareceram nas malhas do tempo, mas que permanecem como resíduos na grafia feita com caneta-tinteiro, em folhas pautadas e marginadas, ora ilustradas com singelas *decalcomanias*, ora breves, ora longas, que se alternam ao longo das páginas e estenderam uma apreensão de mundo para além dos limites impostos pelo poder instituído, dito *oficial*.

A intenção é buscar significados nos escritos que os álbuns retiveram para nós, considerando estes documentos como testemunhos da vida cotidiana e escolar do período em que foram produzidos. Nas mensagens deixadas nas páginas dos álbuns é possível identificar as formas de escrita utilizadas, o repertório de textos que circulava no espaço escolar, o hábito de colecionar estes suportes de escrita. Foram depositários de vestígios de dias, que foram guardados em velhas caixas ou delicadamente cobertos com outras capas, até de pano.

Silenciosos, escondidos de olhares curiosos, ao mesmo tempo em que guardam vidas, aguardam mortes, reais ou metafóricas, porque estes objetos quase sempre têm como destino final o lixo ou o fogo. Fragmentos mínimos, sabe-se, de um discurso amoroso que tem como pano de fundo a experiência escolar materializada nos manuscritos. Tocante e singela, esta escrita ocasional expõe sentimentos, percepções e repertórios que circularam nesses anos e a história, aqui, permite inseri-los como práticas de cultura escrita, entendidas na perspectiva apontada pelo historiador espanhol António Castillo Gómez:

> A história da cultura escrita pretende evidenciar lugares, maneiras e gestos que historicamente têm regido as relações entre o mundo escrito e o mundo dos usuários, sejam eles escritores, leitores habituais

---

[6]. Os objetos-relíquia são aqueles que possuem a marca simbólica da pessoa que os utilizou, carregam consigo histórias, lembranças; uma memória capaz de nos levar a uma viagem através do tempo. (...) Capazes de nos fazer sentir saudade, cheiros, cores (...) são objetos carregados de memória (cf. RANUM, 1991: 211-265).

[...] escreventes inexperientes, etc. [...] Interessa conhecer o que a escritura tem suposto para as distintas sociedades e dentro destas, para as diferentes classes sociais [...] é preciso, também, indagar as concretas maneiras de escrever e ler [...] já que as mesmas podem mostrar uma certa realidade ou uma determinada mentalidade (2001: 15-28).

Assim, o presente estudo está relacionado a um projeto maior sobre a construção e a presença das *escritas ordinárias* na escola e, no caminho aberto pelo historiador francês Jean Hébrard (2001: 115-141), e seu estudo pode ser exemplo da aplicação dos métodos da bibliografia material aos objetos manuscritos portadores de escrituras ordinárias. Pretende-se analisar quatro álbuns de poesias, também chamados álbuns de recordações produzidos entre 1941 a 1966, em Santa Catarina, e cujas guardiãs/proprietárias são ou foram professoras normalistas[7]. Este material parece ter deixado marcas de sua presença entre as alunas da Escola Normal já que muitas dedicatórias referem-se, especificamente, a essa trajetória escolar. O estudo busca, também, "alcançar as singularidades que se constituem através das dimensões afetivas e emocionais, onde o banal, o ordinário e o contingente se sedimentam e se re-significam como parte constitutiva das experiências humanas" (CHEREM & CUNHA, 2003).

Desejo de conhecer, vontade de saber o que se escrevia e, por consequência, o que se lia na Escola Normal, para além dos trabalhos e exercícios escolares, impulsionam a problematização desses achados e criam motivos para perguntas cruciais, tais como: O que e como se copiava para homenagear? O que se escrevia como dedicatórias? Quem eram os autores dos poemas selecionados para escrever nos álbuns? Que representações de mundo, de escola, de vida, circulavam nestes álbuns? Que motivos levaram suas proprietárias a guardá-los? Não há respostas prontas, é certo, mas a curiosidade ajuda a preencher algumas lacunas e "para alguns, espero, esse motivo poderá ser suficiente por ele mesmo. E a curiosidade é [...] não aquela que procura assimilar o que convém conhecer, mas a que permite separar-se de si mesmo" (FOUCAULT, 1984: 13).

---

[7]. A posse desse material e a escrita desse texto foram facilitadas pelas discussões e análises feitas pelos alunos e alunas que realizaram comigo o curso: "História, Memória e Ensino", ministrado no Programa de Pós-Graduação em Educação e Cultura/Udesc, em 2004, e que disponibilizaram estes materiais familiares. Agradeço, sensibilizada, a Jaqueline Lumena Ferraro, Marcilene Pöpper Gomes e Rogéria Rebello Diegoli pelo gentil empréstimo de álbuns e outros materiais que tornaram menos árdua minha procura por fontes. Os álbuns serão identificados, doravante, pelas iniciais fictícias de suas proprietárias (N. Z. M. e R). Cabe ressaltar que três álbuns foram escritos durante a trajetória escolar, no Curso Normal, de suas proprietárias.

UM LUGAR PARA OS AFETOS

Considerados como documentos de amizade (BUFFAULT, 1996), os álbuns de poesia e recordações eram lugar para a expressão da afetividade escolar e onde se visibilizavam relações entre amigos que eram consubstanciadas e eternizadas por palavras escritas/copiadas caligráfica e cartograficamente em folhas quase sempre emolduradas e enfeitadas por arabescos, volutas, guirlandas, cachos de flores silvestres[8]. Esses desenhos impressos nas folhas associavam-se a letras caprichadas, às vezes até uma imitação do estilo gótico, um certo refinamento na escrita proveniente do uso cuidadoso de caneta-tinteiro, um gosto delicado, visível no ordenamento e na escolha dos poemas que associavam, quase sempre, linguagem rebuscada e um certo tom encantatório e romântico. Tal situação pode ser encontrada no álbum de N. no soneto intitulado *Meditação*, cuja cópia é datada de 16/08/1949. O tema é uma exortação à vida e à amizade que "tem de amável a sombra dos afetos" e " que não destrói a ternura dos projetos" e cujo final argumenta que "a vida recordada é suave e boa".

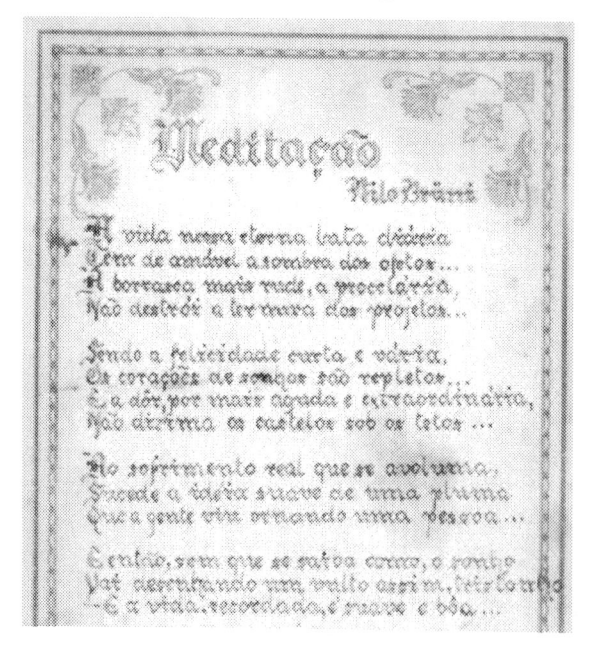

Figura III – Cópia do soneto Meditação

---

8. O historiador Nelson Schapochnik (1998: 448) notou a mesma decoração nos cartões postais com os quais trabalhou. De igual maneira, na Revista Nossa História (n. 8, jun. 2004: 13), já referida, encontra-se o registro de um documento privado doado à Biblioteca Nacional em 2000, descrito como "o álbum de mensagens, pinturas e desenhos dedicados à jovem Leonor Pereira de Melo, no ano de 1907", traz belíssimas ilustrações a tinta e a nanquim, como desenhos de Eliseu Visconti, grafites de Modesto Brocos e Procópio do Amaral.

A leitura permite inferir que o texto está imbuído de significados e qualidades de representação que remetem a uma edificação moral, a valores vinculados a um objetivo mais nobre que enaltece a amizade, edulcorando relações afetivas e sociais, um mundo de delicadezas que, quiçá, deveria ser exercido na escola ou que fazia parte da idealização pretendida para a futura professora. Soneto romântico, por excelência, estava afinado, ao que parece, a um *estilo de época*, associado a uma concepção de mundo e expressão literária que pregavam a harmonia nas relações sociais pela evocação de uma vida inocente. Aconselhamentos, exortação à ação dignificante, são marcas fortes desses textos copiados que, pela escrita, se perpetuam na tentativa de suplantar a finitude da vida. Do ponto de vista da linguagem escrita pode-se pensar tais sonetos como portadores de uma estética *kitsch* capaz de provocar, entre outras sensações, um efeito sentimental, doce, açucarado.

Registro caligráfico semelhante aparece no álbum de Z., datado de 1962, que reproduz um escrito intitulado *Caminho*. Nesse caso, trata-se de um poema de fundo religioso insinuando delicada e fugidiamente a necessidade de "caminhos de amor com Deus". Importa considerar que o local de onde estavam sendo escritos estes poemas era a Escola Normal, laica e pública. Tudo indica que aspectos religiosos ainda se faziam presentes na educação escolar e reafirmavam, por escrito, a boa ordem do mundo cristão. Educar-se para o convívio humano assentado em bases cristãs (quase sempre católicas), era uma prerrogativa da escola e os poemas pareciam funcionar como veículos para a internalização dessas emoções, a consolidação de um certo imaginário cristão/católico, uma ponte entre o céu e a imortalidade, uma mão salvadora, uma excessiva moralidade que, não raro, reverberavam no ambiente escolar como se pode

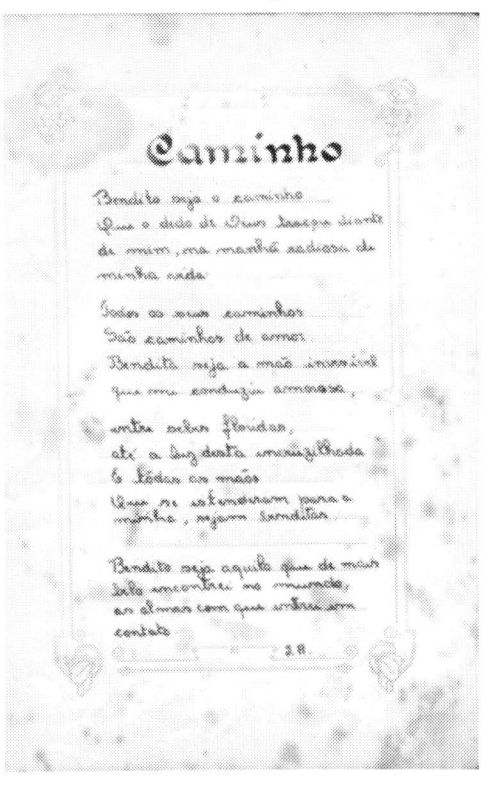

Figura IV – Soneto: Caminho

notar em discursos de formatura e de artigos em revistas de educação da época (CUNHA, 2004).

Cada álbum era um espaço de memória, para guardar e lembrar os tempos da mocidade e, também, de uma certa garantia de perpetuação após a separação ao término do período escolar. Importante considerar que as dedicatórias que finalizavam os poemas e frases transcritas nos álbuns sublinhavam a intensidade ou a provisoriedade de um relacionamento que, sistematicamente reiterado, poderia servir de ocasião para que as pessoas se reconhecessem, quer como amigos íntimos, quer como meros companheiros de escola. No álbum de M. há muitas poesias transcritas cujas autoras se identificavam como colegas de aula e se despediam daqueles tempos escolares com frases que vão do banal "Até breve"; " Com carinho da colega de escola" a elaborações mais emocionadas, íntimas e plenas de aconselhamentos e bons augúrios, sem esquecer as desculpas pela letra e pelos erros, expressas em termos bastante comuns, clichês de linguagem estereotipada que aparece muito nestas escritas:

> Muitas felicidades para você e sua família. Que você sempre seja uma boa moça e uma boa filha. Aceite esta simples recordação que da letra peço desculpas e dos erros peço perdão. Da amiga. Nívia (17/09/1963).

No álbum de M. uma das amigas se despede evocando os tempos de escola e invocando proteção divina para a manutenção daquela amizade:

> Deixo-te estas palavras para sempre lembrares daqueles dias felizes passados nos bancos escolares e para sentires saudades de mim quando mais tarde olhares este álbum. Desta colega que nunca te esquecerá. Deus nos abençoe. Vânia (20/08/1968).

No álbum de N. é possível dizer que as dedicatórias são mais contidas e, quase sempre, se limitam a uma despedida expressa por frases como "Tua sincera amiga"; "Como singela recordação de sua colega de aula"; "Para sempre lembrar de mim". Situação semelhante ocorre no álbum de R., em que as dedicatórias obedecem a um certo padrão de maior contenção dos afetos: não há derramamentos verbais e as dedicatórias utilizam termos como " boa colega R." "À R. como prova de uma sincera amizade".

Emocionadas, contidas, longas ou curtas, as dedicatórias presentes nos álbuns apontam para uma ideia de congraçamento, de amizade que, por serem mediadas pelo ambiente escolar, tendem a reafirmar um complexo processo de introduzir gerações em rituais de escrita traduzidos em cultura escolar. Afetos que permanecem como um resíduo, materializados em tinta e papel e tendo a escola como mediadora, enfrentaram a velocidade e a fugacidade do tempo; eternizaram momentos e podem emergir como lembrança, como re-conhecimento, como possibilidade de não esquecimento.

Ao ler, agora, essas *escritas ordinárias* que pareciam perdidas na *espuma dos dias* de vidas comuns, é possível inscrevê-las e reconhecê-las como íntimas sem serem confidenciais. Apresentavam-se profundamente marcadas por expressões de deslumbramento com a despedida da escola e a vida, provavelmente de casada, que se anunciava depois de terminada a Escola Normal. Considera-se, ao mesmo tempo, tais *escritas* como partícipes de uma "história da linguagem e da cultura escrita que não pode ser exclusivamente uma história dos sistemas de escritura, mas uma história das diferentes práticas do escrito [...] capazes de gerar modos de pensar o mundo e construir realidades" (CASTILLO GÓMEZ, 2003: 133).

SONETOS, POEMAS, MÁXIMAS: VOZES CRUZADAS

Veículo de emoções, as escritas falam mais ao coração que à razão e tais práticas "passaram a simbolizar a ideia de produção e expressão de um eu profundo, subjetivo, autêntico" (CASTILLO GÓMEZ, 2004: 16), em que a esperança, a proximidade, a união, o desejo de felicidade, a bondade, a justiça, a beleza, são vozes que se entrecruzam nos sonetos, poemas e máximas. Tais textos são oferecidos à recordação e à leitura e constituem um tipo de jogral cacofônico de uma geração. Exemplo singular é o poema intitulado *Esta vida*, de autoria de Guilherme de Almeida, que aparece no álbum de N. (escrito em 1949) e no álbum de M. (escrito em 1965). A última estrofe do poema diz:

> Uma mulher me disse: vem comigo!
> Fecha os olhos e sonha, meu amigo
> Sonha um lar... Uma doce companheira
> Que te queira muito e que também te queira
> Uma casinha branca com um penacho de fumaça,
> Cortinas muito brancas nas vidraças
> Um canário cantando na gaiola
> Que linda vida lá por dentro rola!

O poema em rimas e palavras grandiloquentes traz uma representação edulcorada da relação amorosa, emblematiza um desejo de felicidade conjugal e, ao que tudo indica, tinha seu poder de convencimento haja vista a frequência com que era copiado. O fato de ser escrito por um homem e transcrito num álbum de e por mulheres sinaliza para uma certa expectativa que se pretendia alcançar pelo casamento; um reino de fantasia em um escrever plastificado, um cotidiano cor-de-rosa, muito comum em romances lidos e altamente recomendados como leitura edificante na Escola Normal, como os da coleção Biblioteca das Moças (CUNHA, 1999).

O mesmo autor, Guilherme de Almeida[9], comparece no álbum de R. com o soneto *Dor oculta*, cujas estrofes finais podem ser lidas como uma forma aconselhamento:

> Quanta gente que zomba do desgosto
> Rindo da angústia que não molha o rosto
> E que não tomba em gotas pelo chão
> Havia de chorar se adivinhasse
> Que há lágrimas que correm pelas faces
> E outras que rolam pelo coração (Álbum de R., 26/12/1942).

Uma quantidade considerável de sonetos, poemas e máximas presentes nos álbuns tematizam e celebram o amor como *paraíso de emoções*, vinculado a objetivos considerados nobres como o amor à pátria, a valorização da vida, o apego às crianças. Aconselhamentos, exortações à ação em tons fantasiosos, certa espiritualidade investida na relação amorosa, marcam estes textos que são presenças constantes nos álbuns e cujos excertos ilustram este texto, apenas um deles nomeando o autor:

> **Avante**
> *Caparelli de Oliveira*
> "Avante amigo, o mundo te reclama"
> Viver, lutar, vencer, eis o que se chama
> A síntese de todas as vitórias.
> A vida é bela, a natureza é vasta
> A correnteza do saber te arrasta
> Para o oceano límpido das glórias [...] (Álbum de Z., 19/10/1961).

> **Criança**
> Criança! Tu desconheces desta vida o árduo martírio
> Ó loira brisa das messes.
> Ó alma gêmea dos lírios...
> Quem há que não vá querê-la (Álbum de M., 13/10/1967).

> O ideal é, ainda, a alma de todas as realizações (Álbum de N., 12/11/1963).

---

9. A frequência com que este autor aparece nos álbuns levou-me a pesquisar brevemente sua obra. Guilherme de Almeida nasceu em São Paulo em 1890 e morreu em 1969. Advogado e poeta, publicou sua primeira obra literária em 1917 de inspiração romântica. Participou do Movimento Modernista de 1922, foi fundador da Revista *Klaxon* e membro da Academia Brasileira de Letras. Sua biografia registra muitas obras. Tudo indica que as poesias transcritas nos álbuns sejam da primeira fase de sua produção literária.

Amor se sente, não se discute;
Amor que raciocina não é amor (Álbum de T., 16/06/1968).

Nos excertos acima pode-se perceber uma relação dinâmica em que as palavras têm sua existência garantida pela eloquência com que produziram imagens que prescreviam e reiteravam normas e condutas para alcançar a felicidade e a realização pessoal através de frases de efeito moral, uma forma de autoajuda para o aprimoramento espiritual. Como um tipo de conhecimento produzido com o aval da escola, mas onde a expressão escrita estava mais liberta dos cânones escolares, é possível inferir que tais escritos instruíam e divertiam ao mesmo tempo; constituíam um repertório de época e funcionavam como recomendou, enfaticamente, uma dedicatória: "pílulas douradas adocicadas pelos encantos da fantasia" (Álbum de T., 21/05/1966).

Uma tríade que marca um ideal de formação humanista – beleza, bondade, justiça – reverberava, também em poesias e máximas que exaltavam o civismo, a idealização da nação e o culto aos heróis nacionais, temas que faziam parte de conteúdos escolarizados. A oratória loquaz do Conde Afonso Celso – *Porque me ufano do meu país* – comparece em dois álbuns de poesias com dedicatórias que recomendam o "amor à nossa terra" e o "respeito aos nossos heróis" (Álbum de M., 14/12/1964) e, ao que parece, eram copiados para homenagear as dores dos grandes heróis vitimados, construtores da Nação.

Um certo toque de erudição era dado pela presença de frases avulsas e de efeito, sempre escritas entre aspas, vinculadas a um objetivo mais nobre de aconselhamento e atribuídas a filósofos e/ou escritores reconhecidos como Voltaire, Sêneca, Olavo Bilac e outros. Tais citações ofereciam um acesso à sabedoria: poderiam atuar como uma distração, desestimulando dúvidas e inquietações metafísicas mas, por outro lado, também forneciam grau de autoridade ao escrito e a quem os copiava; muito embora não se apresentasse quaisquer indícios das obras de onde tais frases tenham sido retiradas ou publicadas.

"Quem se vinga depois da vitória, é indigno de vencer" – Voltaire (Álbum de N., 25/01/1950).

"Nada existe no mundo que tanto se faça admirar como um homem que suporta corajosamente a desgraça" – Sêneca (Álbum de M., 22/06/1969).

"A esperança é o único bem real da vida" – Olavo Bilac (Álbum de N., s.d).

"Conhece-te a ti mesmo" – Sócrates (Álbum de Z., 21/07/1966).

Tal expediente parece sinalizar para a presença de ensinamentos escolarizados circulando nos álbuns de recordações; uma estratégia para demonstrar a posse de um conhecimento tido como *clássico*, ou mesmo um exercício de linguagem já que a escola é, por tradição e função, depositária e instrumento da aprendizagem da língua escrita. A quantidade de citações encontradas nos álbuns e dedicadas solenemente às suas proprietárias é extensa e os autores dessas máximas transitam por diferentes áreas do conhecimento, tanto nacionais como internacionais[10]; mais um indício de apropriação do conhecimento veiculado na esfera escolar e sua transposição em outro suporte, no caso os álbuns de poesia e recordações.

Nos quatro álbuns que forneceram o suporte para este estudo, em dois deles (o de M. e o de Z.) não foram encontradas participações masculinas. No álbum de N. há três participações masculinas: um registro de três linhas como recordação de seu irmão, escrito em 20/09/1948 e duas outras participações com poemas intitulados *Meditação*, datado de 16/0/1949, e *Duas Almas*, datado de 07/11/1948, ambos sem explicitação da autoria. Em ambas a mesma dedicatória expressa pela palavra *sinceramente*.

O álbum de R. tem um diferencial: traz nas folhas iniciais um escrito sem título, datado de 01/05/1945, em que se estabelecem diferenças entre o homem e a mulher de forma poética e cuja tônica é a glorificação e idealização da figura feminina. Algumas frases merecem registro: "O homem pensa, a mulher sonha [...] o homem tem um farol: a consciência; a mulher tem uma estrela: a esperança". A dedicatória explicita que "Isto que aí escrevo encara a mulher que idealizo, mas nem sempre se encontra. Procure ser sempre boa, meiga, alegre, então serás assim. [...] com um pouco de boa vontade, aliada a tua juventude, tua excelsa beleza, teus encantos, tua bondade e junto dos teus, não será assim penoso". À assinatura do nome precede o pronome *SEU*. O mesmo signatário ocupa a última página do ál-

---

10. Uma análise dos álbuns mostrou citações e máximas atribuídas a autores como: Comte, Calderon de la Barca, Andersen, Renato Kehl, Sêneca, Voltaire, J.G. de Araújo Jorge, Coelho Neto, Machado de Assis, Antonio Vieira, R. Tagore, Freville, Fenelon, La Fontaine, Getúlio Vargas, Olavo Bilac, Conde Afonso Celso, Sócrates, etc. No registro dessas mensagens é possível inferir sobre um repertório de leituras e escritas de época.

bum com o poema *Pelo caminho da vida*, datado de 02/12/1941, e onde se afirma que "placidamente pela vida iremos". A dedicatória aparece nos termos de: "À benquista R., sincera recordação daquele que..." Trata-se do futuro marido, ocupando aqui, ainda, um lugar mais discreto no álbum e provavelmente no cotidiano de R., mas inovador na presença mesmo que em tempos mais recatados. Vale registrar que a quase ausência masculina nos álbuns e sua economia de palavras e efusões contrasta com a loquacidade expressa pelas mulheres nas dedicatórias, o que parece confirmar serem os álbuns de poesia uma prática de memória feminina.

Humanismo presente em máximas, sonetos, citações, copiadas de moralistas antigos e modernos, transmitem, nos álbuns, ensinamentos que visavam proteger as pessoas, preparando-as para enfrentar boa sorte e infortúnios. Citações, sonetos e máximas não contêm apenas um saber para ser lido ou ouvido, mas para ser escutado e seguido, constituindo índice de orientação ao pensamento onde o *conhece-te a ti mesmo*, de Sócrates, ressoa. Citações de tantos autores conjugam o presente – em que o(a) amigo(a) escreve – com o passado, associando o lido e o vivido; apreendendo o virtual sob o factual, as escritas dizem o esperado e o inesperado.

Sentenças escritas, poemas copiados e citações desenhadas, álbuns guardados: nas primeiras, uma autoridade; nas segundas, a força do exemplo que educa. Em seu entrecruzamento, a máxima moral, a arte de buscar a justa vida e o bem viver, permitem ao historiador que as problematiza hoje conhecer e trabalhar com outros e diferentes dispositivos de escrita, vinculando-os a uma cultura escolar aberta às vicissitudes de outras práticas cotidianas de escrever, menos complexas, é verdade, mas que colocam em evidência um conjunto de valores e práticas culturais que se voltam para os processos de aprendizagem e exercício da escrita e da leitura.

...DO GUARDAR: NO PRAZER DO ENTRE-SI

Quatro álbuns de poesias permitiram a construção desta reflexão. O álbum de R. é o único que apresenta sua fotografia na página inicial e quase todas as páginas têm ilustrações e *decalcomanias* representando flores, crianças e casais. Ele tem início em 1941 e a última participação é de 1945. Sua proprietária é da cidade de Blumenau. O álbum de N. tem início em 1948, recebe colaborações até 1963, não tem ilustrações em seu interior e foi escrito nas cidades de Jaraguá do Sul e Nova Trento. Os álbuns de M. e de Z., escritos em Florianópolis, apresentam ilustrações manuais, iniciam-se no início da década de 1960 e as últimas colaborações são de 1968. Mesmo com este intervalo e diferença de tempo e lugar entre os dois conjuntos de álbuns é possível dizer que há uma permanência na apresentação dos suportes materiais (capa grossa, folhas enfeitadas, número de páginas), nos estilos de escrita (forma da letra, uso exclusivo de caneta-tinteiro) e nos temas da escrita (romantismo, civismo, autores).

Todos eles permaneciam guardados, como pequenos relicários, continham marcas do tempo, sim, mas estavam bem conservados e tornaram possível conhecer formas de registro de mulheres, rastros de suas mocidades, *escritas ordinárias* produzidas com a chancela da escola que instituíram lugares da memória e ajudaram, mesmo que sempre precariamente, a perseguir os mistérios do tempo, devassar intimidades para procurar o que nos forma, ampliar a nossa compreensão da história e da educação.

Em caligrafias, às vezes trêmulas, após a expressão escrita de tantos desejos de dedicação e bondade, de encontro e saudade, de aconselhamentos e exortação, entronizadas em caixas e velhos armários, álbuns de poesia fazem hoje parte de coleções pessoais e se constituem para o historiador fonte de estudo da cultura escrita de uma determinada época. São, de certa forma, "santuários de diversos passados, [...] uma luta contra o esquecimento [...] mais que uma presença simbólica: uma transubstanciação" (BLOM, 2003: 2).

Objetos-relíquia que fluem pelas caligrafias que o tempo ainda não apagou, fragmentos memorialísticos de uma experiência reiterada cotidianamente e que teve como pano de fundo os tempos de escola, palavras trocadas com afeto em letras escritas com afinco, os álbuns foram caprichosamente guardados como a congelar uma certa serenidade de outrora. Plenos de memórias de um tempo foram preservados para nos preservar, pois que "nunca são apenas objetos, têm uma voz com a qual falam através do tempo e das vidas [...] são, ao mesmo tempo, relíquias de uma época diferente, e de personalidades sempre jovens, falando como objetos a partir de sua própria época" (BLOM, 2003: 228), mas estabelecendo conexões com o leitor/ historiador atual.

A primazia da experiência escolar como mediadora para a construção de álbuns de poesias/recordações abre perspectivas para outras pesquisas que contemplem as *escritas ordinárias* produzidas na escola e alarguem o campo de estudos da cultura escrita escolar, seja docente ou discente.[11]

Os álbuns, suportes de uma cultura escrita, anunciavam um mundo de delicadezas, um lugar para os afetos, um espaço para o exercício caligráfico

---

11. Sobre a escrita ordinária na escola, cf. Mignot, 2003. Outros estudos estão sendo elaborados colocando em pauta as escritas ordinárias na escola, como por exemplo: cadernos de receitas, cartas, boletins escolares, cadernos "borrão", etc.

de cópias, poemas, sonetos, máximas para homenagear e foram guardados para, quem sabe, rememorar *o prazer do entre si*. De igual maneira, os álbuns mostraram padrões de sociabilidade, cunharam sensibilidades, marcaram subjetividades e, se já não são produzidos no interior da escola, outras trocas escritas com motivações semelhantes se anunciam em outros suportes no tempo presente (por exemplo, em agendas adolescentes e diários na *Internet*) e, mesmo que não estejam vinculadas diretamente à cultura escolar, é no seu recenseamento que se pode encontrar outros começos solenes.

REFERÊNCIAS

BASTOS, M.H.C. "Amada Pátria Idolatrada – Um estudo da obra "Porque me ufano de meu país", de Afonso Celso". *Educar em Revista*, n. 20, 2002, p. 241-159. UFPR.

BLOM, P. *Ter e manter* – Uma história íntima e colecionadores e coleções. Rio de Janeiro: Record, 2003.

BOSI, E. *O tempo vivo da memória* – Ensaios de Psicologia Social. São Paulo: Ateliê, 2003.

BUFFAULT, A.V. *Da amizade* – Uma história do exercício da amizade nos séculos XVIII e XIX. Rio de Janeiro: Zahar, 1996.

Cadernos Cedes, 52. Cultura escolar: história, práticas e representações. Campinas, 2000.

CASTILLO GÓMEZ, A. *Historia de la cultura escrita*: del próximo Oriente Antiguo a la sociedad informatizada. Gijón: Trea, 2001.

_____. "De las tablillas a la Internet – La cultura escrita em la larga duración". *Educação/Unisinos*, vol. 7, n. 12, 2003, p. 129-169. São Leopoldo.

CHEREM, R.M. & CUNHA, M.T.S. "Por uma história das sensibilidades e percepções – Escritas ordinárias e literaturas periféricas – Uma estética do kitsch". *I Simpósio de História: Cultura e Identidades*. Goiânia: Univ. Federal de Goiás, 2003 [Minicurso – Folder].

CUNHA, M.T.S. *Armadilhas da sedução* – Os romances de M. Delly. Belo Horizonte: Autêntica. 1999.

_____. "Caríssimas afilhadas – Imagens de professoras nos discursos dos paraninfos (Florianópolis, 1945/1961)". *V ANPEd Sul*. PUC-PR/CDR, 2004.

FABRE, D. (org.). *Ecritures ordinaires*. Paris: Centre Georges Pompidou/Bibliothéque Publique d'Informatión, 1993.

FRAGO, A.V. "Historia de la educación y historia cultural: posibilidades, problemas y cuestiones". *Revista Brasileira de Educação*, n. 0, 199"5.

GOMES, A.C. (org.). *Escrita de si, escrita da história*. Rio de Janeiro: FGV, 2004.

HÉBRARD, J. "Por uma bibliografia material das escrituras ordinárias – O espaço gráfico do caderno escolar (França – séculos XIX e XX)". *Revista Brasileira de História da Educação*, n. 1, 2001, p. 115-141. Campinas: Autores Associados.

JULIA, D. "A cultura escolar como objeto histórico". *Revista Brasileira de História da Educação*, n. 1, 2001, p. 9-43. Campinas: Autores Associados.

_____. "Cultura escolar: história, práticas e representações". *Cadernos do Cedes*, n. 1, 2001, p. 9-43. São Paulo.

MIGNOT, A.C.V. & CUNHA, M.T.S. *Práticas de memória docente*. São Paulo: Cortez, 2003.

MOLES, A.O. *Kitsch*. 5. ed. São Paulo: Perspectiva, 2001.

PERROT, M. "Práticas da memória feminina". *Revista Brasileira de História*, vol. 8, ano 18, 1999, p. 9-18. São Paulo.

RANUM, O. "Os refúgios da intimidade". *História da vida privada – III*: Da Renascença ao Século das Luzes. São Paulo: Companhia das Letras, 1991, p. 211-265.

Revista Nossa História, ano 1, n. 8, jun./2004, p. 12-13.

SCHAPOCHNICK, N. Cartões-postais, álbuns de família e ícones da intimidade. *História da vida privada no Brasil III*: República: Da Belle Epoque à Era do Rádio. São Paulo: Companhia das Letras, 1998, p. 424-512.

Leituras complementares

BASTOS, M.H.C. et al. (orgs.). *Destinos das letras*: história, educação, escrita epistolar. Passo Fundo: UPF, 2002.

MIGNOT, A.C.V. *Papéis guardados*. Rio de Janeiro: Uerj/Rede Sirius, 2003.

MIGNOT, A.C.V. & CUNHA, M.T.S. *Práticas de memória docente*. São Paulo: Cortez, 2003.

REGO, T.C. *Memórias de escola*: cultura escolar e constituição de singularidades. Petrópolis: Vozes, 2003.

SANTOS, V.M. *Nascimento dos cadernos escolares*: um dispositivo de muitas faces. Florianópolis: Udesc, 2002 [Dissertação de mestrado em Educação e Cultura].

24
POR TRÁS DO BALCÃO: OS CADERNOS DA COLEÇÃO CÍVICA DA CASA CRUZ

Ana Chrystina Venancio Mignot

Heróis nacionais, riquezas naturais, produtos brasileiros, durante muitos anos, povoaram uma das mais belas coleções de cadernos escolares dos estudantes cariocas e que foi distribuída para os diferentes recantos do país. As capas coloridas em tons fortes procuravam ensinar a amar o país, cultuar os símbolos e vultos históricos e construir a identidade nacional.

Desaparecidos das prateleiras das papelarias, dificilmente estão preservados em arquivos escolares onde são, na maior parte das vezes, considerados desnecessários, superados, velhos[1]. Estes cadernos estão atualmente guardados em arquivos pessoais, junto com outros papéis acumulados ao longo das vidas, numa tentativa de reter lembranças do tempo passado na escola[2]. Alguns deles têm letras indefinidas e trêmulas demonstrando que os seus donos ainda não haviam aprendido a manusear o lápis, obedecendo aos limites impostos pelas linhas e margens. Outros sugerem pouca intimidade com o uso da pena e da tinta, como denunciam os borrões, nas tarefas escolares que envolviam operações tais como copiar, traduzir, selecionar, classificar, ordenar, enumerar, completar, separar, compor, relacionar, definir, analisar, resumir, redigir, calcular e resolver[3].

Os cadernos da Coleção Cívica começaram a ser comercializados em um momento no qual artesãos, artistas, professores e estudantes do Rio de

---

[1]. Sobre a preservação de documentos escolares, consultar Peixoto (1998) e Vidal (2000), entre outros.

[2]. Cf. comentários sobre cadernos desta coleção nos arquivos pessoais das irmãs Miriam Paura Sabrosa Zippin Grispun, Neide Paura Sabrosa Gomes da Costa e Lílian Paura Sabrosa Borges da Silva, em Mignot (2003).

[3]. Sobre os tipos de exercícios em cadernos escolares, consultar Gvirtz (1997).

Janeiro sabiam onde encontrar com relativa facilidade as melhores telas, tintas, penas, lápis, goma arábica, mata-borrão, papéis de diferentes cores e gramaturas – *couché, acetinado, pergaminhado, colorido, não colorido, papel para desenho, papel para isso, papel para aquilo*[4]. Bastava dirigir-se ao Largo de São Francisco que, assim como a Praça Tiradentes e a Rua Marechal Floriano, reunia tanto as papelarias como os teatros, lojas de eletrodomésticos e musicais. Ali estava a Casa Cruz.

Adentrar no imponente prédio construído em 1927, com fachada em massa vítrea vinho imitando mármore de carrara e elementos decorativos em gesso, nos dias atuais, implica em esbarrar no comércio ambulante que o circunda, denunciando a falta de empregos, fomentando a pirataria e aquecendo a economia informal. Cercado de barracas que vendem plantas medicinais, bordados nordestinos, calculadoras, canetas importadas, mariola, pé de moleque, cocadas, pipoca, paçoca, livros espíritas, presilhas de cabelo, bolsas e *bijouterias* recentemente lançadas, a papelaria se sobressai em meio a outros prédios antigos e, mais ou menos, preservados.

O ponto de partida neste estudo dos cadernos da Coleção Cívica é o mesmo que tem orientado recentes análises sobre a história do livro e da leitura que, preocupada em compreender a circulação e apropriação dos textos, volta-se para examinar editoras, livrarias e tipografias, editores, livreiros, tipógrafos, capistas, ilustradores, censores e leitores. Para estudar, portanto, a história da escrita se faz necessário trabalhar sobre as papelarias, pois foram elas, por vezes, as responsáveis pela produção, comercialização e distribuição dos suportes e utensílios da escrita e, em particular, da escrita escolar[5], bem como seus proprietários, empregados e clientes que asseguraram a circulação e múltiplos usos dos mesmos.

DA CASA DO CRUZ À CASA CRUZ: A MAIOR PAPELARIA DA CIDADE

Depoimentos e textos publicados ou inéditos, escritos por proprietários e funcionários, anúncios e matérias de jornais, artigos de livros e romances contam um pouco da história da papelaria, onde desde 1935 era possível encontrar Aristides Albuquerque atendendo no balcão, com apenas 17 anos. Atualmente, com 86 anos é um de seus sócios. Em entrevista

---

4. Conforme depoimento de Aristides Albuquerque em Kessel e Worcman (orgs.), 2003, p. 21.
5. Sobre os suportes da escrita pessoal e suportes da escrita escolar, cf. Hebrárd (2000 e 2001).

recente, ele assinalou que, nos primeiros anos de funcionamento, a clientela da loja era variada, pois todo mundo fazia compras no centro da cidade. Os vendedores, naquela época, participavam da vida dos fregueses:

> A papelaria recebia muitos alunos da Escola de Belas Artes e do Liceu de Artes e Ofícios, que foi um grande formador de artistas. Grandes artistas foram professores ali. Eu fui muitas vezes levar telas e tintas na casa do Carlos Oswald. Ele morava na rua Carmela Dutra, na Tijuca, e enxergava pouco, tinha catarata. Há uns 15 dias eu estive com uma neta do Malba Tahan, aquele que escreveu "O homem que calculava". Ele escrevia muito, até para a Tico-Tico, a primeira revista infantil do Brasil. Era meu cliente. O Luís Sá, que criou aqueles bonecos, o Reco-reco, o Bolão e o Azeitona também. No fim da vida, ele fazia letreiros para cinema. Era um artista muito bom e morreu numa situação de dar pena. Atendi muito o costureiro Zé Ronaldo, dos desfiles da Bangu. Tinha um sujeito que vinha comprar chumbo para enrolar flores. Depois fiquei sabendo que ele era o Pedro das Flores, famoso nas boates da Zona Sul (KESSEL & WORCMAN, 2003: 21-22).

Em matéria divulgada no jornal *Vida Nacional*, de São Paulo, de agosto de 1937, intitulada *Casa Cruz do Rio de Janeiro: um expoente de arte e progresso*, guardada na mesma pasta do arquivo dos anúncios da papelaria, é possível compreender o sucesso comercial da empresa: *O Rio em peso conhece os objectos e os aprecia. Ali se vendem material escolar, lindos cadernos de todas as qualidades, que todos os collegiaes usam e sobraçam pelas ruas da cidade – os cadernos da Casa Cruz.*

Em 1943, Manoel Monteiro de Gouveia, antigo funcionário e posteriormente sócio da Casa Cruz, escreveu com belíssima caligrafia, a bico de pena, a história dos primeiros 50 anos do empreendimento comercial. Em formato de álbum, com texto e fotografias da fachada, dos proprietários e dos empregados das diferentes seções, desde sua fundação, nos *Subsídios para a história da Casa Cruz*, ele destacou que a papelaria criada, em 1893, originou-se de uma sociedade desfeita entre dois empresários portugueses, dedicada ao promissor ramo de vidros.

Com o fim da sociedade, segundo o autor, José Rodrigues da Cruz formou uma nova, com o também português José Rodrigues Tavares, procurando prosseguir na mesma atividade, na antiga Travessa de São Francisco de Paula, n. 4, num modestíssimo comércio de vidros, sem designação que o personalizasse. Somente em 1893, quando os dois se separaram, na frente da loja de José Rodrigues da Cruz, que permaneceu no mesmo lugar, teve um nome: Casa do Cruz. Logo depois associou-se com Joaquim Teixeira Carvalho. Na medida em que foi ampliando seus produtos e incluindo quadros, fogos e artigos de carnaval, tornou-se uma referência, passando a ser conhecida de outra maneira: *De Casa do Cruz passou para Casa Cruz*, (CRAVO, 2004: 39) como lembrou Aristides Albuquerque, em 2003.

Com o crescimento das vendas, os sócios se entusiasmaram para ampliar os produtos. Incorporaram artigos de papelaria, incluindo o material escolar e de escritório. Na segunda década do século XX se deu a segunda expansão da empresa, graças ao desenvolvimento alcançado na década anterior, por causa da ampliação dos negócios, inclusive a importação de folhinhas para cromo. Os sinais do sucesso comercial, segundo Roberto Mattos (2003), podiam ser observados na ampliação do prédio e na inauguração do endereço telegráfico. A partir da década de 1920, construiu-se o edifício da Ramalho Ortigão que abriga a matriz. Alugou-se um depósito. Transportou-se mercadorias. Constituiu-se uma rede de viajantes que atravessava o país vendendo os produtos e tinha representantes nas capitais e no interior que garantiam a distribuição. Não bastasse isto, durante a 2ª Guerra Mundial, a Casa Cruz prosseguiu com as importações:

> Antes da 2ª Grande Guerra Mundial, numerosos itens procediam do exterior: vidros da Bélgica, papéis da Suécia, papelão da Holanda, papéis especiais para gravura e desenho importados do Japão e da Itália, além de requintados papéis perfumados da França e objetos de escritório da Inglaterra e EUA. Com a eclosão do conflito mundial, o processo de importação teve que se restringir ao mínimo, mas, apesar disso, dois navios alemães lograram furar o bloqueio estabelecido pela marinha inglesa no Oceano Atlântico, trazendo centenas de caixas de vidros especiais. Porém, com a declaração de guerra ao Eixo pelo Brasil, perdemos cargas transportadas para o Norte do país em navios que foram torpedeados por submarinos alemães, além de vidas (MATTOS, 2003: 6-7).

Em 1916, a Casa Cruz enfrentou a primeira grande concorrência. Retiraram-se da firma Francisco Ferreira de Matos e Francisco Pacheco, que abriram, na mesma rua, uma papelaria denominada Casa Matos (cf. GOUVEIA, 1943). Muitas outras viriam nas décadas seguintes para disputar a preferência da população. Os produtos chegaram nas lojas de departamentos, nos *shoppings* e nos supermercados. Espalharam-se, definitivamente, pelos bairros.

Anúncios publicados nos jornais, na década de 1930, dão conta de que a Casa Cruz possuía secções de papelaria, livraria, artigos religiosos, quadros, pinturas, vidros e cristais. O texto dirigido aos estudantes evidencia que, apesar da diversidade, é no ramo de papelaria que a firma tinha a sua identidade conhecida e reconhecida:

Srs. alunos, A CASA CRUZ, o grande estabelecimento da Rua Ramalho Ortigão, 26 e 28, não é só a *Papelaria que todo mundo conhece*. Possue secções de Livraria, Artigos religiosos, Quadros e moldura Estilo, Espelhos e cristais, Vidraceiro, Ferragens para montagem de vitrines, Montagem de marquizes. Depositária do material escolar Silhueta, Lápis Guarani e Itamarati, Borrachas Raphael, Cadernos de desenho Bordalo, Columbano, Escoteiro e Raphael, Caligrafia Brasileira[6].

Talvez isto se devesse aos diferenciados textos para a *Voz do Estudante*, a *Revista do Estudante*, o *Correio Estudantil*, o *A Noite*, o *Carioca* ou *O Paiz*, nos quais procurava-se projetar a imagem de que esta era *A maior papelaria da cidade*, *A preferida pelo povo carioca* ou *A papelaria que todo o Rio conhece*, destacando que tratava-se da *fornecedora dos principaes collegios e institutos de ensino do paiz*, ou incutindo que ali seria o lugar ideal para que a *mocidade estudiosa* fizesse suas compras de artigos escolares. Além do endereço do centro da cidade, onde até hoje funciona a matriz, os seus materiais podiam ser encontrados em todos os bairros, nas principais casas do ramo.

Parte da propaganda era dirigida diretamente aos estudantes e a forma como os anúncios eram iniciados não deixa dúvidas de que esta era a clientela que sustentava as vendas em grande escala: *Srs alunos: Quatro verdades que merecem registro: 'Rafael' o caderno de desenho insuperável. 'Silhueta' a marca do explendido material escolar. 'Escoteiro' o caderno ideal para exercícios e teoremas, pelo seu preço e qualidade. 'Caligrafia brasileira' em harmonia com a nova ortografia, tem a preferência do professorado nacional,* como pode ser lido na *Voz Estudantil*, de 03/06/1935. Em um anúncio que não tem indicações do jornal e da data de publicação, o texto também é voltado para eles: *Srs. alunos, Na CASA CRUZ encontrareis um verdadeiro Museu Escolar; porque possue sortimento variadíssimo em artigos de sua especialidade. Porque não fazeis uma experiência, honrando-a com uma visita?*

A propaganda não se restringia aos estudantes. Entre as estratégias para divulgar a firma, no final do ano de 1935, os proprietários mandaram publicar nos jornais uma mensagem: *Joaquim Teixeira de Carvalho & Cia tem o prazer de apresentar aos seus excelentíssimos clientes, os votos que fazem de um feliz Natal e um Promissor Ano Novo. Casa Cruz, a melhor papelaria da cidade.* Da mesma forma, programas musicais veiculados

---

[6]. Pasta de recortes de jornais do Arquivo da Casa Cruz, sem indicação do órgão e da data de publicação.

nas rádios cariocas eram patrocinados pela papelaria, como o *Jazz sinfônico*, na PRE-8 sob a regência do maestro Romeu Ghipsman, com *as mais famosas melodias americanas* e *Revivendo os clássicos*, na Sociedade Rádio Nacional, por exemplo, informando-se que eram *oferta* ou *gentileza* da Casa Cruz.

Arquivos pessoais e romances autobiográficos permitem entrever a importância que a papelaria foi adquirindo na cidade. Cadernos costurados, sem pauta, de capa dura, nos quais as jovens iriam confidenciar segredos, registrar sonhos, inscrever as pequeninas experiências cotidianas, também foram guardados. É num destes cadernos, com capa cinza e lombada vermelha, onde havia um carimbo, com espaços em branco preenchidos com caneta, *Casa Cruz, Ramalho Ortigão 26, Phone 21553, N. U 21, 50 Fôlhas, Preços 2000*, que Maria Isabel Oswald Monteiro, filha do pintor Carlos Oswald, iniciou o seu diário, em maio de 1932, quando tinha 12 anos, morava em Petrópolis, na Rua Carlos Gomes, n. 42, como pode ser visto na primeira página escrita em nanquin, com o título em letra bem desenhada: "O meu diário"[7].

Ali comprava-se tanto o papel de seda sueco, para os balões que cruzavam em abundância os céus do subúrbio por ocasião das festas juninas, que exigiam habilidade para cortar, colar e fazer subir, como o material escolar como narrou Carlos Heitor Cony, em *Quase memória*, lembrando como foi preparado para os exames de admissão ao Seminário, que eram os mesmos que habilitavam para o Colégio Militar e Pedro II. Seu pai adquiriu, na Casa Cruz, os recursos didáticos: *Era um quadro-negro pequeno, guardo até hoje as dimensões: noventa centímetros por cinquenta. Tinha um cordão verde-amarelo na parte de trás para ser pendurado na parede, como um quadro comum. Trouxe também uma caixa de giz e alguns livros, uns cadernos de caligrafia, um apagador, um compasso [...]* (1995: 104-105).

A intensa divulgação assegurava que a cada início de ano escolar os pais procurassem, na papelaria, os suportes e utensílios da escrita: cadernos de cópia, caligrafia, ditado, desenho, música, caixas de lápis e lápis de cor, lapiseiras, penas, canetas, grafites, tinteiros, réguas, compassos, borrachas, apontadores. Para os cadernos com pauta, sem pauta, quadriculados eram comprados também papéis de seda coloridos para encapá-los: azuis, amarelos, verdes, laranjas, violetas e vermelhos. Em outras prateleiras estavam livros e cartilhas, enfim, um arsenal de pequeninas coisas que

---

7. Cf. imagem da folha de rosto deste diário em Mignot (op. cit., p. 40).

povoam o universo da sala de aula, espaço privilegiado de aprendizagem e exercício da escrita.

CADERNOS DA COLEÇÃO CÍVICA ENTRE SUPORTES E UTENSÍLIOS DA ESCRITA

Na Casa Cruz, ao lado dos cadernos de cópia e de caligrafia que procuravam desenvolver a atenção, a ordem e a higiene, eram encontrados os belos cadernos cujas capas e contracapas pretendiam inculcar valores, crenças e práticas: os cadernos da Coleção Cívica.

O idealizador da Coleção Cívica foi Manoel Monteiro de Gouveia, o antigo funcionário e sócio que escreveu os *Subsídios para a história da Casa Cruz*. Não se sabe ao certo o que o motivou. Provavelmente, deixou-se embalar pelo ufanismo característico do governo de Getúlio Vargas, e que se revela em muitas capas de cadernos produzidos no período. Roberto Mattos, em entrevista, chamou a atenção para o fato de que por trás de cada caderno existe um artista. Por isto, o idealizador da coleção logo escolheu o capista. Rui Proença, um dos atuais sócios, em seu breve depoimento[8], observou que as capas da coleção tinham a assinatura de Manuel Mora – ilustrador português radicado no Brasil –, que tinha um estúdio próximo à papelaria e que fazia também iluminuras. Seu prestígio como ilustrador era grande, tendo sido, inclusive, responsável pela primeira capa da revista *O Cruzeiro*.

É também de Manuel Mora a capa do Caderno Guarany, com um índio com arco e flecha na mão e cocar na cabeça no primeiro plano montado num cavalo negro, sobre o mapa do Brasil. Em contraste, em tamanho diminuto, os símbolos do progresso representados por grandes navios, aviões cortando o céu, edifícios altos, torres e automóveis. Na contracapa, navegadores portugueses, chegando em caravelas e barcos, com bandeiras no mastro, abrindo baús com quinquilharias e sendo recebidos por alguns índios que se aproximavam timidamente, enquanto outros tinham atitudes pouco amistosas apontando suas armas para os viajantes que aportavam. Apesar de não ter indicação de pertencimento à Coleção Cívica, esta capa traz duas bailarinas, escrito embaixo de cada uma a palavra Silhueta, marca registrada da Casa Cruz, na etiqueta impressa em destaque para que o dono fizesse a identificação.

---

8. Entrevistas realizadas em 4 de junho de 2004, nos escritórios da matriz da Casa Cruz.

Ilustração 1 – Capa e contracapa do Caderno Guarany.

Manoel Monteiro de Gouveia selecionou os temas e escreveu os textos da contracapa. A coleção foi composta por cerca de 60 modelos distribuídos em algumas séries: *Grandes vultos da História do Brasil*, *Homens ilustres do Brasil*, *Figuras ilustres do Brasil* e *Os grandes productos brasileiros*. Em todos eles, além do traço inconfundível do ilustrador, as cores fortes e os textos da contracapa que tinham uma diagramação especial e caracterizavam-se pela impressão em duas cores: preto e vermelho.

Nos arquivos da Casa Cruz existem capas[9] de alguns modelos desta coleção que parece ter se iniciado com Pedro Alvares Cabral, na série *Grandes vultos da História do Brasil*, que incluía Martim Afonso de Souza, Tomé de Souza, Henrique Dias, Padre Antonio Vieira, João Fernandes Vieira, Felipe Camarão, por exemplo. Na série *Homens ilustres do Brasil*, faziam parte Tiradentes, José Bonifácio, Dom João VI, Dom Pedro I, D. Pedro II, Benjamin Constant, General Osório, Raposo Tavares, Pereira Passos, Barão do Rio Branco, José do Patrocínio, Afonso Celso, entre outros. Em *Figuras ilustres do Brasil*, a Princesa D. Isabel, *Princeza Imperial Regente*, é a única capa encontrada da série, sendo também a única capa da Coleção Cívica que focalizava uma mulher. Esta, juntamente com a de José do Patrocínio, é a capa que faz alusão à campanha abolicionista.

---

9. Sobre capas de livros, consultar Cunha (1999).

24. Por trás do balcão: os cadernos da Coleção Cívica da Casa Cruz   371

Ilustração 2 – Capas e contracapas de cadernos da Coleção Cívica das séries *Grandes vultos da História do Brasil* e *Homens ilustres do Brasil*.

Ilustração 3 – Capas de cadernos das séries *Figuras ilustres do Brasil* e *Homens ilustres do Brasil*.

Como as demais capas da coleção, esta seguia o mesmo padrão das que tinham por tema personagens históricos. Abaixo da imagem da princesa, havia uma cena significativa sobre a qual informava-se uma data. Nesta, destaca-se o ano de 1871, em alusão à Lei do Ventre Livre, assinada durante a sua regência e, ao fundo, abaixo, um desenho com o momento da assinatura do documento. Entre a imagem e as linhas para a identificação do dono, a palavra caderno. No pé da página, do lado esquerdo, a inscrição: Coleção Cívica. A contracapa, emoldurada de verde e amarelo, nas cores da bandeira nacional, continha também os dados biográficos que indicavam filiação, local e data de nascimento e de morte, acrescentando-se ao seu nome *A Redentora*, bem como os principais feitos. Além do nome da figura ilustre, todas as referências ao Brasil e o fato que distinguia a personagem na história, as primeiras palavras de cada frase eram destacadas em vermelho:

> *A princeza Dona Isabel* ocupou, por três vezes, a Regência do Império do *Brasil*: de 25/05/1871 a 31/03/1872, de 26/03/1876 a 25/09/1877 e de 30/06/1887 a 22/08/1888. A emancipação dos escravos no *Brasil* teve seus primórdios na Baía, em 1758, onde o Padre Manoel da Rocha (advogado) pugnava pela sua libertação; outros lhe seguiram os mesmos anceios [sic] cada vez mais ardorosos. [...] A agitação no parlamento, imprensa e clubes atingia o máximo. A luta foi árdua entre os abolicionistas e a oposição. Por fim venceram os paladinos de tão nobre causa. A influência do Imperador em prol da emancipação dos escravos do *Brasil*, é indiscutível. Foi o que se deu durante a regência da princeza Isabel, cabendo-lhe a glória de haver assinado, não só a lei de 28/08/1871 (*Ventre Livre*) como a da extinção completa da escravidão no *Brasil*, Lei Áurea, de 13 de Maio de *1888*. Em todo o território nacional, o 13 de Maio foi um dia de benção [sic], de regozijo universal; houve lagrimas [sic] de alegria, risos de felicidade, e aclamações delirantes, e efusões venturosas a romper todos os corações jubilosos.

Da série *Os grandes productos brasileiros* destacam-se o algodão, o mate e o fumo. O campo coberto da plantação de algodão, a fábrica em funcionamento, trabalhadores da lavoura e operários das fábricas ocupam o centro da capa que no lado direito traz tecidos estampados, em cores e motivos tropicais. Numa época em que não havia campanha antitabagista, o fato do Brasil ocupar o 5º lugar na produção mundial de fumo era objeto de júbilo. Como os outros cadernos desta série, trazia o mapa do país na contracapa, assinalando em azul as principais zonas de produção e, no texto, destacava-se a sua proveniência e expansão. Os números da safra do fumo mereciam um registro: *representa uma das colunas mestras em que se assenta a economia nacional*.

Ilustração 4 – **Capas e contracapas dos cadernos da Coleção Cívica da série** *Os grandes productos brasileiros.*

Atualmente, os cadernos da Coleção Cívica, assim como outros que estampavam na capa e contracapa imagens e textos cívico-patrióticos, desapareceram dando lugar aos cadernos e livros descartáveis. Ainda circulam cadernos com hinos e símbolos nacionais, em menor profusão. Já se foi também o tempo em que as escolas adotavam invariavelmente os cadernos de caligrafia que não só disseminavam lições edificantes mas prescreviam, nos versos das capas e contracapas, a posição do corpo, da cabeça, dos braços, das pernas, das mãos, do caderno e da caneta:

> A posição da mão não é a mesma para todas as espécies de escripta. Para a cursiva e bastarda, encurva-se um pouco para dentro, de modo a dirigir para o hombro a ponta superior da caneta; para a redonda e a ghotica, fica mais para fora. Em todos os casos, descansa levemente nos dois últimos dedos que se dobram um pouco e escorregam sobre o papel à medida que se escreve. [...]
>
> Sem constrangimento nem pressão, segura-se a caneta no começo da pena, por meio dos tres primeiros dedos, pollegar, indicador e medio, de modo que passe pelo meio da terceira phalange do indicador, que fica unido ao medio em todo o comprimento. Estes dois dedos curvam-se naturalmente sobre a caneta, sem formar angulo nas articulações. A caneta toca o pollegar e o medio perto da unha"[10].

Sumiram, também, praticamente, as penas e canetas-tinteiro, que Aristides Albuquerque descreveu em sua diversidade, destacando que *Havia*

---

10. Cf. "Condições para optima calligraphia", no verso da capa do 4º caderno do Novo Methodo de Calligraphia, editado pela FTD.

uma grande variedade de penas à venda na década de 30. Eram apenas quatro gavetas e em cada uma existiam 25 tipos diferentes. Você tinha que conhecer mais de 100 tipos de pena, pois cada cliente exigia uma de acordo com a sua caligrafia (CRAVO, 2004: 38), ou ainda como falou para o livro sobre a história do comércio, observando as mudanças ocorridas nas papelarias: *Havia cem variedades de penas e você tinha que conhecer todas. Depois, chegaram as esferográficas* (KESSEL & WORCMAN, 2003: 21). Em entrevista, ele narrou que as primeiras canetas esferográficas eram muito grandes e a primeira, vinda da Argentina, tinha mais de um metro de comprimento, em função de problemas de gravidade e da tinta. Era diferente das outras de pena metálica e da caneta-tinteiro que usavam tinta líquida e duravam anos. Estas últimas também evoluíram adotando diversos sistemas: com cartucho, a vácuo alimentado por pressão, com bomba aspirante e capilaridade. A primeira caneta esferográfica era sofisticada, com o processo de bilha: *Era uma peça igual a uma caneta de classe, chamava-se Biromi. Eu vi aqui, depois, realmente as que chegaram aqui no mercado do Brasil vieram dos Estados Unidos, quando eles começaram a industrializar em grande escala. [...] E faziam fila para comprar*[11].

Como se vê, a Casa Cruz não ficou imune à revolução que as esferográficas provocaram nos utensílios da escrita. Mesmo com a ampliação da firma e criação de várias filiais, a partir de 1970, diminuiu consideravelmente a importação de penas que atualmente são vendidas quase com exclusividade para estudantes e profissionais de arquitetura e desenho, além de calígrafos. Para a população, a esferográfica virou sinônimo de *Bic* e toda hidrográfica é chamada de *Pillot*, mesmo tendo estampados os nomes de outros fabricantes de forma bem legível.

As esferográficas são os instrumentos da escrita mais populares do século XX e da história, como observou Antonio Viñao (1999). Para ele, o sucesso destas canetas pode ser aquilatado pelos números de unidades vendidas nos três primeiros anos após sua invenção: 8 milhões de unidades. Com baixo custo e grande produção, conquistaram as escolas. Inventadas em 1943, desbancaram as vendas das canetas-tinteiro que até então reinavam absolutas, desde o final do século XIX, quando passaram a ser produzidas, comercializadas e patenteadas por Waterman e Parker, e que foram popularizadas por ocasião da 1ª Guerra Mundial, quando os soldados americanos foram para a Europa e as usavam para escrever para as suas famílias. Estas, por sua vez, haviam substituído as penas metálicas,

---

11. Entrevista concedida em 15 de junho de 2004.

criadas em Birminghan, em 1780, e que, a partir de vários aperfeiçoamentos, também contribuíram para o desuso das penas de ganso.

Esta não foi a única revolução no universo da escrita. As estantes da papelaria comprovam as mudanças trazidas pelas novas tecnologias. Da escrita manuscrita à escrita digital, os produtos têm sido produzidos em uma multiplicidade espantosa. Tanto a lapiseira e a caneta como o CDrom, o disquete e os cartuchos de tinta têm a aparência de efêmeros, fugazes, descartáveis.

Os cadernos da Coleção Cívica deram lugar aos que têm cenas cotidianas dando visibilidade àqueles que fascinam os jovens: cantores, artistas de cinema e de televisão, jogadores de futebol. Não se lê mais na contracapa dos cadernos escolares que *O govêrno de Tomé de Souza foi fecundo em realizações, embora o curto período de sua administração: 29 de março de 1549 a 13 de junho de 1553;* e que Henrique Dias – '*o nosso herói brasileiro [...] de côr preta e raça africana*' – lutou no *movimento de resistência contra os holandeses em Pernambuco. [...] Herói como poucos, foi grande pelo valor e pela honra*, por exemplo. Os cadernos em espiral, onde a folha pode ser retirada e eliminada, substituíram praticamente os cadernos colados e grampeados. Outros tempos. Outros heróis. Outros ídolos. Outra perspectiva do ensino de história que abandonou a memorização de fatos e nomes, em favor de uma análise interpretativa e crítica.

Os belos cadernos da Coleção Cívica foram produzidos, comercializados e distribuídos para todo o país, provavelmente, a partir do final da década de 1930 e início da de 1940. Embora sua produção não se restrinja ao Estado Novo, pois ainda circulou até meados da década de 1980, esta coleção estava afinada, no seu surgimento, com o ideário que informava as políticas educacionais, que previa uma política do livro didático, a fim de evitar a veiculação de *sectarismo, regionalismo, comunismo, derrotismo, internacionalismo, jacobinismo, revolucionismo, racismo. Todos os focos de infecção afinal, que gangrenam o organismo da sociedade*, conforme o Decreto n. 1006, editado em 1939 (PEREIRA, 1995: 151, apud MACIEL, 2003: 36). Talvez os fabricantes de cadernos escolares tivessem a mesma preocupação dos editores de livros didáticos e procurassem produzir os suportes da escrita escolar em conformidade com os princípios que visavam despertar o sentimento cívico-patriótico. Cultuar este sentimento foi a tônica de alguns cadernos escolares do período que estampavam nas capas, inclusive, Getúlio Vargas.

Para o encerramento da coleção, Roberto Mattos destacou argumentos que envolvem a modernização da indústria caderneira e os altos custos de uma produção que, sem o maquinário de última geração, não teria preços competitivos. Além destes argumentos técnicos e econômicos, é possível supor que com o fim do período militar os cadernos desta coleção foram confundidos com a orientação moral e cívica imposta à educação escolar nos anos de arbítrio, nas décadas de 1960 e 1970. Com o país diferente, era tempo de construir e escrever uma história de democracia e liberdade, em novos suportes.

PARA ALÉM DO BALCÃO

A Casa Cruz cresceu. Em 2004 tem mais de 360 funcionários em sua rede de lojas. Os utensílios e suportes da escrita se modificaram. O interior da matriz mantém alguns balcões antigos e muitas das secções dos primeiros anos de funcionamento, mas sofreu alterações significativas em seu mobiliário afetando, inclusive, a relação dos vendedores com os clientes, que se desconhecem mutuamente, como lembrou Aristides Albuquerque com um certo saudosismo: *Hoje é bem diferente, pois quase não se usa mais balcão em grandes lojas. O cliente agora escolhe o produto, pega e passa na caixa para pagar* (CRAVO, 2004: 38).

Na medida em que os consumidores chegaram mais perto dos produtos, podendo tocá-los, pela loja da Ramalho Ortigão foram espalhados avisos em cartolina escritos com caneta hidrográfica, com pedidos de cuidado: *Atenção. Não abra as embalagens. Temos mostruário*; *Conserve o mostruário* ou, ainda, *Consumidor, havendo divergência de preço, pague o **menor***.

A cada início de ano escolar, estudantes continuam a dirigir-se para a matriz ou uma das filiais da papelaria com as famosas listas de materiais nas mãos. Depois de enfrentar filas, vão para o computador e publicizam na tela, em seus blogs, uma experiência privada:

> Poucas vezes na vida eu senti tanta vontade de matar pessoas como hoje. Foi um dia de ódio extremo. Não tentem comprar um alfinete numa papelaria durante o período de volta às aulas, porque você vai enfrentar uma fila de gente que não tem tamanho. Saí hoje para comprar cola em spray e papel colorplus, uma mísera folha de papel colorplus. Quando eu chego na Casa Cruz, dou de cara com filas enooooooormes nos caixas... Dezenas de pessoas aglomeradas nos corredores, puxando rolos de papel contact e plástico de encapar caderno, brigando pelo último vidro de Cola Polar, maldita Cola Polar que não sei porque foi inventada já que enruga qualquer superfície que toca. Fui para o balcão de papéis; outra fila gigante. Milhares de mães com aquelas listas horrendas de material na mão. Querendo comprar rolos de papel crepon e

as 300 folhas de papel pardo para fazer os muraizinhos que as professoras de primário levam quatro anos de faculdade para aprender a montar. Putz! Eu apavorada "essa é a fila do papel?" e a 15ª da fila balançando que sim pra mim... Olha só: essa papelaria é minha! Vocês, mães com listas horrendas de material na mão não aparecem aqui o ano todo! Eu sim vou lá sempre na Casa Cruz pra comprar alguma coisa, e agora eu tenho que dividir o espaço com vocês que nem se lembram dela a não ser na hora de comprar papel crepon! Esse blog é de uma pessoa arrogante, burguesa elitista, perdões pela redundância. Sou elitista demais. Tinha que ter uma papelaria só para mim e alguns outros estudantes de design, com tudo o que quisesse, e que proibisse a entrada de mães que queiram comprar material pros seus filhos[12].

REFERÊNCIAS

Arquivo da Casa Cruz.

CONY, Carlos Heitor. *Quase memória*. São Paulo: Companhia das Letras, 1995.

CRAVO, Edgard. "Há 110 anos na vida da cidade". *Revista Sistema*, n. 57, jan./2004. Rio de Janeiro: Fecomércio.

CUNHA, Maria T. Santos. *Armadilhas da sedução*: os romances de M. Delly. Belo Horizonte: Autêntica, 1999.

GOUVEIA, Manoel Monteiro de. *Subsídios para a história da Casa Cruz*, 1943 [Manuscrito].

GVIRTZ, Silvina. *Del curriculum prescripto al curriculum enseñado*: una mirada a los cuadernos de clase. Buenos Aires: Aique, 1997.

HÉBRARD, Jean. Por uma bibliografia material das escrituras ordinárias – A escritura pessoal e seus suportes. In: MIGNOT, Ana Chrystina Venancio et al. (orgs.). *Refúgios do eu*: educação, história, escrita autobiográfica. Florianópolis: Mulheres, 2000, p. 29-62.

_____. "Por uma bibliografia material das escritas ordinárias: o espaço gráfico do caderno escolar (França – séculos XIX-XX)". *Revista Brasileira de História da Educação*, n. 1. jan.-jun./2001, p. 115-141.

http://www.centelha_do_odio.blogspot.com

KESSEL, Carlos & WORCMAN, Karen (orgs.). *Um balcão na capital*: memórias do comércio na Cidade do Rio de Janeiro. Rio de Janeiro: Sesc/Senac, 2003.

---

[12]. http://www.centelha_do_odio.blogspot.com

MACIEL, Francisca I. Pereira & FRADE, Isabel C. Alves da Silva. Cartilhas de alfabetização e nacionalismo. In: PERES, Eliane & TAMBARA, Elomar (orgs.). *Livros escolares e ensino da leitura e da escrita no Brasil (séculos XIX-XX)*. Pelotas: Seiva/Fapergs, 2003.

MATTOS, Roberto. Casa Cruz. *Rio de Janeiro, uma crônica a cada dia*: Casa Cruz – há 109 anos fazendo história: crônicas. Rio de Janeiro: Litteris, 2003.

MIGNOT, Ana C. Venancio et al. (orgs.). *Refúgios do eu*: educação, história e escrita autobiográfica. Florianópolis: Mulheres, 2000.

_____. *Papéis guardados*. Rio de Janeiro: Uerj/Sírius, 2003.

PEIXOTO, Ana M. Casasanta. "Museu da escola de Minas Gerais: um projeto a serviço de pesquisadores e docentes". *Museu da escola de Minas Gerais*. Belo Horizonte: Centro de Referência do Professor, 1998.

VIDAL, Diana Gonçalves. "Fim do mundo do fim: avaliação, preservação e descarte documental". In: FARIA FILHO, Luciano Mendes de (org.). *Arquivos, fontes e novas tecnologias*: questões para a história da educação. Campinas/Bragança Paulista: Autores Associados/USF, 2000: p. 31-44.

VIÑAO FRAGO, Antonio. *Leer y escribir*: historia de dos prácticas culturales. México: Educacion, Voces y Vuelos, 1999.

Leituras complementares

HÉBRARD, Jean. Por uma bibliografia material das escrituras ordinárias: a escritura pessoal e seus suportes. In: MIGNOT, Ana C. Venancio et al. (orgs.). *Refúgios do eu*: educação, história, escrita autobiográfica. Florianópolis: Mulheres, 2000, p. 29-62.

_____. "Por uma bibliografia material das escritas ordinárias: o espaço gráfico do caderno escolar (França – séculos XIX-XX)". *Revista Brasileira de História da Educação*, n. 1, jan.-jun./2001, p. 115-141.

KESSEL, Carlos & WORCMAN, Karen (orgs.). *Um balcão na capital*: memórias do comércio na Cidade do Rio de Janeiro. Rio de Janeiro: Sesc/Senac, 2003.

MATTOS, Roberto. Casa Cruz. *Rio de Janeiro, uma crônica a cada dia:* Casa Cruz – há 109 anos fazendo história: crônicas. Rio de Janeiro: Litteris, 2003.

MIGNOT, Ana C. Venâncio. *Papéis guardados*. Rio de Janeiro: Uerj/Sírius, 2003.

25
ENTRE POLÍTICAS DE ESTADO E PRÁTICAS ESCOLARES: UMA HISTÓRIA DO LIVRO DIDÁTICO NO BRASIL

Décio Gatti Jr.

O livro didático e seu papel na educação escolar brasileira é o tema deste capítulo. O período enfocado está compreendido entre as décadas de 1970 a 1990, mas recuos e avanços temporais foram necessários tendo em vista a contextualização necessária. Subsidiam as ideias apresentadas, a bibliografia existente sobre o assunto e, em especial, depoimentos colhidos junto a autores e editores de livros didáticos brasileiros com larga experiência na área. São abordados os seguintes aspectos: a materialidade do livro didático e sua importância como fonte na pesquisa relacionada às práticas escolares, em especial na História das Disciplinas Escolares; o histórico da literatura didática no Brasil, com a passagem do manual escolar ao livro didático; os fatores que levaram o livro didático a ter um papel central no exercício das práticas escolares contemporâneas, com impactos sobre currículos e programas de ensino; o histórico das políticas governamentais relacionadas ao livro didático, com a passagem de uma ação voltada ao controle ideológico para uma de controle da qualidade; as questões em aberto, os paradidáticos e o surgimento de novos suportes de informação.

LIVRO DIDÁTICO: OBJETO MATERIAL DA CULTURA ESCOLAR E EVIDÊNCIA INVESTIGATIVA

O livro didático foi objeto de uma série de análises alicerçadas em diferentes cortes teóricos e metodológicos, provenientes de diferentes campos de investigação científica, conforme se pode depreender das afirmações de Magda Soares:

> Muitos e vários olhares vêm sendo lançados sobre o livro didático nos últimos anos: um olhar pedagógico, que avalia qualidade e correção, que discute e orienta a escolha e o uso; um olhar político, que formula e direciona processos decisórios de seleção, distribuição e controle; um olhar econômico, que fixa normas e parâmetros de produção, de comercialização, de distribuição. Avaliar qualidade e correção, orientar escolha e uso, direcionar decisões, fixar normas, são olhares que prescrevem, criticam ou denunciam; por que não um olhar que investigue, descreva e compreenda? Olhar que afaste o "dever ser" ou o "fazer ser", e volte-se para o "ser" – não o discurso sobre o que "deve ser" a pedagogia do livro didático, a política do livro didático, a economia do livro didático, mas o discurso sobre o que "é", o que "tem sido", o que "foi" o livro didático [...]. O que [...] tem faltado entre nós é um olhar sobre o livro didático que se lance do lugar de uma História do ensino e de uma Sociologia do ensino, ou seja, um olhar que busque uma perspectiva sócio-histórica do livro didático. É olhando desse lugar que talvez se possam entender as polêmicas em curso em nosso país: manter ou rejeitar o livro didático? Defendê-lo ou condená-lo? O que é, afinal, um livro didático de "qualidade"? (SOARES, 1996: 53-54).

De fato, este olhar sócio-histórico direcionado à pesquisa sobre os livros didáticos no Brasil, que foi sugerido incisivamente por Magda Soares, encontraria pesquisadores dispostos ao empreendimento desde a década de 1990, conforme se pode depreender da produção de Bittencourt (1990, 1993 e 1997), Carvalho (1991), Carvalho (1992), Munakata (1997), Gatti Jr. (1998), Valente (1999), Mattos (2000), Casimiro (2003), Venturi (2004), entre outros. Boa parte dessas pesquisas inspiram-se na História das Disciplinas Escolares, de matriz francesa, pois que influenciados pelos esforços investigativos e teóricos de pesquisadores vinculados ao Instituto Nacional de Pesquisa Pedagógica (INPP), em especial, de André Chervel (1990).

Magda Soares e os pesquisadores da História das Disciplinas Escolares demonstraram compartilhar da ideia de que os livros didáticos constituem fonte importante para a investigação, descrição e compreensão da história dos processos de ensino e das práticas escolares. Posição esta que também é compartilhada por autores de livros didáticos, conforme se pode depreender do conteúdo do depoimento de Joana Neves, autora de importantes livros didáticos na área de história desde 1978. Para ela,

> Por intermédio do estudo do livro didático você chega a ter um panorama do ensino brasileiro. Nesse caso, eu daria até uma pista, que talvez para essa compreensão seja mais importante do que entender o livro didático como produto, como conteúdo. É entender o uso que se

> faz do livro didático. Quais são as expectativas em relação ao livro didático e o uso que se faz dele. [...] No meu tempo, por exemplo, o livro perdia de longe para o caderno que a gente fazia. [...] Como ele passou dessa condição de material secundário para o aluno, para a de material prioritário para o professor? Eu acho que a compreensão desse processo sobre o uso do livro didático elucidaria muita coisa da realidade do ensino brasileiro (NEVES, 1997: 45-46).

Sendo assim, neste capítulo, parte-se da assertiva de que, no caso brasileiro, os livros didáticos são fontes decisivas para a compreensão da forma tomada pelo ensino das disciplinas escolares. Importante, mas não únicas, pois há uma série de determinações para a compreensão do fenômeno educacional que levariam à busca de outras evidências para interpretação, tais como a formação e as condições de trabalho dos professores, a expansão dos processos de escolarização no Brasil, etc.

DO DITADO AO ANTIGO MANUAL ESCOLAR E DESSE AO MODERNO LIVRO DIDÁTICO

O livro didático foi seguidamente utilizado nas sociedades com educação escolarizada institucionalizada, o que assinala a permanência desse antigo, objeto desde há muito na cultura escolar. Na Europa, antes da existência da imprensa, os estudantes universitários produziam seus próprios cadernos de textos, pois os livros eram poucos e normalmente escritos a mão. A prática escolar do ditado remonta a essa época, pois era a forma mais barata de acesso aos textos escolares. Com o advento da imprensa isso mudou e os livros foram os primeiros produtos feitos em série.

Comenius, na *Didática Magna*, expôs a lógica que deveria nortear o sistema de ensino a partir da metáfora do funcionamento de uma tipografia. Para ele,

> O papel são os discípulos cujas inteligências hão de ser impressas com os caracteres das ciências. Os tipos ou caracteres são os livros didáticos e demais instrumentos preparados para este trabalho, graças aos quais se imprime, na inteligência, com facilidade tudo quanto se há de aprender. A tinta é a voz viva do professor que traduz o sentido das coisas e dos livros para os alunos. A prensa é a disciplina escolar que dispõe e sujeita a todos para receber o ensinamento (COMENIUS, 1954: 339).

Percebe-se, desse modo, que os livros didáticos eram vistos desde o século XVII como tendo a função que conservam até os tempos atuais: a de portadores dos *caracteres das ciências*. De fato, durante os séculos subsequentes, a palavra impressa, principalmente aquela registrada na forma de livros científicos, ganharia um estatuto de verdade que ainda hoje se dissemina em grande parte dos bancos escolares e da vida cotidiana das pessoas. Esta concepção iluminista do livro prosseguiu e ganhou força com o passar do tempo, bem como a ideia da escola como lugar de divulgação e disseminação da cultura escrita em diálogo com a cultura oral e imagética (VIÑAO FRAGO, 1995).

No Brasil, até a década de 1920, a maior parte dos livros didáticos era de autores estrangeiros, editados e impressos no exterior, especialmente na França e em Portugal. A escola também se configurava como um *locus* para poucos, especialmente para os filhos das pessoas mais abastadas. A partir da década de 1930, esta situação começou a mudar, pois se tornaram mais comuns as publicações de livros didáticos de autores brasileiros.

O período compreendido entre as décadas de 1930 e 1960 caracterizou-se, no que diz respeito aos manuais escolares, por obras que:

• Permaneciam longo período no mercado, sofrendo poucas alterações;

• Possuíam autores provenientes de lugares tidos como de alta cultura, como o Colégio Pedro II;

• Eram publicadas por poucas editoras que, muitas vezes, não o tinham como mercadoria principal;

• Não apresentavam um processo de didatização e adaptação de linguagem consoante às faixas etárias para as quais se destinavam.

A década de 1970, por seu turno, foi o momento da transição desses manuais escolares aos livros didáticos da atualidade, pois todas as características acima mencionadas foram sendo paulatinamente transformadas e adaptadas a uma nova realidade escolar, qual seja a de que a alegada democratização do ensino, que no caso brasileiro ganhou contornos de massificação, permitiu o ingresso no ambiente escolar de novos personagens, oriundos da classe operária (zona urbana) e mesmo do campesinato (zona rural). Neste processo, ocorreram mudanças na escola e na sociedade brasileira, que se expressaram também na lógica de produção dos textos escolares, que de manuais pouco utilizados passaram a ser livros didáticos, com um papel central no universo escolar e nos planos dos governantes, especialmente no período que começa com a Ditadura Militar, imposta pelo Golpe de 1964.

Neste período de transição das últimas três décadas do século XX, a linguagem do texto didático passou por profundas mudanças. Se antes os textos escolares podiam ser escritos com um vocabulário próximo do acadêmico, eles foram sendo adaptados às necessidades do público leitor. A maioria dos autores teve que voltar sua escrita para a realidade escolar e não para o público acadêmico. A eficiência do texto não estava mais na capacidade de rebuscá-lo, mas sim, em torná-lo compreensível para adolescentes e jovens que se integravam ao sistema escolar brasileiro.

Os autores que antigamente restringiam-se ao papel de escritores das obras, tendo que revisá-las ou atualizá-las com longos intervalos de tempo, no final da década de 1990 passaram a participar de uma série de atividades vinculadas à divulgação de seus livros e, por vezes, tinham diversas coleções didáticas simultaneamente no mercado, fato que os obrigava a permanecerem quase que exclusivamente em função de suas coleções didáticas, ora atualizando umas, ora revisando outras. Velocidade passou a ser uma das premissas da produção didática. Velocidade de produção e distribuição. Velocidade de atualização e mesmo de criação de novas coleções e o emprego de estratégias de venda extremamente agressivas e caras.

Outro aspecto que assinala uma renovação diz respeito aos novos saberes que passaram a ser veiculados pelos livros didáticos em todas as áreas e, em especial, na área das humanidades, mais sensível ao processo de abertura política empreendido no país a partir de meados da década de 1970. Inovações também foram verificadas como resultado de mudanças paradigmáticas e de ênfase temática, o que, no caso da disciplina História, foi evidenciado no depoimento de José Jobson de Andrade Arruda, autor de importantes livros didáticos desde 1974:

> [...] eu escrevi uma História com uma perspectiva nos anos 70 e estou reformulando esta História na sua perspectiva global, integrando o ganho da velha História estrutural, com aquilo que eu considero ganhos da Nova História (ARRUDA, 1997: 93).

Resumidamente, podem-se destacar as seguintes características dos livros didáticos brasileiros desde a década de 1970. Passaram a ser textos que:

- Tiveram grande aumento na velocidade de elaboração e renovação, com consequente mudança da atuação dos autores de livros didáticos que são cada vez mais solicitados a exercer atividades de divulgação de suas próprias coleções;
- Passaram a comportar diferentes propostas didático-pedagógicas de claro teor cognitivista na configuração das metodologias de ensino;
- Sofreram modernização gráfica e editorial, sendo produzidos pela indústria, com o concurso do trabalho de diversos profissionais especializados;
- Assinalam a mudança do perfil dos autores que passaram a ser professores provenientes das escolas destinadas às classes médias com larga

experiência no magistério e, em menor escala, professores que tiveram carreira acadêmica nas faculdades e universidades do país.

Por outro lado, alguns aspectos concernentes às alterações de forma tomada pelos livros didáticos podem ser percebidos por meio do exame, por exemplo, dos formatos e das capas dos manuais e livros didáticos expostos nas figuras a seguir:

Figura 1 – Capa do livro *História do Brasil* (primeira série ginasial), de Antonio José Borges Hermida, publicado em 1952, pela Editora do Brasil, com 219 p. no formato 14 x 18 cm.

Figura 2

Figura 3 – Capa da 2ª ed. do livro *História Integrada* (vol. 2), de autoria de José Jobson de Andrade Arruda, publicado em 1996, pela Editora Ática, com 231 p. no formato 20 x 27 cm.

A CENTRALIDADE DO LIVRO DIDÁTICO NAS PRÁTICAS DESENVOLVIDAS NO ÂMBITO DA EDUCAÇÃO ESCOLAR

Nos Estados Unidos calcula-se que 75% do tempo em sala de aula é gasto no trabalho com o livro didático, bem como 90% do tempo de estudo em casa o utiliza como base (APPLE, 1995: 85). No Brasil não há dados precisos sobre o assunto. Porém, é possível afirmar, com boa chance de acerto, que o país alcança um nível se não maior, pelo menos muito próximo daquele que se apresenta nos Estados Unidos.

Além de há tempos desempenhar este papel central no cotidiano escolar dos alunos, e, no caso brasileiro, no exercício profissional dos educadores dos mais diferentes níveis, os livros didáticos desde há muito são ainda o produto mais vendido pelas editoras nacionais.

Dados da década de 1990 demonstram a predominância dos livros didáticos na produção das editoras nacionais. Segundo a Câmara Brasileira do Livro (CBL), em 1996 os livros escolares representaram 61% dos exemplares vendidos e 55% do faturamento do setor (CÂMARA BRASILEIRA DO LIVRO, 1996: 2).

Na França, a título de comparação, as editoras, neste mesmo ano e nicho de mercado, concentraram aproximadamente 20% do negócio editorial (CÂMARA BRASILEIRA DO LIVRO, 1996: 2). As editoras norte-americanas, em 1980, concentravam cerca de 25% dos seus negócios no ramo dos livros escolares, o que, em valores absolutos, alcançou 1,5 bilhão de dólares (APPLE, 1995: 90).

Desta forma, pode-se afirmar que os livros didáticos são, incontestavelmente, instrumentos privilegiados no cenário educacional brasileiro e internacional, pois são eles que, verdadeiramente, *estabelecem grande parte das condições materiais para o ensino e a aprendizagem nas salas de aula de muitos países através do mundo* (APPLE, 1995: 81).

Ao fornecer estas condições, os livros didáticos acabam sendo os fiéis depositários dos saberes provenientes das diferentes disciplinas escolares. Nesse sentido, rivalizaram, quando não, em certo sentido, substituíram os professores no decorrer desses anos, passando a ser os portadores dos conteúdos explícitos a serem transmitidos aos alunos e também se tornando os organizadores das atividades didático-pedagógicas exercidas pelos docentes para viabilizar os processos de ensino e de aprendizagem.

Desde o século XVIII, os saberes escolares foram distribuídos em diferentes disciplinas, comportando processos complexos e diferenciados de constituição em todos os lugares. Na escola brasileira, especialmente nas últimas décadas, estes saberes disciplinares encontraram no livro didático um lugar quase que exclusivo para sua existência.

André Chervel salienta que as disciplinas escolares e, consequentemente, os saberes das quais são portadoras, não são a simples adaptação ou transposição do saber acadêmico para os níveis escolares fundamentais. A constituição dos saberes escolares, concretizados especialmente por meio das disciplinas, segue itinerários bastante diferenciados, obedecendo a demandas de esferas sociais quase nunca idênticas àquelas existentes na produção do conhecimento acadêmico. Para Chervel,

> A disciplina escolar é [...] constituída por uma combinação, em proporções variáveis, conforme o caso, de vários constituintes: um ensino de exposição, os exercícios, as práticas de incitação e de motivação e de um aparelho docimológico, os quais a cada estado da disciplina, funcionam em estreita colaboração, do mesmo modo que cada um deles está, à sua maneira, em ligação direta com as finalidades (CHERVEL, 1990: 207).

Com base nessa assertiva, pode-se afirmar que é possível examinar o núcleo constitutivo de uma disciplina escolar nos livros didáticos que, no caso brasileiro, assumiram um duplo papel: o de portadores dos conteúdos disciplinares e o de organizadores das aulas.

É perceptível o fato de que nos livros didáticos apresentam-se os conteúdos disciplinares de forma explícita. Assim, estes conteúdos, que constantemente mudam, são sempre uma seleção daquilo que deve ser trabalhado nas escolas. Este caráter seletivo é extremamente importante na compreensão dos livros didáticos.

José Jobson de Andrade Arruda afirma que a centralidade assumida pelo livro didático no interior da escola brasileira é uma

> Faca de dois gumes! Porque, de um lado [...] o desejável seria que você não tivesse o texto didático e que o professor pudesse, por exemplo, para cada passo, indicar um livro, mas isso é impossível. Por outro lado, você deve levar em consideração as dificuldades do professorado brasileiro. Você tem professores com boa formação e tem professores que precisam do livro didático do lado do aluno e do lado dele mesmo (ARRUDA, 1997: 87).

José Orlando Cunha, editor e proprietário da Editora Lê desde a década de 1970, afirma que a deficiência na formação dos professores, desde o final dos anos 1960 do século XX, tornou os livros didáticos disponíveis no mercado de difícil compreensão para boa parte dos novos professores, o que fez com que as editoras moldassem seus produtos para um perfil docente com baixo nível de formação e, por conseguinte, com pouca autonomia frente aos conteúdos e à prática pedagógica. Afirmação esta que foi corroborada por Ricardo de Moura Faria, autor de livros didáticos de grande sucesso comercial, para quem era perceptível a enorme dependência dos professores em relação ao livro didático, pois que diante das mudanças curriculares levadas a cabo em Minas Gerais em meados da década de 1990 os livros didáticos é que a viabilizaram. Em suas palavras:

> Nós tivemos um exemplo aqui em Minas, com esta última coleção para as quatro últimas séries do 1° grau. Ela atrasou um pouquinho. O programa foi lançado pelo governo e foi exigido que as escolas o aplicassem já em 1996. Não havia livro nenhum no mercado, ficou todo mundo doido. Por quê? Porque ninguém sabia trabalhar sem o livro. Há uma dependência do professorado em relação ao livro didático que é uma coisa que incomoda (FARIA & BERUTTI, 1997: 122-123).

Observa-se, desse modo, o vínculo entre a centralidade assumida pelo livro didático na escola brasileira ao processo de desqualificação sofrido pelos docentes. Aparentemente, sempre foi cômodo, barato e seguro para o governo, do ponto de vista político, distribuir livros, pois agindo dessa forma o governo não precisava investir diretamente nas escolas; agradava aos setores industriais e evitava ter que agir junto aos cursos de licenciatura de baixa qualidade oferecidos por boa parte das faculdades que se disseminaram pelo país desde o final da década de 1970.

DA CENSURA AO CONTROLE DE QUALIDADE: POLÍTICAS GOVERNAMENTAIS, EDITORAS E LIVRO DIDÁTICO

Desde o final da década de 1960, época da assinatura dos acordos MEC/Usaid, as editoras de livros didáticos são fornecedoras de milhares de livros adquiridos pelo governo federal, com aumento de intensidade a partir da década de 1980 até os tempos atuais. Segundo Wander Soares, em 1997, vice-presidente da Associação Brasileira de Livros (Abrelivros) e diretor da Editora Saraiva, nos *dois últimos exercícios, o governo investiu US$ 681,2 milhões na aquisição de livros didáticos, comprando 130,4 milhões de exemplares em 1995 e 90 milhões em 96* (SOARES, 1997: 3), o que assinala que os investimentos governamentais nessa área ajudaram sobremaneira a alavancar o setor editorial nacional.

Deste modo, pode-se afirmar que as políticas públicas para o setor editorial didático, entre as décadas de 1970 e 1990, não importando muito sob qual governo especificamente, foram marcadas pelo atendimento de interesses emanados do Estado que era obrigado a conviver com um país que apresentava deficiências de toda ordem no campo educacional e que encontrava na distribuição de livros um paliativo extremamente útil, permitindo, simultaneamente, agradar as editoras, garantir espaço na imprensa, facilitar "negociatas" e promover políticos (CARVALHO, 1991: 16). Além disso, atendia às necessidades da indústria editorial, que funcionava em um mercado consumidor extremamente limitado, haja visto o pequeno número de leitores e a consequente mediocridade da quantidade de livros que eram ao menos comprados no país (OLIVEIRA, 1984: 83-110).

Sem dúvida, a combinação destes interesses ocasionou o "afunilamento das funções do Estado", que se limitou ao empreendimento de uma "política distributivista de livros" sem, no entanto, ocupar-se dos problemas nevrálgicos do sistema educacional brasileiro (CARVALHO, 1991: 39-134).

As três últimas décadas do século XX assinalaram também no país a passagem de uma política de censura para uma de controle da qualidade dos livros didáticos por parte do governo. Quanto à primeira, deve-se acrescentar à censura promovida pelo Estado, à autocensura que os autores acabavam se impondo, como estratégia de manutenção de suas coleções didáticas no mercado nacional, especialmente na área de Humanidades. Quanto à política de controle de qualidade empreendida pelo Ministério da Educação (MEC), a partir do final da década de 1990, Joana Neves procedeu uma reflexão interessante, pois a considera:

> [...] absolutamente salutar [...]. Afinal de contas, o governo compra milhares de livros. Ele enriquece uma editora sem nenhum controle da qualidade do produto que está comprando. Só que eu acho errado o sistema adotado para fazer a avaliação dos livros didáticos. [...] No meu entender, quem devia ser chamado para fazer a avaliação do livro é o usuário do livro: o professor. [...] Agora, o MEC chamar uma equipe de especialistas, composta quase somente de professores universitários, que se ligam à problemática do ensino da primeira fase do 1º grau, por meio de seus projetos de pesquisa na pós-graduação, não me parece o indicado. Eu mesma fiz parte desta equipe. Estou exatamente nesta situação. Nunca trabalhei com turmas de 1ª a 4ª série e quando eu via lá: adequação da linguagem, como critério de avaliação. Como é que eu sei se aquela linguagem está adequada para uma clientela de 1ª a 4ª série? Não sei. Qual é o meu parâmetro? As crianças que eu conheço? Não sei. Eu nunca estive em sala de aula para saber isso. [...] Esse equívoco é justificado por uma notícia triste: os professores não teriam capacidade para proceder a essa avaliação. Se isso é verdade, nós estamos diante de uma grande tragédia, ou seja, você tem um conjunto de profissionais que usam livros e que não têm capacidade de dizer se são bons ou ruins. Isso é absolutamente trágico. Eu acho que essa sistemática de avaliação deve existir, mas, no meu entender, enquanto ela não for feita pelo usuário, ela vai ser um artificialismo (NEVES, 1997: 61).

De fato, a avaliação dos livros didáticos não acontecia naquele momento com a clareza e a amplitude necessárias, pois, além dela não ser realizada com a participação mais efetiva dos professores que frequentam as salas de aula das diversas regiões brasileiras, as editoras não tiveram chance de responder às críticas da comissão de avaliação de então. O MEC, por sua vez, aproveitou-se das "pérolas" existentes nos livros didáticos analisados e as divulgou amplamente na mídia televisiva e impressa.

De qualquer modo, o efeito da avaliação promovida pelo MEC sobre a produção didática nacional parece ter sido benéfico, pois as editoras, nos anos seguintes, demonstraram estar preocupadas em assegurar a qualidade de suas obras, atendendo aos itens da avaliação.

Porém, mesmo diante de significativos investimentos governamentais, não é a totalidade da população que frequenta a escola no Brasil que tem acesso aos livros escolares solicitados por seus professores. Constata-se, em muitos casos, que os gastos financeiros com material didático alcançavam, no final da década de 1990, o valor completo do salário médio mensal pago à maior parte dos trabalhadores do país. No Ensino Médio, para o qual não há programa governamental de distribuição de livros didáticos, somente uma pequena parcela dos alunos tem condições de adquirir este tipo de material instrucional, o que os coloca em desvantagem na disputa por vagas em cursos superiores de qualidade.

Nesse sentido, se os livros didáticos assumiram um papel importante nos processos de ensino e de aprendizagem desenvolvidos na educação escolarizada, quais são as consequências deles não estarem disponíveis para toda a população que ocupa os bancos escolares? Ao que parece, o livro didático torna-se mais um dentre os diversos objetos culturais que assinalam diferenciação e exclusão social no Brasil.

LIVRO DIDÁTICO, CURRÍCULO E PROGRAMAS DE ENSINO

No Brasil da década de 1970, o componente ideológico era forte no processo de definição da produção didática, especialmente dos conteúdos da área de humanidades. Já no final da década de 1990, os lucros advindos da venda deste tipo de livro sobrepunham-se a quaisquer questões ideológicas. Nos Estados Unidos, os editores afirmam que o que importa é a lucratividade e que [...] *se existe alguma censura, é a que se refere à possível lucratividade* (APPLE, 1995: 94). Situação parecida era constantemente afirmada pelos representantes das editoras nacionais, tais como: [...] *o que importa não é a ideologia contida no livro e sim sua aceitação no mercado* (MUNAKATA, 1994: 20).

As editoras, desse modo, precisavam que seus livros fossem bem aceitos no mercado escolar para que sua atividade editorial pudesse ter continuidade. Nesse sentido, era comum, no final da década de 1990, a adaptação dos livros didáticos, em uma velocidade surpreendente, às modas didáticas e às mudanças curriculares estabelecidas pelos setores públicos afetos à área educacional, pois que era um fator definidor de competitividade entre as editoras. A esse respeito, Joana Neves afirmou que:

> A grande aspiração de todo editor é poder colocar na capa do livro: "De acordo com a proposta oficial" ou "De acordo com os Parâmetros Curriculares", porque eles trabalham com a suposição de que o currículo é obrigatório, de que ele vai ser cumprido e se o livro estiver de acordo com o currículo, vai ser adotado (NEVES, 1997: 53-54).

José Jobson de Andrade Arruda, por seu turno, afirmou que o redirecionamento de uma programação curricular pelos órgãos responsáveis pela

Educação em seus diversos níveis tem impacto imediato e abrangente no consumo e, portanto, na produção do livro didático. Para ele

> Muitas vezes você faz uma mudança porque isso corresponde às pessoas que naquele momento têm a possibilidade de fazê-lo e que estão comungando com um determinado direcionamento da História. [...] Isso afeta os livros didáticos, os livros que têm essa trajetória ou foram feitos para isso, eles podem, evidentemente, ter uma melhor aceitação. E os livros que não têm essa perspectiva? (ARRUDA, 1997: 90-91).

Ricardo de Moura Faria e Flávio Berutti avaliam que há a interferência dos professores na escolha de livros didáticos que nem sempre são os indicados ou mesmo os mais utilizados em seu Estado e, sobretudo, não correspondem aos programas oficiais. Há, nesse sentido, uma dinâmica de ruptura e resistência com o estabelecido que nem sempre é percebido pelo próprio sistema de ensino. Afirmaram que:

> [...] as editoras têm muito mais capacidade de divulgar seus livros do que a Secretaria de Educação tem de divulgar seus programas curriculares. Quantas e quantas vezes, três anos depois da alteração do programa de História de 1986, em Minas, nós vimos professores que nem sabiam que o programa tinha mudado! [...] O desconhecimento era tamanho, que, às vezes, o professor identificava nosso livro com o programa e dizia: – Ah! É esse aqui o programa novo! (FARIA & BERUTTI, 1987: 128).

Nesse sentido, governo e editoras estabelecem relações de mão dupla em muitos sentidos, para o que é conclusiva e ilustrativa a afirmação do editor Jiro Takahashi sobre a questão da relação do livro didático com o currículo escolar. Para ele,

> [...] onde o currículo está mal explicado, mal colocado, quer dizer... se você lançar um livro bem feito, de agrado dos professores e colocar lá no frontispício: "de acordo com os guias curriculares do Espírito Santo", todos os professores de lá, se não entenderem bem a proposta curricular do Estado, vão acabar adotando aquele como programa, e não o guia. O livro passa a ser o próprio guia (TAKAHASHI, apud OLIVEIRA, 1984: 73).

De fato, nesta questão sobre o predomínio de uma ou de outra instância na produção das coleções didáticas, o que não se pode afirmar é que se trate de uma via de mão única, pois não se observa uma determinação fixa. Os professores, especialmente das escolas particulares, usam os livros de sua preferência, sem grandes preocupações com as normas oficiais.

A QUESTÃO DA ABORDAGEM DA DIVERSIDADE REGIONAL PELO LIVRO DIDÁTICO

Outra questão importante refere-se à problemática da convivência de livros elaborados e impressos no Rio de Janeiro, em São Paulo e, mais recentemente, em Minas Gerais, com autores, em geral, destes mesmos estados e que são utilizados em todo o Brasil, o que traz consequências danosas às propostas de ensino de estados que acreditam que os alunos devem partir da aprendizagem do que lhes é mais próximo para construir as noções e conceitos de entendimento da realidade, etc. Para Joana Neves,

> [...] nós nos defrontamos com um problema que extrapola a questão didático-pedagógica e mesmo científica [...]. As editoras, as grandes livrarias e os grandes distribuidores de livros se concentram no centro-sul e monopolizam o mercado brasileiro. Isto faz com que estudantes de História ou mesmo de Geografia (eu acho que na Geografia isso é mais sério ainda) lá do interior da Amazônia leiam os mesmos textos e vejam as mesmas ilustrações produzidas por alguém que tem, do Brasil, a visão a partir de São Paulo [...]. Isto poderia gerar uma certa homogeneização e contribuir para a ideia de uma identidade brasileira, etc. Mas, eu não acredito que você possa construir uma identidade nacional, escamoteando as identidades locais e as identidades regionais (NEVES, 1997: 47).

Nessa direção, Ricardo Faria de Moura afirmou que a questão regional na produção dos livros didáticos é bastante complexa. Em seu depoimento salientou que existem poucos programas que assinalam vinculações com a temática regional e que esta era uma questão que o preocupava:

> Quando fico sabendo que o meu livro está sendo adotado no Amazonas, fico pensando se realmente seria o livro mais indicado para o Amazonas porque eu não conheço a realidade do Amazonas, quer dizer, será que um autor sentado aqui em Minas Gerais tem condições de absorver essa imensidão cultural que é o Brasil e escrever um livro que seja bom para todos os estados do Brasil? Eu acredito que não. A gente tem que lidar com essa questão que é problemática realmente (FARIA & BERUTTI, 1997: 122).

De fato, há uma série de livros de História com temas regionais que estavam sendo publicados no final da década de 1990. Eram Histórias do Piauí, de Teresina e do Ceará, com abordagens e clientela diferenciadas, mas que se ocupavam da região onde os estudantes e os professores moravam.

Figura 4 – Capa da 3ª ed. do livro *Piauí: tempo e espaço*, de autoria de Iracilde M. Moura Fé Lima, Maria Cecília S.A. Nunes e Emília M.C. Gonçalves Rebêlo, publicado pela FTD, em 1995, no formato 20,5 x 27, com 135 p.

Figura 5 – Capa da 2ª ed. do livro *Construindo o Ceará*, de autoria de Ricardo Oriá, Simone Souza e Zenilde Amora, publicado pela Fundação Demócrito Rocha/Nudoc-UFC, em 1994, no formato 21 x 28, com 68 p.

LIVROS PARADIDÁTICOS E NOVAS MÍDIAS DIDÁTICAS

Antes mesmo desta tendência de produção de livros regionais aparecer, estavam consolidados no mercado brasileiro os chamados livros paradidáticos que, para alguns editores, poderiam suprir essa carência por textos regionalizados.

Ao final da década de 1990, os livros paradidáticos eram utilizados em paralelo aos livros didáticos, especialmente nas escolas particulares, onde se encontravam os alunos em condições financeiras de adquirir esses livros, sendo os mesmos produzidos desde a década de 1980, tanto por editoras tradicionalmente do ramo didático, tais como a Ática, a Moderna, a Lê, etc., como também por editoras de livros convencionais, tais como a Brasiliense (inauguradora dessa modalidade com as coleções: "Primeiros Passos" e "Tudo é História"), a Contexto, a Global, etc.

De fato, o crescimento dos paradidáticos foi grande. São livros temáticos, livros de aprofundamento, atlas geográficos, atlas históricos e uma série de outras publicações nas mais diversas áreas disciplinares. Os livros paradidáticos brasileiros tornaram-se livros didáticos temáticos, pois que a maioria deles se debruça sobre temas específicos com maior profundidade do que a encontrada nos livros didáticos. Temas que eram tratados em uma ou duas páginas dos didáticos ocupavam todas as páginas de um paradidático, o que girava em torno de 35 páginas nos livros de formato grande e de 80 páginas nos de formato menor.

O fato de alguns paradidáticos serem escritos por membros das universidades demonstra a elaboração de livros colados com suas áreas de pesquisa ou de ensino. Mas, também existiam autores que produziam textos que não significavam a comunicação de um resultado de uma dessas duas atividades acadêmicas (pesquisa ou ensino), mas sim a elaboração de um material mais aprofundado sobre um tema ancorado em sua experiência em sala de aula, no ensino fundamental e médio.

Todavia, a maior parte desses pequenos textos era escrita por acadêmicos. Obviamente que em uma linguagem mais acessível e com um número de páginas limitadas para não inviabilizar a vendagem por questões econômicas, já que o paradidático, no Brasil, é, quase sempre, um livro acessório, ou seja, adquirido pelos pais dos alunos para além do didático.

Além dos paradidáticos, outros suportes de informação têm proliferado no cenário da produção didática. Ao final dos anos 1990 do século XX estavam disponíveis nas livrarias de todo país, por exemplo, obras de História do Brasil em CD-Rom. Uma delas, intitulada *Viagem pela História do Brasil*, foi lançada em 1997, pela Editora Companhia das Letras, com a autoria de Jorge Caldeira, Claudio Marcondes e Sérgio Goes de Paula, sendo composta por um CD-Rom, prensado pela Sonopress, e por um livro de 351 p. editado pela Companhia das Letras.

José Jobson de Andrade Arruda, ao abordar esse assunto em seu depoimento, apresentou opinião interessante. Segundo seu relato:

> Eu conheci um projeto de História do Brasil do Jorge Caldeira. Ele me disse, por ocasião de minha participação no "Roda Viva" [programa de entrevistas da TV Cultura de São Paulo], que ele não era historiador. Por aí eu acho que você já tem uma resposta do que eu acho do conteúdo do texto. [...] [Mas é] um meio de futuro. [...] Mas é evidente que é um meio muito caro e por isso mesmo elitizado (ARRUDA, 1997: 103).

A respeito da disseminação dos suportes de informação digital José Lino Fruet Saraiva afirmou, no final da década de 1990, ainda ser uma questão imprevisível. Salientou que, ao lado da disseminação embrionária do CD-Rom como suporte de informação multimídia, as maiores novidades deveriam vir do campo da rede mundial de computadores: a Internet. Considerava, no entanto, que esses materiais disponíveis na Internet e em CD-Rom deveriam associar-se à prática de sala de aula como materiais complementares, como fontes complementares de informação, com ganhos bastante promissores na área de ciências, na qual as demonstrações didáticas ficariam mais fáceis e claras (FACCIOLI & FRUET, 1997: 29-30).

De fato, não é grande nem muito disseminado o número de obras em CD-Rom produzidas no Brasil e voltadas para a educação escolar. As existentes foram criticadas exatamente por não serem muito diferentes dos livros didáticos existentes. Sem dúvida, o público desse tipo de material é elitizado, seja do ponto de vista econômico ou do ponto de vista cultural. De certo modo, o material didático em CD-Rom está ocupando o lugar de certas coleções de livros publicadas desde a década de 1960 e vendidas, especialmente por meio de fascículos, adquiridos pelos pais para que seus filhos utilizassem na elaboração dos trabalhos escolares.

Figura 6 – Capa do livro paradidático intitulado *A Guerra do Paraguai*, de autoria de Júlio José Chiavenato, publicado pela Ática, em 1991, no formato 20x27, com 32 p.

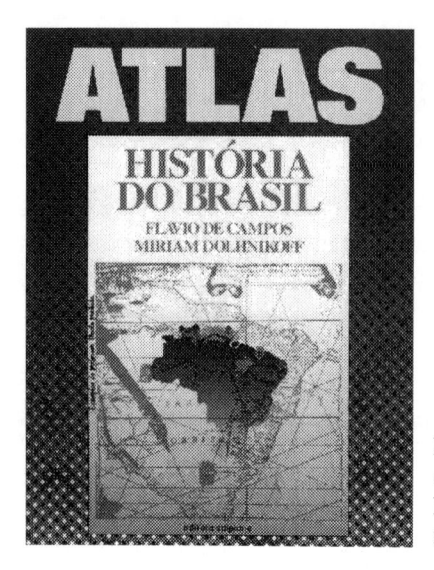

Figura 7 – Capa do *Atlas da História do Brasil*, de autoria de Flavio de Campos e Míriam Dolhnikoff, publicado pela Scipione, em 1993, no formato 20x27, com 80 p.

Figura 8 – Face do CD-Rom *Viagem pela História do Brasil*, de autoria de Jorge Caldeira, Claudio Marcondes e Sérgio Goes de Paula, produzido pela Cia. Das Letras/Sonopress, em 1997.

CONSIDERAÇÕES FINAIS

Nas últimas três décadas do século XX, além do processo de renovação nos conteúdos dos livros didáticos, sua forma também passou por melhorias consideráveis, com redefinição de formato, capa e projeto gráfico mais em acordo com as necessidades dos alunos no que diz respeito à linguagem, ilustrações e, sobretudo, durabilidade dos livros.

A escala industrial tomada pela produção didática no final da década de 1990 contribuía para que ao trabalho do autor individual fosse agregado o trabalho de outros profissionais que fizeram com que a qualidade do texto, das ilustrações e do grafismo melhorasse sobremaneira, sendo possível afirmar, desse modo, tratar-se mais de uma equipe responsável pelo produto editorial do que a expressão da ideia de um único autor ou alguns poucos coautores.

Em um segundo movimento, pôde-se perceber que as grandes editoras brasileiras, do final da década de 1990, tinham na produção de livros didáticos seu suporte comercial, processo que havia se consolidado entre as décadas de 1970 e 1990.

A respeito dos livros didáticos, os editores salientam que nas décadas de 1970 a 1990 houve mudanças consideráveis, especialmente aquelas oriundas de novas concepções pedagógicas que iam aparecendo e se consolidando na escola brasileira, na qual a memorização ia sendo substituída pela tentativa de uma aprendizagem mais reflexiva e crítica. O consumo de livros didáticos apresentava uma diferenciação importante, com o uso dos livros considerados mais densos e reflexivos pelos professores das escolas de elite, e os livros de conteúdo mais simples e, por vezes, mais vinculados à memorização, empregados pelos professores das escolas que atendiam as escolas populares.

Diante da constatação da centralidade que o livro didático ocupava no processo escolar brasileiro no final da década de 1990 e do fato de que o governo federal brasileiro era o maior comprador desse tipo de material instrucional no país, por meio do Programa Nacional do Livro Didático, o Ministério da Educação empreenderia, a partir da segunda metade da década de 1980, um processo de avaliação dos livros didáticos que impulsionou uma série de melhorias nas coleções didáticas de todas as áreas disciplinares, o que significou melhoria da qualidade gráfica e da impressão dos livros didáticos, bem como na linguagem empregada pelos autores e nas inovações de conteúdo contidas nas revisões e atualizações de coleções que já se encontravam no mercado e na proposição de novas coleções.

Aliado a esse processo de renovação, as estratégias de divulgação empregadas pelas editoras, com a participação mais efetiva dos autores junto aos principais usuários (professores e alunos), demonstravam a disputa acirrada entre as editoras, bem como as carências dos docentes do conhecimento das renovações em curso na produção didático-escolar, o que assinalava o caráter de currículo explícito atribuído ao livro didático em referência à dificuldade dos órgãos de educação em fazer conhecer suas iniciativas bastante frequentes no período de renovação curricular.

De fato, a superação de uma política de censura aos livros didáticos por uma de controle da qualidade, através da avaliação dos livros didáticos empreendida pelo MEC, ainda que tivesse alguns problemas quanto aos sujeitos responsáveis pela avaliação, tornou-se, à época, instrumento valioso de melhoria da qualidade dos livros didáticos brasileiros, pois que o governo federal, maior comprador de livros didáticos das editoras privadas, passava a observar com mais atenção aquilo que comprava para distribuir à população carente. Em certa medida, o ensino de massas que substituiu o de elite do início do século XX ganhava em qualidade, ainda que faltassem livros aos alunos do Ensino Médio e verbas suficientes para a aquisição de livros para as Bibliotecas Escolares.

MATERIAIS HISTÓRICOS

Depoimentos (Colhidos no 2º semestre de 1997)

1) Antônio Alexandre Faccioli (diretor) e José Lino Fruet (gerente). Editora Saraiva.

2) Joana Neves (autora de livros didáticos). Editora Saraiva.

3) José Jobson de Andrade Arruda (autor de livros didáticos). Editora Ática.

4) José Orlando Pinto da Cunha (diretor-presidente). Editora Lê.

5) Ricardo de Moura Faria e Flávio Costa Berutti (autores de livros didáticos). Editora Lê.

REFERÊNCIAS

APPLE, M.W. "Cultura e comércio do livro didático". *Trabalho docente e textos* – Economia política das relações de classe e de gênero em educação. Porto Alegre: Artes Médicas, 1995, p. 81-105.

BITTENCOURT, C.M.F. *Pátria, civilização e trabalho* – O ensino de História nas escolas paulistas (1917-1939). São Paulo: Loyola, 1990.

_____. *Livro didático e conhecimento histórico*. São Paulo: FAE/USP, 1993 [Tese de doutorado].

_____. (org.). *Livros didáticos entre textos e imagens* – O saber histórico em sala de aula. São Paulo: Contexto, 1997.

CÂMARA BRASILEIRA DO LIVRO. *Comportamento do setor editorial brasileiro: 1990/1996*. São Paulo.

CARVALHO, A.M.M. *Pregadores de ideias, animadores de vontades* – Livros didáticos, nos anos 1930-1940. São Paulo: PUC, 1992 [Dissertação de mestrado].

CARVALHO, L.I. (1991). *A distribuição e circulação de livros nas escolas paulistas*. São Paulo, 1991 [Dissertação de mestrado].

CASIMIRO, G.S. (2003). *Da proposta das "elites" ao método direto*: uma história da disciplina língua inglesa no Colégio Pedro II (1930-1958). Campo Grande: Univ. Federal de Mato Grosso do Sul, 2003 [Dissertação de mestrado].

CHARTIER, R. & ROCHE, D. O livro: uma mudança de perspectiva. In: LE GOFF, Jacques & NORA, Pierre (orgs.). *Fazer história*: novos objetos. Bertrand, 1987 [Coleção Tempo Aberto].

CHERVEL, A. "História das disciplinas escolares". *Teoria & Educação*, n. 2, 1990, p. 177-229. Porto Alegre: Pannonica.

COMENIUS, J.A. *Didática magna*. Rio de Janeiro: Simões, 1954.

GATTI JR., D. *Livro didático e ensino de História*: dos anos sessenta aos nossos dias. São Paulo: PUC, 1998 [Tese de doutorado].

_____. "Dos antigos manuais escolares aos modernos livros didáticos de História no Brasil, dos anos sessenta aos dias atuais". *Ícone*, vol. 6, n. 1. jan.-jun./2000, p. 97-116.

_____. "Professores universitários que escrevem livros didáticos: análise de depoimentos de autores brasileiros contemporâneos". *História e Ensino*, vol. 9. out./2003, p. 63-96.

HALLEWELL, L. *O livro no Brasil*: sua história. São Paulo: Edusp, 1985.

MATTOS, S.R. *O Brasil em lições* – A história como disciplina escolar em Joaquim Manuel de Macedo. Rio de Janeiro: Acess, 2000.

MUNAKATA, K. *Produzindo livros didáticos e paradidáticos*. São Paulo: PUC [Versão preliminar: 1994 – Tese de doutorado, 1997].

OLIVEIRA, J.B.A. et al. *A política do livro didático*. São Paulo/Campinas: Summus/Universidade Estadual de Campinas, 1984.

SOARES, M.B. "Um olhar sobre o livro didático". *Presença Pedagógica*, nov.-dez./1996. Belo Horizonte.

SOARES, W. "Livros e mestres". *Folha de S. Paulo*, 23/10/97, c. 1. p. 3. São Paulo: FSP.

VALENTE, W.R. *Uma história da matemática escolar no Brasil: 1730-1930*. São Paulo: Annablume/Fapesp, 1999.

VENTURI, I.V.G. *A história do ensino de Língua Portuguesa nos livros didáticos brasileiros em dois tempos*: a obra de Hermínio Sargentim (1974 e 1999). Uberlândia: Univ. Federal de Uberlândia, 2004 [Dissertação de mestrado].

VIÑAO FRAGO, A. "Historia de la educación e historia cultural: possibilidades, problemas, cuestiones". *Revista Brasileira de Educação*, n. 00. set.-dez./ 1995, p. 63-82.

LEITURAS COMPLEMENTARES

ABUD, K.M. O livro didático e a popularização do saber. In: SILVA, Marcos A. da (org.). *Repensando a História*. 2. ed. São Paulo: Marco Zero, [s.d.], p. 81-87.

APPLE, M. "Cultura e comércio do livro didático". *Trabalho docente e textos* – Economia política das relações de classe e de gênero em educação. Porto Alegre: Artes Médicas, 1995, p. 81-105.

BITTENCOURT, C.M.F. (org.). *O saber histórico em sala de aula*. São Paulo: Contexto, 1997.

CHERVEL, A. "História das disciplinas escolares". *Teoria & Educação*, n. 2, 1990, p. 177-229. Porto Alegre: Pannonica.

GATTI JR., D. *Livro didático e ensino de História no Brasil entre as décadas de 1970 e 1990*. Bauru/Uberlândia: Edusc/Edufu, 2004.

MATTOS, S.R. *O Brasil em lições* – A história como disciplina escolar em Joaquim Manuel de Macedo. Rio de Janeiro: Acess, 2000.

OLIVEIRA, J.A.B. et al. *A política do livro didático*. São Paulo/Campinas: Summus/Editora da Universidade Estadual de Campinas, 1984.

26
EDUCAÇÃO ESCOLAR INDÍGENA NO SÉCULO XX: DA ESCOLA PARA OS ÍNDIOS À ESCOLA ESPECÍFICA E DIFERENCIADA

Maria Aparecida Bergamaschi

No limiar do século XXI, as Escolas Indígenas se tornam mais visíveis no cenário da educação escolar brasileira, tanto pela pujança numérica, como pelo diferencial que propõem, amparadas por um conjunto de leis específicas que destoam da legislação escolar de cunho nacional. Se a escola para os índios constituía uma preocupação do Estado no início do século XX, por razões que serão expostas na sequência do texto, um século depois, o tema reaparece forte no panorama da educação escolar, pautando agora uma fecunda discussão acerca do ensino diferenciado, em que os próprios interessados estão à frente desse movimento, inaugurando um novo período na história da educação dos povos indígenas e abrindo fendas na marcante homogeneidade das práticas escolares dominantes.

Segundo dados do Ministério de Educação (2002), 1.392 escolas compõem o universo escolar indígena no Brasil, onde lecionam 3.059 professores índios e estudam, aproximadamente, 93 mil pessoas, representando 218 povos, distribuídos em todo o país. Mesmo distante da multiplicidade que se apresentava no início da colonização, o que demonstra quão destrutivo foi o contato com os europeus, temos hoje exemplos contundentes da potência e da singularidade de cada um desses povos, falantes de 180 idiomas e que, progressivamente, vêm afirmando diferenças e semelhanças culturais, produzidas na dinâmica histórica de cada etnia.

Abordar a história da educação dos povos indígenas é, sem dúvida, abordar a história de cada um desses grupos, bem como suas peculiaridades, engendradas no interior de cosmologias próprias. Porém, aqui me atenho à temática da educação escolar indígena, a partir das ações que caracterizaram as políticas públicas produzidas no século XX. A análise genérica que sobressai ao considerar a temática da escola indígena e que parte da acepção "índios" para denominar a diversidade étnica já apontada será atenuada com alguns exemplos, advindos da pesquisa que realizo sobre educação escolar indígena no Rio Grande do Sul, especialmente junto aos Guarani das parcialidades Mbyá e Xiripá ou Nhandeva, bem como de pesquisas representativas das situações históricas aqui referidas. A abordagem das políticas públicas não se atém apenas às ações governamentais, visto que os atores sociais, neste caso as comunidades indígenas a quem se destinam essas políticas, também são responsáveis por elas, na medida em que suas ações e proposições interagem com setores governamentais.

A tendência predominante no senso comum, de não reconhecimento das diferenças étnicas dos povos que viviam na América desde os tempos anteriores à invasão europeia, não é casual, mas constituída ao longo da história, na sequência de ações que buscaram enquadrar a multiplicidade na denominação genérica "índios". Esse olhar foi incapaz de enxergar a diversidade das formas de vida, as trajetórias e apropriações que cada grupo fez nas relações de contato, elaborando tradições através de um processo que demonstra sua atualidade, mesmo considerando a intervenção da escola para os índios, planejada desde uma cosmologia ocidental moderna. Ribeiro (1977: 14) afirma que o indígena foi submetido a um processo que o força constantemente a "transformar radicalmente seu perfil cultural [...] transfigurando sua indianidade, mas persistindo como índio". A advertência se faz necessária para pensar essa "terra de mil povos", que foi e ainda é povoada por grupos que criam e recriam suas concepções de mundo, buscando a cada momento religar o que ocorre na natureza com o dinâmico ordenamento do mundo social. Portanto, a história da educação escolar indígena é modulada pelas nuanças da interação da escola com a diversidade do grupo a que se destina.

Implementar escolas entre os índios é uma das práticas mais antigas de intervenção, comum no período colonial, pois, mesmo reconhecendo as relações de educação inseridas no modo de vida dos grupos indígenas contatados, como expressam os cronistas dos séculos XVI e XVII, ações educativas introduzidas pelas missões religiosas, que incluíam em alguns casos o ensino escolar, produziram marcas de europeização e de cristianização que ainda hoje se mantêm. Contudo, mesmo diante de um processo colonial que tentou destituir a memória coletiva dos povos indígenas, as marcas do contato foram sendo apropriadas e ressignificadas, constituindo cosmologias híbridas, porém não menos indígenas. As mudanças, impostas pelo colonialismo, exigiram e exigem das sociedades indígenas uma constante reavaliação das estratégias de contato. Atualmente, a educação escolar tem sido requisitada por muitos grupos, "valorizada como instrumento para a compreensão da situação extra-aldeia e para o domínio de conhecimentos e tecnologias específicas que elas podem favorecer" (SILVA, 2002: 57).

A história da educação escolar indígena, por suas características específicas, configura alguns períodos, não lineares, mas marcados por pregnâncias, sincronias e diacronias. Ferreira (2001) destaca um primeiro período, caracterizado como colonial, em que predominou a catequese e as ações educativas para desmantelar culturalmente os povos indígenas e suas distintas identidades. Exemplo conhecido na história foram as reduções jesuítico-guarani que, através de aldeamentos e práticas sistemáticas de catequese, que incluía o ensino de leitura e escrita, tentaram implementar valores adequados ao colonialismo, contribuindo para destruir a nação Guarani e empurrar para longe de suas terras as parcialidades que não se submeteram à ação dos religiosos. Preocupados em instalar uma moral cristã, os jesuítas não mediram esforços para desmantelar instituições como o xamanismo e os sistemas de parentesco.

Segundo Ferreira (2001), esse período se estendeu até o advento da República, quando o Estado Nacional começou a demonstrar preocupações concretas com a educação das populações indígenas, implementando ações voltadas especificamente aos índios. Até então, a escola para os índios esteve exclusivamente a cargo de representantes da Igreja Católica, incentivados pelo governo colonial e imperial. As poucas iniciativas governamentais verificadas no século XIX não ultrapassaram a retórica, porém fomentaram a criação de um órgão estatal para dedicar-se exclusivamente ao cuidado dos índios, o SPI – Serviço de Proteção ao Índio. Segundo Lima (1995), os debates em torno da questão indígena no limiar do século XX eram intensos e a criação do SPI atendeu ao movimento de opinião pública nacional e internacional, quer por explicitar preocupações com a preservação e a qualidade de vida desses povos, ou pela necessidade de mantê-los à margem da nova etapa de ocupação das terras.

O início do século XX inaugurou um novo período na história da educação escolar indígena, intimamente ligado à modernização e consolidação do Estado Nacional, com a criação do já citado Serviço de Proteção ao Índio e Localização dos Trabalhadores Nacionais – SPILTN, em 1910, que mais tarde teve a função e a denominação específica de Serviço de Proteção ao Índio – SPI. Caracterizou essa fase um intenso processo de escolarização, visando "a integração dos índios à comunhão Nacional" e se estendeu por quase todo o século XX. Mesmo considerando as iniciativas do SPI inovadoras e até responsáveis por rupturas na forma da condução das políticas relacionadas aos índios, observa-se também certa continuidade, principalmente no que tange à atuação de missões religiosas – não só católicas – que se mantiveram ligadas às questões do ensino, implementando escolas, através de acordos firmados com a entidade indigenista.

A atuação do SPI promoveu a demarcação de terras e a visualização das mesmas como um direito indígena perante a sociedade não índia, demonstrando uma dimensão de cuidado com essas populações, implementando políticas mais abrangentes no sentido de proteger os índios. Porém, o ideário positivista que predominava entre as elites que governavam o país elevou ao máximo a concepção racista do índio incapaz, sujo, desordeiro, aquele que está fora do lugar, impedindo o progresso e a modernização. Bauman (1998) diz que "sob a égide do estado moderno, a aniquilação cultural e física dos estranhos e do diferente foi uma destruição criativa, demolindo, mas construindo ao mesmo tempo. [...] Os estranhos eram por definição uma anomalia a ser retificada" (p. 40).

ESCOLA, CIDADANIA E PODER TUTELAR

Na história do Brasil, os índios foram diversamente atendidos pelo Estado em cada época, de acordo com valores e interesses predominantes, e, em decorrência, as ações educativas dirigidas aos povos indígenas também resultaram diversas. Diz Lima (1995) que o nativo era, para a coroa portuguesa durante os séculos XVI a XVIII, o "catecúmeno cristão", então ações eram planejadas e executadas em consonância com essa premissa de cristianizá-los. No século XIX, como súdito do Imperador, visava-se à civilização para o nativo, pois como civilizado poderia fazer parte da monarquia. Esperava-se da escola a intervenção nas aldeias no intuito de sedentarizar os indígenas, mudar seus hábitos, convertendo-os ao catolicismo e ao trabalho. Já no século XX, o nativo é *idealizado* como cidadão nacional, patriota, consciente de seu pertencimento à nação brasileira, integrado e dissolvido na imaginada sociedade nacional, porém, contraditoriamente submetido ao poder tutelar. Para esse fim todas as ações do SPI se dirigiam e, nesse sentido, a escola para os índios passou a ter funções mais controladas pelo Estado: educá-los e territorializá-los.

Afirma Lima (1995: 199) que "o advento da República colocaria a necessidade de se definirem e codificarem as novas bases para o exercício da cidadania". Em função disso, o índio idealizado como cidadão foi submetido ao Estado Nacional, ao qual se vinculava através do poder tutelar, afirmado pelo Código Civil de 1928, cuja "condição de órfão e incapacidade civil relativa" se estendeu até o final do século XX. Essa tutela regulava, através da mediação de um poder estatizado, a participação do índio nos processos políticos da nação. Porém, os povos indígenas, sabedores que são da necessidade de cuidar de si e de sua sobrevivência, avaliam as relações com os não índios e explicitam a necessidade de tecnologias do mundo ocidental para dialogar com o Estado e com as sociedades envolventes, para ler e compreender as leis, para relacionarem-se com as instituições, para estabelecerem comércio, enfim, para uma convivência mais equitativa com o mundo ocidental. As marcas produzidas pelos antigos discursos do SPI e, a partir de 1967, da Fundação Nacional do Índio – Funai reverberam hoje na fala de Dário Tupã Moreira, um Karaí da aldeia Guarani do Cantagalo, RS, que numa conversa sobre a escola argumenta a respeito de sua necessidade para viverem próximos às cidades: "depois que a Funai criou a cidadania o índio ficou apertado, não tem como fugir, por isso precisamos de escola, para ir atrás de nossos direitos" (*Diário de Campo*, 06/10/2003). Ouço, repetidas vezes, dos Guarani, a denúncia que "o índio se sente apertado" diante do avanço dos "*brancos*" sobre seu território.

Para estabelecer contato com grupos que viviam em terras que o Estado queria regulamentar, equipes de "pacifistas", como eram chamados os funcionários do SPI, construíam nas terras indígenas verdadeiras "cidades estatais", com casas para funcionários, postos de saúde e escola. O Estado brasileiro, através dos funcionários do SPI, não demorou em classificar e impor aos índios o que decidia adequado, como exemplifica um trecho do Relatório do Ministério da Agricultura, Indústria e Comércio de 1912: "a desmoralização é um produto da educação que recebem, à qual, como crianças, fácil e francamente se afeiçoam. Tudo mostra que, havendo educação, os índios selvagens devem progredir, moral, intelectual e praticamente" (apud LIMA, 1995: 125). Transformar gradualmente o índio em civilizado para inseri-lo no trabalho e na sociedade nacional era entendido como uma ação necessária, porém difícil, que demandava um rigor metodológico, em que o contato era sistematizado em fases progressivas: primeiro atrair e sedentarizar; segundo, através do exemplo, ensinar a cultivar, a fim de fixá-lo na área; terceiro civilizar, através do trabalho e da escola e, na quarta fase, proceder então à regularização das terras.

No relatório da diretoria do SPI de 1920, Lima (1995) destaca o seguinte trecho que ilustra as preocupações do Estado em relação a oferecer escola aos índios: "em geral, um posto de proteção aos índios mansos exige, no primeiro ano para ser montado a despesa de 20 contos [...] para custeio da administração geral, medicamentos, manutenção de uma aula de primeiras letras, etc." (p. 218). Outros trechos do referido relatório exemplificam a concretude das ações do Estado no sentido de ter a escola como aliada no processo civilizatório: "Nos postos de povoações indígenas em fundação, prosseguiu com bons resultados, a ação civilizadora [...] por meio do ensino ministrado nas escolas elementares". Os centros agrícolas conformaram uma tipologia de escola muito apreciada pelo SPI, formando mão de obra para as lavouras dos colonos que avançavam cada vez mais sobre terras indígenas. Segundo o autor, o centro agrícola existente no Rio Grande do Sul em 1915 "destina-se aos numerosos índios que vivem nos chamados toldos do norte do estado e cuja passagem para a situação de trabalhador nacional assim se procurou apressar" (p. 247).

Tomemos uma situação específica para analisarmos os movimentos contemporâneos das comunidades indígenas no Brasil: o caso do Rio Grande do Sul a escola para os Kaingang foi precursora. Os primeiros contatos oficiais com portugueses se deram a partir de meados do século XIX, nas regiões de Nonoai, Guarita e nordeste do estado, sendo que as primeiras escolas foram criadas no início do século XX, como assinala D'Angelis (1999). Segundo D'Angelis, logo após assumir a responsabilidade sobre a área indígena de Ligeiro, o SPI instalou aí uma escola. Nos anos 1920 e 1930 do século passado, a prática de escolarização se espalhou por mais algumas comunidades Kaingang, porém, na grande maioria das terras indígenas, as escolas são mais recentes. Até os anos 1980, foram raros os casos de escolas indígenas mantidas pelo Estado, pois, em geral, o Serviço de Proteção ao Índio negociava com missões religiosas a instalação de instituições educacionais dentro das áreas.

Em 2002, foram computadas 53 escolas Kaingang e 14 escolas Guarani no Rio Grande do Sul, compondo um palco de estudo para quase 4.300 alunos e atuação de uma centena de professores indígenas. Estes professores participam de formações específicas, sendo que o primeiro curso de Magistério destinou-se a professores Kaingang e foi desenvolvido no início dos anos 1990. Os professores Guarani estão participando, pela primeira vez, de formação específica numa ação que aglutina os estados do sul, buscando assim manter os laços culturais e de parentesco que une os diversos grupos. A gestão da política escolar indígena no Rio Grande do Sul está a cargo da Secretaria de Estado da Educação desde 1988, buscando atender à diversidade e implementando ações que visam qualificar as escolas dos povos Kaingang e Guarani. Mesmo assim, a especificidade étnica só recentemente começou a ser contemplada. Conforme análise de documentos encontrados no Setor de Educação Indígena percebe-se que o primeiro movimento da Secretaria de Estado da Educação, no Rio Grande do Sul, foi de reconhecer a escola indígena e, mais tarde, atendendo reivindicações dos povos indígenas, a especificidade étnica começou a ser reconhecida, ainda de forma tênue. "A burocracia da esfera governamental não é feita para considerar a diversidade", desabafa um gestor da política pública escolar.

A instituição escolar mais antiga, ainda em funcionamento no RS, é a Escola Estadual Indígena de Ensino Fundamental Rethán Leopoldino, situada na Terra Indígena Kaingang de Caseiros, desde 1931. Até há poucos anos denominava-se Leão XIII, nome substituído por decisão da comunidade, demonstrando uma atitude de apropriação da escola, cuja designação atual celebra a memória de um ancestral Kaingang. A maioria das escolas indígenas antigas que tinham nomes ligados à colonização ou à memória dos "brancos", em processos recentes e da iniciativa das comunidades, foram substituídos por nomes relacionados à tradição indígena.

Ainda analisando o processo de escolarização indígena no Rio Grande do Sul, observa-se que a segunda metade do século XX iniciou com um crescimento considerável do número de escolas entre os Kaingang, todas funcionando com professores não índios, em geral sem nenhuma formação diferenciada. Usavam metodologias e materiais didáticos idênticos às demais escolas da região. Em 1972, através de um convênio entre a Funai, o Summer Institute Linguistics – SIL e Igreja Evangélica de Confissão Luterana – IECLB, foi instalado o Centro de Treinamento Profissional Clara Camarão, destinado à formação de "monitores bilíngues" (D'ANGELIS, 1999). Estes iniciam as primeiras práticas de ensino bilíngue que, longe de afirmar a cosmologia indígena, considerando a forma como eram praticadas, visavam a equipar o índio para acompanhar o "progresso" e assumir postos de trabalho como diarista nas propriedades rurais no entorno da aldeia.

Diante da diversidade étnica evidenciada pelo contato cada vez mais intenso, direcionado pela demarcação das terras e por uma maior interiorização imposta pela modernização do país, o Estado brasileiro imaginou-se capaz de homogeneizar e integrar os povos indígenas na "comunhão nacional", num movimento forte que se estendeu durante o século XX. Demonstrar aos nativos a superioridade tecnológica, o poder da ciência e do progresso também era tarefa do SPI, que construía verdadeiros "fortes" na selva, próximos às aldeias com as quais queria contatar, ostentando abundância de alimentos e utensílios, impressionando os nativos com encenações e presentes. As práticas de civismo desenvolvidas nas escolas nacionais foram estendidas aos índios que eram contatados e a escola foi considerada um espaço privilegiado para cultuar os Símbolos da Pátria. Nesse sentido, é importante ressaltar que o Serviço de Proteção ao Índio foi simbolicamente inaugurado no dia 7 de setembro, numa demonstração das intenções patrióticas desse órgão público. Ainda são visíveis, nas contracapas de cartilhas de alfabetização indígena, produzidas nos anos 1960 e 1970, a inscrição do mapa do Brasil, bem como da bandeira e da letra do hino nacional. Lima (1995: 173) reforça a ideia do civismo exacerbado das ações junto aos índios, quando evoca o ato de troca de presentes entre os "pacificadores" do SPI, que distribuíam pequenas bandeiras do Brasil, "gesto simbólico da extensão da ordem e do progresso aos sertões".

As regiões de fronteira com densa população indígena, como no norte do país, também foram alvo do ensino escolar que objetivava "nacionalizar" ou "abrasileirar" essas populações. Os esforços do Serviço de Proteção ao Índio nas fronteiras seriam redobrados e, em cada posto indígena, aconselhava-se criar uma escola com a finalidade explícita de "incorporar os índios à sociedade". Trechos do relatório produzido por uma missão comandada pelo Marechal Rondon, que em 1927 percorreu o rio Oiapoque, explicitam bem esses objetivos: "seria adequada a criação de um Posto indígena, que se propusesse a levantar ali uma escola profissional como primeiro órgão de sua incorporação a nossa sociedade". O mesmo relatório revela a preocupação em nacionalizar o território, que se dizia brasileiro: "prometi mandar a cada grupo indígena uma bandeira brasileira para ser levantada aos domingos e feriados" (apud TASSINARI, 2001: 172-175).

O depoimento de uma professora que atuou entre os índios do Uaçá nos anos 1940 recria a força da escola no meio de um povo de tradição oral: "havia lista de chamadas, boletins e provas". Todavia, convém ressaltar que os povos a quem a escola se destinava também agiram e souberam se apropriar e transformá-la, muito de acordo com seus modos específicos de viver. Um dos pontos fortes da escola era ensinar a Língua Portuguesa, como é possível perceber ao analisar as práticas escolares realizadas na primeira metade do século XX. O ensino bilíngue como prática reforçadora da língua e da cultura é uma preocupação recente e, inicialmente, foi introduzido com fins catequéticos.

Gomes (2002: 358) descreve a presença da escola entre os Tenetehara, no Maranhão, durante o século XX, exemplificando ações cívicas e integracionistas, tentando impor tecnologias apropriadas às relações de comércio, como o uso do sistema monetário e da escrita. Em 1928, um professor, funcionário do SPI, ensinava numa aldeia "não só as letras e os números, mas também civismo. [...] Todos os dias a bandeira nacional era hasteada solenemente antes das aulas". O autor segue relatando que, na década de 1940, havia escola e professor nos três Postos Indígenas – sede do SPI nas aldeias. Os livros didáticos utilizados "eram os mesmos das escolas primárias da época e o método de ensino se resumia em repetir o que a professora recitava", ressaltando que a professora era uma pessoa não índia, desconhecedora do idioma do povo com quem trabalhava. Porém, na conturbada atuação do SPI na época, assim como a escola era posta em funcionamento, também era desativada, deslocando funcionários de acordo com interesses do órgão e deixando projetos escolares sem continuidade. O autor afirma a precariedade da educação escolar oferecida pelo SPI aos Tenetehara. Só em 1972 a Funai implantou um programa educacional, cujos monitores bilíngues foram treinados pelo Summer Institute of Linguistics, também acionado para elaborar cartilhas.

A propósito, o SIL ou Instituto de Verão, como ficou conhecido o Summer Institute of Linguistics, de procedência norte-americana, instalou-se no Brasil em 1956 e realizou inúmeros convênios com instituições oficiais a fim de atuar com pesquisas e assessorias de ensino na área linguística. Esse instituto, com o respaldo acadêmico e convites oficiais, estabeleceu-se em diversas cidades do norte do Brasil, produzindo conhecimentos científicos sobre as línguas indígenas. Ao mesmo tempo tentava evangelizar, destituindo muitos aspectos da cultura nativa. Segundo informa Bruna Franchetto (2001), em 1967 trabalhavam no Brasil trezentos membros do SIL, pesquisando quarenta línguas indígenas, sobre as quais realizou um grande número de publicações, especialmente descrições gramaticais e cartilhas, diretamente adotadas em muitas escolas. Uma situação vivenciada na Aldeia Guarani da Pacheca, RS, em janeiro de 2004, exemplifica o poder de penetração do SIL: "João Batista, o cacique da aldeia, me mostrou uma Bíblia traduzida para o idioma Guarani pelo SIL, junto com um vocabulário Guarani-Português também elaborado pelo mesmo instituto que, naquele momento, serviu de divertimento para os meninos que buscavam a tradução de palavras, acompanhados de muito riso" (*Diário de Campo*, 22/01/2004). Atualmente o SIL perdeu sua força diante da atuação de pesquisadores ligados a universidades brasileiras. Contudo, além de seus produtos materiais ainda serem usados em larga escala, o SIL, hoje rebatizado de Sociedade Internacional de Linguística, continua atuando.

Em 1967, a substituição do Serviço de Proteção ao Índio pela Fundação Nacional do Índio não mudou substancialmente a atuação do Estado junto aos povos indígenas. No âmbito escolar, aprofundou a articulação com o Summer Institute of Linguistics. Com isso, a alfabetização bilíngue nas escolas indígenas, principalmente no norte do Brasil, passou a ser implementada de forma mais sistemática, como exemplifica também a experiência desenvolvida no Rio Grande do Sul, anteriormente citada. Em 1973, ao dispor sobre o Estatuto do Índio, o Governo Federal estabeleceu novas normas para a Funai. Sobre a educação, cabe destacar:

> A alfabetização dos índios se fará na língua dos grupos a que pertençam e em português, salvaguardando o uso da primeira. A educação do índio será orientada para a integração na comunhão nacional mediante processo de gradativa compreensão dos problemas gerais e valores da sociedade nacional, bem como do aproveitamento de suas aptidões individuais (Ministério do Interior, Lei n. 6.001, art. 49 e 50, 19/12/1973).

A partir de ações da Funai, mas, principalmente, da atuação de outras entidades que desencadearam projetos alternativos de educação escolar, os anos 1970 evidenciaram um movimento de reconhecimento e preservação das diferenças étnicas, configurando uma maior participação dos povos indígenas nas decisões e na ocupação dos espaços. A Igreja Católica mudou institucionalmente sua atuação, orientada pelos pressupostos da Reunião de Medellín (1968) e Puebla (1978), criando grupos de trabalho como a Operação Anchieta – Opan (1969) e Conselho Indigenista Missionário – Cimi (1972), que tiveram um importante papel para desencadear uma discussão mais ampla, envolvendo as comunidades indígenas nas questões escolares. Outras organizações, ligadas à Igreja Evangélica e a instituições internacionais, também atuaram junto aos povos indígenas, estimulando a organização dos mesmos. Do mesmo modo, as universidades tiveram um trabalho intenso, destacando-se o pioneirismo da Universidade Federal do Rio de Janeiro e Universidade Estadual de Campinas, seguida por outras, que até hoje desenvolvem pesquisas e assessorias, apoiando a educação escolar dos povos indígenas. Nos anos 1980, vários Núcleos de Educação Indígena – NEIs – passaram a funcionar ligados a Secretarias de Educação e Universidade (MONSERRAT, 1989).

Diante de um movimento que colocou a Educação Escolar Indígena na pauta dos grupos indígenas que se organizavam politicamente de forma intensa, em 1979 foi realizado o primeiro encontro de Educação Indígena Nacional, seguido de encontros regionais que fizeram surgir e fortaleceram entidades indígenas, fomentando a discussão que, posteriormente, sistematizou a legislação específica. Inaugurou-se então um novo período na história da educação escolar indígena que, de certo modo, é o mais importante, pois consolida experiências de autogestão. Segundo Melià (1979), é esse processo que permitirá a passagem de uma escola para os índios à escola dos índios. Organizações das próprias comunidades indígenas elegeram como prioridade a demarcação das terras que historicamente lhes pertencem e uma escola que respeite a tradição, a língua e a memória coletiva de cada povo.

CONQUISTAS RECENTES

Outro dado importante que se agrega aos movimentos dos povos indígenas das últimas décadas refere-se à legislação, tanto federal quanto estadual. Representam uma gama de leis que, em seus textos, asseguram juridicamente a autonomia e o direito à educação escolar bilíngue e diferenciada, visando atender às especificidades de cada etnia e de cada comunidade. Sabemos que a lei, por si só, não garante, *a priori*, uma prática escolar de acordo com as aspirações de todos os grupos indígenas do Brasil, porém é um demonstrativo do caminho percorrido na legitimação do reconhecimento às diferenças e que tem as últimas décadas do século XX como cenário. A elaboração, tramitação e aprovação dessas leis envolveram intensamente as lideranças indígenas e vários segmentos da sociedade não indígena, também comprometidos com a questão.

A partir da Constituição Federal de 1988, resultou um detalhamento de leis que anunciam e encaminham possibilidades para uma escola indígena específica, diferenciada, intercultural e bilíngue, reconhecendo o direito dos povos indígenas de manterem suas identidades étnicas, fazendo uso de suas línguas maternas e processos próprios de aprendizagem. Em decorrência, abriu a possibilidade para uma escola indígena que valorize os saberes tradicionais e o uso da língua materna, o que significa um amparo legal para implementação de escolas que respeitem e considerem a cosmologia de cada povo. As consequências imediatas da publicação da Constituição Federal aparecem na Portaria interministerial n. 559MJ/MEC, de 1991, que encaminha a transferência das questões da educação escolar para o âmbito do Ministério da Educação, atribuição que, até então, era do Ministério da Justiça, onde situa-se a Funai.

A partir de então, mudanças legais se fizeram necessárias no cenário educacional, a fim de acolher as "escolas indígenas" e respaldar seu funcionamento, embora haja a clareza que "papel apenas não garante a escola diferenciada", como afirmou uma professora Guarani. A Lei de Diretrizes e Bases da Educação Nacional – LDBEN, que vigora desde 1996, assegura legalmente o uso das línguas maternas nas escolas indígenas, proporcionando às comunidades "a recuperação de suas memórias históricas, a reafirmação de suas identidades étnicas, a valorização de suas línguas e ciência" (art. 78). Assegura também o acesso ao conhecimento das demais sociedades "indígenas e não indígenas". Currículos, programas, materiais didáticos e formação de educadores também poderão ser diferenciados, adequando-se às necessidades de cada comunidade.

O detalhamento de tais proposições encontra-se no Plano Nacional de Educação – PNE elaborado em 2001, que estabelece metas e programas específicos para a viabilização, tanto no que diz respeito aos aspectos pedagógicos, quanto à viabilidade financeira das escolas indígenas no país, responsabilizando os estados e municípios na sua execução. Para efetivar tal intento, o PNE propôs a criação da "categoria escola indígena", a fim de assegurar a educação intercultural e bilíngue, junto aos sistemas de ensino. Em seu texto, explicita também a necessidade de promover maior informação da população brasileira em geral sobre as sociedades indígenas, como forma de "combater o desconhecimento, a intolerância e o preconceito em relação a essas populações".

Importante também destacar, no rol de leis que ordenam as escolas indígenas, o Parecer 14/99 e a Resolução 3/99, ambos do Conselho Federal de Educação. O primeiro estabelece as Diretrizes Curriculares Nacionais e sua relevância advém da própria regulamentação das leis citadas anteriormente, e também porque propõe conceitos básicos que fundamentam o sistema de ensino para dar conta da escola indígena. As diretrizes explicitam o significado da Categoria Escola Indígena e remetem aos Referenciais Curriculares Específicos, publicados pelo Ministério da Educação, em 1998. Além disso, detalha ações que envolvem a modalidade escola indígena, demonstrando em seu texto o cuidado com a fundamentação de cada uma delas. Por sua vez, a Resolução 3/99 do CNE fixa as Diretrizes Nacionais para o funcionamento das escolas indígenas, criando mecanismos para garantir a qualidade da educação diferenciada.

Assim descrita, a legislação da educação escolar indígena parece oferecer todas as possibilidades de concretização. Entretanto, as leis específicas encontram entraves burocráticos que emperram a sua realização. Apenas um exemplo para ilustrar: as escolas indígenas têm a prerrogativa legal de contratar funcionários da própria comunidade, porém, a lei de contratação de funcionários públicos estaduais impede a admissão de trabalhadores que não possuam um grau mínimo de letramento e escolarização, excluindo a possibilidade de contratação de pessoas índias, pois são raros os adultos escolarizados nas comunidades indígenas, especialmente Guarani. Um caso específico é o da escola da Estiva, RS, onde as crianças só têm merenda escolar se houver o trabalho voluntário de pessoas da comunidade, pois, segundo o depoimento de uma mãe, os Guarani não podem aceitar que "um branco" venha preparar sua refeição: "eles não gostam da comida feita por gente de fora" (*Diário de Campo*, 06/06/2003). São essas armadilhas que ainda terão que ser desfeitas para viabilizar, no âmbito das leis, a escola diferenciada e específica, bilíngue ou multilíngue, intercultural e comunitária que os povos indígenas almejam, para ter respeitada sua cosmologia.

A preocupação com a qualidade da educação diferenciada nas escolas indígenas tem sido manifestada pelas lideranças indígenas, em consonância com vários setores da sociedade, comprometidos com esse tema. Algumas perguntas são lançadas como alerta para pensar sobre a questão e manter um movimento recriador junto às escolas indígenas: Como evitar que todo esse ordenamento jurídico que orienta uma prática diferenciada como direito assegurado dos povos indígenas não consolide uma escola de "segunda categoria"? Ou ainda, como, diante de uma legislação diferenciada, evitar uma escola fechada, "guetizada", e sem diálogo com as demais escolas da sociedade nacional?

Para finalizar, é importante observar que a trajetória da educação escolar no século XX reverbera marcas positivas e negativas nas comunidades indígenas. Perscrutando o movimento de algumas atuais escolas indígenas, o que ressalta é que não há uma transmissão unilateral das práticas escolares da instituição ocidental para as comunidades indígenas. O que aparece é um movimento de recriação, pois cada povo indígena se apropria da escola e a produz segundo sua cosmovisão. Assim, como circulam na escola conhecimentos do mundo ocidental, existe uma porta aberta para circular as tradições de cada cultura. É uma escola marcada por contradições e ambiguidades e, como disse um professor Guarani, motivo de muitas crises e conflitos que instauram uma convivência precária, mas também necessária no atual momento histórico. A vitalidade e a potência indígena que persistiram e sobreviveram a cinco séculos de colonização se fazem visíveis nas escolas, tornando visível também o movimento dos diferentes grupos indígenas. Acolhemos como inspiração o que dizem os Guarani, que tomaram em suas mãos as discussões sobre a escola, que a sabem estranha e, por isso, quando a querem, transformam-na, tornando-a também sua.

Sabemos que a história da educação está se fazendo com as marcas do presente, em que nossas experiências cotidianas, tecidas no interior de múltiplos movimentos, são produzidas por diferentes temporalidades, também produtoras de solidariedades para com outras épocas, ecoando na direção do passado e do futuro. Assim como as experiências pedagógicas dos diferentes povos ocidentais muito contribuíram para a educação em nosso país, quiçá a educação indígena, em seu intenso movimento e em sua amplitude e profundidade que ultrapassam a escola, constitua uma experiência que possa auxiliar na reflexão sobre nossos impasses e limites para com a educação brasileira.

REFERÊNCIAS

BAUMAN, Zygmunt. *O mal-estar da pós-modernidade*. Rio de Janeiro: Zahar, 1998.

BERGAMASCHI, Maria Aparecida. *Educação escolar indígena no Rio Grande do Sul*: a política pública em movimento. Porto Alegre: UFRGS/ Programa de Pós-graduação em Educação, 2003 [Projeto de tese].

D'ANGELIS, Vilmar. "A língua kaingang – A formação do professor e o ensino escolar". *Relatório do I Seminário de Educação Escolar Indígena da Região Sul*. Balneário Camburiú, 1999.

FERREIRA, Mariana Kawall Leal. A educação escolar: um diagnóstico crítico da situação no Brasil. In: SILVA, Aracy Lopes da & FERREIRA, Mariana K. Leal (org.). *Antropologia, História e Educação*: a questão indígena e a escola. São Paulo: Global, 2001.

FRANCHETTO, Bruna. Línguas indígenas no Brasil: pesquisa e formação de pesquisadores. In: GRUPIONI, Luís D. Benzi et al. (orgs.). *Povos indígenas e tolerância* – Construindo práticas de respeito e solidariedade. São Paulo: Edusp, 2001.

GOMES, Mércio Pereira. *O índio na História* – O povo Tenetehara em busca da liberdade. Petrópolis: Vozes, 2002.

LIMA, Antônio C. de Souza. *Um grande cerco de paz*: poder tutelar, indianidade e formação do Estado no Brasil. Petrópolis: Vozes, 1995.

MELIÀ, Bartomeu. *Educação indígena e alfabetização*. São Paulo: Loyola, 1979.

MINISTÉRIO DA EDUCAÇÃO. *Quem são, quantos são e onde estão os povos indígenas e suas escolas no Brasil?* – Parâmetros em ação de educação escolar indígena. Brasília, 2002.

_____. *Legislação – Parâmetros em ação de educação escolar indígena*. Brasília, 2002.

MINISTÉRIO DO INTERIOR/Fundação Nacional do Índio. *Legislação*. Brasília, 1975.

MONSERRAT, Ruth. Conjuntura atual da educação indígena. In: EMIRI, Loretta & MONSERRAT, Ruth. *A conquista da escrita* – Encontros de educação indígena. São Paulo: Iluminuras, 1989.

RIBEIRO, Darcy. *Os índios e a civilização* – A integração das populações indígenas no Brasil moderno. 2. ed. Petrópolis: Vozes, 1977.

SILVA, Aracy Lopes da. Uma "Antropologia da Educação" no Brasil – Reflexões a partir da escolarização indígena. In: SILVA, Aracy Lopes da & FERREIRA, Mariana K. Leal (org.). *Antropologia, História e Educação*: a questão indígena e a escola. São Paulo: Global, 2001.

TASSINARI, Antonella Maria Imperatriz. Da civilização à tradição: os projetos de escola entre os índios do Uaçá. In: SILVA, Aracy Lopes da & FERREIRA, Mariana K. Leal (org.). *Antropologia, História e Educação*: a questão indígena e a escola. São Paulo: Global, 2001.

LEITURAS COMPLEMENTARES

LIMA, Antônio C. de Souza. *Um grande cerco de paz*: poder tutelar, indianidade e formação do Estado no Brasil. Petrópolis: Vozes, 1995.

SILVA, Aracy Lopes da & FERREIRA, Mariana K. Leal (org.). *Antropologia, História e Educação*: a questão indígena e a escola. São Paulo: Global, 2001.

SILVA, Aracy Lopes da & GRUPIONI, Luís D. Benzi (org.). *A temática indígena na escola* – Novos subsídios para os professores de 1º e 2º graus. Brasília: MEC/Mari/Unesco, 1995.

SILVA, Aracy Lopes da et al. *Crianças indígenas*: ensaios antropológicos. São Paulo: Global/Mari/USP, 2002.

27
HISTÓRIA, MEMÓRIA E HISTÓRIA DA EDUCAÇÃO

Maria Stephanou
Maria Helena Camara Bastos

E esse pensar, alimentado pelo presente, trabalha com "os fragmentos do pensamento" que consegue extorquir do passado e reunir sobre si. Como um pescador de pérolas que desce ao fundo do mar, não para escavá-lo e trazer à luz, mas para extrair o rico e o estranho, as pérolas e o coral das profundezas, e trazê-los à superfície, esse pensar sonda as profundezas do passado – mas não para ressuscitá-lo tal como era e contribuir para a renovação das coisas extintas. O que guia esse pensar é a convicção de que, embora vivo, esteja sujeito à ruína do tempo, o processo de decadência é ao mesmo tempo um processo de cristalização, que nas profundezas do mar, onde afunda e se dissolve aquilo que outrora era vivo, algumas coisas "sofrem uma transformação marinha" e sobrevivem em novas formas e contornos cristalizados que se mantêm imunes aos elementos, como se apenas esperassem o pescador de pérolas que um dia descerá até elas e as trará ao mundo dos vivos – como "fragmentos do pensamento", como algo "rico e estranho" [...] (ARENDT Hannah, 1987).

Muito vem sendo pesquisado e escrito sobre Memória e História e, no âmbito da História da Educação, esse é um tema de vigorosas publicações. Como uma espécie de pescadores de pérolas e corais, voltamo-nos para o passado (ainda presente) da educação, perscrutando a sobrevivência de formas e contornos que, muitas vezes cristalizados, persistem na experiência educativa e escolar de nossos dias.

Hannah Arendt contempla-nos com uma instigante reflexão: cairemos na armadilha de sondar o passado para ressuscitar/renovar as coisas extintas? Pelos percursos labirínticos da memória, talvez nossa saudade da infância motive o desejo de reviver as brincadeiras do antigo colégio, ou reencontrar os professores que julgamos terem sido verdadeiros mestres, ou sentir novamente a pulsão juvenil dos momentos em que estávamos em grupos de amigos. Nostalgia que pode, ingenuamente, levar a leituras conservadoras da realidade educacional. Mas, de outra parte, podemos perguntar se nos voltaremos para o passado com o propósito de demonizá-lo e, em oposição, endeusar o presente, como se estivéssemos vivendo as benesses de uma inovação espetacular da educação. Julgamentos arbitrários do passado e amnésia coletiva, via de regra, levam a perspectivas equivocadas. Hannah Arendt sugere trabalhar com os "fragmentos do pensamento" apanhados do passado e, diante de sua riqueza, lançar-se ao estranhamento.

HISTÓRIA E MEMÓRIAS

Na perspectiva desse trabalho de pensamento, imprescindível para aqueles (pre)ocupados com a História da Educação, retomamos algumas questões sobre História e Memória.

Memória e história, à exceção do passado como elemento comum, operam diferentemente, embora estejam imbricadas e mantenham íntimas relações. Para compreender esta distinção, precisamos definir, grosso modo, o que é História e o que é Memória.

Vejamos. Por História estamos considerando um campo de produção de conhecimentos, que se nutre de teorias explicativas e de fontes, pistas, indícios, vestígios que auxiliam a compreender as ações humanas no tempo e no espaço. É um trabalho de pensamento que supõe o estranhamento da análise, da produção de argumentos que possam validar, no presente, determinadas leituras da realidade passada, uma vez que o conhecimento histórico é uma operação intelectual que se esforça por produzir determinadas inteligibilidades do passado e não sua cópia. "A História é uma urdidura discursiva de ações encadeadas que, por meio da linguagem e de artifícios retóricos, constrói significados no tempo" (PESAVENTO, 2003: 33).

O historiador/pesquisador constrói os indícios como *dados de pesquisa*, mediado pela teoria, pela cultura, por sua subjetividade e pelo espaço de verdade de seu tempo, pois, como lembra Michel Foucault, não existe qualquer objeto intelectual "natural", os próprios temas das ciências humanas são produto de formações discursivas historicamente contingentes. As pistas, as marcas, os documentos, são fragmentos que não possuem uma verdade inerente, pronta a ser desvelada pelo pesquisador. A partir da operação particular de transformar vestígios em dados de pesquisa, o historiador/pesquisador produz um discurso, uma narrativa que constitui sua leitura do passado.

Isto é importante porque a Memória, não sendo a História, é um dos indícios, documento, de que se serve o historiador para produzir leituras do passado, do vivido, do sentido, do experimentado pelos indivíduos e daquilo que lembram e esquecem, a um só tempo.

Voltaremos a isso adiante. Antes, precisamos lançar uma breve mirada para as mudanças que a História vêm sofrendo nos últimos anos – brevidade que corre o risco de produzir simplificações e suscitar críticas –, alguns deslocamentos fundamentais na produção historiográfica e suas implicações para a História da Educação.

De uma história política, de relatos e fixação nos personagens/eventos políticos para uma história social, de inspiração marxista, a História também muda a partir da escola dos Annales, quando a valorização do cotidiano, da história vinda de baixo, dos operários, das mulheres, das crianças, etc., amplia as fronteiras do conhecimento histórico, abre espaços, multiplica objetos e problemas de pesquisa.

Em tempos mais recentes, a crescente produção de uma história cultural, o interesse pela linguagem, vem mostrando que as relações econômicas e sociais não são anteriores às culturais, pois são campos de prática e produção cultural. Com efeito, intensificaram-se as relações da História não apenas e sobretudo com a Sociologia, mas com a Antropologia, a Teoria Literária, a Psicanálise, a Filosofia, dentre outros âmbitos do conhecimento.

A história cultural ou o estudo da produção de sentidos sobre o mundo construído pelos homens do passado sinaliza para uma compreensão dos diferentes processos educativos e escolares. A história da educação, como parte integrante da cultura de um povo, permite a compreensão da cultura escolar, na perspectiva de Dominique Julia:

> Cultura escolar pode ser definida como um conjunto de *normas* que definem conhecimentos a ensinar e condutas a inculcar, e um conjunto de *práticas* que permitem a transmissão desses conhecimentos e a incorporação desses comportamentos; normas e práticas coordenadas a finalidades que podem variar segundo as épocas (finalidades religiosas, sociopolíticas ou simplesmente de socialização). Normas e práticas não podem ser analisadas sem se levar em conta o corpo profissional dos agentes que são chamados a obedecer a essas ordens e, portanto, a utilizar dispositivos pedagógicos encarregados de facilitar sua aplicação, a saber, os professores primários e os demais professores. Mas, para além dos limites da escola, pode-se buscar identificar, em

um sentido mais amplo, modos de pensar e de agir largamente difundidos no interior de nossas sociedades, modos que concebem a aquisição de conhecimentos e habilidades senão por intermédio de processos formais de escolarização (2001: 10).

Destaca-se, assim, a emergência de novos objetos de pesquisa: uma crescente atenção a indícios desprezados ou não percebidos pela História de cunho tradicional, como as evidências orais, as imagens, a iconografia, as escrituras privadas e ordinárias, a literatura, etc. Precisamos, ainda, destacar o movimento teórico e metodológico da História em *desnaturalizar* as fontes, ou seja, em refletir que os documentos, sejam eles escritos, ou iconográficos, ou orais, não expressam um significado central, coerente, comunal, não são transparentes nem inocentes, foram produzidos segundo determinados interesses e estratégias, assim como implicam uma desigualdade na sua apropriação. Mais do que se perguntar o que um documento *significa*, os historiadores hoje perguntam *como ele funciona* (CHARTIER, 2001). E a produção de significados e o funcionamento dos documentos estão transversalizados pelas questões de classe/grupo social, gênero, etnia, religião, geração, língua, como referimos anteriormente.

Além disso, a própria escrita da História tem sido objeto de discussão, o que possibilitou uma atenção nova às regras, às operações e à produção de objetos determinados da historiografia (cf. CERTEAU, 1982).

Ora, isso implica dizer que a pesquisa histórica interrogará não apenas qual a verdade encerrada no documento, escrito, imagético ou oral, mas suas funções socioculturais, seu conteúdo discursivo, seus códigos específicos, suas formas sintáticas, tipográficas se impressos, léxicas se orais, estéticas se imagéticos ou iconográficos. Interrogará igualmente os usos variados de seus consumidores.

O que isso tem a ver com a Memória? Há uma clara ruptura com a concepção de que apenas têm valor os documentos escritos (oficiais, especialmente). Se deixamos em suspenso o estatuto de verdade dos documentos, então os problemas de veracidade, contaminação, tendenciosidade já não serão *a priori* que invalidam ou secundarizam documentos orais e seu uso por uma pretensa história menor. Há espaço de aceitação e de criação da História a partir das memórias, plurais, incoerentes, movediças, indomáveis. Vestígios de memórias que são produzidos diferentemente, como são diversas as experiências vividas e as interpelações discursivas individuais e coletivas.

Antes de discurtirmos as questões afetas às investigações em História da Educação que tomam como documento privilegiado memórias, em seus diferentes suportes, vamos retomar a pergunta em suspenso: O que é a memória?

A memória é uma espécie de caleidoscópio composto por vivências, espaços e lugares, tempos, pessoas, sentimentos, percepções/sensações, objetos, sons e silêncios, aromas e sabores, texturas, formas. Movemos tudo isso incessantemente e a cada movimento do caleidoscópio a imagem é diversa, não se repete, há infinitas combinações, assim como, a cada presente, ressignificamos nossa vida. Esse ressignificar consiste em nossos atos de lembrar e esquecer, pois é isso a Memória, os atos de lembrar e esquecer a partir das evocações do presente.

Assim, a memória, tecida de lembranças e esquecimentos, diferente da História, não tem compromisso com o trabalho de crítica, de problematização, de interrogação sobre os processos de "transformação marinha" que sucedem no tempo e se expressam em produções discursivas inscritas nos regimes de verdade do presente.

Elaboramos um passado com o qual podemos conviver, esquecemos ativamente o que nos parece insignificante ou de convivência não suportável. "Compomos nossas memórias para dar um sentido mais satisfatório à nossa vida, à medida que o tempo passa, e para que exista maior consonância entre identidades passadas e presentes" (THOMSON, 1997). Processos conscientes e inconscientes tramam memórias. A memória não tem compromisso com a crítica, com uma operação mental de validar ou não seus movimentos através de problematizações. Difere ainda da História como campo de produção de conhecimento. A memória pode ser histórica, mas não é história por si só. É vestígio. Apesar de indomável, esforça-se em assegurar permanências, manifestações sobreviventes de um passado, a capacidade de viver o já inexistente. A memória é, então, também o lugar das permanências.

O que os sujeitos das memórias da educação pensam de suas vivências presentes, o que fazem, como vêem a si mesmos e o mundo, é disso que extraem suas memórias.

São tempos múltiplos que emergem nas narrativas e que demonstram que uma pista, um evocador, pode ser possuída diferentemente por muitos. Esquecimentos do que causava dor podem vir a ser rememorações pelo gesto de uma amizade, que presenteia e conforta. A memória voluntária ou involuntária emerge e transversaliza o tempo, atribui identidades à história de uma vida, a um passado coletivo; diante da dissipação do "quem sou eu", a memória permite ancorar uma vida a seus pertencimentos, atualizando as identidades. Mas também é refém do reconhecimento, entendido como processo de afirmação e aceitação pública de identidades e reminiscências (THOMSON, op. cit.).

É o caráter labiríntico, móvel e movediço da memória, a multiplicidade de seus tempos, que tantas vezes causou suspeitas naqueles que perseguiam uma verdade intrínseca do passado para escrever a História. Como confiar na memória se ela não é razão, é emoção e dialoga com a ficção? Como confiar na memória se ela é esquecimento e lembrança a um só tempo? Se ela nem sempre está nas palavras, mas nos gestos, nos sentidos, nas materialidades? Se ela é ungida do humano, da cultura, das crenças e valores, das identidades experimentadas no decorrer de uma vida, poderá ser merecedora de contar a História? Como valorizar aquilo que pode ser singular, processo de individuação, se a história é, afinal, a história da humanidade?

A resposta a essas questões passa pelo deslocamento de nosso pensamento para outras interrogações:

• O que quer dizer uma lembrança que insistentemente é evocada? O que nos dizem os silêncios? Que verdades querem produzir rememorações e esquecimentos? Quais os princípios de proliferação e rarefação das narrativas?

• Qual o efeito da ação do tempo sobre as memórias individuais e coletivas?

• Como um sujeito constrói o contexto de sua rememoração? Como a povoa de sinais, pessoas, gestos?

• Qual a oralidade própria de um narrativa? O que encerra a narrativa em uma cultura essencialmente oral ou em uma cultura letrada, como problemas epistêmicos distintos, que supõe distintas operações mentais?

• Qual a linguagem gestual, corporal que acompanha uma narrativa?

• Quais os suportes da memória para além da oralidade – os diários, as coleções, as fotografias, as materialidades de objetos e arquitetura, os sons, etc.?

Podemos perceber que há uma riqueza possível para pesquisas que tomem como documentos as memórias, produzindo conhecimento a partir de uma operação intelectual de leitura do passado que é composto por elas.

Um alerta é fundamental: durante algum tempo, e ainda hoje, algumas pesquisas tomam a memória, especialmente através da história oral, como modo de complementar fontes escritas, consideradas mais importantes.

Desse modo, as evidências orais servem para preencher lacunas. Ao referirmos o estatuto próprio da memória e das evidências orais estamos propondo um rompimento com a hierarquização dos documentos, de modo que os cuidados necessários para com os documentos de memória, nos mais variados suportes, são extensivos a todos os demais documentos. Podemos pensar na ideia de redes de referências cruzadas ou contrastações entre diferentes documentos, muito mais do que em confrontos para validação ou refutação de verdades.

Tais considerações procuraram mostrar que as questões em pauta no campo da produção historiográfica, isto é, as reflexões que têm lugar no âmbito mesmo da escrita da História, têm implicações para a pesquisa educacional de caráter histórico. Isto porque a pesquisa em História da Educação não é uma ciência à parte, não possui um campo analítico exclusivo e sua riqueza teórica e metodológica está justamente no fato de tratar-se de um espaço fronteiriço, de pesquisas que se situam na intersecção entre a História e a Educação.

Da História partem as questões relativas à produção do conhecimento historiográfico e da Educação a necessária análise da complexidade dos fenômenos educativos, que precisam ser compreendidos para além da mera descrição de instituições, políticas educacionais e agentes. Há um âmbito de questões sobre currículo, processos educativos, dispositivos escolares, letramento, instuições educativas, dentre outros muitos, que enriquecem substantivamente as pesquisas históricas que tomam por objeto fenômenos/materialidades/processos educacionais.

E a História? Tem havido, indiscutivelmente, um revigoramento da produção de conhecimentos em Educação a partir de estudos de História da Educação que empreendem uma discussão teórica ancorada na especificidade do conhecimento historiográfico. Um exemplo disso são as impactantes pesquisas, seja para a Educação, seja para a História, dos processos históricos de apropriação da leitura e da escrita, a emergência da cultura escrita, os usos culturais de classe, etnia, idade, gênero e religião da escrita e da leitura. Na educação isso significou o alargamento do conceito de alfabetização para o de letramento, e na História a proliferação de estudos de história cultural sobre as práticas de leitura e história do livro, a recepção e apropriação de impressos, apenas para uma breve ilustração.

As investigações a partir das memórias podem problematizar temas/objetos da educação não contemplados em outras fontes, como os documentos escritos, majoritariamente utilizados como empiria das investigações da História da Educação. Ou ainda, podem esclarecer processos em que o testemunho oral ou individual, como as escritas ordinárias, são o núcleo da investigação e não apenas parte acessória, em complemento a fontes mais nobres. É o caso, por exemplo, do estudo do que costumamos chamar de "internalidade" das escolas, o modo como o cotidiano é vivenciado por alunos e professores, tema ausente em relatórios escolares, pois ligado a tabus, interdições, questionamentos às autoridades, transgressões anônimas.

Ou ainda, experiências educacionais que não passam por processos de escolarização, ou sequer pela escrita, como as práticas educativas fundadas na oralidade. É uma espécie de história popular ou da "vida dos homens infames", parafraseando Foucault, que emerge nas evidências orais. Podemos ilustrar com diversos exemplos de temas que na História da educação podem ser identificados quase que exclusivamente pelas narrativas de memória. Experiências educativas do movimento dos trabalhadores, saberes socialmente desvalorizados que são transmitidos em grupos familiares ou étnicos minoritários, rebeldias de mulheres que não vão à escola, mas aprendem a ler e escrever, escolas reprimidas, como foram as escolas modernas de inspiração anarquista, entre outros exemplos. Além disso, a história, a partir das memórias, pode auxiliar para que percebamos o impacto de processos de longa duração, como o impacto cultural da escolarização numa determinada comunidade, relativizando os processos de âmbito estritamente político.

Outro aspecto a ser destacado é o estabelecimento de uma relação original, como sugere Etienne François (1996), entre o historiador e os sujeitos da história, constituindo uma chance importantíssima para a história da educação, que pode vir a suscitar nos entrevistados uma perspectiva emancipadora, de recuperação de memórias reprimidas, silenciadas, desprezadas e, portanto, de redescoberta de pertencimentos e identidades.

É preciso, contudo, que estejamos atentos aos perigos de reificação da memória, que a transforma em objeto, como se fosse um conjunto de documentos depositado na cabeça das pessoas ou nas escritas privadas do eu. A memória não segue o modelo textual, linear. Não basta, portanto, colhê-la e reproduzi-la em extensas citações para que efetivamente tenhamos elaborado um conhecimento em História da Educação. Impõe-se trazê-la, rica e estranha, composta de reminiscências e esquecimentos, pérolas e corais, para compor "fragmentos de pensamento", narrativa do tempo passado e presente.

HISTÓRIA DA EDUCAÇÃO: DISCIPLINA DE FORMAÇÃO

Pelo estudo cuidadoso do passado é que poderemos conseguir antecipar o futuro e entender o presente. Portanto, a melhor das escolas pedagógicas está na história do ensino (DURKHEIM, 1904 [1995]).

Como disciplina, a História da Educação surge no final do século XIX, nas escolas normais e nos cursos de formação de professores. A partir de 1880, começam a ser publicadas obras que versam sobre a matéria e ministrados cursos em Universidades e Escolas Normais, em diversos locais da Europa. Em 1884, por exemplo, Wilhelm Dilthey (1833-1911) já ministrava o curso de História da Educação na Universidade de Berlim. O surgimento da disciplina dá-se no bojo de um movimento de reação contra a metafísica, sob a influência do positivismo, que buscava um possível estatuto científico para as ciências sociais (LOPES, 1986: 14). Sua história está intimamente ligada ao campo da Pedagogia que, desde o século XVIII, começa a se desenvolver em alguns países da Europa e nos Estados Unidos (LOPES; GALVÃO, 2003).

No Brasil, a História da Educação não se dissocia da Escola Normal. Em 1928, era introduzida no currículo da Escola Normal do Rio de Janeiro (VIDAL & FARIA FILHO, 2003).

Foram as reformas educacionais, introduzidas a partir de 1930, que incluíram a cadeira nos planos dos cursos de formação de professores. Só na década de 1940, com a criação dos cursos de Pedagogia, nas Faculdades de Filosofia, Ciência e Letras, ampliaram-se os estudos pedagógicos e, como parte deles, o de História da Educação. Em 1946, a Lei Orgânica do Ensino Normal estabelece que no currículo deveria ser ministrada a disciplina de História da Educação. Em nível superior, o curso de Pedagogia (Decreto-lei n. 1.190, de 04/04/1939) inclui a disciplina denominada História e Filosofia da Educação (LOPES, 1986). A disciplina específica de História da Educação Brasileira só passa a integrar os currículos dos cursos de formação de professores nos anos 1970.

Para Manacorda (1992: 7), o estudo da história da educação permite analisar o processo educativo e escolar pelo qual a humanidade elabora a si mesma; interroga como, em cada época, o objetivo da educação e a relação educativa foram concebidos em função do real existente e de suas contradições; indaga a opinião geral sobre o fenômeno escolar; verifica o prestígio concedido ou negado à figura do profissional da educação.

A História da Educação, possibilitando uma visão global do fenômeno educativo, permite ao educador compreender mais profundamente suas funções. O conhecimento dos mecanismos de transmissão da herança cultural, como se manifesta concretamente nas diversas sociedades, mostra que não há povo, por mais simples que seja sua organização social, sem um conjunto de meios educativos que assegurem sua continuidade no tempo e no espaço. Demonstra, ainda, que as crises educacionais são antes crises gerais e globais do sistema social, pois ambos os processos, o da educação e o da sociedade, são sincrônicos. A ação educativa é, pois, também política. Não há filosofia ou procedimento educativo neutro: ou promove ou incorpora as forças do desenvolvimento social ou freia e sustenta as forças de estagnação e retrocesso social (REIS, 1981: 1-2).

O estudo da história da educação permite abordar os problemas educativos na perspectiva de explicitar sua natureza; esclarece a defasagem entre o *dizer* e o *fazer*; alerta para a necessidade de não confundir as necessidades de desenvolvimento de uma sociedade com as necessidades de uma determinada classe social; denuncia as clivagens dialéticas entre as intenções iniciais e as realmente alcançadas.

Nóvoa (1999: 13) defende o ensino da História da Educação a partir de quatro ideias:

1) Analisa o passado em si mesmo, isto é, nas suas diferenças com o presente. A história, como ciência da mudança e da diferença, é um modo de indagar os problemas de hoje graças a uma interrogação do passado.

2) Ajuda a cultivar um *saudável ceticismo*, cada vez mais importante em um universo dominado pela inflação de métodos, de modas e reformas educativas. Aprender a relativizar as ideias e as propostas educativas, e a percebê-las no tempo, é uma condição de sobrevivência de qualquer educador na sociedade pedagógica dos nossos dias.

3) Fornece aos educadores um conhecimento do passado coletivo da profissão, que serve para formar a sua cultura profissional. Possuir um conhecimento histórico não implica ter uma ação mais eficaz, mas estimula uma atitude crítica e reflexiva.

4) Amplia a memória e a experiência, o leque de escolhas e de possibilidades pedagógicas, o que permite uma visão ampliada da diversidades de ideias educativas e práticas escolares, possibilitando uma construção social da educação que renova o sentido da ação quotidiana de cada educador.

A história da educação, ao tratar dos saberes historicamente produzidos, possibilita uma reflexão plural dos saberes educativos e pedagógicos, a fim de que os profissionais da educação possam tomar decisões apoiados em uma cultura geral, profissional e na tradição pedagógica.

HISTÓRIA DA EDUCAÇÃO: CAMPO DE PESQUISA

A História da Educação, como conjunto de fatos educativos do passado, se constitui como *campo* de reflexões, de estudos e pesquisas, desde a história das formas institucionalizadas de ensino e de aprendizagem a todos os processos de educação e socialização da infância e da juventude.

Como disciplina que integra as chamadas *ciências da educação* – filosofia, psicologia, sociologia, biologia –, com elas mantém um intenso diálogo para a compreensão do ser humano em sua interação com os demais e com a natureza.

Nos últimos anos, ampliaram-se significativamente os espaços de produção em história da educação no Brasil. Criaram-se grupos de pesquisa e associações de pesquisadores, regionais ou estaduais (exemplo é a Associação Sul-rio-grandense de Pesquisadores em História da Educação, desde 1995; o Grupo História, Sociedade e Educação no Brasil/HISTEDBR, desde 1991) e nacional (GT História da Educação da Associação Nacional de Pesquisa e Pós-Graduação em Educação/ANPEd; Sociedade Brasileira de História da Educação, desde 1999)[1]. Foram realizados inúmeros congressos – nacionais e internacionais[2] –; aumentou a participação de pesquisadores brasileiros nos encontros anuais da International Standing Conference for the History of Education (Ische). Publicam-se periódicos especializados na área, como por exemplo a *Revista História da Educação* (pela ASPHE desde 1996), a *Revista Brasileira de História da Educação* (pela SBHE desde 2001), os Cadernos de História da Educação (pela UFUb-Uberlândia, desde 2002), a *Revista Eletrônica* da HISTEDBR, desde 2000. Também há um aumento significativo de publicação de livros.

---

1. Sobre alguns desses grupos e associações, ver o dossiê História da Educação. *Educação em Revista*, n. 34, dez./2001. Belo Horizonte.

2. O I Congresso Brasileiro de História da Educação (2000); quatro Congressos Luso-Brasileiros de História da Educação (1996; 1998; 2000; 2002); seis Congressos Iberoamericanos de História da Educação Latino-americana.

Os programas de pós-graduação no Brasil, os estágios de formação e de pesquisa no exterior têm sido espaços privilegiados de construção e de ampliação das pesquisas em História da Educação.

O campo de pesquisa em História da Educação é multifacetado e pluridisciplinar. Abarca vários temas e objetos de pesquisa: história do ensino, história do livro e da leitura, história dos manuais didáticos, história da criança, história da educação das mulheres, história da adolescência ou dos jovens; história dos impressos de educação e de ensino; história das instituições de ensino; história das ideias pedagógicas; história dos sistemas escolares; história das disciplinas escolares; história da universidade e do ensino superior, história das práticas educativas não escolares, história do currículo, dentre muitos outros.

Finalmente, gostaríamos de assinalar que a História da Educação, como disciplina e campo de investigação, amplia o nosso universo como sujeitos históricos, professores ou futuros docentes, pois contribui, no conjunto das experiências curriculares, à formação integral.

A escrita da História da Educação e seus usos representa um desafio que permite avançar a ação educativa e a enfrentar questões do presente, da memória e dos "lugares" de produção socioculturais.

REFERÊNCIAS

ARENDT, Hannah. *Homens em tempos sombrios*. São Paulo: Companhia das Letras, 1987 [Trad. Denise Bottmann].

CAMBI, Franco. *História da pedagogia*. São Paulo: Unesp, 1999.

CASPARD, Pierre. Histoire de l'éducation. In: ÉTÉVÉ, Christiane & CHAMPY, Philippe. *Dictionnaire de l'Éducation et de la Formation*. Paris: Nathan, 1998, p. 497-499.

CERTEAU, Michel. *A escrita da história*. Rio de Janeiro: Forense Universitária, 1982.

CHARTIER, Roger. Uma crise da história? – A história entre narração e conhecimento. In: PESAVENTO, Sandra J. (org.). *Fronteiras do milênio*. Porto Alegre: Ed. Universidade/UFRGS, 2001, p. 115-140.

COMPÈRE, Marie-Madeleine. *L'Histoire de l'éducacion en Europe*: essai comparatif sur la façon dont elle s'écrit. Paris: Peter Lang, 1995.

DURKHEIM, Émile. *A evolução pedagógica*. Porto Alegre: Artes Médicas, 1995.

FARIA FILHO, Luciano Mendes de & RODRIGUES, José R. Gomes. "A história da educação programada – Uma aproximação da história da educação ensinada nos cursos de pedagogia em Belo Horizonte". *Revista Brasileira de História da Educação*, 2001. Campinas: Autores Associados.

FRANÇOIS, Etiénne. A fecundidade da história oral. In: FERREIRA, Marieta de Moraes & AMADO, Janaína. *Usos e abusos da história oral*. Rio de Janeiro: Fundação Getúlio Vargas, 1996.

JULIA, Dominique. "A cultura escolar como objeto histórico". *Revista Brasileira de História da Educação*, n. 1, jan.-jul./2001, p. 9-43. Campinas: SBHE.

LÉON, Antoine. *L'histoire de l'éducation aujourd'hui*. Lausanne: Unesco, 1984.

LOPES, Eliane M. Teixeira. *Perspectivas históricas da educação*. São Paulo: Ática, 1986.

LOPES, Eliane M. Teixeira & GALVÃO, Ana M. de Oliveira. *História da educação*. Rio de Janeiro: DP&A, 2001.

MONARCHA, Carlos (org.). *História da educação brasileira*: formação do campo. Ijuí: Unijuí, 1999.

MANACORDA, Mário A. *História da educação*: da Antiguidade aos nossos dias. São Paulo/Campinas: Cortez/Autores Associados, 1992.

NÓVOA, António. *História da educação*. Lisboa: Universidade de Lisboa/Faculdade de Psicologia e Ciências da Educação, 1994 [Mimeo.].

_____. "La nouvelle histoire américaine de l'éducation". *Histoire de l'Education*, n. 73, jan./1997, p. 3-48. Paris: INRP.

_____. *Histoire & comparaison*: essais sur l'educacion. Lisbone: Educa, 1998.

_____. Apresentação. In: CAMBI, Franco. *História da pedagogia*. São Paulo: Unesp, 1999, p. 11-15.

_____. Prefácio. In: MONARCHA, Carlos (org.). *História da educação brasileira*: formação do campo. Ijuí: Unijuí, 1999, p. 11-16.

NUNES, Clarice. "O ensino da história da educação e a produção de sentidos na sala de aula". *Revista Brasileira de História da Educação*, 2001. Campinas: Autores Associados.

PESAVENTO, Sandra J. "O mundo como texto – Leituras da História e da Literatura". *História da Educação*, n. 14, set./2003, p. 31-45. Pelotas: Asphe/UFPel.

_____. *História & história cultural*. Belo Horizonte: Autêntica, 2003.

PLAISANCE, Eric & VERGNAUD, Gerard. *Les sciences de l'educacion*. Paris: La Découverte, 1993.

REIS FILHO, Casemiro. *A educação e a ilusão liberal*. São Paulo: Cortez, 1981.

SANFELICE, José Luis et al. (orgs.). *História da educação*: perspectivas para um intercâmbio internacional. Campinas: Autores Associados, 1999.

SAVIANI, Dermeval et al. (orgs.). *História e história da educação*. Campinas: Autores Associados, 1998.

_____. "Sobre a natureza e especificidade da educação". *Em Aberto*, ano 3, n. 22, jul.-ago./1984, p. 1-6. Brasília.

THOMSON, Alistair. "Recompondo a memória – Questões sobre a relação entre a história oral e as memórias". *Revista do Programa de Estudos Pós-graduados em História do Departamento de História da PUC-SP*, n. 15, abr./1997, p. 51-84. São Paulo: PUC.

VIDAL, Diana Gonçalves & FARIA FILHO, Luciano Mendes de. "História da educação no Brasil: a constituição histórica do campo (1880-1970)". *Revista Brasileira de História*, vol. 23, n. 45, 2003. São Paulo: Anpuh/Humanitas.

LEITURAS COMPLEMENTARES

LOPES, Eliane M. Teixeira; GALVÃO, Ana M. de Oliveira. *História da educação*. Rio de Janeiro: DP&A, 2001.

MONARCHA, Carlos (org.). *História da educação brasileira*: formação do campo. Ijuí: Unijuí, 1999.

NUNES, Clarice. "O ensino da história da educação e a produção de sentidos na sala de aula". *Revista Brasileira de História da Educação*, 2001. Campinas: Autores Associados.

SAVIANI, Dermeval et al. (orgs.). *História e história da Educação*. Campinas: Autores Associados, 1998.

VIDAL, Diana Gonçalves & FARIA FILHO, Luciano Mendes de. "História da educação no Brasil: a constituição histórica do campo (1880- 1970)". *Revista Brasileira de História*, vol. 23, n. 45, 2003. São Paulo: Anpuh/Humanitas.

SOBRE OS AUTORES

Ana Chrystina Venancio Mignot – Doutora em Ciências Humanas – Educação pela Pontifícia Universidade Católica. Professora adjunta da Faculdade de Educação da Universidade do Estado do Rio de Janeiro. E-mail: mignot@painet.com.br

Ana Maria de Oliveira Galvão – Doutora em Educação pela Universidade Federal de Minas Gerais. Professora do Centro de Educação da Universidade Federal de Pernambuco. Pesquisadora do Nephepe (Núcleo de Estudos e Pesquisas História da Educação em Pernambuco). Pesquisadora do CNPq. E-mail: anamgalvao@uol.com.br

António Nóvoa – Doutor pela Universidade de Genebra/Suíça (1986). Professor titular e vice-reitor da Universidade de Lisboa. Professor convidado em inúmeras universidades. Dirige a Coleção Educa. Coordena o grupo de pesquisa Prestige – Problems of Educational Standardisation and Transition In a Global Environment. E-mail: novoa@reitoria.ul.pt

Beatriz Daudt Fischer – Doutora em Educação pela Universidade Federal do Rio Grande do Sul. Professora do Programa de Pós-Graduação em Educação da Universidade do Vale do Rio dos Sinos. E-mail: beadf@terra.com.br

Carlos Monarcha – Mestre e doutor em Educação pelo Programa de Pós-graduação em Educação da Pontifícia Universidade Católica de São Paulo. Livre-docente (História da Educação Brasileira) pela Faculdade de Filosofia e Ciências da Universidade Estadual Paulista, *campus* de Marília. Coordenador do projeto de pesquisa "Revistas de educação e ensino. São Paulo: 1892-1944", apoio CNPq/Fapesp. E-mail: monarcha@sunline.com.br

Carlos Roberto Jamil Cury – Doutor em Educação (Filosofia da Educação) pela Pontifícia Universidade Católica de São Paulo; pós-doutor. Professor adjunto da Pontifícia Universidade Católica de Minas Gerais. Professor emérito da Universidade Federal de Minas Gerais. Pesquisador e consultor do CNPq. E-mail: crjcury.bh@terra.com.br

Cynthia Pereira de Souza – Doutora em Educação pela Faculdade de Educação da Universidade de São Paulo. Professora associada (Livre-docente) da Universidade de São Paulo. E-mail: cypsousa17@hotmail.com

Décio Gatti Jr. – Doutor em Educação – História e Filosofia da Educação pela Pontifícia Universidade Católica de São Paulo. Professor adjunto IV da área de História da Educação da Faculdade de Educação da Universidade Federal de Uberlândia. Editor da *Revista Educação e Filosofia* e dos *Cadernos de História da Educação*. E-mail: degatti@ufu.br – degatti@uol.com.br

Dermeval Saviani – Doutor em Filosofia da Educação pela Pontifícia Universidade Católica (PUC-SP). Livre-docente em História da Educação pela Universidade Estadual de Campinas. Professor emérito da Universidade Estadual de Campinas. Professor titular colaborador da Universidade de São Paulo. Coordenador geral do Grupo Nacional de Estudos e Pesquisas HISTEDBR. Pesquisador do CNPq. E-mail: dermevalsaviani@yahoo.com.br

Dóris Bittencourt Almeida – Mestre em Educação. Doutoranda em Educação pela Universidade Federal do Rio Grande do Sul. Professora na Universidade de Caxias do Sul e no Colégio Farroupilha. E-mail: dbitte@terra.com.br

Eliane Peres – Doutora em Educação pela Universidade Federal de Minas Gerais. Professora da Faculdade de Educação da Universidade Federal de Pelotas. Pesquisadora do Ceihe (Centro de Estudos e Investigações em História da Educação – FaE/UFPel). E-mail: etperes@ufpel.tche.br

Ester Buffa – Doutora em Educação pela Université René Descartes, Paris V. Professora titular aposentada da Universidade Federal de São Carlos – UFSCar. Professora do Mestrado em Educação da Uninove, São Paulo. E-mail: ester@power.ufscar.br

Flávia Werle – Doutora em Educação pela Pontifícia Universidade Católica do Rio Grande do Sul. Professora titular da Universidade do Vale do Rio dos Sinos. Pesquisadora do CNPq. E-mail: flavia@helios.unisinos.br

José Damiro de Moraes – Mestre em Educação pela Universidade Estadual de Campinas. Doutorando em História da Educação pela Universidade Estadual de Campinas. Bolsista Capes. E-mail: jdmoraes@unicamp.br

Leôncio Soares – Doutor em Educação pela Universidade de São Paulo. Professor da Faculdade de Educação da Universidade Federal de Minas

Gerais. Pesquisador do Neja (Núcleo de Educação de Jovens e Adultos). Pesquisador do CNPq. E-mail: leonciosoares@uol.com.br

Marcia de Paula Gregorio Razzini – Doutora em Letras pela Universidade Estadual de Campinas. É pesquisadora de pós-doutorado junto ao Programa de Estudos Pós-graduados em Educação: História, Política, Sociedade da PUC-SP, e integra a equipe do projeto temático Educação e Memória: Organização de Acervos de Livros Didáticos da Universidade de São Paulo, com o apoio da Fapesp. E-mail: mrazzini@globo.com

Marcos Cezar de Freitas – Doutor em História e Filosofia da Educação pela Pontifícia Universidade Católica de São Paulo. Pós-doutor pelo Departamento de Filosofia e Ciências da Educação da Faculdade de Educação da Universidade de São Paulo. Professor do Programa de Estudos Pós-graduados em Educação: História, Política e Sociedade. Pesquisador do CNPq. E-mail: mcezar@pucsp.br

Marcus Levy Albino Bencostta – Doutor em História pela Universidade de São Paulo. Professor de História da Educação da Universidade Federal do Paraná. Pesquisador do CNPq. E-mail: marcus@ufpr.br – marcuslevyb@aol.com

Maria Alice Rosa Ribeiro – Doutora em Economia pela Universidade Estadual de Campinas e livre-docente na disciplina Formação Econômica do Brasil pela Universidade Estadual Paulista, *campus* de Araraquara. Professora do Departamento de Economia da Universidade Estadual Paulista e do Programa de Pós-graduação em Economia, área História Econômica, *campus* de Araraquara. E-mail: marr@terra.com.br

Maria Aparecida Bergamaschi – Mestre em Educação; doutoranda no Programa de Pós-graduação em Educação da Universidade Federal do Rio Grande do Sul. Professora de História na Faculdade de Educação da Universidade Federal do Rio Grande do Sul. E-mail: mbergamaschi@matrix.com.br

Maria Helena Camara Bastos – Doutora em História e Filosofia da Educação pela Universidade de São Paulo. Pós-doutorado no Service d'histoire de l'éducation (França). Professora do Programa de Pós-graduação da Pontifícia Universidade Católica do Rio Grande do Sul. Pesquisadora CNPq. E-mail: mhbastos@pucrs.br

Maria Stephanou – Doutora em Educação pela Universidade Federal do Rio Grande do Sul. Professora do Programa de Pós-graduação em Educação da Universidade Federal do Rio Grande do Sul. Coordena o Grupo de Pesquisa

CNPq: Histórias e Memórias da Educação no Brasil – séculos XIX e XX. E-mail: mariast@terra.com.br – mariast@edu.ufrgs.br

Maria Teresa Santos Cunha – Doutora em Educação/História e Filosofia pela Universidade de São Paulo. Professora do Departamento de História da Universidade do Estado de Santa Catarina e do Programa de Pós-graduação. E-mail: mariatsc@brturbo.com

Marília Morosini – Doutora em Educação pela Universidade Federal do Rio Grande do Sul; Pós-doutora no LLILAS – Institute of Latin American Studies da Universidade do Texas – Austin. Professora do Programa de Pós-graduação em Educação da Pontifícia Universidade Católica do Rio Grande do Sul. Pesquisadora CNPq. E-mail: morosini@ viua-rs.net

Marise Nogueira Ramos – Doutora em Educação pela Universidade Federal Fluminense. Professora adjunta da Universidade do Estado do Rio de Janeiro e do Centro Federal de Educação Tecnológica de Química, RJ. Pesquisadora da área Trabalho e Educação. Pesquisadora associada do Núcleo de Estudos, Documentação e Dados da Universidade Federal Fluminense. E-mail: mariseramos@mec.gov.br

Moysés Kuhlmann Jr. – Doutor em História Social (USP). Pós-doutor pela Universidade de Lisboa. Professor da Universidade de São Francisco (Bragança Paulista). Pesquisador da Fundação Carlos Chagas. E-mail: moyses@saofrancisco.edu.br – mkj@fcc.org.br

Norberto Dallabrida – Doutor em História Social pela Universidade de São Paulo. Professor (efetivo) do Departamento de História da Universidade do Estado de Santa Catarina. E-mail: norberto@udesc.br

Paolo Nosella – Doutor em Filosofia da Educação pela Pontifícia Universidade Católica de São Paulo. Professor titular em Filosofia da Educação na Universidade Federal de São Carlos. Desenvolve atividade de extensão (criação de um grupo de pesquisa) no Mestrado em Educação do Centro Universitário Nove de Julho de São Paulo. E-mail: nosellap@terra.com.br

Paula Perin Vicentini – Doutora em História da Educação e Historiografia da Universidade de São Paulo. Professora do Departamento de Metodologia do Ensino e Educação Comparada da Faculdade de Educação da Universidade de São Paulo e do Programa de Estudos Pós-graduados em Educação: História, Política, Sociedade da PUC-SP. E-mail: paulavicentini @aol.com

Sílvio Gallo – Doutor em Filosofia da Educação pela Universidade Estadual de Campinas. Professor na Universidade Estadual de Campinas (Faculdade de Educação), na Universidade Metodista de Piracicaba (Faculdade de Ciências Humanas – Curso de Filosofia) e na Universidade do Sagrado Coração (Programa de Mestrado em Educação). E-mail: gallo@unicamp.br

SUMÁRIO

Vol. I – Séculos XVI-XVIII

1. O aprendiz de feiticeiro e o mestre historiador: quem faz a História? (Eliane Marta Teixeira Lopes)
2. Educação autóctone nos séculos XVI ao XVIII ou Américo Vespúcio tinha razão? (Paula Caleffi)
3. A incorporação do Brasil ao mundo moderno (Arno Wehling)
4. A educação no Portugal Barroco: séculos XVI a XVIII (António Gomes Ferreira)
5. Igreja e educação no Brasil colonial (José Maria de Paiva)
6. Franciscanos na educação brasileira (Luiz Fernando Conde Sangenis)
7. A educação do outro: jesuítas e guaranis nas missões coloniais platinas (Arno Alvarez Kern)
8. Educação e colonização: as ideias pedagógicas no Brasil (Dermeval Saviani)
9. A educação da mulher e da criança no Brasil colônia (Maria Beatriz Nizza da Silva)
10. O pensamento iluminista português e a influência na formação da intelectualidade brasileira (Ruth M. Chittó Gauer)
11. Iluminismo e educação em Portugal: o legado do século XVIII ao XIX (Carlota Boto)
12. As Aulas Régias no Brasil (Tereza Fachada Levy Cardoso)
13. A pedagogia do medo: disciplina, apreendizado e trabalho na escravidão brasileira (Mário Maestri)

Vol. II – Século XIX

1. As cortes constituintes da nação portuguesa e a educação pública (Rogério Fernandes)
2. O ensino monitorial/mútuo no Brasil: 1827-1854 (Maria Helena Camara Bastos)
3. Tão longe, tão perto – As meninas do Seminário no século XIX (Maria Lucia Spedo Hilsdorf)
4. A educação infantil no século XIX (Moysés Kuhlmann Jr.)
5. O ensino secundário no século XIX: instruindo as elites (Ariclê Vecchia)
6. O Decreto de Leôncio de Carvalho e os pareceres de Rui Barbosa em debate – A criação da escola para o povo no Brasil no século XIX (Maria Cristina Gomes Machado)

7. Do artesanato à profissão – Representações sobre a institucionalização da formação docente no século XIX (Heloisa de Oliveira Santos Villela)
8. A educação como espetáculo (Maria Helena Camara Bastos)
9. O método intuitivo e lições de coisas no Brasil do século XIX (Analete Regina Schelbauer)
10. Escolas étnicas na história da educação brasileira – A contribuição dos imigrantes (Lúcio Kreutz)
11. Educação e positivismo no Brasil (Elomar Tambara)

Conecte-se conosco:

facebook.com/editoravozes

@editoravozes

@editora_vozes

youtube.com/editoravozes

+55 24 2233-9033

www.vozes.com.br

Conheça nossas lojas:
www.livrariavozes.com.br

Belo Horizonte – Brasília – Campinas – Cuiabá – Curitiba
Fortaleza – Juiz de Fora – Petrópolis – Recife – São Paulo

EDITORA VOZES

VOZES NOBILIS

Vozes de Bolso

Vozes Acadêmica

EDITORA VOZES LTDA.
Rua Frei Luís, 100 – Centro – Cep 25689-900 – Petrópolis, RJ
Tel.: (24) 2233-9000 – E-mail: vendas@vozes.com.br